이한우의 지인지감 06

이한우의

사기

5

이한우의 지인지감 06

이한우의 사기

5

세가(世家) 권31-권42

『사기집해』『사기색은』『사기정의』
삼가주 완역 해설판

史

記

21세기북스

일러두기

1. 삼가주(三家注)는 원칙적으로 모두 번역하되 발음을 풀이한 것이 기존 발음과 같은 경우에는 대부분 생략했다. 또 중복되거나 지금 상황과 동떨어진 주는 생략했다.

2. 삼가주란 배인(裴駰)의 『사기집해(史記集解)』, 사마정(司馬貞)의 『사기색은(史記索隱)』, 장수절(張守節)의 『사기정의(史記正義)』를 뜻하며, 삼가주의 번역은 각주 앞에 각각 【집해(集解)】, 【색은(索隱)】, 【정의(正義)】로 표시해 구분했다.

3. 【 】 표시로 시작하지 않는 주석은 옮긴이의 주이며, 삼가주와 다른 서체로 표기했다. 삼가주에 옮긴이의 주를 단 경우에도 마찬가지이다.

4. 발음 풀이 중에 간단한 것은 주(注)로 처리하지 않고 대부분 본문에 포함해 [○-○]이라는 식으로 표현했다. 또 역자가 뜻을 분명히 하기 위해 [○=○]이라는 표현을 쓰기도 했다.

5. 지나치게 미세해 지금의 독자에게 불필요한 주는 생략했고, 번역문에 녹였을 때는 따로 주(注) 표시를 하지 않았다.

6. 번역 원전은 인터넷사이트 '한천초려(漢川草廬)'를 기본으로 삼았다.

차례

세가(世家)

세가(世家)

권31 — 오태백세가(吳太伯世家) 제1

권31 오태백세가(吳太伯世家) 제1[1)]

오태백(吳太伯)[2)]과 태백의 동생 중옹(仲雍)[3)]은 둘 다 주(周)나라 태왕(太王)의 아들이며 왕(王) 계력(季歷)의 형이다. 계력이 뛰어난 데다가[賢] 그에게는 빼어난 아들[聖子] 창(昌)이 있었기 때문에 태왕은 계력을 세워서 창에게까지 이어지게 하려 했다. 이에 태백과 중옹 두 사람은 마침내 형만(荊蠻)으로 달아나[犇=奔] 문신을 하고 머리카락을 자름으로써 자신들이 기용될 수 없음을 보여주고[4)] 계력을 피했다. 계력이 과연 세워지니 이 사람이 왕계(王季)이며, 창은 (훗날) 문왕(文王)이 된다.

태백은 형만으로 달아나 스스로 구오(勾吳)라고 불렀다[5)]. 형만(사람들)이 그를 의롭게 여겨서 따르니 귀의한 자가 1,000여 가구나 되었고, 그들은 (태백을 임금으로) 세워 오태백(吳太伯)으로 삼았다.

1) 【색은(索隱)】「계가(系家)」란 제후들의 본계(本系)를 기록한 것으로, 그 아래 자손들이 늘 봉국[國]을 보유하고 있었다는 것을 말한다. 그래서 맹자(孟子)는 말하기를 "진중자(陳仲子)는 제(齊)나라의 계가(系家)[『맹자(孟子)』「등문공하(滕文公下)」에 나오는 말이다. 원문에 세가(世家)라고 한 경우도 많다.]"라고 했다. 또 동중서(董仲舒)는 말하기를 "(계가 혹은 세가란) 임금 된 자[王者=天子]가 제후들을 봉(封)해주는 것이지 관직을 주는 것[官之]이 아니므로 대를 이어서 가(家)가 될 수 있는 것이다"라고 했다.

2) 【집해(集解)】 위소(韋昭)가 말했다. "뒤에 (주나라) 무왕(武王)이 추봉(追封)해서 오백(吳伯)으로 삼았기에, 그래서 오태백(吳太伯)이라고 한 것이다." 【색은(索隱)】

『국어(國語)』「오어(吳語)」에서 말했다. "황지(黃池)의 회맹에서 진(晉)나라 정공(定公)이 사자를 보내 오왕 부차(夫差)에 말하기를 '무릇 명규(命圭)에 명한 바가 있으니, 분명 오백(吳伯)이라고 했지, 오왕(吳王)이라고 하지 않았습니다'라고 했다." 이는 본래 오의 백작(伯爵)이라는 뜻이다. 범녕(范甯)이 『논어(論語)』 풀이에서 말했다. "태(太)란 좋고 큰 것을 가리키고, 백(伯)이란 우두머리[長(장)]다. 주나라 태왕의 원자(元子)였기에, 그래서 태백(太伯)이라고 했다." 중옹(仲雍)이니 계력(季歷)이니 하는 것은 다 자(字)로서 이름과 나란히 한 것이니 백(伯) 또한 이런 자(字)이며, 또 마침 이런 작위가 있었던 것이다. 다만 그의 이름이 사적(史籍)에서 일찍이 빠져 있었을 뿐이다. 【정의(正義)】 오(吳)는 나라 이름이다. 태백은 매리(梅里)에 거처했는데[매리에 도읍했다는 말이다.], 그곳은 상주(常州) 무석현(無錫縣) 동남쪽으로 60리에 있다. 19세손 수몽(壽夢)까지 거기서 거처했고, 칭호를 구호(句吳)라고 했다. 수몽이 졸하자 제번(諸樊)이 남쪽의 오(吳)로 천도했다가, 21대손 광(光)에 이르러 자서(子胥)를 시켜 합려성(闔閭城)을 쌓은 뒤 그곳으로 도읍하니 지금의 소주(蘇州)다.

3) 【색은(索隱)】 백(伯)·중(仲)·계(季)는 형제의 차례를 나타내는 자(字)로서, 다움을 나타내는 자(字)일 경우에는 뜻과 이름이 서로 부합한다. 그러므로 『계본(系本)』에 이르기를 "오숙재(吳孰哉)는 번리(蕃離)에 거처했다"라고 한 것을 송충(宋忠)이 풀이하기를 "숙재는 중옹의 자(字)이고, 번리는 지금 오(吳)의 여기(餘曁)"라고 했다. 해설자들이 말하기를, '옹(雍)이란 숙식(孰食-익혀 먹다)이기에 그래서 옹의 자를 숙재라고 한 것이다'라고 했다.

4) 【집해(集解)】 응소(應劭)가 말했다. "늘 물에서 생활했다. 그래서 자신들의 머리카락을 자르고 몸에는 문신을 해서 용의 자식임을 나타냈으므로 상해를 당하지 않았다." 【정의(正義)】 강희(江熙)가 말했다. "태백의 막냇동생 계력이 문왕 창(昌)을 낳았다. 빼어난 다움[聖德(성덕)]이 있어 태백은 그가 반드시 천하를 소유하게 되리라는 것을 알았기 때문에 계력에게 나라를 전하게 하려고[傳國(전국)] 했는데, 태왕이 병들자, 오와 월에 약을 캐러 간다고 칭탁을 하고서는 돌아

오지 않았다. 태왕이 훙(薨)하고 계력이 세워졌으니, 첫 번째로 사양한 것이다. 계력이 훙하고 문왕이 세워졌으니, 두 번째로 사양한 것이다. 문왕이 훙하고 무왕이 세워져 드디어 천하를 소유했으니, 세 번째로 사양한 것이다. 다른 해석에서는 이렇게 말했다. 태왕이 병들자 약을 캐러 간다면서 아버지가 살아 계실 때 예로써 섬기지 않았으니, 첫 번째로 사양한 것이다. 태왕이 훙했는데도 돌아오지 않아 계력으로 하여금 상례를 주관하게 해서 예로써 장례를 지내지 않았으니, 두 번째로 사양한 것이다. 머리카락을 자르고 문신을 해 자신들이 기용될 수 없음을 보여줌으로써 계력으로 하여금 제사를 주관하게 해서 예로써 제사를 지내지 않았으니, 세 번째로 사양한 것이다."[강희는 『논어(論語)』「태백(泰伯)」편에 나오는 삼양(三讓)의 의미를 두 가지 방식으로 풀어낸 것이다. 먼저 삼양(三讓)이 등장하는 문맥이다. 공자가 말했다. "태백은 지덕한 인물이라고 부를 만하다. 세 번 천하를 사양하고도 백성이 그 다움을 칭송할 수 없게 했구나!" 흥미로운 것은 삼양에 대한 두 번째 풀이다. 「위정(爲政)」편이다. 맹의자가 효에 관해 묻자, 공자가 말했다. "(도리를) 어기지 않는 것이다[無違(무위)]." (공자의 제자) 번지가 공자가 타는 수레를 몰고 있을 때였다. 이때 공자는 문득 맹의자와의 문답이 떠올랐다. 그래서 공자가 일러 말하기를, 맹의자가 자신에게 효를 묻길래 답하기를 "어기지 않는 것"이라고 했노라고 말했다. 번지가 다시 "어기지 않는다는 것은 무슨 뜻입니까"라고 묻자, 공자는 말했다. "아버지 살아 계실 적에는 예로써 섬기고, 돌아가시면 예로써 장사 지내고, 예로써 제사를 지내는 것을 말한다."]

5) 【집해(集解)】 송충(宋忠)이 말했다. "구오(句吳)는 태백이 맨 처음에 거주했던 땅 이름이다." 【색은(索隱)】 형(荊)이란 초나라의 옛 이름인데, 주(州)를 들어 말할 때 형이라고 한다. 만(蠻)이란 민족(閩族)이니 남쪽 오랑캐의 이름이며, 만(蠻)은 또한 월(越)을 가리키기도 한다. 이는 스스로 이름 부르기를 구오(句吳)라고 했다는 것인데, 오(吳)라는 이름은 태백에게서 시작된 것이고 그 이전에는 오라는 이름이 없었음이 분명하다. 땅이 초와 월의 경계에 있어, 그래서 형만이라고 칭한 것이다. 안사고(顔師古)는 『한서(漢書)』 주(注)에서, 오에 구(句)란 말을 붙인 것은 오랑캐 말로서 발어사이기 때문에 마치 "저 월[於(어)

越(월)]"이라고 말한 것일 뿐이라고 했다. 따라서 여기서 "구오라고 불렀다"라는 것은 마땅히 안사고의 풀이대로 해야 한다. 그런데 앞서 주에서 송충은 그것을 지명이라고 보았고 『계본(系本)』 거편(居篇)에 이르기를 "숙재(孰哉)는 번리(蕃離)에 거처했고 숙고(孰姑)는 구오(句吳)로 옮겼다"라고 했으니, 송씨는 『사기(史記)』에 "태백은 스스로 구오(勾吳)라고 불렀다"라는 글이 있는 것을 보고서 드디어 미봉책으로 풀이하기를 이것은 태백이 처음으로 거처했던 땅 이름이라고 했던 것이다. 배씨(裴氏)도 이를 인용했는데, 아마도 틀린 듯하다. 번리에 이미 그런 땅이 있었다면 구오를 어찌 다 모를 수 있겠는가? 오나라 사람들은 따로 구오라 불리는 성읍이 일찍부터 있었다는 것을 듣지 못했으니, 그렇다면 『계본』의 글은 혹 신뢰하기 어렵다고 할 것이다. 『오지기(吳地記)』에서 이렇게 말했다. "태백(泰伯)은 매리에 살았는데, 이는 합려성(闔閭城) 북쪽으로 5리쯤[許(허)]에 있다."

태백이 졸(卒)했는데[1], 아들이 없어 동생 중옹이 세워졌으니 이 사람이 오중옹(吳仲雍)이다.

중옹이 졸하자[2] 아들 계간(季簡)이 세워졌다.

계간이 졸하자 아들 숙달(叔達)이 세워졌다.

숙달이 졸하자 아들 주장(周章)이 세워졌는데, 이때 주나라 무왕은 은나라를 꺾고 태백과 중옹의 후손을 찾다가 주장을 얻게 되었다. 그러나 주장은 이미 오 땅에서 임금 노릇을 하고 있었기에 그 참에 그곳에 봉해주었고, 마침내 주장의 동생 우중(虞仲)을 주나라 북쪽 옛 하나라 도읍 터[夏虛(하허)][3]에 봉해주었다. 이 사람이 우중이니[4] 반열에 올라 제후가 되었다.

주장이 졸하자 아들 웅수(熊遂)가 세워졌다.

웅수가 졸하자 아들 가상(柯相)[5]이 세워졌다.

가상이 졸하자 아들 강구이(彊鳩夷)가 세워졌다.

강구이가 졸하자 아들 여교의오(餘橋疑吾)[6]가 세워졌다.

여교의오가 졸하자 아들 가로(柯盧)가 세워졌다.

가로가 졸하자 아들 주요(周繇)[7]가 세워졌다.

주요가 졸하자 아들 굴우(屈羽)[8]가 세워졌다.

굴우가 졸하자 아들 이오(夷吾)가 세워졌다.

이오가 졸하자 아들 금처(禽處)가 세워졌다.

금처가 졸하자 아들 전(轉)[9]이 세워졌다.

전이 졸하자 아들 파고(頗高)[10]가 세워졌다.

파고가 졸하자 아들 구비(句卑)[11]가 세워졌다. 이때 진(晉)나라 헌공(獻公)이 주나라 북쪽의 우공(虞公)을 멸하고 진나라가 괵(虢)나라를 칠 수 있는 길을 열었다[12].

구비가 졸하자 아들 거제(去齊)가 세워졌다.

거제가 졸하자 아들 수몽(壽夢)이 세워졌다. 수몽이 세워지고 나서 오는 비로소 점점 커지기 시작해 왕을 칭했다[稱王].

1) 【집해(集解)】 『황람(皇覽)』에서 말했다. "태백의 무덤은 오현(吳縣) 북쪽 매리취(梅里聚)에 있는데, 성과의 거리가 10리다."

2) 【색은(索隱)】 『오지기(吳地記)』에서 말했다. "중옹의 무덤은 오군(吳郡) 상숙현(常孰縣) 서해(西海) 우산(虞山) 위에 있는데, 언총(偃冢)과 나란히 있다고 한다."

3) 【집해(集解)】 서광(徐廣)이 말했다. "하동(河東) 대양현(大陽縣)에 있다."

4) 【색은(索隱)】 하나라는 안읍(安邑)에 도읍했다. 우중은 대양(大陽)의 우성(虞城)에 도읍했는데, 안읍 남쪽에 있었기 때문에 하나라의 도읍 터라고 한 것이다. 『좌전(左傳)』에 이르기를 "태백과 우중은 태왕의 소(昭-종묘에서의 지위)"라고 했으니, 우중은 태왕의 자손임이 분명하다. 또 『논어(論語)』(「미자(微子)」편)에 이르기를 "우중과 이일(夷逸)은 숨어 살며 말을 함부로 했다[放言]"라고 했으니 이는 곧 중옹이 우중임을 칭하는 것인데, 지금 주장의 동생 또한 우중(虞仲)이라고 칭한 것은 대개 주장의 동생이 자(字)가 중(仲)이고 우(虞)

땅에 처음으로 봉해졌기 때문이다. 그렇다면 중옹은 본래 자가 중(仲)이고 우(虞)의 시조이기 때문에 후대에도 우중이라고 칭했던 것이다. 할아버지와 손자가 같은 이름인 것도 그 때문이다.

5) 【정의(正義)】 柯의 발음은 가(歌)다. 相의 발음은 상(相)과 장(匠)의 반절음이다.

6) 【정의(正義)】 橋의 발음은 교(蹻)와 교(驕)의 반절음이다.

7) 【정의(正義)】 繇의 발음은 요(遙)이고, 또 유(由)이기도 하다.

8) 【정의(正義)】 屈은 거(居)와 물(勿)의 반절음이다.

9) 【색은(索隱)】 초주(譙周)의 『고사고(古史考)』에 이르기를 "가전(柯轉)"이라고 했다.

10) 【색은(索隱)】 『고사고(古史考)』에 이르기를 "파몽(頗夢)"이라고 했다.

11) 【색은(索隱)】 『고사고(古史考)』에 이르기를 "필진(畢軫)"이라고 했다.

12) 【색은(索隱)】 『춘추(春秋)』 경(經)의 희공(僖公) 5년에 이르기를 "겨울에 진나라 사람들이 우공(虞公)을 잡았다"라고 했는데, 『좌씨전(左氏傳)』 (희공) 2년에서는 "진나라 순식(荀息)이 굴(屈)에서 생산하는 말 4필과 수극(垂棘)에서 나는 옥을 우나라에 주고서 길을 빌려[假道(가도)] 괵나라를 칠 것을 청했다. 궁지기(宮之奇)가 (빌려줘서는 안 된다고) 간언을 올렸으나 들어주지 않았다. 또 (우공은 자신이) 먼저 칠 것을 청하고서 드디어 괵을 쳐서 하양(下陽)을 멸했다"라고 했고, 또 (희공) 5년의 『전(傳-좌씨전)』에서 말했다. "진나라 임금[晉侯(진후)]이 다시 우나라에 길을 빌려 괵나라를 치려 하니, 궁지기가 간언을 올렸으나 들어주지 않았다. 궁지기는 가족을 데리고 떠나며 말했다. '우나라는 납제(臘制)를 지내지 못할 것이다.' 8월 갑오일에 진후(晉侯)가 상양(上陽)을 에워쌌다. 겨울 12월에 괵나라를 멸망시킨 뒤, 군대를 돌려 드디어 우나라를 습격해 멸망시켰다."

태백이 오나라를 만든 때로부터 5세가 되었을 때 무왕이 은나라를 꺾고 [克殷(극은)][1] 그 후손 두 사람을 봉해주었는데, 그 하나는 우(虞)로 중국(中國)

에 있었고 또 하나는 오(吳)로 이만(夷蠻)에 있었다. 12대가 지나서 진(晉)나라가 중국의 우를 멸망시켰고, 중국의 우가 멸망한 지 2세가 지나서 이만의 오가 일어났으니[2], 대략 모두 합쳐서 태백에서 수몽까지 19세다[3].

1) 상나라를 언급할 때는 상나라를 쳐냈다고 해서 전상(翦商)이라고 한다. 이 말은 『시경(詩經)』 「노송(魯頌)」 비궁(閟宮)편에 나온다.
2) 【정의(正義)】 중국의 우가 멸망하고 2세가 지날 때까지가 모두 합쳐 71년이며, 수몽에 이르러 크게 일어나자, 왕이라고 칭했다.
3) 【색은(索隱)】 수몽은 중옹의 19대손이다.

(오나라) 왕 수몽 2년[1]에 초(楚)나라의 망명한 대부 신공무신(申公巫臣)이 초나라 장수 자반(子反)에게 원한을 품고 진(晉)나라로 달아났다가 진나라 사신이 되어 오나라에 왔다. 그는 오나라 군사를 훈련하고 전차 사용법을 가르치는 한편 그 아들로 하여금 오나라 행인(行人-외교관)이 되게 했으니[2], 오나라는 이에 비로소 중국과 통하게 되었다. 오나라가 초나라를 쳤고, 16년에 초(楚)나라 공왕(共王)이 오나라를 쳐서 형산(衡山)에 이르렀다[3].

1) 【색은(索隱)】 수몽 이후부터 비로소 그 해[其年(기년)]가 있고 『춘추(春秋)』는 오직 그 졸년(卒年)만을 기록해두었는데, 수몽 2년을 계산해보면 (노나라) 성공(成公) 7년에 해당한다.
2) 【집해(集解)】 복건(服虔)이 말했다. "행인이란 나라의 빈객을 예로 대우하는 일을 담당하기 때문에 사방에서 온 사신들을 접대하는데, 대객(大客)을 모시고 소객(小客)의 폐물과 외교문서 받는 일을 관장한다." 【색은(索隱)】 『좌전(左傳)』 노나라 성공(成公) 2년조에 말했다. "무신이 사신으로 가서 정나라에 대해서는 부사[介(개)]에게 제나라가 보낸 예물을 가지고 초나라로 돌아가서 복명하게 하고는 자기는 하희(夏姬)를 데리고 가서 드디어 진나라로 달아났다." 7년의

『전(傳-좌전)』에서 말했다. "자중(子重)과 자반(子反)이 무신의 가족들을 죽이고 그들의 재산을 나눴는데, 무신은 자중과 자반 두 사람에게 편지를 남겨 '나는 반드시 너희들이 분명(奔命-분주하게 명을 받듦)에 지쳐 죽게 할 것이다'라고 말했다. 무신이 오나라에 사신으로 갔는데, 오나라 임금[吳子(오자)] 수명이 그를 좋아했다. 이에 (무신은) 오나라를 진나라와 통호(通好)하게 하고 오나라에 전차 사용법을 가르치고 그들에게 군진을 가르쳐서 초나라에 반기를 들도록 유인한 다음에, 자기 아들 호용(狐庸)을 오나라에 남겨서 행인이 되게 했다. 오나라가 비로소 초나라를 쳤고 소국(巢國)을 쳤으며 서국(徐國)을 쳤다. 마릉(馬陵)에서 회맹할 때 오나라가 주래(州來)로 쳐들어가니, 자중과 자반이 이에 1년에 일곱 차례나 명을 받들어 전했다."

3) 【집해(集解)】 두예(杜預)가 말했다. "오는 오정현(烏程縣) 남쪽에서 일어났다." 【색은(索隱)】『춘추(春秋)』 경(經)의 양공(襄公) 3년에 이르기를 "초나라 공자 영제(嬰齊)가 군대를 거느리고 오나라를 쳤다"라고 했는데, 『좌전(左傳)』에서 말했다. "초나라 자중이 오나라를 쳤는데, 정선한 군대를 거느리고 가서 구자(鳩玆)를 이기고 형산에 이르렀다."

25년에 왕 수몽이 졸(卒)했다[1]**. 수몽에게는 아들 넷이 있었는데, 큰아들이 제번(諸樊)**[2]**, 다음이 여제(餘祭), 그다음이 여말(餘昧)**[3]**, 그다음이 계찰(季札)**[4]**이었다. 계찰이 뛰어나 수몽은 그를 세우고 싶어 했으나 계찰이 자기는 안 된다며 사양하니, 이에 마침내 큰아들 제번을 세워 나랏일을 대신 맡아서 하게 했다[攝行(섭행)].**

1) 【색은(索隱)】 (노나라) 양공(襄公) 12년 『경(經-춘추)』에 이르기를 "가을 9월에 오나라 임금[吳子(오자)] 승(乘)이 졸했다"라고 했는데, 『좌전(左傳)』에서는 그가 수몽이라고 했다. 성공 6년부터 이때까지 계산해보면 딱 25년이다. 『계본(系本)』에 이르기를 "오나라 숙고(孰姑)가 구오(句吳)로 천도했다"라고 했는데, 송충

(宋忠)이 말하기를 "숙고가 수몽"이라고 했다. 다르게는 축몽승제(祝夢乘諸)라고도 한다. 수(壽)와 숙(孰)은 발음이 서로 비슷하고 고(姑)는 제(諸)와 통하며 『모시전(毛詩傳)』에서는 고(姑)를 제(諸)라고 읽었으니, 숙고와 수몽이 한 사람이며 또한 이름이 승(乘)임을 알 수 있다.

2) 【색은(索隱)】 『춘추(春秋)』의 경(經)에 "오나라 임금 알(遏)"이라고 되어 있고 『좌전(左傳)』에서는 제번(諸樊)이라고 불렀으니, 대개 알이 그 이름이고 제번은 그의 칭호다. 『공양전(公羊傳)』에는 알(遏)이 알(謁)로 되어 있다.

3) 【색은(索隱)】 『좌전(左傳)』(양공 31년)에 이르기를 "혼인(閽人-환관)이 대오(戴吳)를 시해한 것을 보면"이라고 했는데, 두예(杜預)가 말했다. "대오는 여제(餘祭)이다." 또 양공 28년 『좌전』에 이르기를 "제나라 경봉(慶封)이 오나라로 달아나자 (오나라 임금) 구여(句餘)가 그에게 주방(朱方)을 주었다"라고 했고, 두예(杜預)는 (이를 풀이해) "구여는 오나라 임금[吳子(오자)] 이말(夷末-夷昧)"이라고 했다. 여제(餘祭)가 양공 29년에 졸했음을 감안해볼 때 28년에 경봉에게 (주방이라는) 읍을 내려준 사람이 이말일 수는 없다. 또 구여와 여제가 혹 한 사람을 가리킬 수 있지만, 이말은 오직 『사기』에만 보이고 『공양전』에는 여말(餘昧), 『좌씨』와 『곡량전』에는 나란히 여제(餘祭)로 되어 있다. 이말은 구여와 발음이나 글자가 전혀 달라서 한 사람일 수 없으니, 아마도 두씨의 잘못일 뿐인 듯하다. 【정의(正義)】 祭는 측(側)과 계(界)의 반절음이다. 昧은 막(莫)과 갈(葛)의 반절음이다.

4) 【색은(索隱)】 『공양전(公羊傳)』에서 말했다. "알(謁)이나 여제(餘祭)나 이말(夷末)은 계자(季子-계찰)와 어머니를 함께한 네 사람이다. 계자가 어리지만, 재주가 있어 형제들이 모두 그를 사랑했고 모두가 그를 임금으로 삼고 싶어 해서, 형제들이 서로 밀어주며 임금이 되었다가 나라가 계자에게 이르렀다. 즉 알이 죽자, 여제가 세워졌고, 여제가 죽자, 이말이 세워졌고, 이말이 죽자, 나라에서는 마땅히 계자에게 넘어가리라 여겼다. 그러나 이때 계자는 사신으로 나가 있어 도성에 없었고, 요(僚)가 서자 중에 나이가 가장 많아서[長庶(장서)] 즉

위했다. 합려(闔閭)가 말했다. '장차 선군의 명을 함께 따르는 것이라면 나라는 계자에게 가는 것이 마땅하다. 그러나 만일 선군의 명을 따르는 것이 아니라면 마땅히 세워져야 할 사람은 나다. 요가 어찌 임금이 될 수 있는가?' 이에 전제(專諸)를 시켜 요를 칼로 찔러 죽였다." 『사기』에는 수몽의 아들이 넷이라고 했으니 『공양전』의 글과도 맞다. 다만 요는 그 밖의 아들이어서 차이가 있을 뿐이다. 『좌씨』에는 그 글이 분명치 않아서, 복건(服虔)은 『공양전』을 받아들였고 두예(杜預)는 『사기』와 『오월춘추(吳越春秋)』에 의거했다. 아래 주에서 서광(徐廣)은 『계본(系本)』을 인용해 "이광(夷迁)과 요(僚)가 있었는데 이광이 광(光)을 낳았다"라고 했는데, 『계본』을 검증해본 결과 이런 말은 없다. 그러나 살펴보건대 (양공 31년에) 호용(狐庸)이 조문자(趙文子)에게 이렇게 말하고 있다. "(이어받은 임금) 이말(夷末)은 다움이 깊고 행실이 법도에 맞으니, 이분이야말로 하늘이 길을 열어준 분일 것입니다. 오나라를 소유할 사람은 마지막까지 반드시 이 임금의 자손일 것입니다." 만일 요가 막내아들이었다면 이 말과 합치하지 않는다. 또 광(光-합려)이 "우리 왕사(王嗣)"라고 말했다면 광은 곧 이광(夷迁)의 아들이니 또한 서자임이 분명하다.

왕 제번 원년에[1] 제번이 이미 상을 마치자[除喪(제상)] 계찰에게 양위하려고 했다. 계찰이 사양하며 말했다.

"조(曹)나라 선공(宣公)이 졸했을 때 제후와 조나라 사람들이 (새롭게 세워진) 조군(曹君)이 의롭지 못하다 하여[2] 장차 자장(子臧)을 세우려 하자 자장은 떠남으로써 조군(曹君)의 뜻을 이뤄주었으니[3], 군자[4]가 말하기를 '능히 절개를 지킬 수 있었다'라고 했습니다. 군(君)께서 마땅한 계승자[義嗣(의사)][5] 이거늘 누가 감히 군을 범한단 말입니까? 나라를 갖는 것은 제 뜻이 아닙니다. 찰이 비록 재목은 아니지만 자장의 의리를 따르려고 합니다."

오나라 사람들이 한사코 계찰을 세우려 했으나 계찰이 집을 버리고 밭을 갈자 마침내 멈추었다[舍之(사지)][6].

가을에 오나라가 초나라를 쳤으나 초나라가 우리 군대[我師(아사)][7]를 물리쳤다.

4년에 진(晉) 평공(平公)이 처음으로 세워졌다[8].

13년에 왕 제번이 졸(卒)했다[9]. 동생 여제(餘祭)에게 왕위를 주라는 명을 남겼는데, 이는 나라를 차례로 전해 기필코 계찰에 이르러서야 그치게 함으로써 선왕 수몽의 뜻을 따르려는 것이었고 또 계찰의 의리를 가상히 여겨서 형제들이 모두 점차적인 단계를 통해 그가 장차 나라를 물려받을 수 있도록 하려는 것이었다. 계찰은 연릉(延陵)에 봉해졌기에[10] 칭호를 연릉계자(延陵季子)라고 했다.

1) 【집해(集解)】 『세본(世本)』에서 말했다. "제번이 오(吳)로 천도했다."

2) 【집해(集解)】 복건(服虔)이 말했다. "선공은 조백(曹伯) 노(盧)인데, 노나라 성공 13년에 진후(晉侯)와 만나서 진(秦)나라를 쳤고 사(師)에서 졸했다. 조군(曹君)이란 공자 부추(負芻)다. 부추가 나라에 있다가 선공이 졸했다는 소식을 듣자, 태자를 죽이고서 스스로를 세웠기에, 그래서 의롭지 못하다[不義(불의)]라고 한 것이다."

3) 【집해(集解)】 복건(服虔)이 말했다. "자장은 부추의 서형(庶兄)이다." 【색은(索隱)】 성공(成公) 13년의 『좌전(左傳)』에서 말했다. "조나라 선공은 사(師)에서 졸했다. 조나라 사람들은 공자 부추로 하여금 도성을 지키게 하고[守(수)] 공자 흔시(欣時)로 하여금 선공의 영구를 맞아오게 했다[逆喪(역상)]. 가을에 부추가 태자를 죽이고 스스로 섰다." 두예(杜預)가 말했다. "모두 선공의 서자들이다. 부추는 성공이다. 흔시(欣時)가 자장이다." 15년의 『전(傳)』에서 말했다. "척(戚)에서 회맹했으니, 조나라 성공을 토벌하기 위함이었고, 그를 잡아서 경사(京師)로 보냈다. 제후들이 장차 자장을 주나라 왕(-천자)에게 알현시키고 그를 세우려 하니, 자장이 말했다. '옛 기록[前志(전지)]에 이르기를, 빼어난 이는 모든 행위가 절도에 맞고[達節(달절)] 뛰어난 이는 절도를 지키며[守節(수절)] 가장 어리석은 자

는 절도를 잃는다[失節]라고 했으니, 임금이 되는 것은 나의 절도가 아닙니다. 비록 빼어난 이에 이르지는 못할지언정 감히 지켜야 할 절도를 잃겠습니까?' 드디어 도망쳐서 송나라로 달아났다."

4) 【색은(索隱)】 좌구명의 사평(史評) 중에서 중니(仲尼-공자)의 말이니, 중니가 곧 군자임을 가리킨다.

5) 【집해(集解)】 왕숙(王肅)이 말했다. "의(義)란 '마땅함[宜]'이다. 적자(嫡子)가 나라를 이어받았으니, 일의 이치의 마땅함[禮之宜][여기서 보듯 예(禮)는 단순히 예법이 아니라 일의 이치[事理]의 마땅함[義=誼]이다.]을 얻은 것이다." 두예(杜預)가 말했다. "제번은 적자이니, 그래서 마땅한 계승자라고 한 것이다."

6) 【색은(索隱)】 "왕 제번 원년에 이미 상을 마치자"부터 "마침내 멈추었다"까지는 모두 양공 14년 『좌씨전』에 있는 글이다.

7) 우리란 오나라를 가리킨다. 사마천은 각 나라 이야기를 서술할 때 그 나라 입장에서 서술하고 있음을 밝히려고 매 세가에 이처럼 '우리'라는 표현을 자주 사용했다.

8) 【색은(索隱)】 『좌전』 양공(襄公) 16년 봄에 "진(晉) 도공(悼公)을 안장하고 평공(平公)이 자리에 나아갔다[卽位]"라고 한 것이 이것이다.

9) 【색은(索隱)】 『춘추(春秋)』 경(經)의 양공(襄公) 25년에 이르기를 "12월에 오자(吳子) 알(遏)이 초나라를 쳐서 소(巢)의 성문을 공격하다가 (화살을 맞고) 졸(卒)했다"라고 했는데, 『좌전』에서 이렇게 말했다. "오자(吳子) 제번이 초나라를 쳐서 지난번 (초나라) 수군[舟師]이 쳐들어왔던 전투를 보복하고 소의 성문을 공격했다. 소우신(巢牛臣)이 말했다. '오왕은 용감하기는 하지만 경솔하니, 만약에 우리가 성문을 연다면 오왕은 장차 몸소 문으로 쳐들어올 것이다. 그러면 내가 틈을 타서 활을 쏘면 반드시 죽을 것이다[殪]. 이 오나라 임금이 죽으면 우리 변경 영토가 조금 안정될 것이다.' (초나라 병사들은) 그를 따랐다. 오자가 문으로 쳐들어오자, 우신이 낮은 담 뒤에 숨어 있다가 활을 쏘니 (그 화살에 맞아 오자가) 졸했다."

10) 【색은(索隱)】 양공(襄公) 31년 『좌전』에서 조문자(趙文子)가 굴호용(屈狐庸)에

게 "연주래(延州來)의 계자(季子)는 이에 과연 (임금으로) 세워지겠습니까?"라고 물었다. 두예(杜預)가 말했다. "연주래는 계찰의 읍이다." 소공(昭公) 27년 『좌전』에서 말했다. "오자가 연주래 계자를 사신으로 보내 상국(上國)을 빙문했다." 두예가 말했다. "계자가 본래 연릉에 봉해졌다가 뒤에 다시 주래(州來)에 봉해졌기 때문에 연주래(延州來)라고 한 것이다." 성공(成公) 7년 『좌전』에 이르기를 "오나라가 주래에 침입했다"라고 했는데, 두예가 말하기를 "주래는 초나라 읍이니, 회남(淮南) 하채현(下蔡縣)이 이곳이다"라고 했다. 소공 13년 『전(傳)』에 이르기를 "오가 주래를 쳤다"라고 했고, 23년 『전(傳)』에 이르기를 "오가 주래를 멸했다"라고 했다. 그렇다면 주래는 본래 초나라 읍이었다가 오나라 광(光)이 쳐서 멸망시키고 드디어 계자를 봉해준 것이다. 「지리지(地理志)」에 이르기를 "회계(會稽) 비릉현(毗陵縣)이다"라고 했으니, 이곳이 계찰이 거처하던 곳이다. 『태강지리지(太康地理志)』에 이르기를 "옛 연릉읍은 계찰이 거처하던 곳으로, 율두(栗頭)에 계찰의 사당이 있다"라고 했다. 「지리지」에 이르기를 패군(沛郡) 하채현으로 옛날의 주래국(州來國)이니, 초나라에 멸망당했고 뒤에 오나라가 그곳을 차지했으며 부차(夫差)에 이르러 이곳으로 소후(昭侯)를 옮겼다고 했다. 『공양전(公羊傳)』에 이르기를 "계자는 연릉으로 떠나가서 종신토록 오나라에 들어가지 않았다"라고 했고, 하휴(何休)는 "오나라 조정에 들어가지 않았다"라고 말했다. 여기서 "연릉에 봉해주었다"라는 말은 그 참에 그곳을 채읍(菜邑)으로 내려주었다는 말이다. 그런데 두예는 『춘추석례(春秋釋例)』 「토지명(土地名)」에서 "연주래는 빠져 있다"라고 했으니, 어째서 이런 말을 했는지 알 수가 없다.

왕 여제(餘祭) 3년에 제(齊)나라 재상 경봉(慶封)이 죄가 있어 제나라에서 오나라로 도망쳐 왔다. 오나라는 경봉에게 주방(朱方)의 현(縣)을 봉해주어 봉읍으로 삼게 했고[1] 딸을 그에게 시집보냈으니, 경봉은 부유함이 제

나라에 있을 때보다 더했다.

1) 【집해(集解)】 『오지기(吳地記)』에서 말했다. "주방은 진(秦)나라 때 고쳐 단도(丹徒)라고 했다."

4년[1]에 오나라에서 계찰을 사신으로 삼아 노나라를 빙문 하게 했는데 계찰은 주(周)나라의 음악과 춤[樂=樂舞]을 보고자 청했다[2]. (이에 양공이 그를 위해 악공[工]에게) 「주남(周南)」[3]과 「소남(召南)」[4]을 연주하게 하자[5] (계찰이 듣고서) 이렇게 말했다.

"아름답습니다[美]. 비로소 그 기반은 마련되었으나[6] 오히려 아직 완성되지 못했는데[7], (백성은) 수고로우면서도 원망하지 않았다[勤而不怨]는 것을 알 수 있습니다[8]."

1) 【집해(集解)】 춘추시대 노나라 양공(襄公) 29년(기원전 544년)이다.

2) 【집해(集解)】 복건(服虔)이 말했다. "주나라 음악은 노나라가 4대에 걸쳐 물려받은 음악이다." 두예(杜預)가 말했다. "노(魯)나라에는 주공(周公)으로 인해 천자의 예악이 있었다."

3) 『시경(詩經)』 「국풍(國風)」의 첫 번째 편명(篇名)이다. 소남(召南)과 병칭해 이남(二南)이라고 한다. 오늘날의 중국 하남성 낙양(洛陽) 지방을 가리키는데, 이 편에는 「관저(關雎)」·「갈담(葛覃)」·「권이(卷耳)」 등 11편이 수록되었다.

4) 소(召)는 중국 기산현(岐山縣)의 한 지명이다. 이 편에 전하는 노래는 소공(召公) 석(奭)이 다스리던 남방 제후(諸侯)의 나라에서 불리던 민요를 수록했는데, 「작소(鵲巢)」 이하 14편이 수록되었다.

5) 【집해(集解)】 두예(杜預)가 말했다. "이 둘은 다 각각 그 본국(本國)이 노래할 때늘 쓰는 성곡(聲曲)에 따라 노래한 것이다."

6) 【집해(集解)】 왕숙(王肅)이 말했다. "비로소 왕업의 기반을 마련했다는 말이다."

7) **【집해(集解)】** 가규(賈逵)가 말했다. "아직 아(雅)와 송(頌)이 공을 이루지 못했음을 말한 것이다." 두예(杜預)가 말했다. "여전히 상나라의 주왕(紂王)이 있어 지극히 좋지는[盡善] 못 했던 것이다."[「주남」이나 「소남」이 지어진 이때는 아직 상나라의 폭군인 주왕의 어지러운 정사[亂政]가 있었기 때문에 그 교화가 천하에 두루 미치지 못했다.]

8) **【집해(集解)】** 두예(杜預)가 말했다. "백성의 생활이 아직 제대로 안정되고 즐겁지 못했는데도 그 음에 원망하거나 노여워함[怨怒]이 없다는 말이다."[이 문단의 용어들을 정확히 이해하려면 『논어(論語)』의 도움이 필수적이다. 첫 번째로 「주남」·「소남」[二南]과 관련된 『논어(論語)』의 해당 구절부터 살펴보자. 「양화(陽貨)」편에서 공자는 아들 백어(伯魚)가 시를 배우지 않았다는 이유로 호되게 꾸짖고 있다. "너는 「주남(周南)」과 「소남(召南)」을 배웠느냐? 사람으로서 주남과 소남을 배우지 않으면 담장을 정면으로 마주하고 서 있는 것과 같다." 이에 대한 주희의 풀이다. "「주남」과 「소남」은 『시경(詩經)』의 첫머리 편명인데, 그 내용이 모두 자기 몸을 닦고 집안을 다스리는 일이다. 담장을 정면으로 마주하고 서 있다는 것은, 지극히 가까운 곳이라 나아가도 하나의 물건도 보이는 것이 없고 한 걸음도 나아갈 수 없음을 말한 것이다." 자기 수양의 첫걸음에 관한 노래가 이남(二南)이라는 말이다. 두 번째로 아름답다[美]와 좋다[善]의 뉘앙스 서열과 관련된 구절을 보자. 『논어(論語)』 「팔일(八佾)」편에서 공자는 "순임금의 음악[韶]은 지극히 아름답고[盡美] 또 지극히 좋다[盡善]"라고 평한 뒤, "무왕의 음악[武]은 지극히 아름답기는 하지만[盡美] 지극히 좋지는 않다[未盡善]"라고 평한다. 이것만 보아도 아름답다[美]가 좋다[善]보다 아래임을 알 수가 있다. 이와 관련해서는 다산 정약용의 풀이가 도움이 된다. "아름답다[美]는 것은 일을 시작하는 것이 아름답고 성함을 이르고, 좋다[善]는 것은 일을 끝마치는 것이 온전하고 좋은 것을 이른다. 순(舜)임금은 요(堯)임금의 뒤를 이어 이를 우왕(禹王)에게 전수하면서 시종 아무런 결함이 없었기 때문에 그 음악이 지극히 아름답고[盡美] 또 지극히 좋았으며[盡善], 무왕(武王)은 천하를 얻은 지 7년 만에 죽었는데 은(-상)나라 사람들의 완악스러움을 복종시키지 못했고 예악을 일으키지 못했기 때문에 그 음악이 지극히 아름답기는 했지만[盡美] 지극히 좋지는 못했다[未盡善]. 음악이란 공(功)이 이뤄진 것을 형상화한 것이다. 그러므로 순임금의 음악이 아홉 곡으로 이뤄진 구성(九成)인 데 반해 무왕

의 음악은 육성(六成)이니, 이것이 이른바 '지극히 좋음[盡善]에 이르지는 못했다'라는 것이다."

정확하게 지금 우리가 보고 있는 문맥과 관련된 것이다.]

그를 위해 「패풍(邶風)」, 「용풍(鄘風)」, 「위풍(衛風)」을 노래하게 하자[1] (계찰이) 이렇게 말했다.

"아름다우면서 깊습니다[淵=深]. 근심하되 괴로워하지 않았다[憂而不困]는 것을 알 수 있습니다[2]. 제가 듣건대 위(衛)나라 강숙(康叔)과 무공(武公)의 다움이 이와 같았다고 하니, 이 노래는 아마도[其] 「위풍(衛風)」인 듯합니다[乎][3]."

1) 【집해(集解)】 두예(杜預)가 말했다. "(주나라를 세운) 무왕(武王)이 (상나라의 마지막 임금인) 주(紂)를 정벌한 뒤에 그 땅을 나눠 삼감(三監)[무왕이 상나라를 멸하고서 은나라 수도에 주(紂)의 아들 무경(武庚)을 봉해 상나라의 뒤를 잇게 한 뒤에 무경과 상나라의 유민들을 감독하게 했던 관숙(管叔)·채숙(蔡叔)·곽숙(霍叔)을 가리킨다.]을 두었는데, 삼감이 배반하자 주공(周公)이 그들을 멸망시키고서 다시 그곳에 강숙(康叔)을 봉해 삼감의 땅을 병합시켰다. 그래서 세 나라에 모두[盡=皆] 강숙의 교화가 입혀졌다."

2) 【집해(集解)】 가규(賈逵)가 말했다. "연(淵)이란 '깊다[深]'는 뜻이다." 두예(杜預)가 말했다. "망한 나라의 소리는 애절해 근심하는 뜻이 있으니, 이는 그 백성이 괴로워하기 때문이다. 그러나 위(衛)나라는 강숙(康叔)과 무공(武公)의 교화[德化=教化]가 깊고 멀었기[深遠] 때문에, 선공(宣公)의 음란함[위나라 선공이 그 아들 급(伋)에게 제나라 여인을 아내로 맞이하게 해놓고는 그 여인이 미인이라는 말을 듣고서는 그 여인을 자신의 아내로 취한 일을 말한다. 『시경(詩經)』 「패풍(邶風)」편의 「신대(新臺)」 소서(小序)가 그에 해당한다.]과 의공(懿公)의 멸망[위나라 의공이 북쪽 오랑캐[狄人]의 침입으로 나라가 망한 것을 말하니, 『춘추좌씨전(春秋左氏傳)』 노나라 민공(閔公) 2년의 일이다. 『시경(詩經)』 「용풍(鄘風)」편의 「정지방중(定之方中)」 소서(小序)가 그에 해당한다.]을 만났

어도 백성은 오히려 의로움을 굳게 지켜서[秉義] 괴로워하는 지경에는 이르지 않았다."[이 구절은 원문대로 하자면 "아름답도다! 깊도다! 근심하되 괴로워하지 않음이여![美哉淵乎 憂而不困者也]"라고 하는 것이 원문에 더 가깝다. 그러나 다른 나라 임금 앞에서 하는 말이라 높임 표현으로 바꿨다.]

3) 【집해(集解)】 가규(賈逵)가 말했다. "강숙은 관숙과 채숙의 난을 만났고 무공은 유왕(幽王)과 포사(褒姒)의 우환을 겪었으니, 그래서 강숙과 무공의 다움이 이와 같았다고 한 것이다." 두예(杜預)가 말했다. "강숙(康叔)은 주공(周公)의 아우이고 무공(武公)은 강숙의 9대손인데, 모두 아름다운 다움[令德]이 있었던 위나라의 임금이다. 노랫소리를 듣고서 판별했기 때문에 '아마도[其] ~인 듯하다[乎]'라는 추측의 표현[疑言=疑辭]을 사용한 것이다."

그를 위해 「왕풍(王風)」을 노래하게 하자[1] (계찰이) 이렇게 말했다. "아름답습니다. 근심하면서도 두려워하지 않았다[思而不懼]는 것을 알 수 있으니, 이는 아마도 주나라가 동천(東遷)한 뒤의 노래인 듯합니다[2]."

1) 【집해(集解)】 복건(服虔)이 말했다. "왕실은 마땅히 아(雅-음악 장르)에 있어야 하는데, 쇠미해지자 그 수준이 풍(風)에 머물렀다. 그래서 나라 사람들은 오히려 그것을 높여 왕이라고 했으니, 이는 『춘추』의 왕인(王人)에 해당한다." 두예(杜預)가 말했다. "(『시경(詩經)』) 「왕풍(王風)·서리(黍離)」편이다. 유왕(幽王)이 서융(西戎)의 재앙(-시해된 것을 말함)을 만나 평왕(平王)이 동천(東遷)[호경(鎬京)에서 동쪽의 낙양(洛陽)으로 천도한 것을 가리킨다.]한 뒤로는 주나라 임금의 정령이 천하에 시행되지 않았고 풍속이 아래의 제후와 같았으므로 아(雅)라고 하지 않은 것이다.[풍(風)이라고 한 이유를 밝힌 것이다. 『시경(詩經)』에는 「소아(小雅)」 74편과 「대아(大雅)」 31편이 실려 있다.]"

2) 【집해(集解)】 복건(服虔)이 말했다. "평왕이 낙읍(雒邑)으로 동천했다." 두예(杜預)가 말했다. "제후들의 종주국인 주나라가 멸망했기에 근심하면서도 오히려

옛 임금들의 유풍(遺風)이 있기 때문에 두려워하지 않았다는 말이다."

그를 위해 「정풍(鄭風)」[1]을 노래하게 하자 (계찰이) 이렇게 말했다.

"아름답습니다만 (그 가사의) 번거롭고 시시콜콜함[細]이 너무 심해 백성이 감당할 수 없을 것이니, 이 나라는 아마도 (다른 나라들보다) 먼저 망할 것입니다[先亡][2]."

1) 【집해(集解)】 가규(賈逵)가 말했다. "정풍이란 동정(東鄭)이다."

2) 【집해(集解)】 복건(服虔)이 말했다. "그 풍이 시시콜콜하고 나약함이 너무 심해서 큰 나라 사이에 시달리게 될 것이고, 멀리 내다보며 오래 지켜내려는 풍이 없어서 백성이 감당할 수 없을 것이니, 장차 먼저 망하게 될 것이라는 말이다."

그를 위해 「제풍(齊風)」을 노래하게 하자 (계찰이) 이렇게 말했다.

"아름답습니다. 음악이 끝없이 우렁차서[泱泱] 큰 나라의 풍도[大風]가 있고[1] 동해 제후들의 모범이 될 만하니, 이는 아마도 태공(太公)의 나라 노래인 듯합니다[2]. 이 나라는 앞날을 헤아릴 수가 없습니다[未可量][3]."

1) 【집해(集解)】 복건(服虔)이 말했다. "앙앙(泱泱)이란 서서히 퍼져나가서 심원하며 '크게 화합한다[大和]'는 뜻을 갖는다. 그 시는 풍자시로서 글이 압축되어 있고 뜻도 미미하지만, 문체가 시원시원하고 작은 것에 얽매이지 않으므로 대풍(大風)이라고 한 것이다." 【색은(索隱)】 泱은 어(於)와 양(良)의 반절음이다. 앙앙(泱泱)이란 왕왕양양(汪汪洋洋-큰 바다가 출렁이는 모양)하여 아름답고 성대한 모양이다. 두예(杜預)가 말했다. "아주 큰 소리[弘大之聲]를 말한다."

2) 【집해(集解)】 왕숙(王肅)이 말했다. "(태공을 제나라에 봉해서) 동해 제후들의 사표가 되게 했다."

3) 【집해(集解)】 복건(服虔)이 말했다. "나라의 흥망성쇠와 세수(世數-왕조의 길이)의

길고 짧음은 헤아릴 수가 없다[未可量].” 두예(杜預)가 말했다. “어쩌면 제나라가 장차 부흥할 것임을 말한 것이다.”

그를 위해 「빈풍(豳風)」을 노래하게 하자[1] (계찰이) 이렇게 말했다.

“아름답고도 헌걸찹니다[美哉蕩蕩乎]. 즐거우면서도 지나치지 않으니[樂而不淫][2], 이는 아마도 주공께서 동쪽을 정벌하고 돌아와 지은 노래인 듯합니다[3].”

1) 빈(豳)은 주나라의 옛 나라로 신평(新平) 칠현(漆縣) 동북쪽에 있었다.

2) 【집해(集解)】 가규(賈逵)가 말했다. “헌걸차서 근심이 없고 스스로 즐길 줄 아니, 황음에 빠지지 않는다는 말이다.”[이 말은 『논어(論語)』에서 공자가 『시경(詩經)』에 나오는 시 「관저(關雎)」에 대해 평하면서 했던 말이기도 하다.]

3) 【집해(集解)】 두예(杜預)가 말했다. “(즐거우면서도 지나치지 않았다는 것은 절도가 있었다는 말이다. 「빈풍」은) 관숙(管叔)과 채숙(蔡叔)의 변란을 만난 주공이 동쪽으로 출정한 지 3년 만에 (난을 평정하고 돌아와) 성왕(成王)을 위해, 후직(后稷)과 옛 임금들이 감히 주색잡기[荒淫]에 빠지지 않아서 임금다운 대업[王業]을 이룬 것을 진술한 것이다. 그래서 ‘아마도[其] 주공께서 동쪽을 정벌하고 돌아와 지은 노래인 듯합니다[乎]’라고 말한 것이다.”

그를 위해 「진풍(秦風)」을 노래하게 하자 (계찰이) 이렇게 말했다.

“이를 일러 서방의 소리[夏聲][1]라 하니, 무릇 능히 서쪽의 소리를 낼 줄 안다면 그 음악이 큽니다[大]. 그 큼이 지극하니, 아마도 주나라의 옛 음악[周之舊]인 듯합니다[2].”

1) 옛날에는 서쪽 땅을 가리켜, 하(夏)라고 했다. 따라서 하성(夏聲)은 서쪽 지방의 음악이다. 진(秦)나라는 본래 서융(西戎)의 땅에 있었는데, 서융을 서하(西夏)라고도 했다. 진나라가 이곳에

살면서 주나라의 옛 풍속을 계승했기 때문에 서방의 소리가 있었던 것이다.

2) 【집해(集解)】 두예(杜預)가 말했다. "진(秦)나라는 본래 견(汧)과 농(隴)의 서쪽에 있는 서융(西戎)이었는데, 진중(秦仲)이 처음으로 거마와 예악의 제도를 받아들여서 융적(戎狄)의 음악을 버리고 제하(諸夏)의 음악을 사용했다. 그래서 그 「진풍(秦風)」을 하성(夏聲)이라 한 것이다. 진나라 양공(襄公)에 이르러서 주나라를 도와 평왕(平王)의 동천을 호송한 공로로 주나라의 옛 땅을 하사받았다. 그래서 '주나라의 옛 음악'이라고 한 것이다."

그를 위해 「위풍(魏風)」을 노래하게 하자[1] (계찰이) 이렇게 말했다.

"아름답습니다. 소리의 구성짐[渢渢][2]이여! 거창하면서도 부드러워서 모나지 않고[大而婉] (그 정령이) 간략해서 행하기가 쉬우니[險而易行][3], 다움으로 이를 보좌했다면 맹주(盟主)가 되었을 것입니다[4]."

1) 위(魏)나라는 희성(姬姓)의 나라인데, (『춘추좌씨전』 노나라) 민공(閔公) 원년에 진(晉)나라 헌공(獻公)이 위나라를 멸망시켰다.

2) 【색은(索隱)】 渢의 발음은 풍(馮)이고, 또 발음은 범(泛)이다. 두예(杜預)가 말했다. "적절한 소리[中庸之聲]다."

3) 【색은(索隱)】 『좌전(左傳)』에는 대이완(大而婉)으로 되어 있다. 두예(杜預)가 말했다. "완(婉)은 '간략하다[約]'는 뜻이다. 대이약(大而約)은 검박하고 절도가 있어[儉節] 쉽게 행해질 수 있다는 말이다." 판본에 따라 관(寬)으로 되어 있는데, 이는 마땅히 완(婉)으로 읽어야 한다.[험(險)은 검(儉)의 잘못이다.]

4) 【집해(集解)】 서광(徐廣)이 말했다. "맹(盟)은 판본에 따라 명(明)으로 되어 있다." 배인(裴駰)이 살펴보건대, 가규(賈逵)가 말하기를 "그 뜻이 크고 곧으며 간절함이 있기 때문에 중화(中和)하고 중용(中庸)하는 다움으로 돌아가서 어려움을 이루고 실로 일을 쉽게 행하니, 그래서 다움으로 이를 보좌했다면 맹주가 되었을 것이라고 한 것이다"라고 했다. 두예(杜預)가 말했다. "그 나라가

작아서 밝은 임금이 없는 것을 애석하게 여긴 것이다." 【색은(索隱)】 주(注)에서는 서광을 인용해 "맹(盟)은 판본에 따라 명(明)으로 되어 있다"라고 했는데, 살펴보건대 『좌전(左傳)』에도 역시 명(明)으로 되어 있으니, 음악을 듣고서 정치를 안다는 뜻이다. 밝게 들음[明聽(명청)]을 말한 것일 뿐이지, 동맹의 맹주가 아니다.

그를 위해 「당풍(唐風)」을 노래하게 하자[1] (계찰이) 이렇게 말했다.

"근심이 깊으니[思深哉(사 심재)], 아마도 도당씨(陶唐氏-요임금) 유민(遺民)들의 노래인 듯합니다. 그렇지 않다면 걱정[憂(우)]이 이처럼 심원하겠습니까[遠(원)]?[2] 아름다운 다움을 가진 분[令德(영덕)]의 후손이 아니고서야 누가 능히 이처럼 하겠습니까?"

1) 「당풍(唐風)」은 진(晉)나라의 노래다.

2) 【집해(集解)】 두예(杜預)가 말했다. "진(晉)나라의 뿌리는 당국(唐國-요임금의 나라)이다. 그래서 요임금의 유풍이 있었다. 근심이 깊고 생각이 멀었기 때문에 그 내용이 소리에 드러난 것이다."

그를 위해 「진풍(陳風)」을 노래하게 하자 (계찰이) 이렇게 말했다.

"나라에 임금이 없으니[無主(무주)], 아마도 능히 오래갈 수 있겠습니까?[1]"

「회풍(鄶風)」 이하의 노래에 대해서는 아무런 비평[譏(기)]도 하지 않았다[2].

1) 【집해(集解)】 두예(杜預)가 말했다. "주색에 빠져 방탕하고 두려워하거나 꺼리는 바가 없기 때문에 나라에 임금이 없다고 한 것이다."

2) 【집해(集解)】 복건(服虔)이 말했다. "「회풍(鄶風)」이 『시경(詩經)』 제13편이고 「조풍(曹風)」이 제14편인데, 계자(季子)가 이 두 나라의 노래를 듣고서 더는 논평하지 않은 것은 그 나라들이 미미했기 때문이다."

❖

그를 위해 「소아(小雅)」를 노래하게 하자[1] (계찰이) 이렇게 말했다.

"아름답습니다. (고맙게) 생각해 두 마음을 품지 않았고[思而不貳][2] 원망하면서도 말을 입 밖에 내지 않았으니[怨而不言][3], 이는 아마도 주나라의 다움이 쇠퇴한[衰=小] 때[4]의 노래인 듯합니다. 오히려 선왕(先王)의 유민(遺民)이 있었기 때문에 그럴 수 있었던 것입니다[5]."

1) 【집해(集解)】 두예(杜預)가 말했다. "「소아(小雅)」는 소정(小正)이다. 이 또한 늘 사용했던 음악 가사[樂歌]다."

2) 【집해(集解)】 두예(杜預)가 말했다. "문왕과 무왕의 은덕을 (고맙게) 생각해서 (지금의 임금을) 배반하는 마음이 없다는 말이다."

3) 【집해(集解)】 왕숙(王肅)이 말했다. "능히 말을 할 수 없는 것은 아니지만 죄를 입게 될까 두려워했다는 것이다."

4) 은나라 유왕(幽王)과 여왕(厲王)의 학정을 가리킨다.

5) 【집해(集解)】 두예(杜預)가 말했다. "은나라 임금들의 습속이 남아 있어서 (은나라의 다움이) 크게 쇠하지는 않았다는 말이다."

그를 위해 「대아(大雅)」를 노래하게 하자[1] (계찰이) 이렇게 말했다.

"넓고도 화락(和樂)합니다[廣哉熙熙乎][2]. 소리가 굽이치면서도 곧은 내면이 있으니[曲而有直體][3], 이는 아마도 문왕의 다움을 찬양한 노래인 듯합니다."

1) 【집해(集解)】 두예(杜預)가 말했다. "「대아(大雅)」는 문왕의 다움을 풀어내어 천하의 풍속을 바로잡으려 한 것이다."

2) 【집해(集解)】 두예(杜預)가 말했다. "희희(熙熙)란 화락(和樂) 하는 소리다."

3) 【집해(集解)】 두예(杜預)가 말했다. "그 소리의 가락[聲調]을 논평한 것이다."

그를 위해 「송(頌)」을 노래하게 하자[1] (계찰이) 이렇게 말했다.

"지극합니다[至矣][2]. 곧으면서도 오만하지 않고[直而不倨=直而不傲][3] 굽히되 굴복하지 않으며[曲而不屈=曲而不撓][4], 가까이하되 핍박하지 않고[邇而不偪][5] 멀리 떨어져 있되 사이가 벌어지지 않으며[遠而不攜][6], 옮겨 다니되 음란하지 않고[遷而不淫][7] 거듭하되 싫어하지 않으며[復而不厭][8], 슬퍼하되 시름에 겨워하지 않고[哀而不愁][9] 즐거워하되 음탕함에 빠지지 않으며[樂而不荒=樂而不淫][10], 사용하되 부족하지 않고[用而不匱][11] 마음이 넓되 스스로 자랑하지 않으며[廣而不宣][12], (은혜를) 베풀되 허비하지 않고[施而不費][13] 가지되 탐하지 않으며[取而不貪][14], 조용히 머물되 침체되지 않고[處而不底][15] 행하되 마구잡이로 하지 않는 것[行而不流][16]을 볼 수가 있습니다. 다섯 가지 소리[五聲][17]가 어울리고 여덟 가지 풍[八風][18]이 평온하며[平] 박자[節]에 법도가 있고 악기 연주[守]에 차례가 있으니[19], 성대한 다움[盛德]이 똑같습니다[20]."

1) 【집해(集解)】 두예(杜預)가 말했다. "송(頌)이란 그 이룬 공적[成功]을 신명께 아뢰는 것이다."

2) 【집해(集解)】 가규(賈逵)가 말했다. "도리가 다 갖춰졌다[備=具]는 말이다."

3) 일반적으로 굳세거나 곧은 사람[剛直]은 오만에 빠지기 쉽다. 그래서 오만하지 않은 것을 다움[德]으로 삼는다.

4) 일반적으로 굽히는 자는 굴복에 이르기 쉽다. 그래서 굴복하지 않는 것을 다움[德]으로 삼는다.

5) 【집해(集解)】 두예(杜預)가 말했다. "겸손하게 뒤로 물러나는 것[謙退]이다."[일반적으로 친근한 자는 서로 침범해 해를 끼친다. 그래서 침범해 해를 끼치지 않는 것을 다움[德]으로 삼는다.]

6) 【집해(集解)】 두예(杜預)가 말했다. "두 마음을 갖는다는 말이다."

7) 【집해(集解)】 복건(服虔)이 말했다. "천(遷)은 '옮겨 다니는 것[徙]'이다. 문왕은 풍(豐)으로 천도했고 무왕은 호(鄗)에 거주했다." 두예(杜預)가 말했다. "음(淫)

은 '지나치게 방탕한 것[過蕩]'이다."[옮겨 다닌다는 것은 음탕해질 조짐[漸]인데, 다움으로써 자신을 지켰기 때문에 지나치게 방탕한 데 이르지 않은 것이다.]

8) 【집해(集解)】 두예(杜預)가 말했다. "늘 나날이 새로워지기 때문이다."[임금다운 임금의 정사와 가르침이 나날이 새로워졌기 때문에 비록 반복해서 행해도 아랫사람들이 싫어하지 않았다는 말이다.]

9) 【집해(集解)】 두예(杜預)가 말했다. "운명을 알았기 때문이다."[슬퍼하는 자는 시름에 빠지기 쉬운데, 임금다운 임금은 흉한 재앙을 당해도 운명이 이와 같다는 것을 알고서 시름에 젖지 않는다는 말이다.]

10) 【집해(集解)】 두예(杜預)가 말했다. "예로써 절제하기 때문이다."

11) 【집해(集解)】 두예(杜預)가 말했다. "다움이 넓고 크기 때문이다."[다움이 성대하므로 아무리 사용해도 다하지 않는다는 말이다.]

12) 【집해(集解)】 두예(杜預)가 말했다. "스스로 드러내지 않는 것이다."

13) 【집해(集解)】 두예(杜預)가 말했다. "백성이 이롭게 여기는 바를 바탕으로 해서 그들을 이롭게 해주는 것이다."[은혜 베풀기를 좋아하는 사람은 대체로 자신의 재물을 허비하는데, 백성이 이롭게 여기는 바에 따라 이로운 쪽으로 인도했기 때문에, 자신의 재물을 허비하지 않은 것이다.]

14) 【집해(集解)】 두예(杜預)가 말했다. "마땅한 것인지[義]를 판단한 뒤에 취하기 때문이다."[비록 재물을 취하더라도 많이 얻기를 탐하지 않는 것이다.]

15) 【집해(集解)】 두예(杜預)가 말했다. "자신을 도리로써 지키기 때문이다."[조용히 거처하고 활동하지 않으면 생각이 정체될 우려가 있다. 그러나 임금다운 임금은 때를 보아가며 움직이기 때문에, 때가 도리를 행할 만하지 못하면 다시 멈추고 (또) 머물러 있어도 그 뜻과 생각[意思]이 침체되지 않는다는 것이다.]

16) 【집해(集解)】 두예(杜預)가 말했다. "마땅함[義]으로 절제하기 때문이다."[계속 행하기만 하고 멈추지 않으면 방탕으로 흐를 우려가 있다. 그러나 마땅함[義]으로 절제하기 때문에 방탕으로 흐르지 않는다. 이상의 열네 가지 사항은 모두 음악과 가사에 이런 뜻이 들어 있다.]

17) 【집해(集解)】 두예(杜預)가 말했다. "궁상각치우 다섯 음이다."

18) 【집해(集解)】 두예(杜預)가 말했다. "팔방의 기운을 팔풍이라고 한다."

19) 【집해(集解)】 두예(杜預)가 말했다. "팔음(八音)[①금부(金部-금속) : 편종(編鐘)·특종(特鐘)·방향(方響)·징(鉦), ② 석부(石部-돌) : 편경(編磬)·특경(特磬), ③ 사부(絲部-실) : 거문고·가야금·아쟁(牙箏)·비파, ④ 죽부(竹部-대나무) : 피리·대금·당적(唐笛)·단소, ⑤ 포부(匏部-바가지) : 생황(笙簧), ⑥ 토부(土部-흙) : 훈(塤)·부(缶), ⑦ 혁부(革部-가죽) : 장구·갈고(羯鼓)·좌고(座鼓)·절고(節鼓)·소고(小鼓), ⑧ 목부(木部-나무) : 박(拍)·축(柷)·어(敔) 등이다.]이 조화를 이루는 것이 박자에 법도가 있고 악기 연주에 차례가 지켜지는 것이다."

20) 【집해(集解)】 두예(杜預)가 말했다. "송(頌)에는 「은송(殷頌)」과 「노송(魯頌)」이 있기 때문에 성대한 다움이 똑같다고 한 것이다.[(『시경(詩經)』의) 송(頌)에는 「주송(周頌)」·「노송(魯頌)」·「상송(商頌-은송)」이 있다. 「주송」은 주나라 초기의 작품으로 문왕·무왕·성왕 등을, 「노송」은 희공(僖公)을, 「상송」은 송나라 양공(襄公)을 찬송한 시다. 모두 종묘에 쓰이는 음악과 가사다. 계찰은 송(頌)의 악곡만 논평할 뿐 세 송에서 찬송한 임금들의 다움[德(덕)]의 높낮이와 공로[功(공)]의 크고 작음은 논하지 않았다. 그래서 성대한 다움이 똑같다고 한 것이다.]

(계찰은) 상소(象箾)춤과 남약(南籥)춤을 보고는[1] 말하기를 "아름답습니다. 다만 오히려 유감이 있는[有憾(유감)] 듯합니다"라고 했다[2]. 대무(大武)춤을 보고는[3] 말하기를 "아름답습니다. 주나라가 흥성할 때 아마도 이와 같았을 것입니다"라고 했다.

1) 【집해(集解)】 가규(賈逵)가 말했다. "상(象)은 문왕의 음악을 형상화한 것이다. 소(箾)는 춤곡이다. 남약은 피리에 맞춰 추는 춤이다." 【색은(索隱)】 箾의 발음은 삭(朔)이고, 또 소(素)와 교(交)의 반절음이다.[상소는 무무(武舞)이고, 남약은 문무(文舞)다. 상사란 (순임금의 음악인) 소소(韶箾)의 반주에 맞춰 군대가 칼이나 창으로 치고 찌

르는[擊刺(격자)] 동작을 표현해서 무공(武功)을 상징하는 춤인 상무(象舞)를 추는 것이다. 남약이란 남악(南樂-「주남」과 「소남」)의 반주에 맞춰 추는 춤이다.]

2) 【집해(集解)】 복건(服虔)이 말했다. "감(憾)이란 '한스럽다[恨(한)]'는 뜻이다. 문왕이 자신의 대에 태평을 이루지 못한 것을 한스러워한 뜻이 춤에 표현된 것이다." 【색은(索隱)】 감(感)을 읽으면 감(憾)이 된다. 호(胡)와 암(暗)의 반절음이다.

3) 【집해(集解)】 가규(賈逵)가 말했다. "주공(周公)이 지은 무왕의 음악이다."[무왕이 주나라를 세울 때의 그 성대함이 춤에 표현된 내용과 같다는 말이다.]

소호(韶護)춤을 보고는[1] 말하기를 "빼어난 이의 넓은 마음[弘(홍)][2]입니다. 다만 오히려 부끄러운 다움[慙德(참덕)-신하로서 임금을 정벌한 잘못]을 드러냈으니, 빼어난 이가 되는 것의 어려움을 볼 수 있습니다"[3]라고 했다.

1) 【집해(集解)】 가규(賈逵)가 말했다. "소호는 은나라를 세운 탕왕(湯王)의 음악인 대호(大護)이다."

2) 【집해(集解)】 가규(賈逵)가 말했다. "홍(弘)은 크다[大(대)]는 뜻이다."

3) 【집해(集解)】 복건(服虔)이 말했다. "처음에 (신하로서 임금을) 정벌한 것과 빼어난 보좌를 받지 못한 것을 부끄럽게 여긴 것이다. 그래서 빼어난 이가 된다는 것의 어려움이라고 했다."

대하(大夏)춤을 보고는[1] 말하기를 "아름답습니다. 부지런하면서도 그것을 다움으로 여기지 않으니[不德(부덕)=非德(비덕)], 우(禹)가 아니면 누가 능히 이런 것을 만들 수 있겠습니까?[2]"라고 했다.

1) 【집해(集解)】 가규(賈逵)가 말했다. "하나라 우왕의 음악이다."

2) 【집해(集解)】 복건(服虔)이 말했다. "우가 물과 땅을 다스리는 일에 온 힘을 다한 것을 말한다."

초소(招箾)춤을 보고는[1] 말하기를 "다움이 지극하고[至][2] 큰 것이, 모든 것을 덮지[燾=覆] 않는 바 없는 하늘과도 같고 모든 것을 싣지[載] 않는 바 없는 땅과도 같습니다.

아무리 크게 성대한 다움이라도 이보다 더할 수는 없으니, 훌륭하기 그지없습니다[觀止矣][3]. 설사 다른 음악과 춤이 있다 한들 나는 감히 더 보기를 청하지 않겠습니다[4]."

1) 【집해(集解)】 복건(服虔)이 말했다. "소소는 순임금의 음악이다". 【색은(索隱)】 초(招)는 소(韶-순임금의 음악)나 소(簫-순임금의 음악)와 같은 뜻이다.

2) 【집해(集解)】 복건(服虔)이 말했다. "지극하다는 것은 제왕의 도리가 소(韶)에서 극에 이르러 진미진선(盡美盡善)하다는 뜻이다."

3) 음악이나 문장 등이 절정에 도달한 것을 찬양할 때 쓰는 표현이다. 관지(觀止)는 굳이 직역하면 '봐줄 만함이 그지없다'라는 뜻인데, 약간 변용해 '훌륭하기 그지없다'로 옮겼다.

4) 【집해(集解)】 복건(服虔)이 말했다. "주나라는 6대의 음악을 썼는데, (거슬러 올라가서) 요임금의 음악인 함지(咸池), 황제의 음악인 운문(雲門)까지다. 노(魯)나라는 4대(-우(虞-요순)·하(夏)·상(商)·주(周)나라)의 음악을 사용했기 때문에, 소소(韶箾)에 이르자 계자(季子)가 음악이 끝난 것을 안 것이다. 계찰은 뛰어나고 밝으며 재주가 있고 학식이 폭넓어서[賢明才博] 오나라에 있을 때부터 이미 이 음악과 가사의 문헌들을 대략 섭렵했으나 중국(中國)의 아성(雅聲)은 들어보지 못했다. 그래서 주나라 음악을 연주해줄 것을 청해서 그 성조를 듣고는 당시의 정치 현실[時政]을 참고해 흥망성쇠를 알아차린 것이다. 진(秦)나라의 시를 듣고 그것을 하성(夏聲)이라 한 것이나 송(頌)을 듣고서 '다섯 가지 소리[五聲]가 어울리고 여덟 가지 기운[八風]이 평온하다'라고 한 것은 모두 성조를 논하면서 (당시의) 정치를 참고한 것이다. 춤이 끝나자, 그 음악이 끝난 것을 안 것은 그가 본래 그 시가의 편수(篇數)를 알고 있었기 때문이다. 그래서 더는 다른 음악은 청하지 않은 것이다."

(계찰이) 노나라를 떠나 드디어 제(齊)나라에 사신으로 갔다. 안평중(晏平仲, ?~기원전 500년)[1]에게 유세해 말했다.

"그대는 속히 읍과 정권을 (임금에게) 바치십시오[納=入][2]. 읍이 없고 정권이 없어야 마침내 난(難)을 면할 수 있습니다. 제나라의 정권은 장차 어딘가로 옮겨갈 터인데, 그 돌아갈 자리를 찾기 전까지는 난이 그치지 않을 것입니다."

그래서 안자(晏子)는 진환자(陳桓子)를 통해 정권과 읍을 (공에게) 받쳤고 이로써 난씨(欒氏)와 고씨(高氏)의 난(難)[3]을 면할 수 있었다.

1) 춘추시대 제(齊)나라 사람으로 이름은 영(嬰)이고 평중(平仲)은 자(字)다. 평소 검소한 생활을 실천했다. 영공(靈公)·장공(莊公)·경공(景公) 세 군주를 섬기면서 재상을 지냈다. 사령(辭令-외교문서)에 뛰어났고, 백성의 생활에 관심을 가졌으며, 근검절약을 실천하면서 충간(忠諫)을 올려 제후 사이에서 명성이 높았다. 경공에게 세금 경감과 형벌을 줄일 것, 신하의 말에 귀를 기울일 것 등을 충고했다. 근면한 정치가로 백성의 신망이 두터워서 관중(管仲)과 비견되는 훌륭한 재상이었다. 일찍이 경공의 명령으로 진(晉)나라에 사신으로 가서 혼인 외교를 성립시킬 때 진나라의 대부(大夫) 숙향(叔向)과 토의하면서 제나라 국정에 대해서도 언급하게 되었는데, 예치(禮治)가 쇠퇴하는 현실에 우려를 표명하면서 장차 제나라는 진씨(陳氏-田氏)에 의해 대치될 것이라고 단언했다. 『안자 춘추(晏子春秋)』가 저서로 전해지는데, 후세 사람들이 그의 언행을 모아 편찬한 것이다.

2) 【집해(集解)】 복건(服虔)이 말했다. "읍과 정권을 공(公)에게 바치고 국가의 일에 관여하지 말라는 뜻이다."

3) 【집해(集解)】 난은 노나라 소공(昭公) 8년에 있었다. 【정의(正義)】 노나라 소공 8년에 일어났다. 난시(欒施)와 고강(高彊) 두 씨가 난을 일으켰는데, 진환자가 화해시켜 마침내 해결되었다.

(계찰이) 제나라를 떠나 정(鄭)나라에 사신으로 갔다. 자산(子産)을 만나

보았는데 마치 오래된 친구 같았다. 자산에게 말했다.

"정나라의 집정자가 사치스러우니 난이 장차 닥치고 정권은 분명 그대에게 갈 터이오. 그대가 정권을 맡으면 일의 이치[禮=事理][1]에 따라 신중하게 하시오. 그렇지 않으면 정나라는 장차 패망할 것이오."

정나라를 떠나 위(衛)나라로 갔다. 거원(蘧瑗)[2]과 사구(史狗), 사추(史鰌), 공자(公子) 형(荊)[3], 공숙(公叔) 발(發), 공자 조(朝)에게 유세해 말했다.

"위나라에는 군자가 많으니 아직은 우환이 없을 것이오."

1) 【집해(集解)】 복건(服虔)이 말했다. "예(禮)란 국가를 경영하고 사직을 이롭게 하는 바다."

2) 공자가 존중했던 거백옥(蘧伯玉)이다.

3) 『논어(論語)』 「자로(子路)」편에 공자 형에 대한 공자의 평이 나온다. "집안을 잘 다스렸다. 처음 살림나서는 재산과 논밭이 있으니 '그런대로 적합하다'라고 했고, 조금 늘어나니 '그런대로 갖춰졌다'라고 했고, 살림이 넉넉해지자 '그런대로 아름답다'라고 했다." 적중하는 중(中)의 도리를 잘 지켰음을 칭송한 것이다.

위나라에서 진(晉)나라로 가서 장차 숙읍(宿邑)에 묵으려다가[將舍於宿][1] 종소리가 들리자[2] 말했다.

"이상합니다! 내가 듣건대 말만 잘하고 다움이 없으면[辯而不德] 반드시 주륙을 당한다고 했습니다[3]. 부자(夫子-선생)께서는 군주에게 죄를 얻어[獲罪=得罪] 이곳에 계시니[4], 두려워해도 오히려 부족하거늘 도리어 이렇게 희희낙락할 수 있는 것입니까[而又可以畔乎][5]? 부자께서 여기에 계시는 것은 마치 제비가 장막 안에 둥지를 튼 것과 같습니다[6]. 군주가 아직 관에 누워 계신데 즐길 수 있겠습니까[7]?"

드디어 떠나갔다. 문자(文子)가 이 말을 듣고 평생토록 금슬(琴瑟)을 듣지 않았다[8].

1) 【집해(集解)】 『좌전(左傳)』에는 "장차 척(戚)에 묵으려다가[將宿於戚]"로 되어 있다. 【색은(索隱)】 주(注)에서는 『좌전』을 인용해 "장차 척(戚)에 묵으려다가"라고 했다. 살펴보건대 태사공(太史公)은 스스로 일가를 이루고자 해서 일이 비록 『좌전』에 나와 있어도 뜻에 따라 바꾸었으니, 이미 사(舍)자로써 숙(宿)을 바꾸니 드디어 뒤의 숙(宿)자로써 척(戚)을 바꿔버린 것이다. 척은 이미 있는 읍 이름이라서 이치상으로 마땅히 바꿔서는 안 되니, 지금은 마땅히 숙(宿)을 척으로 읽어야 한다. 척은 위나라의 읍으로, 손문자(孫文子)의 옛날 식읍이다.

2) 【집해(集解)】 복건(服虔)이 말했다. "손문자가 종을 쳐서 음악을 연주한 것이다."

3) 【집해(集解)】 복건(服虔)이 말했다. "변(辯)이란 다퉈 변론하는 것이다. 무릇 변론해 쟁송하면서 다움에 머물러 있지 않으면 반드시 형륙을 당하게 된다."

4) 【집해(集解)】 가규(賈逵)가 말했다. "부자란 손문자다. 죄를 얻었다는 것은 헌공(獻公)을 내쫓고 반란을 일으킨 것이다."

5) 【색은(索隱)】 『좌전(左傳)』에서는 "그런데 도리어 어찌 희희낙락할 수 있는 것입니까[而又何樂]?"라고 했다. 여기서 반(畔)자는 마땅히 낙(樂)으로 읽어야 한다. 낙(樂)이란 들려오는 종소리이니, 반(畔)에는 그런 뜻이 없다.

6) 【집해(集解)】 왕숙(王肅)이 말했다. "지극히 위험하다는 말이다."

7) 【집해(集解)】 가규(賈逵)가 말했다. "위나라 임금 헌공(獻公)의 관이 빈소에 있고, 아직 안장하지 않은 것이다."

8) 【집해(集解)】 복건(服虔)이 말했다. "마땅한 이야기를 듣고서 고친 것이다. 금슬을 듣지 않았는데 하물며 종을 쳤겠는가?"

진(晉)나라에 가서는 조문자(趙文子)[1], 한선자(韓宣子)[2], 위헌자(魏獻子)[3]에게 유세해 말했다.

"진나라는 아마도 당신들 세 집안[三家]에 집중될 것입니다[萃=集][4]."

장차 떠나려 하면서 숙향(叔向)에게 일러 말했다.

"나의 그대[吾子]가 힘써야 할 것입니다. 군주가 사치스러운데 좋은 신하[良=良臣]들이 많고 대부들이 모두 부유하니, 정권은 장차 이 세 집 안에 있게 될 것입니다[5]. 나의 그대는 곧으니[直][6] 반드시 스스로 난을 면할 수 있는 방도를 생각해야 할 것입니다."

1) 【색은(索隱)】 이름은 무(武)다.

2) 【색은(索隱)】 이름은 기(起)다. 【정의(正義)】 『세본(世本)』에 이르기를, 이름은 진(秦)이라고 했다.

3) 【색은(索隱)】 이름은 종서(鍾舒)다.

4) 【집해(集解)】 복건(服虔)이 말했다. "진나라의 명운[祚]이 장차 세 집안에 모이게 된다는 말이다."

5) 【집해(集解)】 두예(杜預)가 말했다. "부유하면 반드시 두텁게 베풀게 된다. 그래서 정권이 세 집 안에 있게 되는 것이다."

6) 【집해(集解)】 복건(服虔)이 말했다. "곧다[直]는 것은 자기를 굽혀가면서[曲撓] 대중을 따르지 않는다는 말이다."

계찰이 애초에 사신으로 갈 때 북쪽으로 서군(徐君-서나라 군주)을 지나갔다. 서군은 계찰의 검이 마음에 들었지만, 입으로 감히 말하지 못했다. 계찰은 마음속으로 그것을 알아차렸지만, 사신이 되어 여러 나라를 다녀야 했기에 아직 검을 줄 수는 없었다. 돌아오는 길에 서국에 들렀지만, 서군은 이미 죽어버렸으니, 이에 마침내 자신의 보검을 풀어 서군의 무덤 주변 나무에 걸어놓고서 떠났다[1]. 종자(從者)가 말했다.

"서군이 이미 죽었는데 대체 누구에게 주시려는 것입니까?"

계자가 말했다.

"그런 말 하지 마라. 애초에 내가 이미 주기로 마음먹었는데, 어찌 그가 죽었다고 내 마음을 어길[倍=背] 수 있겠는가?"

1) 【정의(正義)】『괄지지(括地志)』에서 말했다. "서군의 사당은 사주(泗州) 서성현(徐城縣) 서남쪽으로 1리 떨어진 곳, 즉 연릉계자(延陵季子)가 서군을 위해 칼을 걸어둔[挂] 곳에 있다."

7년에 초나라 공자 위(圍)가 자기 왕 겹오(夾敖=郟敖)를 시해하고 대신해 세워지니[代立], 이 사람이 영왕(靈王)[1]이다.

10년에 초나라 영왕이 제후들을 모아서 오나라 주방(朱方)을 치고 제나라(에서 도망쳐 온) 경봉(慶封)을 주살했다. 오나라도 초나라를 공격해 읍 3개를 차지하고 철수했다[2].

11년에 초나라가 오나라를 쳐서 우루(雩婁)에까지 이르렀다[3].

12년에 초나라가 다시 와서 (오나라를) 쳐서 건계(乾谿-혹은 간계)[4]에 주둔했으나, 초나라 군대는 패해 달아났다.

1) 【색은(索隱)】『춘추(春秋)』 경(經)의 양공(襄公) 25년에 오자(吳子-오나라 임금) 알(遏)이 졸했다. 29년에 혼(閽)이 오자 여제(餘祭)를 죽였다. 소공(昭公) 15년에 오자 이말(夷末-夷昧)이 졸했다. 이때 여제는 재위 4년이었고 여말(餘眜-이말)은 재위 17년이었다. 「계가(系家-세가)」는 두 임금의 연도를 뒤집었는데, 이 7년은 바로 여말 3년이다. 소공 원년 『경(經)』에 이르기를 "겨울 11월에 초자(楚子-초나라 임금) 균(麇)이 졸했다"라고 했다. 『좌전(左傳)』(소공 원년)에서 말했다. "초나라 공자 위(圍)가 정나라에 빙문 하러 가게 되었는데, 국경을 나가기 전에 왕이 병이 들었다는 말을 듣고 되돌아왔다. 궁으로 들어가 왕의 질병을 묻고는 목을 졸라 죽였다.[손경(孫卿-순자)이 말하기를, "갓끈으로 교살한 것이다"라고 했다.] 드디어 그 아들 막(幕)과 평하(平夏)를 죽였다. 왕을 겹(郟)에 장사 지내고 그 왕을 일러 겹오(郟敖)[초나라 사람들은 임금이 그 지위가 안정되기 전에 죽으면 그를 오(敖)라고 했다.]라고 했다."

2) 【집해(集解)】『좌전(左傳)』(소공 4년)에서 말했다. "오나라가 초나라를 쳐서 극

(棘)·역(櫟)·마(麻)에 들어가 주방(朱方)의 역(役-전투나 전쟁)을 보복했다." 【색은(索隱)】 두예(杜預)는 그에 관한 주(注)에서 말했다. "모두 초나라 동쪽 변방 읍[鄙邑]이다. 초국(譙國) 찬현(酇縣) 동북쪽에 극정(棘亭)이 있고, 여음(汝陰) 신채현(新蔡縣) 동북쪽에 역정(櫟亭)이 있다." 살펴보건대, 해설자는 마(麻)가 곧 양성현(襄城縣) 옛 마성(麻城)이라고 했다.

3) 【집해(集解)】 복건(服虔)이 말했다. "우루는 초나라 동읍(東邑)이다." 【색은(索隱)】 소공(昭公) 5년 『좌전(左傳)』에서 말하기를 "초자(楚子)는 (오나라 군대가 보복할 것을 두려워해서) 침윤(沈尹) 사(射)에게는 소(巢)에서 명을 기다리게 했고 원계강(薳啓强)에게는 우루에서 명을 기다리게 했다"라고 했는데 지금은 곧장 우루에 이르렀다고 했으니, 과정을 생략한 것일 뿐이다.

4) 【집해(集解)】 두예(杜預)가 말했다. "건계는 초국(譙國) 성보현(城父縣) 남쪽의, 초나라 동쪽 경계에 있다."

17년에 왕 여제(餘祭)가 졸하고[1] 동생 여말(餘昧)이 세워졌다.

1) 【색은(索隱)】 『춘추(春秋)』 양공(襄公) 29년 경(經)에 이르기를 "혼(閽)이 오자 여제(餘祭)를 죽였다[殺]"라고 했는데, 『좌전(左傳)』에서는 이렇게 말했다. "오나라 사람들이 월(越)을 쳐서 포로로 잡아 혼(閽-환관)으로 삼고 그를 보내 배를 지키게 했는데, 오자(吳子) 여제(餘祭)가 배를 둘러볼 때 혼이 칼로 그를 죽였다." 『공양전(公羊傳)』에서 "형벌을 받은 사람을 가까이하면 죽음을 경시하는 도리가 된다"라고 한 것이 이것이다.

왕 여말 2년에 초나라 공자 기질(棄疾)이 그 임금 영왕(靈王)을 시해하고[弑] (자기가) 대신해 세워졌다[1].

1) 【색은(索隱)】 『춘추(春秋)』에 의거하면 곧 말(昧)의 15년이다. 소공(昭公) 13년 『경

(經)』에서 말했다. “여름 4월에 초 공자 비(比)가 진(晉)나라에서 초나라로 돌아와서 자기 임금 건(虔)을 건계(乾谿)에서 시해했고[弑], 초나라 공자 기질은 공자 비를 죽였다[殺].” 『좌전(左傳)』에 잘 갖춰져 기록되어 있지만 글이 번잡해서 여기에는 싣지 않은 것이다. 공자 비와 기질은 모두 영왕의 동생이다. 비는 곧 자간(子干)이다. 영왕은 공자 위(圍)이며, 즉위한 후에 이름을 바꿔 건(虔)이라고 했다. 기질은 즉위한 후에 이름을 웅거(熊居)로 바꿨는데, 이 사람이 평왕(平王)이다. 『사기(史記)』에서는 평왕이 드디어 초국(楚國)을 소유했다고 했으니, 그래서 “기질이 영왕을 시해했다”라고 한 것이다. 『춘추』에서는 자간이 이미 왕이었기에 “비가 임금을 시해했다”라고 한 것이다. 이것저것[彼此]이 모두 각각 나름의 의미가 있다.

4년에 왕 여말이 졸하면서 동생 계찰에게 (왕위를) 넘겨주려 했다. 계찰이 사양하며 도망쳐 떠나갔다. 이에 오나라 사람들[吳人][1]이 말했다.

“선왕의 명이 있어 형이 졸하면 동생이 대신 세워져야 하므로 반드시 계자(-계찰)에게 왕위가 이르러야 한다. (그러나) 계자가 당시 자리를 피했기 때문에 왕 여말이 뒤를 이어 세워졌다. 이제 왕이 졸했으니, 그 아들이 마땅히 대신해야 한다.”

마침내 왕 여말의 아들 요(-료(僚))를 세워 왕으로 삼았다[2].

1) 오나라의 공경대부들을 말한다.

2) 【집해(集解)】 『오월춘추(吳越春秋)』에서 “왕 요는 이말(夷昧)의 아들”이라고 했으니, 『사기(史記)』와 같다. 【색은(索隱)】 이 글에서는 여말의 아들이라고 했는데, 『공양전(公羊傳)』에서는 수몽의 서자라고 했다.

왕 요 2년[1]에 공자 광(光)[2]이 초나라를 쳤으나 패해 왕의 배를 잃었다. 광은 두려워 초나라를 습격해 왕의 배를 되찾아서 돌아왔다[3].

1) 【색은(索隱)】 요 원년을 계산해보면 소공(昭公) 16년에 해당한다. 2년 무렵에 공자 광(光)이 왕의 배를 잃어버렸는데, 이 일은 소공 17년 『좌전(左傳)』에 실려 있다.

2) 【집해(集解)】 서광(徐廣)이 말했다. "『세본(世本)』에 이르기를, 이말(夷昧)이 광을 낳았다고 했다."

3) 【집해(集解)】 『좌전(左傳)』에 따르면 배의 이름은 여황(餘皇)이다.

5년에 초나라에서 망명한 신하[亡臣] 오자서(伍子胥, ?~기원전 484년)[1]가 도망쳐 오자[來奔] 공자 광이 그를 빈객으로 대우했다[客之][2]. 공자 광은 왕 제번의 아들이다[3]. 늘 '내 아버지의 형제가 넷인데 자리는 마땅히 계찰에 전해지게 되어 있었다. 계자가 그때마다[節] 나라를 받지 않으려 했기에 광의 아버지가 먼저 세워진 것이니, 이제 계자에게 전해지지 않았으므로 이 광이 마땅히 세워져야 할 것이다'라고 생각했다. 남몰래 뛰어난 선비들을 받아들여 왕 요를 습격하려고 했다.

1) 춘추시대 초(楚)나라 사람으로 오나라에 망명해 살았다. 이름은 원(員)이고 자서(子胥)는 자(字)다. 오(吳)나라 대부(大夫)를 지냈다. 초(楚) 평왕(平王)이 소인(小人)의 참소(讒訴)를 듣고 오자서의 아버지 오사(伍奢)와 형 상(尙)을 죄 없이 죽이자, 오나라로 망명해서 장수가 되어 초나라를 쳤는데, 이미 평왕이 죽은 다음이라 묘를 파내 시체를 매질해서 아버지와 형의 복수를 했다. 나중에 오나라로 하여금 패권을 잡게 했다. 그 뒤 오나라 왕 부차(夫差)는 서시(西施)의 미색에 빠져 정사를 게을리하고 오히려 간언하던 오자서에게 칼을 주어 자살하게 했는데, 오자서는 자살하면서 눈을 오나라 성 동문(東門)에 걸어서 자기의 말을 듣지 않고 자기를 죽이는 오나라가 멸망하는 것을 볼 수 있게 하라는 유언을 남겼다. 그로부터 9년 뒤 월나라가 오나라를 멸망시켰다.

2) 【색은(索隱)】 『좌전(左傳)』 소공(昭公) 25년에서 말했다. "오원(伍員)이 오나라로 가서 (오나라 임금) 주우(州于)[두예(杜預)가 말했다. "주우는 오나라 임금 요다."]에게

초나라를 치는 것의 이점을 말하니, 공자 광이 말했다. '이 사람은 종족이 (초나라에서) 주륙되었기에 그 원수를 갚으려는 것이니, 그의 말을 따라서는 안 됩니다.' 원이 말했다. '저 사람이 아마도 다른 뜻이 있는 것 같으니, 나는 우선 그를 위해 용사를 구해주고서 변방에 물러나서 기다려야겠다.' 마침내 전설제(鱄設諸)를 추천하고서 시골 변방에서 밭을 갈았다." 이는 객례(客禮)로써 대접하는 것을 말한다.

3) 【색은(索隱)】 이 글에서는 제번의 아들이라고 했는데, 『계본(系本)』에서는 이말(夷昧)의 아들이라고 했다.

8년에 오나라는 공자 광을 시켜 초나라를 치게 해서 초나라 군대를 패배시킨 뒤, 지난날 초나라 태자였던 건(建)의 어머니를 거소(居巢)에서 맞아들여 데리고 돌아왔다. 내친김에 북쪽을 쳐서 진(陳)나라와 채(蔡)나라 군대를 패배시켰다.

9년에 공자 광이 초나라를 쳐서 거소(居巢)와 종리(鍾離)를 뽑아버렸다[拔][1]. 애초에 초나라 변방 읍[邊邑=鄙邑]에 사는 비량씨(卑梁氏)의 처녀와 오나라 변방 읍의 여자가 뽕나무를 놓고 다투었는데, 두 여자의 집안사람들까지 화가 나서 서로를 없애려 하니 두 나라 변방 읍장들이 이를 듣고는 같이 화를 내며 서로를 공격한 끝에 오나라 변방 읍을 없애버렸다. 오왕이 화가 나서 그래서 드디어 초나라를 쳐서 두 고을[兩都][2]을 차지한 뒤에 철수했다.

1) 【집해(集解)】 복건(服虔)이 말했다. "종리는 주래(州來) 서쪽에 있는 읍이다." 【색은(索隱)】 소공(昭公) 24년 경(經)에 이르기를 "겨울에 오나라가 소(巢)를 멸망시켰다"라고 했는데, 『좌전(左傳)』에서 말했다. "초자(楚子)가 수군을 갖고서 오나라 영토를 침략하니, 침윤(沈尹) 술(戌)이 말했다. '이번 행군으로 초나라는 반드시 읍을 잃게 될 것이다. 백성을 어루만져주지 않고 괴롭히며, 오나라

가 움직이지도 않는데 전쟁을 불러들였기 때문이다.' 오나라 군사들이 초나라 군사들의 뒤를 밟아 따라가 보니 (초나라) 변경에 방비가 없어, 드디어 소와 종리를 멸하고 마침내 돌아왔다." 「지리지(地理志)」에 이르기를, 거소는 여강(廬江)에 속하고 종리는 구강(九江)에 속한다고 했다. 응소(應劭)가 말했다. "종리자(鍾離子)의 봉국이다."

2) 【정의(正義)】 양도란 곧 종리와 거소다.

오자서가 애초에 오나라로 도망쳐 왔을 때 오왕 요에게 초나라를 치는 것의 이점(利點)에 관해 유세했다. 공자 광이 (오왕에게) 말했다.

"오자서는 아버지와 형이 초나라에서 살육당해 자신이 그 원한을 갚으려는 것일 뿐입니다. 이점이 보이지 않습니다."

이에 오원(伍員-오자서의 성명)이 광에게 다른 뜻[1]이 있다는 것을 알아차리고는 마침내 용사 전제(專諸)를 구해[2] 광으로 하여금 그를 만나보게 했다. 광이 기뻐하며 마침내 오자서를 빈객으로 대했다[客(객)]. 자서는 물러나 들판에서 농사를 지으며 전제의 거사를 기다렸다[3].

1) 【집해(集解)】 복건(服虔)이 말했다. "나라를 차지하고 싶어 하는 것이다."

2) 【집해(集解)】 가규(賈逵)가 말했다. "오나라 용사(勇士)다." 【색은(索隱)】 전(專)은 혹 전(剸)으로 되어 있다. 『좌전(左傳)』에는 전설제(鱄設諸)로 되어 있는데, 「자객전(刺客傳)」에 이르기를 "제(諸)는 당읍(棠邑) 사람이다"라고 했다. 【정의(正義)】 『오월춘추(吳越春秋)』에서 말했다. "전제(專諸)는 풍읍(豐邑) 사람이다. 오자서가 애초에 초나라를 도망쳐 오나라에 갔을 때 길에서 우연히 마주쳤을 때 전제가 어떤 사람과 싸우고 있었는데, (그 사람이 전제를) 감당할 수 없었으나 (전제는) 그의 처가 소리치자 돌아갔다. 자서가 이상하게 여겨 그 상황을 물으니, 전제가 말했다. '무릇 한 사람한테만 굽히면 분명 만인의 위에서 뜻을 펼 수 있습니다.' 자서가 그 기회에 그의 관상을 보았더니 용모가 웅장하고 눈이 깊으

며 입이 크게 튀어나왔고 등이 곰과 같아서 그가 용사임을 알아보았다."

3) 【색은(索隱)】 『좌전(左傳)』에 의거해볼 때, 곧 위의 5년에서 "공자 광이 그를 빈객으로 대했다[客之]"라고 한 것이 이것이다. 일이 합쳐져서 5년에 기록되어 있는데, 거기서는 대충 생략했고 여기서는 다시 갖춰 기록하고 있다.

12년 겨울에 초(楚)나라 평왕(平王)이 졸(卒)했다[1].

1) 【색은(索隱)】 소공(昭公) 26년 『춘추(春秋)』 경(經)에서 "초자(楚子) 거(居)가 졸했다"라고 적은 것이 이것이다. 살펴보건대, 「십이제후연표(十二諸侯年表)」와 『좌전(左傳)』 모두 요(僚) 11년이라고 했다.

13년 봄에 오나라가 초나라의 상(喪)[1]을 틈타 정벌에 나섰으니[2], 공자 개여(蓋餘)와 촉용(燭庸)[3]에게 군대를 이끌고 초나라의 육(六)과 첨(灊)[4] 땅을 에워싸게 했다. 계찰을 진(晉)나라에 사자로 보내 제후들의 움직임[變]을 살피게 했다[5]. 초나라가 군사를 보내 오나라 군대의 후방을 끊자, 오나라 군대는 돌아올 수 없게 되었다. 이에 오나라 공자 광이 "이런 때[6]를 놓칠 수 없다"라고 하면서 전제에게 말했다.

"구하지 않고서야[不索=不求] 어찌 얻을 수 있겠는가?[7] 내가 진짜 왕의 계승자로서 마땅히 세워져야 할 것이니, 나는 그렇게 하고자 한다. 계자가 설사 온다 해도[8] 나를 폐하지는 않을 것이다."

1) 『설문(說文)』에 따르면 상(喪)의 본래 글자다. 국상(國喪)을 말한다.

2) 【색은(索隱)】 「십이제후연표(十二諸侯年表)」와 『좌전(左傳)』에 의거할 때 모두 12년에 있는데, 이 일은 아울러 소공(昭公) 27년 『좌전』에도 보인다.

3) 【집해(集解)】 가규(賈逵)가 말했다. "두 공자는 모두 오왕 요(僚)의 동생들이다."
【색은(索隱)】 『춘추(春秋)』에는 엄여(掩餘)로 되어 있는데 『사기(史記)』에는 아울

러 개여(蓋餘)로 되어 있으니, 뜻은 같고 글자는 다르다. 혹자는 태사공(太史公)이 부형(腐刑-궁형)을 당해 엄(掩)자를 쓰고 싶어 하지 않았기 때문이라고 했다[환관을 엄인(奄人) 혹은 엄인(閹人)이라고 한다.]. 가규(賈逵)·두예(杜預)·「자객전(刺客傳)」에서는 모두 "두 공자는 왕 요의 친동생"이라고 했는데, 소공(昭公) 23년 『좌전(左傳)』에서는 "광이 우군을 거느리고 엄여가 좌군을 거느렸다"라고 했고 두예(杜預)는 그에 관한 주(注)에서 "엄여는 오왕 수몽의 아들"이라고 했으며 또 『계족보(系族譜)』에 이르기를 "두 공자는 모두 수몽의 아들"이라고 했다. 『공양전』에 의거할 경우 요(僚)는 수몽의 아들이니, 『계족보』와 합치된다.

4) 【집해(集解)】 두예(杜預)가 말했다. "첨(灊)은 여강(廬江) 육현(六縣) 서남쪽에 있다."

5) 【집해(集解)】 복건(服虔)이 말했다. "강약(彊弱)을 살핀 것이다."

6) 【집해(集解)】 가규(賈逵)가 말했다. "때란 왕을 죽일 수 있는 때라는 말이다."

7) 【집해(集解)】 복건(服虔)이 말했다. "구하지 않고서는 어느 때에 얻을 수 있겠는가라는 말이다."

8) 【집해(集解)】 왕숙(王肅)이 말했다. "진(晉)나라에 빙문을 갔다가 돌아온다는 말이다."

전제가 말했다.

"왕 요는 얼마든지 죽일 수 있습니다. 어머니는 늙었고 아들은 어리며[1], 두 공자가 군대를 이끌고 초나라를 공격했으나 초나라가 그 길을 끊어버린 상황입니다. 바야흐로 지금 오나라는 밖으로 초나라에 곤욕을 치르고 있고 안으로는 텅 비어 기둥이 될 만한 강직한 신하[骨鯁之臣(골경지신)]가 없으니, 이들이 우리를 어찌할 도리는 없을 것입니다[是無若我何(시무약아하)]?"

광이 말했다.

"나의 몸이 그대의 몸이다[2]."

1) 【집해(集解)】 복건(服虔)이 말했다. "어머니는 늙었고 아들은 어리다는 말은 전제가 자신의 어머니와 아들을 광에게 맡긴 것이다." 왕숙(王肅)이 말했다. "전제는 왕의 어머니와 아들이 어리다고 말한 것이다." 【색은(索隱)】 왕숙의 풀이에 의거할 때 『사기(史記)』와 합치되며 이치상으로도 맞다. 복건(服虔)과 두예(杜預)는 『좌전(左傳)』에 나오는 다음과 같은 문장, "내가 네 몸이니 네 아들을 경(卿)으로 삼겠다"를 가지고 억지로 풀이해서, "이들이 나를 어찌할 수 없을 것입니다[是無若我何]"를 오히려 "내가 없으면 이들이 어찌하겠습니까[我無若是何]"라고 했다. 말이 실상과 가깝지 않고 너무 에둘러 갔으니[迂回] 잘못이다.

2) 【집해(集解)】 복건(服虔)이 말했다. "내 몸이 마치 네 몸과도 같다는 말이다."

4월 병자일[1]에 광이 무장한 병사를 지하실[掘室][2]에 숨겨놓은 뒤 왕 요를 술자리에 초청했다[謁][3]. 왕 요는 왕궁부터 광의 집에까지 이르도록 그 길에 병사들을 배치했는데, 대문과 계단, 출입문과 자리에까지 모두 왕 요의 측근들이었고 그들은 하나같이 양면에 날이 있는 작은 칼[鈹][4]을 들고 있었다. 공자 광이 발을 다친 척하며[詳爲][5] 지하실로 와서는[6], 전제에게 구운 생선[炙魚][7] 속에다 비수(匕首)[8]를 숨긴 채 음식상을 올리게 했다. 비수로 왕 요를 찌르자, 양면에 날이 있는 작은 칼을 든 호위병들이 가슴을 찔렀고[交][9]. 드디어 왕 요를 시해했다. 공자 광이 끝내 세워져 왕이 되었으니, 이 사람이 오왕 합려(闔廬)다. 합려는 마침내 전제의 아들을 경(卿)으로 삼았다.

1) 【색은(索隱)】 『춘추(春秋)』 경(經)에는 단지 "여름 4월"이라고 했고 『좌전(左傳)』에도 병자(丙子)라는 말은 없으니, 마땅히 다른 전거가 있을 것인데 어느 책에서 나왔는지를 알 수 없다.

2) 【집해(集解)】 두예(杜預)가 말했다. "땅을 파서 공간을 만든 것이다."

3) 【색은(索隱)】 알(謁)은 '청하다[請]'라는 뜻이다. 판본에 따라 혹 청(請)으로 되어 있다.

4) 【집해(集解)】 발음은 피(披)다. 【색은(索隱)】 발음은 피(披)다. 유규(劉逵)가 『오도부(吳都賦)』에 주(注)를 달면서 "피(鈹)는 양면에 날을 가진 작은 칼"이라고 했다.

5) 【색은(索隱)】 앞의 발음은 (상이 아니라) 양(陽)이며, 뒤의 발음은 글자 그대로다. 『좌전(左傳)』에서는 "광이 발을 다쳤다고 거짓말을 했다[僞]"라고 했으니, 양(詳)은 곧 위(僞)다. 간혹 이 위(爲)자를 위(僞)라고 발음하지만, 그것은 틀렸다. 어찌 양위(詳僞)라고 겹쳐서 말했겠는가?

6) 【집해(集解)】 두예(杜預)가 말했다. "난이 일어나면 왕의 무리가 자기를 죽일 것을 두려워해서 미리 피한 것이다."

7) 【집해(集解)】 복건(服虔)이 말했다. "생선을 통째 구운 것이다."

8) 【색은(索隱)】 유씨(劉氏)가 말했다. "비수는 단검이다." 살펴보건대, 『염철론(鹽鐵論)』에 이르기를 길이가 1척 8촌이라고 했고 『통속문(通俗文)』에 이르기를 "머리 부분이 비(匕-화살촉)와 비슷해 비수(匕首)라고 한다"라고 했다.

9) 【집해(集解)】 가규(賈逵)가 말했다. "전제의 가슴을 찌른 것이다."

계자(啓子)가 돌아와 말했다.

"선군의 제사를 없애지 않으며 백성과 관리들[民人]이 군주를 폐하지 않고 사직을 받든다면 바로 나의 군주다. 내가 감히 누구를 원망하겠는가? 죽은 이를 애도하고 산 사람을 섬겨서[哀死事生] 하늘과도 같은 명[天命]을 기다릴 뿐이다[1]. 내가 일으킨 난이 아니라면 세워진 누군가를 따르는 것이 선인(先人)의 도리다[2]."

복명(復命)하고 요(僚)의 무덤에 곡한 다음[3]에 다시 자신의 자리로 돌아와서 명을 기다렸다[4]. 오나라 공자 촉용(燭庸)과 개여(蓋餘) 두 사람은 병사들을 이끌고 초나라에 포위당해 있었는데, 공자 광이 왕 요를 시해하고 스

스로를 세웠다는 소식을 듣고는 마침내 자신들의 병사들을 거느리고 초나라에 항복했고 초나라는 이들을 서(舒) 땅에 봉해주었다[5].

1) 【집해(集解)】 복건(服虔)이 말했다. "자기에 대한 하늘의 명이 끝나기를 기다리는 것이다."

2) 【집해(集解)】 두예(杜預)가 말했다. "오나라는 제번 이후로 나라를 형이 아우에게 전했고 적사를 후사로 세우지 않았으므로 이번의 반란은 선인으로 말미암아 일어났다는 뜻이다. 계자는 자신의 힘으로는 광을 토벌할 수 없음을 알았기에 이렇게 말했던 것이다."

3) 【집해(集解)】 복건(服虔)이 말했다. "요에게 복명하고 그의 무덤에 곡한 것이다." 【정의(正義)】 復의 발음은 복(伏)이며 아래에서도 같다.

4) 【집해(集解)】 두예(杜預)가 말했다. "본래의 자리로 돌아가서 광의 명을 기다린 것이다."

5) 【색은(索隱)】 『좌전(左傳)』 소공(昭公) 27년에 이르기를 "엄여(掩餘)는 서(徐)로 달아났고 촉용(燭庸)은 종오(鍾吾)로 달아났다"라고 했다. 30년 『경(經)』에 이르기를 "오나라가 서(徐)를 멸하자 서자(徐子-서나라 임금)는 초나라로 달아났다"라고 했는데, 『좌전』(소공 30년)에서 이렇게 말했다. "오자(吳子)가 서인(徐人)을 보내 엄여를 잡게 하고 종오인(鍾吾人)을 보내 촉용을 잡게 하니 두 공자는 초나라로 도망갔다. 초자(楚子)는 그들에게 큰 봉지를 주어 옮겨와 살 곳을 정해주었다." 여기에는 서(舒)에 봉해준 일은 없으니 마땅히 서(舒)와 서(徐)를 헷갈린 것이며, 또 내용도 (『좌전』과 비교해보면) 엉성하고 간략하다[소략 疏略].

왕 합려(闔閭) 원년에 오자서를 들어[거 擧] 행인(行人)으로 삼아서 나랏일을 함께 모의했다. 초나라가 백주리(伯州犁)를 주살하자 그 손자 백비(伯嚭)[1]가 오나라로 도망쳐 왔고, 오나라는 그를 대부(大夫)로 삼았다.

1) 【집해(集解)】 서광(徐廣)이 말했다. "백비는 주리의 손자다. 『사기(史記)』와 『오월춘추(吳越春秋)』가 같다. 嚭의 발음은 피(披)와 미(美)의 반절음이다."

3년에 오왕 합려가 자서, 백비와 함께 군사를 거느리고 초나라를 쳐서 서(舒) 땅을 뽑아버리고 오나라에서 도망간 장수인 두 공자(-촉용과 개여)를 죽였다. 광이 영(郢-초나라 수도)으로 쳐들어가려고 도모했으나 장군 손무(孫武)[1]가 말했다.

"백성이 지쳐서 아직은 안 되니 기다려야 합니다."[2]

4년에 초나라를 쳐서 육(六)과 첨(灊)을 차지했다.

5년에 월나라를 쳐서 이겼다.

6년에 초나라가 자상(子常-낭왕의 자) 낭와(囊瓦)[3]를 시켜 오나라를 치게 했다. (오나라는) 이를 맞아 싸워 예장(豫章)에서 초나라 군대를 크게 물리치는 한편 초나라의 거소를 차지하고 돌아왔다[4].

1) 춘추시대 제(齊)나라 낙안(樂安) 사람으로 전완(田完)의 후예다. 선조가 손씨 성을 하사받았다. 병법(兵法)으로 오왕(吳王) 합려(闔廬)에게 불려 갔는데, 오왕이 시험하려고 궁중의 미녀 180명을 불러 전투 훈련을 시키게 하니 이들을 2개 부대로 나눠 왕이 아끼는 총희(寵姬) 2명을 대장으로 삼았다. 삼령오신(三令五申) 하면서 지휘하자 미인들이 큰 소리로 웃었는데, 총희 2명의 목을 베어 호령하자 모든 미인이 절제되고 규율 있는 자세를 갖추게 되었다. 오왕이 장군으로 삼았다. 서쪽으로 강한 초(楚)나라를 공격해 다섯 번 싸워서 다섯 번 승리를 거둔 뒤 초나라 도읍으로 들어갔고, 이어 북쪽으로 제나라와 진(晉)나라 등을 굴복시켜 합려로 하여금 패자(覇者)가 되게 했다. 그가 저술했다는 『손자병법(孫子兵法)』은 최고의 군사 지침서로, 국지적인 전투의 작전서가 아니라 국가 경영의 요지, 승패의 기미와 인사의 성패 등을 다루고 있다.

2) 【색은(索隱)】 『좌전(左傳)』에 따르면 이해에는 자서의 계책을 쓴 것만 나오고 손무의 일은 실려 있지 않다.

3) 【정의(正義)】 『좌전(左傳)』에 이르기를 "초나라 낭와가 영윤(令尹-재상)이 되었다"

라고 했는데, 두예(杜預)는 말하기를 "자낭(子囊)의 손자 자상(子常)"이라고 했다.

4) 【색은(索隱)】『좌전(左傳)』 정공(定公) 2년이니, 마땅히 7년이 되어야 한다.

9년에 오왕 합려가 오자서와 손무에게 일러 말했다.

"애초에 그대들이 말하기를 영(郢-초나라 수도)에 들어갈 수 없다고 했는데, 지금은 과연 어떠한가?[1)]"

두 사람이 말했다.

"초나라 장수 자상(子常)이 탐욕스러워서 당(唐)과 채(蔡)에서 그를 원망하고 있습니다. 왕께서 꼭 크게 정벌하고 싶으시다면 반드시 당과 채(의 지지)를 얻어야만 마침내 가능할 것입니다."

합려가 그들의 말을 따라서 온 나라에서[悉(실)] 군대를 일으켜 당·채와 함께 서쪽으로 초나라를 정벌하러 나서서 한수(漢水)에 이르렀다. 초나라 역시 군대를 발동해 오나라에 맞서서 한수를 끼고 진을 쳤다[陳(진)=軍(군)][2)]. 오왕 합려의 동생 부개(夫概)[3)]가 싸우려 했으나 합려가 허락하지 않았다. 부개가 말했다.

"왕께서 이미 신에게 군사를 맡겼고 전세도 유리한 상황인데, 오히려 무엇을 더 기다린단 말입니까?"

드디어 자기 부대 5,000명을 이끌고 초나라를 기습해서 초나라 군대를 대파하니 초나라 군대는 달아났다. 이에 오왕도 드디어 병사를 풀어 그의 뒤를 쫓았다. 초나라는 영(郢)에 이르기까지[4)] 다섯 번을 싸워서 다섯 번 모두 패했다. 초나라 소왕(昭王)은 영을 빠져나와 운(鄖)[5)]으로 달아났다. (운의 현령인) 운공(鄖公)의 동생[6)]이 소왕을 시해하려 하자 소왕은 운공과 함께 다시 수(隨)나라[7)]로 도망쳤다. 한편, 오나라 군대는 드디어 영에 들어갔고, 자서는 백비와 함께 초나라 평왕(平王)의 시체에 채찍질을 가함으로써[8)] 아버지의 원한을 갚았다.

1) 【색은(索隱)】 지금 과연 감히 초나라를 치는 것이 가능한지 아닌지를 물은 것이다.

2) 【정의(正義)】 발음은 진(陣)이다.

3) 【정의(正義)】 발음은 고(古)와 대(代)의 반절음이다.

4) 【색은(索隱)】 정공(定公) 4년에 "백거(柏擧)에서 싸워 오나라가 영에 들어갔다"라고 한 것이 이것이다.

5) 【집해(集解)】 복건(服虔)이 말했다. "운(鄖)은 초나라 현이다."

6) 【정의(正義)】 『좌전(左傳)』에 이르기를, 운공 신(辛)의 동생 회(懷)라고 했다.

7) 【집해(集解)】 복건(服虔)이 말했다. "수는 초나라의 동맹국[與國(여국)]이다."

8) 【색은(索隱)】 『좌씨(左氏)』에는 이 일이 없다.

10년 봄에 월나라는 오왕이 영(郢)에 있어 나라가 비었다는 것을 듣고는 마침내 오나라를 쳤다. 오나라는 별도의 군대로 하여금 월나라를 치게 했다. (또) 초나라가 진(秦)나라에 위급함을 알리자, 진나라는 군대를 보내 초나라를 구원해 오나라를 치게 함으로써 오나라 군대를 패배시켰다. 합려의 동생 부개는 진나라와 월나라가 잇따라 오나라를 꺾어서 오왕이 초나라에서 물러나지 못하고 있는 것을 보고는, 오나라로 도망쳐 돌아가서 스스로를 세워 오왕이 되었다. 합려가 이를 듣고는 마침내 병사를 이끌고 돌아와서 부개를 공격했다. 부개는 패해 초나라로 달아났다. 초나라 소왕은 (이 틈을 타서) 마침내 9월에 다시 영으로 돌아올 수 있었고, 그리하여 부개를 당계(堂谿)에 봉해 당계씨(堂谿氏)로 삼았다[1).

11년에 오왕이 태자 부차(夫差)를 시켜 초나라를 쳐서 반(番)을 차지했다. 초나라는 두려워서 영을 버리고 약(鄀)으로 (도읍을) 옮겼다[2).

1) 【집해(集解)】 사마표(司馬彪)가 말했다. "여남(汝南) 오방(吳房)에 당계정(堂谿亭)이 있다." 【색은(索隱)】 살펴보건대 「지리지(地理志)」에도 나와 있다. 【정의(正義)】 『괄

지지(括地志)』에서 말했다. "예주(豫州) 오방현(吳房縣)은 주에서 서북쪽으로 90리에 있다. 응소(應劭)가 말하기를, 오왕 합려의 동생 부개가 초나라로 도망치니 그를 당계씨에 봉해주었다고 했다. 본래 방자국(房子國)인데, 오나라 사람에게 봉해주었기에 오방(吳房)이라고 한 것이다."

2) 【집해(集解)】 복건(服虔)이 말했다. "약(鄀)은 초나라의 읍이다." 【색은(索隱)】 정공(定公) 6년 『좌전(左傳)』에 이르기를 "4월 기축일에 오나라 태자 종류(終纍)가 초나라 수군을 꺾었다"라고 했고, 두예(杜預)는 말하기를 "종류는 합려의 아들이자 부차의 형"이라고 했다. 그런데 여기서는 부차라고 했으니, 이름은 다르지만 같은 사람일 뿐이다. 『좌전』에서는 또 "반자신(潘子臣)과 소유자(小惟子), 대부 일곱 사람을 포로로 잡아가니, 초나라는 이에 영에서 약으로 천도했다"라고 했다. 이때 番의 발음은 (번이 아니라) 반(潘)으로 초나라 읍의 이름이며, 자신(子臣)은 곧 그 읍의 대부다.

15년에 공자(孔子)가 노(魯)나라 재상이 되었다[相][1].

1) 【색은(索隱)】 정공(定公) 10년 『좌전(左傳)』에 이르기를 "여름에 정공이 제후(齊侯)와 축기(祝其)에서 회합했으니, 축기는 실은 협곡(夾谷)이다. 공구(孔丘)가 예를 도왔는데, 이미(犁彌)가 제후에게 말하기를 '공구는 예를 알지만[知禮] 용기가 없습니다'라고 했다"라고 한 것이 이것이다. 두예(杜預)는 그냥 "회합의 의례를 도운 것[相=助]이다"라고 했으나, 사마천의 「공자계가(孔子系家-공자세가)」에 이르기를 "재상의 일을 대행했다[攝行]"라고 했다. 살펴보건대 『좌씨(左氏)』에 이르기를 "공구는 정공을 모시고 물러가면서 '병사들은 저들을 공격하라'라고 한 뒤 또 자무환(玆無還)을 시켜 읍하고 대응하도록 시켰다"라고 했으니, 이는 국상(國相)의 일을 섭행한 것이다.

19년 여름에 오나라가 월나라를 치자 월왕 구천(句踐)은 취리(檇李)[1]에

서 맞서 싸웠다[迎擊]. 월나라는 결사대로[死士] 싸움을 걸어[挑戰][2] 오나라 군대 앞에 세 줄로 서서[三行造] 고함을 지르다가[呼] 스스로 목을 그었다[自剄][3]. 오나라 병사들이 이를 구경하는 틈에 월은 오를 쳐서 고소(姑蘇)에서 패배시켰고[4] 오왕 합려는 발가락에 상처를 입고 군대를 7리 뒤로 물렸다. 오왕은 부상이 심해져 죽었다[5]. 합려가 태자 부차에게 뒤를 잇게 하면서 "너는 네 아비를 죽인 구천을 잊을 수 있느냐?"라고 묻자, 부차가 대답해 말하기를[對曰] "감히 잊지 않겠습니다!"라고 했다. 3년이 지나 마침내 월나라에 보복했다[6].

1) 【집해(集解)】 가규(賈逵)가 말했다. "취리(檇李)는 월나라 땅이다." 두예(杜預)가 말했다. "오군(吳郡) 가흥현(嘉興縣) 남쪽에 취리성(檇李城)이 있다." 檇의 발음은 취(醉)다.

2) 【집해(集解)】 서광(徐廣)이 말했다. "사(死)는 판본에 따라 단(亶-믿음)으로 되어 있고 「월세가(越世家)」에도 그러하니, 혹자는 이를 사람 이름으로 보기도 한다." 배인(裴駰)이 살펴보건대, 가규(賈逵)가 말하기를 "사사(死士)란 사형에 해당하는 죄수를 말한다"라고 했고 정중(鄭衆)은 말하기를 "사사란 죽음으로써 은혜에 보답하려는 자들"이라고 했다. 두예(杜預)가 말했다. "감히 죽음을 감수하는 용사다." 【정의(正義)】 挑의 발음은 (도가 아니라) 전(田)과 조(鳥)의 반절음이다.

3) 【집해(集解)】 『좌전(左傳)』(정공(定公) 14년)에 이르기를 "죄인을 세 줄로 세워 검을 몸에 대게 하고서"라고 했다. 【정의(正義)】 行은 호(胡)와 낭(郎)의 반절음이다. 造는 간(干)과 도(到)의 반절음이다. 呼는 화(火)와 고(故)의 반절음이다. 頸은 견(堅)과 정(鼎)의 반절음이다.

4) 【집해(集解)】 『월절서(越絶書)』에서 말했다. "합려가 고소대(姑蘇臺)를 일으키니 3년 동안 재목을 모아서 5년 만에 마침내 완성했는데, 높이가 300리를 바라볼 정도였다." 【색은(索隱)】 고소는 대(臺) 이름인데, 오현(吳縣) 서쪽으로 30리에

있다. 『좌전(左傳)』 정공(定公) 14년에서 말했다. "월자(越子)가 오나라를 대패시켰다. 영고부(靈姑浮)가 창으로 합려를 치니 합려가 엄지발가락에 상처를 입고서 돌아가다가 형(陘)에서 졸했는데, 취리(檇李)에서 7리 거리였다." 두예(杜預)는 취리가 가흥현(嘉興縣) 남쪽에 있다고 했다. 영고부는 월나라 대부다.

5) 【집해(集解)】 『월절서(越絶書)』에서 말했다. "합려의 무덤은 오현(吳縣) 창문(閶門) 밖에 있는데, 이름을 호구(虎丘)라고 했다. 하지(下池)는 넓이가 60보, 수심이 1장 5척으로 동관을 3중으로 했고, 홍지(澒池-수은 연못)는 6척으로 옥부(玉鳧)가 흐르는 옆에 검 3,000개가 있었다. 방원(方圓)의 입구가 3,000개이며 반영(槃郢)과 어장(魚腸)의 검이 있었는데, 사졸 10여만 명이 조성했고 흙을 모아 호수에 인접하게 했다. 안장한 지 사흘째 되는 날 흰 호랑이가 그 위에 나타났으므로 이름을 호구(虎丘)라고 했다." 【색은(索隱)】 澒은 호(胡)와 공(貢)의 반절음이다. 수은으로 연못을 만든 것이다.

6) 【색은(索隱)】 여기서는 합려가 말을 하고 부차가 합려에게 대답하는 것으로 되어 있는데, 『좌씨전(左氏傳)』에서는 "대답해 말했다[對曰(대왈)]"가 부차가 자신이 부리는 사람에게 대답한 것으로 되어 있다.[다음은 정공(定公) 14년에 나오는 글이다. 부차는 사람을 궁정에 세워놓은 뒤 자기가 들고날 때 반드시 자기에게 "부차야! 너는 네 아비를 죽인 구천을 잊을 수 있느냐?"라고 말하게 하고서, 그 사람이 그렇게 말하면 부차는 대답해 말하기를[對曰(대왈)] "예, 감히 잊을 수 없습니다"라고 했다. 이렇게 한 지 3년 만에 월에 보복했다.]

왕 부차(夫差) 원년에[1] 대부 백비를 태재(太宰)로 삼았다[2]. 군사들에게 전투와 활쏘기를 익히면서 늘 월나라에 복수하겠다는 뜻을 다졌다.

2년에 오왕은 정예병을 모두 모아 월나라를 정벌하러 나서 부초(夫椒)에서 꺾음으로써[3] 고소(姑蘇)의 패배를 되갚았다. 월왕 구천(句踐)은 무장한 병사 5,000명을 데리고 회계(會稽)에 숨어 지내는[棲(서)][4] 한편, 대부 종(種)[5]

으로 하여금 오나라 태재 비를 통해 오왕에게 화친을 구하게 하면서[행성 行成][6] 나라를 넘겨주고 신첩이 되겠다고 청했다.

1) 【집해(集解)】『월절서(越絶書)』에서 말했다. "태백에서 부차까지 26대이고 1,000년이다." 【색은(索隱)】『사기(史記)』에 따르면 태백에서 수몽까지 19대이고 제번 이하가 6왕이니, 다만 25대다.

2) 【색은(索隱)】 살펴보건대 『좌전(左傳)』 정공(定公) 4년에 백비가 (태재가) 되었는데, 이는 합려(闔廬) 9년이니 부차의 대(代)는 아니다.

3) 【집해(集解)】 가규(賈逵)가 말했다. "부초는 월나라 땅이다." 두예(杜預)가 말했다. "태호(太湖) 안에 있는 초산(椒山)이다." 【색은(索隱)】 가규는 월나라 땅이라고 했는데, 대개 그 근처인 듯하지만, 그 땅이 빠져 있어 어디인지 알 수가 없다. 두예는 태호 안에 있는 초산이라고 했지만, 싸울 수 있는 장소가 아니며 부초와 초산이 하나일 수는 없다. 또 부차는 월나라에 보복하려는 뜻을 다져오다가 월나라를 쳤는데, 그렇다면 마땅히 월나라 땅에 이르러야지 어찌 오나라 국경을 벗어나지 못해 마침내 태호와 가까운 곳이었겠는가? 또한 살펴보건대, (『국어(國語)』) 「월어(越語)」에는 "오호(五湖)에서 패배했다"라는 말이 있다.

4) 【집해(集解)】 가규(賈逵)가 말했다. "회계는 산 이름이다." 【색은(索隱)】 새가 머물러 자는 것을 서(棲)라고 한다. 월은 오에 패하자, 산림에 의탁했는데, 그것을 새가 머무는 것에 비유한 것이다. 『좌전(左傳)』은 보(保), 『국어(國語)』는 서(棲)라고 했다.

5) 【색은(索隱)】 대부는 관직이고 종(種)은 이름이다. 『오월 춘추(吳越春秋)』에 종의 성은 문(文)이라고 했다. 한편, 유씨(劉氏)는 성(姓)이 대부라고 했는데 틀렸다.

6) 【집해(集解)】 복건(服虔)이 말했다. "행성(行成)이란 일이 이뤄지도록 구하는 것[구성 求成]이다." 【정의(正義)】 『국어(國語)』(「월어(越語)」)에서 말했다. "월나라에서 미

녀 8명을 꾸며 태재 비에게 바치며 말했다. '그대께서 진실로 그렇게만 해주신다면 월의 죄를 용서해주시는 것입니다.'"

오왕이 장차 이를 받아들이려 하자 오자서가 간언해 말했다.

"옛날에 유과씨(有過氏)[1]가 짐관씨(斟灌氏)를 죽이고 짐심(斟尋)을 정벌함으로써[2] 하후(夏后) 제상(帝相)[3]을 멸망시키니, 마침 임신 중이던[娠] 제상의 비후(妃后) 민(緡)[4]은 유잉국(有仍國)[5]으로 도망쳐서 소강(少康)[6]을 낳았습니다. 소강이 유잉국에서 목정(牧正)[7]이 되자 유과씨가 다시 소강을 죽이려 하니, 소강은 유우국(有虞國)[8]으로 도망쳤습니다. 유우국은 하(夏)나라의 은덕을 생각해 이에 딸 둘을 그에게 시집보내고 윤(綸)[9] 땅을 읍으로 줌으로써 1성(成)과 무리[10] 1려(旅)를 거느리게 해주었으며, 그런 뒤에 드디어 하의 무리를 거두고 관직을 어루만져주었습니다[撫][11]. 그리고 사람을 시켜 적을 유인한 뒤[12]에 드디어 유과씨를 멸망시키고 우(禹)의 공적을 회복했으니, 하의 제사를 하늘에 짝해[配天] 드리게 되었고[13] 지난날의 공업[舊物][14]을 잃지 않았습니다.

지금 오나라는 유과씨만큼 강하지 않지만 구천은 소강보다 큽니다. (그러므로) 지금 없애지 않고 그냥 둔다면 어찌 정말로 어려워지지 않겠습니까? 더욱이 구천은 사람됨이 힘든 것도 잘 견디는 자[辛苦]인지라 지금 없애지 않으면 뒤에 틀림없이 후회하게 될 것입니다."

오왕은 듣지 않고 태재 비의 말을 따라 결국 월나라와의 화평을 허락해서, 함께 맹세한 뒤에 군대를 해산하고 돌아갔다.

1) 【집해(集解)】 가규(賈逵)가 말했다. "과(過)는 나라 이름이다." 【색은(索隱)】 한착(寒浞)의 아들 요(澆)가 봉해진 나라이며, 의성(猗姓)의 나라다. 『진지도기(晉地道記)』에서 말했다. "동래(東萊) 액현(掖縣)에 과향(過鄕)이 있고 북쪽에 과성(過城)이 있는데, 옛날의 과국(過國)이다."

2) 짐관과 짐심이 하나라와 동성(同姓)이라는 것을 가씨(賈氏)는 『계본(系本)』을 근거로 해서 알아냈다. 살펴보건대, 「지리지(地理志)」에서는 북해(北海) 수광현(壽光縣)이라고 했고 응소(應劭)는 말하기를 "옛날의 짐관(斟灌)으로 우(禹)의 후손이니, 지금의 관정(灌亭)이 그곳이다"라고 했다. 또 평수현(平壽縣) 조목에서 말하기를, "옛날의 짐(斟)으로 우(禹)의 후손이니, 지금의 짐성(斟城)이 그곳이다"라고 했다. 짐(斟)은 짐(斟)과 같다.

3) 【집해(集解)】 복건(服虔)이 말했다. "하후 상(相)은 계(啓)의 손자다."

4) 【집해(集解)】 가규(賈逵)가 말했다. "민(緡)은 유잉의 성이다." 두예(杜預)가 말했다. "신(娠)이란 회신(懷身-임신)이다."

5) 【집해(集解)】 가규(賈逵)가 말했다. "유잉은 나라 이름으로, 후 민(緡)의 집안이다." 【색은(索隱)】 그 나라의 소재지는 알 수 없다. 『춘추(春秋)』 경(經) 환공(桓公) 5년에 "천왕이 잉숙(仍叔)의 어린아이를 (노나라에) 사신으로 보내 빙문했다"라고 했는데, 『곡량(穀梁)』의 경(經)과 전(傳)에서는 나란히 임숙(任叔)이라고 했다. 잉(仍)과 임(任)은 소리가 서로 비슷해 혹시 같은 땅일 수 있으니, 마치 보(甫)·여(呂)나 괵(虢)·곽(郭)과 비슷한 부류인 듯하다. 살펴보건대, 「지리지(地理志)」에 이르기를 동평(東平)에 임현(任縣)이 있다고 했으니 대개 옛날의 잉국(仍國)이다.

6) 【집해(集解)】 복건(服虔)이 말했다. "후 민의 유복자다."

7) 【집해(集解)】 왕숙(王肅)이 말했다. "목정은 가축을 관리하는 목관(牧官)의 수장이다."

8) 【집해(集解)】 가규(賈逵)가 말했다. "유우는 제순(帝舜)의 후예다." 두예(杜預)가 말했다. "양국(梁國) 우현(虞縣)이다."

9) 【집해(集解)】 가규(賈逵)가 말했다. "윤(綸)은 우현의 읍이다."

10) 【집해(集解)】 가규(賈逵)가 말했다. "사방 10리를 성(成), 500명을 려(旅)라고 한다."

11) 【집해(集解)】 복건(服虔)이 말했다. "이로 인해 업의 기반을 만든 뒤 점차 하나라 유민 대중을 거두고 하나라의 옛 관직과 법전들을 어루만져 손보았다는

말이다."

12) 【색은(索隱)】『좌전(左傳)』(애공(哀公) 원년)에 이르기를 "여애(女艾)를 간첩으로 보내 요(澆)의 동정을 살피게 해서[諜], 드디어 과국(過國)과 과국(戈國)을 멸망시켰다"라고 했으니, 두예(杜預)는 "첩(諜)이란 '살펴보다[候]'라는 뜻이다"라고 했다.

13) 【집해(集解)】 복건(服虔)이 말했다. "(우의 아버지) 곤(鯀)을 하늘에 짝하게 했다는 뜻이다."

14) 【집해(集解)】 가규(賈逵)가 말했다. "물(物)이란 관직이다." 두예(杜預)가 말했다. "물(物)이란 일[事]이다."

7년에 오왕 부차는 제(齊)나라 경공(景公)이 죽은 뒤 대신들이 서로 총애를 다투는 데다 새로 즉위한 군주가 어리다는 소식을 듣고는 마침내 군사를 일으켜 북쪽으로 제나라 정벌에 나섰다. 자서가 간언해 말했다.

"월왕 구천은 음식의 맛을 중시하지 않고 옷도 아름다운 것을 중시하지 않으며, 죽은 자를 조문하고 병든 자를 위문하면서 장차 이들을 활용하려 합니다. 이 사람이 죽지 않는 한 분명 오나라에는 근심거리가 될 것입니다. 지금 월나라는 우리 뱃속의 질병과 같거늘, 왕께서 먼저 손쓰지 않은 채 제나라에만 힘을 기울이려 하시니 실로 잘못된 것이 아니겠습니까?"

오왕은 듣지 않고 드디어 북쪽으로 제나라를 쳐서 애릉(艾陵)에서 제나라 군대를 무찔렀다[1]. 증(繒)[2]에 이르러서는 노나라 애공(哀公)을 불러서 제사용 가축 100뢰(牢)를 요구했다[3]. 노나라 계강자(季康子)가 자공(子貢)을 사신으로 보내 주(周)나라의 예법으로 태재 백비에게 유세하니 마침내 (요구를) 그쳤다. 그 참에 (오나라는) 제나라와 노나라 남쪽 땅을 공략했다.

9년에 추(騶)[4]를 위해 노나라를 쳤고, 노나라와 맹세한 뒤 마침내 떠났다.

10년에 그 참에 제나라를 치고 돌아왔다.

11년에 다시 북쪽으로 제나라를 쳤다.[5]

1) 【집해(集解)】 두예(杜預)가 말했다. "애릉은 제나라 땅이다." 【색은(索隱)】 7년이란 노나라 애공 7년이라는 말인데, 『좌전(左傳)』에는 이해에 제나라를 친 일이 없다. 애공 11년에 애릉에서 제나라를 꺾었다는 기사만 나올 뿐이다.

2) 【집해(集解)】 두예(杜預)가 말했다. "낭야(琅邪) 증현(繒縣)이다."

3) 【집해(集解)】 가규(賈逵)가 말했다. "『주례(周禮)』에 따르면 왕과 제후의 향례(享禮)는 12뢰(牢)이고 상공(上公)은 9뢰, 후백(侯伯)은 7뢰, 자남(子男)은 5뢰다." 【색은(索隱)】 이 일은 애공 7년에 나오는데, 이해는 부차 8년에 해당하니 마땅히 위의 7년과는 맞지 않다. 살펴보건대 『좌전(左傳)』에 이르기를 "자복경백(子服景伯)이 대답했으나 들어주지 않자 마침내 주었다"라고 했으니, 계강자(季康子)가 자공(子貢)을 보내 유세하게 해서 백뢰를 다 쓰지 않았다는 것은 틀렸다. 태재 비가 스스로 따로 강자를 부르자 마침내 자공으로 하여금 변명하게 한 것일 뿐이다.

4) 【색은(索隱)】 『좌전(左傳)』에는 추(騶)가 주(邾)로 되어 있으니, 소리가 비슷해서 헷갈린 것일 뿐이다. 『좌전』에 대한 두예(杜預)의 주(注)에서도 "주(邾)는 지금의 노국(魯國) 추현(騶縣)이다"라고 했다. 騶의 발음은 마땅히 주(邾)가 되어야 한다.

5) 【색은(索隱)】 『좌씨(左氏)』에 따르면 (10년과 11년은) 모두 11년, 12년이다.

월왕 구천이 자기 무리를 이끌고서 오나라에 조회를 드리고, 두텁게 뇌물과 예물을 바치자, 오왕은 기뻐했다. 오직 자서만이 두려워하며 말했다.

"이는 오나라를 버리는 것입니다[棄(기)][1]."

간언해 말했다.

"월나라는 뱃속의 근심거리이니 지금 제나라에서 뜻을 얻기는 했지만, 이는 마치 돌밭[石田(석전)]이나 같아서 쓸모가 없습니다[2]. 또 (『서경(書經)』 「상서

(商書)」) 「반경(盤庚)」의 고(誥)를 보면 '법도를 어기고 명령을 어기는 자는 아무도 남겨놓지 않았으니[顚越勿遺][3], 상나라는 이 때문에 흥했다[4]'라는 말이 있습니다."

오왕이 듣지 않고 자서를 제나라에 사신으로 보내니, 자서는 그 아들을 제나라 포씨(鮑氏)에게 맡기고[5] 돌아와서 오왕에게 보고했다. 오왕이 이를 듣고 크게 노해 자서에게 촉루검(屬鏤劍)을 내려 죽게 했다[6]. (자서가) 장차 죽으려 하면서 말했다.

"내 무덤가에 가래나무[梓]를 심어 그것으로 관을 짜라[7]. 내 눈알을 도려내[抉] 오나라 수도 동문에 걸어두었다가[8] 월이 오를 멸망시키는 것을 보게 하라!"

1) 【색은(索隱)】 『좌씨(左氏)』에는 "오나라를 이익으로 유인하는 것입니다[豢吳]"라고 되어 있다. 환(豢)은 '길러주다', '이익으로 상대방을 꾀다[養]'라는 뜻이다.

2) 【집해(集解)】 왕숙(王肅)이 말했다. "돌밭은 경작할 수가 없다."

3) 【집해(集解)】 복건(服虔)이 말했다. "전(顚)은 '무너지다[隕]', 월(越)은 '떨어지다[墮]'라는 뜻이니, 전월(顚越)이란 무도해서 다 잘라내고 끊어내 남아 있는 것이 없게 하는 것이다." 『좌전(左傳)』(애공(哀公) 11년)에서 말했다. "법도를 어기고 명령을 어기며 왕명을 공손히 봉행하지 않는 자가 있으면 그를 죽이고 그 후예도 남기지 않음으로써 이 읍에 그 종자가 옮겨 오지 못하게 할 것이라고 했습니다. 이것이 바로 상나라가 흥한 원인인데, 지금 임금께서는 그와 반대로 하고 계십니다." 이는 곧 애릉(艾陵)에서 싸웠을 때의 일이다.

4) 【집해(集解)】 서광(徐廣)이 말했다. "다른 판본에는 '반경의 고에 무너지고 어그러졌으니, 상나라가 이로써 흥했다'라고 했고, 「자서전(子胥傳)」에서는 '고(誥)에 이르기를, 무너지고 어그러져서 상나라가 흥했다'라고 했다."

5) 【집해(集解)】 복건(服虔)이 말했다. "포씨는 제나라 대부다." 【색은(索隱)】 『좌전(左傳)』에서는 단지 "제나라에 사신으로 갔다"라고 했고, 두예(杜預)는 "사사로

이 사람을 제나라에 보내 그 아들을 맡겼다"라고 풀이했다. 살펴보건대, 『좌전』에서는 또 "애릉 전투에서 돌아왔는데, 왕이 이 말을 듣고서"라고 했으니, 자서가 직접 사신으로 가지 않은 것이 분명하다.

6) 【집해(集解)】 복건(服虔)이 말했다. "촉루(屬鏤)는 칼 이름이다. 내려주어 자살하게 한 것이다." 【색은(索隱)】 칼 이름이다. 『월절서(越絶書)』에 그 이름이 보인다. 【정의(正義)】 屬의 발음은 (속이 아니라) 촉(燭)이다. 鏤의 발음은 력(力)과 우(于)의 반절음이다.

7) 【색은(索隱)】 『좌전(左傳)』에서는 "내 무덤가에 개오동나무[檟(가)]를 심어라. 그 나무가 목재로 쓸 수 있게 되면 오나라는 아마도 망해 있으리라!"라고 했다. 가래나무와 개오동나무가 서로 비슷해서 글자가 바뀐 것이다.

8) 【색은(索隱)】 抉의 발음은 (결이 아니라) 오(烏)와 혈(穴)의 반절음이다. 『국어(國語)』「오어(吳語)」에는 열(抉)이 벽(辟)으로 되어 있으며, 또 말했다. "손으로 도려냈다. 왕(王)이 화를 내며 말했다. '고(孤)는 대부로 하여금 그것을 보게 할 수 없다.' 마침내 말가죽 자루인 치이(鴟夷)에 담아서 강에 던져버렸다." 【정의(正義)】 『오속전(吳俗傳)』에서 말했다. "자서가 죽고 나자, 월나라는 송강(宋江) 북쪽부터 도랑을 열어 횡산(橫山) 동북쪽까지 성을 쌓고 오나라를 쳤다. 자서는 마침내 월나라 군대의 꿈에 나타나 동남쪽에서 들어가 오나라를 깨뜨리게 했다. 월왕이 곧바로 삼강 연안으로 이동해서 단을 세우고 말을 죽여 자서에게 제사를 지냈다. 술잔을 다 돌린 다음에 월나라는 마침내 도랑을 열어서 자서가 물결을 만들어내자, 성 동쪽을 에워쌌고, 성을 열고 들어가서 오나라를 멸망시켰다. 지금까지도 그 성을 시포(示浦)라고 하고 문을 보부(鱛鯆)라고 한다." 즉 동문으로 들어가서 오나라를 멸망시킨 것이다.

제(齊)나라 포씨(鮑氏)가 제나라 도공(悼公)을 시해했다[1]. 오왕이 이를 듣고는 군문 밖에서 사흘을 통곡하고는[2] 마침내 해변[海上(해상)][3]을 통해 제나라를 공격했다. 제나라 사람들이 오나라를 물리쳤고 오왕은 마침내 군대를

이끌고 돌아왔다.

1) 【색은(索隱)】 공의 이름은 양생(陽生)이다. 『좌전(左傳)』 애공(哀公) 10년에 "오나라가 제나라 남쪽 변방을 쳤고, 제나라 사람들은 도공을 죽였다"라고 했을 뿐 포씨에 대한 언급은 없다. 또 포목(鮑牧)은 애공 8년에 도공에게 살해되었으니, 지금 말하는 포씨는 아마도 그 집안의 당여일 것이다. 또 이 전투는 애릉(艾陵) 전투가 있기 1년 전인데 지금은 그것을 뒤에 기록하고 있으니, 이 또한 전도착란(顚倒錯亂)된 것이다.
2) 【집해(集解)】 복건(服虔)이 말했다. "제후들끼리 서로의 상(喪)을 대하는 예법이다."
3) 【집해(集解)】 서광(徐廣)이 말했다. "판본에 따라 상(上)은 중(中)으로 되어 있다."

13년에 오나라가 노나라와 위(衛)나라의 임금을 불러 탁고(橐皐)에서 회맹했다[1].

1) 【집해(集解)】 복건(服虔)이 말했다. "탁고는 땅 이름이다." 두예(杜預)가 말했다. "회남(淮南) 준주현(逡遒縣) 동남쪽이다." 【색은(索隱)】 애공(哀公) 12년 『좌전(左傳)』에서 말했다. "공은 탁고에서 오나라 임금과 회맹했고, 위후(衛侯)는 운(鄖)에서 오나라 임금과 회맹했다." 그런데 여기서는 위나라 임금도 나란히 탁고에서 회맹했다고 했으니, 살펴보건대 『좌전』에 이르기를 "오나라가 위나라를 회합에 오라고 불렀다. 애초에 위나라 사람이 오나라 행인을 죽였기에 두려워서 행인 자우(子羽)와 모의했다. 자우가 말하기를 '가지 않는 것이 좋겠습니다'라고 했고, 자목(子木)은 '가야 합니다'라고 했다." 본래는 회맹에 가고 싶지 않았기 때문에 노나라는 여름에 위나라와 회맹하려 했다가 가을이 되어서야 마침내 회맹한 것이다. 태사공(太史公)은 원래 탁고에서 불렀기에 운(鄖)을 언급하지 않은 것이다. 운은 발양(發陽)이다. 광릉현(廣陵縣) 동남쪽

에 발요구(發繇口)가 있다.

14년 봄에 오왕은 북쪽으로 가서 황지(黃池)에서 제후들과 회맹해[1] 중원(中原)[中國]을 제패함으로써 주나라 왕실을 보전하려 했다.

6월 무자일에 월왕 구천이 오나라를 쳤다. 을유일에 월나라 군사 5,000명이 오나라와 싸웠다. 병술일에 오나라 태자 우(友)를 포로로 잡았다. 정해일에 오나라에 들어갔다. 오나라 사람이 왕 부차에게 패배를 보고했는데, 부차는 이 일이 알려지는 것을 싫어했다[2]. 누군가 이 일을 누설하자 오왕이 노해 군막 아래에서 7명을 죽였다[3].

7월 신축일에 오나라 왕이 진(晉)나라 정공(定公)과 (회맹의) 장(長) 자리를 다투었다. 오왕이 말했다.

"주 왕실에서는 내가 장(長)이다[4]."

진나라 정공이 말했다.

"희씨(姬氏) 성 중에서는 내가 우두머리[伯]다[5]."

조앙(趙鞅)이 화를 내며 장차 오나라를 치려 하자 마침내 진나라 정공을 장으로 삼았다[6]. 오왕은 이미 맹세를 하고 진 정공과 헤어진 후에 송나라를 치려고 했다. 태재(太宰) 비(嚭)가 말했다.

"승리할[勝] 수는 있겠지만 차지할[居] 수는 없을 것입니다."

마침내 군대를 이끌고 귀국했다. 오나라는 태자를 잃었고 나라 안을 비워둔 채 왕이 밖에서 오래 머물렀으며 병사들이 모두 지쳐 있었기에, 이에 마침내 사신을 보내 두터운 예물로써 월나라와 화친했다[平].

1) 【집해(集解)】 두예(杜預)가 말했다. "진류(陳留) 봉구현(封丘縣) 남쪽에 황정(黃亭)이 있는데, 제수(濟水)와 가깝다."

2) 【집해(集解)】 가규(賈逵)가 말했다. "제후들에게 알려지는 것을 싫어한 것이다."

3) 【집해(集解)】 복건(服虔)이 말했다. "그렇게 해서 입을 막은 것[絶口=杜口]이다."

4) 【집해(集解)】 두예(杜預)가 말했다. "오나라가 태백(太伯)의 후예이기 때문에 장이라고 한 것이다."

5) 【집해(集解)】 두예(杜預)가 말했다. "제후들의 우두머리라는 말이다."

6) 【집해(集解)】 서광(徐廣)이 말했다. "황지(黃池)의 회맹 때 오왕이 먼저 삽혈(歃血) 했고 진나라가 그다음에 했으니, 『외전(外傳-국어)』과 같다." 배인(裴駰)이 살펴보건대, 가규(賈逵)가 말하기를 "『외전』에서는 '오왕이 먼저 삽혈 하고 진나라가 그다음에 했다'라고 했으나 진나라를 먼저 서술해 진나라에 믿음이 있음을 보였으니, 또한 이는 오나라를 멀리한 것[外]이다"라고 했다. 【색은(索隱)】 이는 『좌전(左傳)』(애공(哀公) 13년)의 글에 근거를 두고 한 말이다. "조앙이 사마인(司馬寅)에게 큰 소리로 말했다. '깃발과 북을 세우고 대열을 정비해 우리 두 신하가 죽기로 싸운다면 앞뒤의 순서[長幼]는 분명히 알 수 있을 것이오.' 이는 조앙이 화가 난 것이다. 사마인이 일단 오왕에게 가서 정황을 살펴보겠다고 청했고, 갔다가 돌아와서 말했다. '육식하는 사람은 안색이 어둡지 않은 법인데 지금 오왕은 안색이 어두우니, 국도(國都)가 적에게 함락되어 그런 것입니까?' 마침내 진나라 사람이 먼저 삽혈 했다." 바로 이것이다. 그렇다면 서광이나 가규가 근거로 삼았다고 말한 『국어(國語)』는 『좌전』과 합치하지 않으니 잘못된 것이다. 『좌씨』에 따르면 노나라 양공은 진나라, 초나라를 대신해서 회맹했고 먼저 글을 썼으니, 진나라에 믿음이 있는 듯했을 뿐이다. 외전이란 곧 『국어』인데, 이 책에는 이름이 2개다. 오나라를 멀리했다는 것은 오나라를 천한 오랑캐라 여겨서 중국과 대등할 수 없다고 보았기 때문에 멀리했던 것이다.

15년에 제나라 전상(田常)이 간공(簡公)을 죽였다[殺].

18년에 월나라가 더욱 강해졌다. 월왕 구천이 군대를 거느리고 정벌에 나서서 입택(笠澤)에서 오나라 군대를 꺾었다. 초나라가 진(陳)나라를 멸망시

켰다.

20년에 월왕 구천이 다시 오나라를 쳤다[1].

21년에 드디어 오나라(수도)를 에워쌌다.

23년 11월 정묘일에 월나라가 오나라를 꺾었다. 월왕 구천이 오왕 부차를 용동(甬東)[2]으로 옮기고 민가 100호를 주어 살게 하려고 했다. 오왕이 말했다.

"고(孤-제후의 자칭)는 나이가 많아 군왕을 섬길 수 없다. 내가 자서의 말을 쓰지 않아[不用(불용)] 내 스스로 이 지경에 이른 것이다."

드디어 스스로 목을 찔러[自剄(자경)] 죽었다[3]. 월왕은 오나라를 멸망시키고 나서 태재 비를 불충했다고 해서 주살한 뒤 돌아갔다.

1) 【색은(索隱)】 애공(哀公) 19년 『좌전(左傳)』에서 말했다. "월나라 사람들이 초나라를 침범했는데, 이는 오나라로 하여금 (자기들을 치지는 않을 것이라고) 오판하게 하는 것이었다." 두예(杜預)가 말했다. "오나라로 하여금 오판을 하게 하려는 것이란 방비를 하지 않게 하려는 것이다." (이해에) 오나라를 친 일은 없다.

2) 【집해(集解)】 가규(賈逵)가 말했다. "용동은 월나라 동쪽 변방이며 용강(甬江) 동쪽이다." 위소(韋昭)가 말했다. "구장(句章)은 동해(東海) 구외주(口外州)다." 【색은(索隱)】 『국어(國語)』에 이르기를, 용구(甬句)의 동쪽이며 월나라 땅인데 회계(會稽) 구장현(句章縣) 동해(東海)에 있는 주(州)라고 했다. 살펴보건대, 지금의 무현(鄮縣)이 이곳이다.

3) 【집해(集解)】 『월절서(越絶書)』에서 말했다. "부차의 무덤은 유정(猶亭) 서쪽 비유위(卑猶位)에 있는데, 월왕이 무장한 병사들을 시켜 흙 한 광주리[樏(나)=虆(나)]씩 갖고 가서 성토해 안장하게 했다. 태호(太湖)에서 가까우며, 현에서의 거리가 57리다." 【색은(索隱)】 『좌전(左傳)』에 이르기를 "마침내 목을 매어 죽자, 월나

라 사람들이 돌아갔다"라고 했다. 유정(猶亭)은 정(亭)의 이름이다. 비유위(卑猶位) 석자는 모두 지명인데, 『오지기(吳地記)』에 이르기를 "서침산(徐枕山)은 일명 비유산(卑猶山)이라고 한다"라고 한 것이 그것이다. 의 발음은 노(路)와 화(禾)의 반절음이다. 작은 대바구니로 흙을 옮겨 쌓는 것[盛土]이다.

태사공(太史公)이 말한다.

"공자가 말하기를 '태백은 지극한 다움을 갖춘 인물[至德]이라고 부를 만하다. 세 번 천하를 사양하고도 백성이 그 다움을 칭송할 수 없게 했구나![1]'라고 했다. 나는 『춘추(春秋)』의 고문을 읽고서야 마침내 중국의 우(虞-순임금)와 형만(荊蠻)의 구오(勾吳)가 형제임을 알았다. 연릉계자(延陵季子)의 어진 마음은 마땅함을 사모함[慕義]이 끝이 없어서 미세한 것을 보고도 맑고 탁함[淸濁]을 알아차렸도다. 오호라! 그는 또 얼마나 견문이 넓고 학식이 풍부한[閎覽博物] 군자인가![2]"[3]

1) 【집해(集解)】 왕숙(王肅)이 말했다. "태백은 동생 계력(季歷)이 뛰어나고 또 그가 빼어난 아들[聖子] 창(昌)을 낳자, 창이 반드시 천하를 소유하게 되리라고 보았다. 그래서 태백은 세 번 천하를 사양하고 왕계(王季-계력)에게 넘어가게 했다. 그가 사양하고 숨어버렸기에 칭송할 수가 없었으니, 이것이 바로 그가 지극한 다움을 갖췄다고 말한 까닭이다."[『논어(論語)』 「태백(泰伯)」편에 나오는 말이다.]

2) 【집해(集解)】 『황람(皇覽)』에서 말했다. "연릉계자의 무덤은 비릉현(毗陵縣) 기양향(暨陽鄕)에 있는데, 지금까지도 관리와 백성이 모두 그의 제사를 지내고 있다."

3) 【색은술찬(索隱述贊)】 태백이 오나라를 만들었는데[太伯作吳]/깎듯이 사양함은 도모함이 컸도다[高讓雄圖]/주장이 나라를 이어받아[周章受國]/별도로 우에 봉해졌구나[別封於虞]/수몽이 처음에 패권을 쥐자[壽夢初霸]/비로소 병거를

셨다네[始用兵車]/세 아들이 차례로 세워졌어도[三子遞立]/연릉은 그 자리에 오르지 않았도다[延陵不居]/광이 이미 왕위를 찬탈하니[光既簒位]/이 사람을 합려라 하네[是稱闔閭]/왕 요가 피살되었으니[王僚見殺]/어지러움은 전제에서 시작되었도다[賊由專諸]/부차가 월나라 가벼이 여겨[夫差輕越]/고소에서 패배를 당했다네[取敗姑蘇]/용동에서 치욕 당하고[甬東之恥]/헛되이 오서에 부끄럽다 하는구나[空慙伍胥]!

권32 — 제태공세가(齊太公世家) 제2

권32 제태공세가(齊太公世家) 제2[1)]

태공망(太公望) 여상(呂尙)은 동해 바닷가[東海上] 사람이다[2)]. 그 선조는 일찍이 사악(四嶽)으로서, 우(禹)를 도와 물과 땅을 정비하는 데 큰 공을 세웠다. 그들은 우(虞-순임금)와 하(夏)나라 때는 여(呂)[3)]나 신(申)[4)] 땅에 봉해지기도 했는데, 성을 강씨(姜氏)라 했다. 하나라와 상나라 때는 신과 여 땅에 혹 방계 자손들이 봉해지기도 했고 혹 서인(庶人-평민)이 되기도 했는데, 상(尙)은 그들의 먼 후예다. 본래 성은 강씨였지만 그 봉해진 성을 따라서 여상(呂尙)이라고 했다.

1) 【정의(正義)】『괄지지(括地志)』에서 말했다. “천제지(天齊池)가 청주(青州) 임치현(臨淄縣) 동남쪽으로 15리에 있다. 「봉선서(封禪書)」에 이르기를 ‘제(齊)가 제(齊)인 까닭은 하늘이 모든 것을 가지런하게 해주기[齊] 때문이다’라고 했다.”

2) 【집해(集解)】『여씨춘추(呂氏春秋)』에서 말했다. “동이(東夷)의 땅이다.” 【색은(索隱)】 초주(譙周)가 말했다. “성은 강(姜)이고 이름은 아(牙)다. 염제(炎帝)의 후예이자 백이(伯夷)의 후손인데, 사악(四岳)을 담당해 공로가 있어 여(呂)에 봉해졌다. 자손들이 그 봉해진 성[封姓]을 따랐으니, 상(尙)은 그들의 후손이다.” 살펴보건대 뒤에 문왕이 그를 위수(渭水) 물가에서 얻고서 말하기를 “우리 선군 태공(太公)께서 그대를 기다린 지[望] 오래다”라고 하고서 칭호를 태공망(太公望)이라고 했다. 대개 아(牙)는 자(字)이고 상(尙)이 그의 이름이며, 뒤에 무왕이 그에게 칭호를 내려 사상보(師尙父)라고 했다.

3) 【집해(集解)】 서광(徐廣)이 말했다. “여(呂)는 남양(南陽) 원현(宛縣) 서쪽이다.”

4) 【색은(索隱)】「지리지(地理志)」에 따르면, 신(申)은 남양 완현에 있고 신백국(申伯國)이며 여(呂) 또한 완현의 서쪽에 있었다고 했다.

여상은 대개 일찍이 생활이 곤궁하고 나이가 많았는데[1], 낚시를 통해 주(周)나라 서백(西伯-문왕)을 만나고자 시도했다[奸(간)=干(간)=求(구)][2]. 서백이 장차 사냥을 가려고 점을 쳤더니 "잡게 되는 것은 용도 이무기[彲(치)][3]도 호랑이도 곰도 아니다. 패왕을 보좌할 신하를 얻을 것이다"라는 점괘가 나왔다. 이에 주나라 서백이 사냥을 나갔는데, 과연 위수(渭水) 북쪽[陽(양)]에서 태공을 만나 함께 이야기를 나누고는 크게 기뻐하며 말했다.

"우리 선군이신 태공(太公) 때부터 '빼어난 이[聖人(성인)]가 주나라에 오면 주나라가 흥할 것이다'라고 했는데, 당신이 진정 그분 아니십니까? 우리 태공께서 당신을 기다리신[太公望(태공망)] 지 오래입니다."

그래서 그를 '태공망(太公望)'이라고 부르며 함께 수레를 타고 돌아와서는 그를 세워 사(師-스승)[4]로 삼았다.

1) 【색은(索隱)】 초주(譙周)가 말했다. "여망은 일찍이 조가(朝家)에서 소를 도살했고 맹진(孟津)에서 술을 팔았다."

2) 【정의(正義)】『괄지지(括地志)』에서 말했다. "자천(茲泉)의 수원은 기주(岐州) 기산현(岐山縣) 서남쪽 범곡(凡谷)에서 나온다. 『여씨춘추(呂氏春秋)』에 이르기를 '태공이 자천에서 낚시하다가 문왕을 만났다'라고 했다. 역원(酈元)이 말하기를 '반계(磻磎=磻溪) 안에 샘이 있는데, 자천이라고 한다. 샘물이 못에 모여들어 스스로 깊은 연못을 이루는데, 그 연못가가 바로 태공이 낚시하던 곳이며 지금 사람들은 범곡이라고 부른다. 암벽이 높고 그윽한 대나무들이 울창하게 자랐으며 숲과 늪지가 매우 험해서 인적이 드물다. 동남쪽 구석에 석실(石室)이 있는데, 아마도 태공이 거처했던 곳이리라. 물은 반석(磻石)에까지 차올라 낚시를 할 만한 곳이니, 곧 태공이 낚싯대를 드리웠던 곳이다.

그가 낚싯대를 던지고 꿇어앉아 있던 곳에는 두 무릎의 흔적이 아직도 남아 있는데, 이를 반계라고 부르는 것이다. 그 물은 신기할 정도로 맑고 청량하며 북쪽으로 12리를 흘러 위수(渭水)로 들어간다'라고 했다. 『설원(說苑)』에 이르기를 '여망은 나이가 70세로 위수 물가에서 낚시했는데, 사흘 밤낮으로 물고기가 한 마리도 물지 않자, 망이 이에 화가 나서 의관을 벗어던졌다. 근처에 어떤 농사꾼이 있었으니, 옛날의 이인(異人)이었는데, 그에게 이렇게 말했다. "그대는 일단 다시 낚시를 하되, 반드시 그물망을 가늘게 하고 미끼에는 향이 나게 하여 천천히 던져서 물고기가 놀라지 않게 해야 할 것이오"라고 했다. 망이 그의 말대로 하자 처음에는 붕어가 잡혔고, 그다음에는 잉어가 잡혔다. 잡은 물고기의 배를 갈라 글을 얻었는데, 거기에는 "여망이 제(齊)에 봉해지리라"라고 되어 있었다. 망은 그 이적(異蹟)이 무엇을 뜻하는지를 알아차렸다'라고 했다."[조선 후기 실학자 유형원(柳馨遠, 1622~1673년)의 호 반계(磻溪)도 여기에서 비롯되었으리라.]

3) 【집해(集解)】 서광(徐廣)이 말했다. "(彲의 발음은 이가 아니라) 칙(勑)과 지(知)의 반절음이다." 다른 판본에서는 또한 이(螭-교룡)자로 되어 있다.

4) 여기서 '세워 삼았다[立爲(입위)]'라고 했으니, 보다 공식적인 스승을 말한다.

어떤 사람이 말했다.

"태공은 널리 들은 것이 많았고 일찍이 (은나라 마지막 왕) 주(紂)를 섬겼는데, 주가 무도하자 그를 떠났다. 제후들에게 유세했으나 알아주는 이를 만나지 못하다가[無所遇(무소우)=不遇(불우)], 결국 서쪽으로 가서 주나라 서백에게 귀의하게 된 것이다."

또 어떤 사람이 말했다.

"여상(呂尙)은 처사(處士)로서 바닷가에 숨어 지냈다. 서백이 유리(羑里)에 갇히게 되자 평소 알고 지내던 산의생(散宜生)과 굉요(閎夭)가 여상을 불렀다. 여상 역시 말하기를 '내가 듣건대 서백은 뛰어나고[賢(현)] 늙은이를 잘

모신다고 하니 어찌 가지 않겠는가'라고 했다. 세 사람이 서백을 위해 미녀와 기이한 물건들을 구해서 주에게 바침으로써 서백의 죄를 면하게 해주었다. (이렇게 해서) 서백이 풀려나 나라로 돌아갈 수 있었다."

여상이 주나라를 섬기게 된 과정에 대해서는 하는 이야기마다 비록 다르지만, 그러나 요점은 그가 문왕과 무왕의 사(師-스승)가 되었다는 사실이다.

주나라 서백 창(昌)은 유리에서 벗어나 돌아온 뒤로 여상과 은밀히 모의하며 다움을 닦아서[脩德(수덕)] 상나라 정권을 기울게 했으니, 그 일에는 병권(兵權)과 기이한 계책이 많이 쓰였다[1]. 그래서 후세 사람들이 군사의 일과 주나라의 은밀한 권모술수[陰權(음권)]를 말할 때면 모두 태공을 으뜸으로 받들었다.

주나라 서백의 정치가 공평하고 우(虞)와 예(芮)의 소송을 잘 결단하자 시인(詩人)들은 (『시경(詩經)』에서) 서백이 천명을 받은 문왕(文王)이라고 칭송했다. 숭(崇), 밀수(密須)[2], 견이(犬夷)를 정벌하고 풍읍(豐邑)을 크게 일으켰다. 천하의 3분의 2가 주나라에 귀의했는데 여기에는 태공의 모계(謀計)가 많이 작용했다[居多(거다)].

1) 【정의(正義)】『육도(六韜)』에서 이렇게 말했다. "무왕(武王)이 태공에게 물었다. '12율과 음을 가지고 삼군(三軍)의 동향이나 성패를 알 수 있습니까?' 태공이 말했다. '그 뜻이 깊습니다, 왕의 질문이시여! 무릇 율관(律管)에는 열두 가지가 있는데 그것을 요약하면 다섯으로 궁(宮)·상(商)·각(角)·치(徵)·우(羽)이니, 이는 바른 소리이자 만대불변입니다. 오행(五行)의 신비로움이자 도리의 일정함으로써 이를 통해 적을 알 수 있으니, 금(金)·목(木)·수(水)·화(火)·토(土)는 각각 그것이 이기는 법도가 있습니다. 그 방법은 이렇습니다. 하늘이 맑고 고요해 먹구름이나 비바람이 없을 때를 이용해서 한밤중에 경

무장한 기병을 적군의 보루에서 900보쯤 떨어진 지점에 은밀히 접근시킨 뒤, 적진을 향해 큰소리로 함성을 질러서 적군을 놀라게 합니다. 이렇게 하여 적진에서 반응하는 소리를 12율의 관(管)으로 듣습니다. 이때 관에 울리는 소리는 아주 미미합니다. 각(角)의 소리가 관에 울려왔을 때는 백호에, 치(徵)의 소리가 관에 울려왔을 때는 현무에, 상(商)의 소리가 관에 울려왔을 때는 주작에 해당합니다. 반응이 없어 오음에 해당하는 것이 없어 상(商)의 소리가 들리지 않으면 이는 청룡에 해당합니다. 이것이 오행의 부험(符驗)으로, 상극의 진리에 따라 적을 이길 수 있는 징조이자 성패의 관건입니다.'"

2) 【색은(索隱)】 살펴보건대 『군국지(郡國志)』에 따르면 동군(東郡) 늠구현(廩丘縣) 북쪽에 있으며 지금은 고성(顧城)이라고 한다. 밀수는 길성(姞姓)으로서 하남(河南) 밀현(密縣) 동쪽에 있는데 옛날의 밀성(密城)이니, 안정(安定)의 희성(姬姓)인 밀국(密國)과는 구별된다.

문왕이 붕(崩)하자 무왕(武王)이 자리에 나아갔다. 9년에 (무왕이) 문왕의 대업을 닦고자 하여 동쪽으로 정벌에 나서서 제후들이 (자기에게) 모이는지 여부[集否(집부)]를 살폈다. 군대가 출정할 때 사상보(師尙父-태공망)[1]가 왼손에는 황색 도끼[黃鉞(황월)]를, 오른손에는 소꼬리 장식을 한 흰 깃발[白旄(백모)]을 들고 맹세했다.

"외뿔소여, 외뿔소여[蒼兕蒼兕(창시 창시)][2],

너희 무리를 모두 모으라.

너희에게 배의 노[舟楫(주즙)]를 맡길 것이니,

늦게 오는 자는 목을 벨 것이로다!"

드디어 맹진(盟津)에 이르렀다. 제후들끼리 따로 기약하지 않았는데도[不期(불기)][3] 모인 제후가 800명이었다.

제후들이 모두 말했다.

"주(紂)는 정벌할 수 있습니다."

무왕이 말했다.

"아직은 아니다."

군대를 돌리고서 태공과 함께 이 「태서(太誓)」[4]를 지었다.

1) 【집해(集解)】 유향(劉向)이 『별록(別錄)』에서 말했다. "스승으로 모시며 그를 높여서 아버지처럼 대한다고 해서 사상보(師尙父)라고 한 것이다. 부(父)도 역시 남자를 부르는 아름다운 칭호다."

2) 【색은(索隱)】 판본에 따라 창치(蒼雉)로 되어 있다. 살펴보건대, 마융(馬融)이 말하기를 "창시(蒼兕)란 배의 노를 주관하는 관직 이름"이라고 했다. 또 왕충(王充)이 말하기를 "창시란 물속에 사는 짐승으로, 머리가 아홉"이라고 했다. 지금 대중에게 맹세하면서 서둘러 구원하라고 했으니, 이는 창시를 말해 그들을 겁준 것이다. 그러나 이 글 위아래는 모두 금문(今文-금문상서)의 「태서(泰誓)」다.[즉 지금의 『서경(書經)』 「주서(周書)」에는 나오지 않는 내용이다.]

3) 그만큼 상나라 주왕이 폭군이었기에 제후들의 자발성이 컸음을 단적으로 보여주는 표현이다.

4) 『서경(書經)』 「주서(周書)」의 편 이름이다.

2년 뒤에 주(紂)가 왕자 비간(比干)을 죽이고 기자(箕子)를 감옥에 가두었다. 무왕이 장차 주를 치고자 해서 거북점을 쳤는데, 점괘[兆]가 불길했고 비바람이 거세게 몰아쳤다. 여러 공(公)은 모두 두려워했으나 오직 태공(太公)만이 무왕에게 강력하게 권유하니, 무왕이 이에 드디어 정벌에 나섰다.

11년[1] 정월 갑자일에 목야(牧野)에서 맹세하고 상주(商紂)를 쳤다. 주(紂)의 군대가 패했다[敗績][2]. 주가 몸을 돌려 달아나서 녹대(鹿臺)로 올라갔는데, 드디어 끝까지 쫓아가서 주를 목 베었다. 다음 날 무왕이 사직(社稷)에 서고 여러 공이 맑은 물[明水]을 받드니[3], 위(衛) 강숙(康叔) 봉(封)은 여러 색의 자리[采席]를 폈고[4] 사상보는 희생으로 쓸 짐승을 끌고 왔으며

사관(史官) 일(佚)은 축문을 읽어 주의 죄를 토벌한 일을 하늘에 아뢰었다.

녹대의 돈과 거교(鉅橋)의 식량을 풀어 가난한 백성을 진휼했다. 비간의 무덤에 봉분을 높여주었고, 감옥에 있던 기자를 풀어주었다. 구정(九鼎)을 옮기고 주나라 정치를 닦아서 천하와 더불어 다시 시작했다[更始(갱시)]. (이 과정에서) 사상보의 모계(謀計)가 많이 작용했다[居多(거다)].

1) 【집해(集解)】 서광(徐廣)이 말했다. "판본에 따라 3년이라고 되어 있다."

2) 패적(敗績)이란 자기 나라가 패전한 것을 이르는 말이다. 아직 상나라가 망하지 않았기 때문에 이렇게 말한 것으로 보인다.

3) 【색은(索隱)】 「주본기」에서 모숙정(毛叔鄭)이 맑은 물을 받들었다고 했다.

4) 【색은(索隱)】 「주본기」에서 위강숙 봉이 자리를 폈다[布兹(포자)]라고 했다. 자(兹)는 석(席-자리)이니, 그래서 여기서도 채석(采席)이라고 한 것이다.

이에 무왕은 이미 상나라를 평정하고[平商(평상)=翦商(전상)] 천하에 왕 노릇을 하게 되자[王天下(왕천하)] 사상보를 제(齊)나라 영구(營丘)[1]에 봉했다. (사상보가) 동쪽으로 봉국에 나아가던 중에, 길에서 묵느라 행차가 더뎠다. 나그네를 맞이하는 여관[逆旅(역려)] 주인이 말했다.

"제가 듣건대, 때란 얻기는 어려워도 잃기는 쉽다고 했습니다. 손님이 아주 편히 주무시는 것을 보니 아마도[殆(태)] 봉국으로 나아가시는 분은 아닌 것 같습니다."

태공이 이 말을 듣고는 밤중에 옷을 입고 길을 나서서 날이 막 밝을 무렵[犁明(이명)=黎明(여명)][2] 봉국에 이르렀다. 내(萊)나라 후(侯)가 내침하자 그와 영구를 두고 다투었다. 영구는 내나라와 가까웠다. 내나라 사람들은 오랑캐인데, 마침 주(紂)의 난정(亂政)이 있었고 주나라가 천하를 평정한 초기라서 먼 곳까지 안정시키지 못했기 때문에 (내나라는) 태공과 봉국(-영구)을 놓고서 다툰 것이다.

1) 【정의(正義)】 『괄지지(括地志)』에서 말했다. "영구는 청주(青州) 임치(臨淄)에서 북쪽으로 100보 밖에 있는 성안이다."

2) 【색은(索隱)】 犂의 발음은 리(里)와 해(奚)의 반절음이다. 이(犂)는 비(比-거의)인데, 일설에는 이(犂)를 '늦다[遲(지)]'로 본다.

태공이 봉국에 이르러 정치를 닦고[脩政(수정)] 그곳의 습속에 바탕을 두고서 예법을 간소하게 했으며 상공업을 통하게 하고 어업과 소금 굽기의 이로움을 편리하게 해주니, 많은 백성이 제나라로 귀의해 제나라는 대국이 되었다. 주나라 성왕(成王)은 아직 어릴 때라 관숙(管叔)과 채숙(蔡叔)이 난을 일으키고 회이(淮夷)[1]가 주나라에 반기를 들자 마침내 소강공(召康公)[2]을 보내 태공에게 명해 말했다.

"동쪽으로는 바다, 서쪽으로는 황하, 남쪽으로는 목릉(穆陵), 북쪽으로는 무체(無棣)에 이르는 땅에서[3] 다섯 등급의 제후[五侯(오후)]와 아홉 주의 우두머리[九伯(구백)]에 대한 사실상의 정벌권을 부여하노라[4]."

제나라는 이로 말미암아 정벌권을 가짐으로써 대국이 되었다. 영구(營丘)에 도읍했다.

1) 【정의(正義)】 공안국(孔安國)이 말했다. "회포(淮浦)의 이(夷)와 서주(徐州)의 융(戎)이다."

2) 【집해(集解)】 복건(服虔)이 말했다. "소공(召公) 석(奭)이다."

3) 【집해(集解)】 복건(服虔)이 말했다. "이는 모두 태공이 처음으로 토지를 봉해 받은 영토가 닿는 곳이다." 【색은(索隱)】 구설(舊說)에 따르면 목릉은 회계(會稽)라고 했는데 틀렸다. 살펴보건대, 지금 회남(淮南)에 옛 목릉문이 있는데 이는 초나라 국경지대이며, 무체는 요서(遼西) 고죽(孤竹)에 있다. 복건은 태공이 봉해 받은 영토가 닿는 곳이라고 했는데, 그렇지 않다. 대개 그가 정벌해서 닿을 수 있는 곳까지의 영역이다.

4) 【집해(集解)】 두예(杜預)가 말했다. "다섯 등급의 제후와 구주의 백(伯)에 대해 모두 그들의 죄를 정벌하고 토죄할 수 있는 권한을 갖게 된 것이다."

대개 태공이 100여 세 때에 졸(卒)하자[1] 아들 정공(丁公) 여급(呂伋)이 세워졌다[2].

정공이 졸하자 아들 을공(乙公) 득(得)이 세워졌다.

을공이 졸하자 아들 계공(癸公) 자모(慈母)가 세워졌다[3].

계공이 졸하자 아들 애공(哀公) 불신(不辰)이 세워졌다[4].

1) 【집해(集解)】 『예기(禮記)』에서 말했다. "태공이 영구에 봉해져서 5세까지는 모두 주나라에 돌아와 장사를 지냈다." 정현(鄭玄)이 말했다. "태공은 봉을 받고[受封(수봉)] 머무르며 태사가 되었으니, 주나라에서 죽어 안장되었다. 5세가 지난 후부터 마침내 제나라에 안장되었다." 『황람(皇覽)』에서 말했다. "여상의 무덤은 임치현성(臨菑縣城) 남쪽에 있으며 현과의 거리는 10리다."

2) 【집해(集解)】 서광(徐廣)이 말했다. "판본에 따라 급(及)으로 되어 있다." 【정의(正義)】 시호법에 따르면, 마땅함을 이어받고 선군을 이기려 하지 않는 것[述義(술의)不克(불극)]을 일러 정(丁)이라고 한다고 했다.

3) 【색은(索隱)】 『계본(系本)』에는 "유공(庮公) 자모"라고 했고, 초주(譙周)는 또 말하기를 "제공(祭公) 자모"라고 했다.

4) 【색은(索隱)】 『계본(系本)』에는 불신(不臣)이라고 했는데, 초주(譙周) 또한 말하기를 불신(不辰)이라고 했다. 송충(宋忠)이 말했다. "애공이 황음에 빠져 사냥과 유희를 좋아했으니, 나라의 역사에서는 시를 지어 그를 풍자했다."

애공 때 기(紀)나라 제후가 그를 주나라에 중상모략하자 주나라에서는 애공을 삶아 죽이고[烹(팽)][1] 그의 동생 정(靜)을 세웠으니, 이 사람이 호공(胡公)[2]이다. 호공은 도읍을 박고(薄姑)[3]로 옮겼는데, 주나라 이왕(夷王) 때 해

당한다.

1) 【집해(集解)】 서광(徐廣)이 말하기를, 주나라 이왕(夷王)이라고 했다.

2) 【정의(正義)】 시호법에 따르면, 오래도록 장수하는 것[彌年壽考(미년 수고)]을 일러 호(胡)라고 한다.

3) 【정의(正義)】 『괄지지(括地志)』에서 말했다. "박고성은 청주(青州) 박창현(博昌縣) 동북쪽으로 60리에 있다."

애공과 같은 어머니에게서 태어난 막냇동생 산(山)이 호공에게 원한을 품었다가, 마침내 그 무리와 함께 영구 사람들을 이끌고 호공을 기습 공격해 죽이고는 스스로를 세웠으니[自立(자립)][1] 이 사람이 헌공(獻公)이다. 헌공 원년에 호공의 아들들을 모두 쫓아내고 그 참에 박고에서 임치(臨菑)로 도읍을 옮겼다.

1) 【색은(索隱)】 송충(宋忠)이 말했다. "그의 당여 주마수(周馬繻)의 사람들이 호공을 패수(貝水)로 끌고 가서 죽이고 산(山)이 스스로를 세웠다."[『국어(國語)』「초어(楚語)」에서는 제나라 대부인 추마수(騶馬繻)가 호공을 구수(具水)에 빠뜨려 죽였다고 했다.]

9년에 헌공이 졸하자 아들 무공(武公) 수(壽)가 세워졌다.

무공 9년에 주나라 여왕(厲王)이 도망쳐 나와 체(彘)[1] 땅에 머물렀다.

10년에 주나라 왕실이 혼란에 빠져 대신들이 정사를 행했으니, 이를 일러 '공화(共和)'라고 했다.

24년에 주나라 선왕(宣王)이 처음으로 세워졌다.

1) 【정의(正義)】 직(直)과 여(厲)의 반절음이다. 『괄지지(括地志)』에서 말했다. "진주

(晉州) 곽읍현(霍邑縣)이다." 정현(鄭玄)이 말했다. "곽산(霍山)은 체(彘)에 있는데, 본래 진(秦)나라 때 곽백국(霍伯國)이다."

26년에 무공이 졸하자 아들 여공(厲公) 무기(無忌)가 세워졌다. 여공이 포학하게 굴자, 호공의 아들이 다시 제나라로 들어왔고, 제나라 사람들이 그를 세우고자 마침내 함께 여공을 공격해 죽였다. 호공의 아들도 싸우다가 죽었기 때문에 제나라 사람들은 마침내 여공의 아들 적(赤)을 세워 군(君)으로 삼았으니, 이 사람이 문공(文公)이다. (문공은) 여공을 죽인 자 70명을 주살했다.

문공이 12년 만에 졸하자 아들 성공(成公) 탈(脫)[1]이 세워졌다.
성공이 9년 만에 졸하자 아들 장공(莊公) 구(購)가 세워졌다.

1) 【색은(索隱)】『계본(系本)』과 초주(譙周)는 모두 설·열·탈(說)이라고 했다.

장공 24년에 견융(犬戎)이 (주나라) 유왕(幽王)을 죽이자 주나라는 동쪽 낙읍(雒邑)으로 도읍을 옮겼다. 진(秦)나라가 비로소 반열에 올라 제후가 되었다.
56년에 진(晉)나라에서는 그 임금 소후(昭侯)를 시해했다.

64년에 장공(莊公)이 졸하자 아들 희공(釐公) 녹보(祿甫)가 세워졌다.

희공 9년에 노나라 은공(隱公)이 처음으로 세워졌다. 19년에 노나라 환공(桓公)이 그의 형 은공을 시해하고 스스로를 세워 임금이 되었다.

25년에 북융(北戎)이 제나라를 쳤다. 정(鄭)나라가 태자 홀(忽)을 보내 제

나라를 구원하자 제나라가 홀에게 딸을 주려 하니, 홀이 말했다.

"정나라는 작고 제나라는 크기 때문에 이 몸이 감당할[敵=堪] 수 없습니다."

끝내 사양했다.

32년에 희공과 같은 어머니에게서 난 동생 이중년(夷仲年)이 죽었다. 아들 공손무지(公孫無知)를 희공이 아껴 녹봉과 의복에 대한 대우를 태자와 같게 해주었다.

33년에 희공이 졸하자 태자 제아(諸兒)가 세워졌으니, 이 사람이 양공(襄公)이다.

양공 원년이다. 애초에 태자로 있을 때 일찍이 무지(無知)와 싸운 적이 있던 터라, 세워지자마자 무지의 녹봉과 의복에 대한 우대를 강등하니[絀=黜] 무지가 원망을 품었다.

4년에 노나라 환공(桓公)이 부인(夫人)과 함께 제나라에 왔다. 제나라 양공은 예전에 일찍이 노나라 부인과 사사로이 간통을 저지른 적이 있었다. 노나라 부인이란 양공의 (배다른) 여동생으로 희공 때 시집가서 노 환공 아내가 되었는데, 환공이 제나라에 오자 양공은 다시 (그녀와) 사사로이 간통을 저질렀다. 노 환공이 이를 알고 부인에게 화를 냈고, 부인은 이를 제 양공에 말했다.

제 양공이 노나라 임금과 술을 마시다 그를 취하게 만든 다음에, 역사 팽생(彭生)을 시켜 노나라 임금을 안아 마차에 태우면서 노 환공의 늑골을 으스러뜨려[拉][1] 죽이게 했다. 노 환공은 수레에서 내려질 때 이미 죽어 있었고, 노나라 사람들이 이를 책망하자[讓][2] 제 양공은 팽생을 죽여 노나라에 사과했다.

1) 【집해(集解)】 『공양전(公羊傳)』에서 말했다. “늑골을 부숴[搚幹] 죽였다.” 하휴(何休)가 말했다. “납(搚)이란 부러뜨릴 때 나는 소리다.” 【정의(正義)】 拉의 발음은 력(力)과 합(合)의 반절음이다.

2) 【색은(索隱)】 양(讓)은 ‘꾸짖다[責]’라는 뜻이다.

8년에 기(紀)나라를 치자 기나라는 도읍을 옮겨 떠나갔다[1).]

1) 【집해(集解)】 서광(徐廣)이 말했다. “「연표(年表)」에 이르기를, 자기 도읍을 떠나갔다고 했다.” 【색은(索隱)】 『춘추(春秋)』 장공(莊公) 4년에 “기후(紀侯)가 영원히[大] 자기 나라를 떠났다”라고 하고 『좌전(左傳)』에 이르기를 “제나라의 난을 피해서 간 것이다”라고 한 것이 이것이다.

12년이다. 애초에 양공은 대부 연칭(連稱), 관지보(管至父)를 보내 규구(葵丘)를 지키게 하면서[戍=守][1)], 오이가 익을 때 갔다가 (이듬해 다시) 오이가 익으면[及瓜][2)] 교대해주기로 했다. (그러나) 가서 규구를 지킨 지 1년이 지나 드디어 오이가 익었는데도 공은 군대를 보내 교대해주지 않았고, 간혹 교대를 청하기도 했으나 공은 허락하지 않았다. 그 일로 두 사람은 화가 나서 공손무지(公孫無知)와 모의해 반란을 꾀했다. 연칭에게는 공의 궁에 사는 사촌 누이동생[從妹]이 있었는데[3)] 총애를 받지 못하고 있었기에 (연칭이) 그녀를 시켜 공을 살펴보게 하고는[間][4)] “일이 성공하면 너를 무지의 부인이 되게 해줄 것”이라고 했다. 겨울 12월에 양공이 고분(姑棼)[5)]에 놀러 나갔다가, 드디어 패구(沛丘)[6)]까지 사냥을 갔다. 멧돼지를 보자 시종이 말했다.

“팽생이다!”[7)]

양공이 화를 내며 활을 쏘자, 멧돼지가 사람처럼 서서 울부짖었다[啼]. 양공이 겁에 질려 수레에서 떨어졌으며, 발을 다치고 신발을 잃어버렸다.

돌아와서는 신발을 담당하는 불(茀)[8]에게 채찍을 300대나 때렸고, 불은 궁에서 나왔다.

한편 무지·연칭·관지보 등은 공이 다쳤다는 소식을 듣고 마침내 그 무리를 이끌고 궁궐을 습격했다. 가던 중에 신발 담당 불과 마주쳤는데, 불이 말했다.

"장차 궁을 놀라게 하면서 들어가지 마십시오. 궁을 놀라게 하면 들어가기가 쉽지 않을 것입니다."

무지가 믿지 않다가 불이 상처[創=瘡]를 보여주자 마침내 그를 믿었다. 그들은 궁 밖에서 기다리며 불을 먼저 들여보냈다. 불은 먼저 들어가서 바로 양공을 문 사이에 숨겼다. 한참이 지나 무지 등이 두려워하면서 드디어 궁으로 들어갔다. 불은 도리어 궁중 사람, 양공의 측근 신하들과 함께 무지 등을 공격했으나 이기지 못하고 모두 죽었다. 무지가 궁에 들어가서 공을 찾았으나 찾아내지 못했다. 누군가 문틈으로 사람의 발이 나와 있는 것을 발견하고는 열어보니 마침내 양공이었고, 드디어 그를 시해한[弑] 뒤에 무지가 스스로를 세워 제나라 임금이 되었다.

1) 【집해(集解)】 가규(賈逵)가 말했다. "연칭과 관지보는 둘 다 제나라 대부다." 두예(杜預)가 말했다. "임치현(臨淄縣) 서쪽에 규구라는 지명이 있다." 【색은(索隱)】 두예(杜預)가 말했다. "임치현(臨淄縣) 서쪽에 규구라는 곳이 있다." 또 환공(桓公) 35년에 규구에서 제후들과 회동했는데 노나라 희공(僖公) 9년에 해당하며, 두예가 말하기를 "진류(陳留) 외황현(外黃縣) 동쪽에 규구가 있다"라고 했다. 둘이 같지 않은 것은 대개 규구가 두 곳에 있기 때문이다. 두예가 볼 때 규구를 지키게 한 것은 제나라 영토에서 멀리 떨어지지 않은 것으로 보았기 때문에 임치현 서쪽의 규구를 끌어들인 것이다. 그런데 35년에 규구에서 제후들과 회동한 것에 대해 두예는 또 본국에 있는 것과 합치되지 않는다고 보았기 때문에 외황 동쪽의 규구를 갖고서 주석을 단 것이니, 그래서 서로 같

지 않게 되었을 뿐이다.

2) 【집해(集解)】 복건(服虔)이 말했다. "오이가 익을 때는 7월이다. 급과(及瓜)란 이듬해 오이가 익을 때를 말한 것이다."

3) 【집해(集解)】 복건(服虔)이 말했다. "첩이 되어 궁에 있은 것이다."

4) 【집해(集解)】 왕숙(王肅)이 말했다. "공의 틈을 몰래 살펴보게 한 것이다."

5) 【집해(集解)】 가규(賈逵)가 말했다. "제나라 땅이다."

6) 【집해(集解)】 두예(杜預)가 말했다. "낙안(樂安) 박창현(博昌縣) 남쪽에 패구(貝丘)라는 곳이 있다." 【색은(索隱)】 『좌전(左傳)』에 이르기를 패구(貝丘)라고 했다. 【정의(正義)】 『좌전』에 이르기를 "제나라 양공이 패구(貝丘)에서 사냥하다가 수레에서 떨어져 다리를 다쳤다"라고 했으니, 곧 이곳이다.

7) 【집해(集解)】 복건(服虔)이 말했다. "공은 멧돼지를 보았는데 시종이 곧바로 팽생이라고 했으니, 귀신이 형체를 바꿔 돼지로 나타난 것이다."

8) 【정의(正義)】 비(非)와 불(佛)의 반절음이며, 이하에서도 동일하다. 불(茀)이란 신발을 담당하는 자다.

환공(桓公) 원년 봄에 제나라 임금 무지가 옹림(雍林)[1]에 놀러 갔다. 옹림 사람들은 일찍이 무지에게 원한을 품고 있었는데, 그가 놀러 오자 습격해 죽인 뒤 제나라 대부에게 고해 말했다.

"무지가 양공을 시해하고 스스로를 세웠기에 신(臣)들이 삼가 주살했습니다[行誅(행주)]. 부디 대부께서 다시 공자 중에서 마땅히 세워야 할 사람을 세우시면 오로지 명을 따르겠습니다."

1) 【집해(集解)】 가규(賈逵)가 말했다. "거구(渠丘)의 대부다." 【색은(索隱)】 또 판본에 따라 옹름(雍廩)으로 되어 있다. 가규(賈逵)는 "거구(渠丘)의 대부"라고 했다. 『좌전(左傳)』에서는 "옹름이 무지를 죽였다"라고 했고 두예(杜預)는 "옹름은 제나라 대부"라고 했는데 이 글에서는 "옹림에 놀러 갔다. 옹림 사람들은 일

❖

찍이 무지에게 원한을 품고 있었는데, 드디어 습격해 죽였다"라고 했으니, 대개 옹림을 읍 이름으로 본 것이고 그 땅 사람들이 무지를 죽인 것이다. 가규가 "거구(渠丘)의 대부"라고 한 것은 거구가 읍 이름이고 옹림은 거구의 대부라고 본 것이다.

애초에 양공은 노 환공을 취하게 해서 죽였고 그 부인(夫人)과 간통했으니, 죽여서는 안 되는 여러 사람을 죽였고 부인(婦人)들과 음탕한 짓을 저질렀으며 대신들을 자주 기만했다. 이에 여러 동생은 화가 자신들에게 미칠까 두려워했다. 그래서 둘째 동생 규(糾)는 노나라로 달아났으니 그 어머니가 노나라 여자였기 때문이고, 관중(管仲)과 소홀(召忽)이 그를 보좌했다[傅之(부지)][1]. 그다음 동생 소백(小白)은 거(莒)나라로 도망쳤는데, 포숙(鮑叔)이 그를 보좌했다. 소백의 어머니는 위(衛)나라 여자로 희공(釐公)의 총애를 받았다.

소백은 어려서부터 대부 고혜(高傒)[2]와 관계가 좋았다. 옹림 사람들이 무지를 죽이고 임금을 세우는 일을 상의하자 고혜와 국의중(國懿仲)은 남몰래 거나라에 있는 소백을 불렀다. 노나라도 무지가 죽었다는 소식을 듣고는 역시 군대를 발동해 공자 규(糾)를 호송했고, 관중에게는 따로 병사를 이끌고 가서 제나라와 거나라 사이의 길을 막게 했다. 관중이 소백에게 활을 쏘았는데, 허리띠 쇠 장식[帶鉤(대구)]에 맞았다. 소백은 죽은 척했고[佯死(양사)], 관중은 사람을 시켜서 말을 달려 이를 노나라에 알리게 했다. 이에 규를 호송하는 노나라 군대 행렬은 더욱 느려져 엿새 만에 제나라에 이르렀는데, 이때 소백은 이미 들어와 있었다. 고혜가 그를 세우니, 이 사람이 환공(桓公)이다.

1) 후견인이나 스승 역할을 했다는 말이다.

2) 【집해(集解)】 가규(賈逵)가 말했다. "제나라 정경(正卿) 고경중(高敬仲)이다. 【정의(正義)】

傒의 발음은 해(奚)다.

환공은 허리띠 쇠 장식에 화살을 맞자 죽은 척해 관중을 오판하게 하고는 얼마 후에 누워서 타는 수레[溫車(온거)=轀車(온거)-시신 운반용 수레]를 타고 곧장 내달렸고, 고혜와 국의중 역시 도성 안에서 호응했던 것이며 그래서 (환공은) 먼저 들어가서 임금으로 세워질 수 있었고, 군대를 출동시켜 노나라 군사를 막을 수 있었다.

가을에 노나라와 건시(乾時)[1]에서 싸웠는데, 노나라 군대가 패해 달아나자, 제나라 군대는 노나라 군대가 돌아가는 길[歸道(귀도)]을 끊었다. 제나라가 노나라에 편지를 보내 말했다.

"공자 규는 형제라 차마 주살할 수 없으니 청컨대 노나라에서 직접 죽이기를 바란다. 소홀과 관중은 원수이니 청컨대 잡아다가 젓갈을 만들어서 한을 풀겠다[甘心(감심)]. 그렇게 하지 않으면 장차 노나라를 에워쌀 것이다."

노나라 사람들은 이를 걱정하다가 드디어 공자 규를 생독(笙瀆)[2]에서 죽였다. 소홀은 자살했고, 관중은 옥에 갇힐 것을 청했다. 환공은 세워진 뒤 군대를 출동시켜 노나라를 칠 때만 해도 마음속으로 관중을 죽일 생각이었다. 포숙아(鮑叔牙)가 말했다.

"신이 다행히 주군을 따르게 되었는데 주군께서 끝내 세워지셨습니다. 주군의 존귀함에 신(臣)은 더는 보태줄 것이 없습니다. 주군께서 장차 제나라를 다스리시려면 곧 고혜와 숙아로 충분합니다. 주군께서 장차 패왕(霸王)이 되고자 하신다면 관이오(管夷吾-관중)가 아니고서는 불가능합니다. 이오가 머무르는 나라가 강대한 나라가 될 것이니, 그를 놓쳐서는 안 됩니다."

이에 환공은 그것을 따랐다. 마침내 겉으로는[詳(양)=佯(양)=陽(양)] 관중을 불러들여 "한을 풀겠다[甘心(감심)]"라고 했지만 실은 그를 쓰려고 했다. 관중은 이를 알아챘기에 그래서 제나라로 갈 것을 청했던 것이다. 포숙아는 관중을 맞아

들여 당부(堂阜)에 이르자 족쇄와 수갑[桎梏]을 풀어주고는[3] 재계하고서 푸닥거리를 한[祓=禳][4] 다음에 환공을 만나게 했다. 환공은 두텁게 예를 갖춰 대부로 삼고는 정치를 맡겼다[任政].

1) 【집해(集解)】 두예(杜預)가 말했다. "건시는 제나라 땅이다. 시수(時水)가 낙안(樂安) 경계에 있었는데, 물이 갈라져서 흐르다가 가뭄이 들면 말라버려서 건시(乾時)라고 했다."

2) 【집해(集解)】 가규(賈逵)가 말했다. "노나라 땅 구독(句瀆)이다." 【색은(索隱)】 가규는 "노나라 땅 구독"이라고 했는데, 또한 살펴보건대 추탄생(鄒誕生)의 책에서는 신독(莘瀆)이라고 했다. 신(莘)과 생(笙)은 소리가 서로 비슷하다. 笙은 글자 그대로 발음하고, 瀆의 발음은 두(豆)다. 『논어(論語)』에 이르기를 구독(溝瀆)이라고 했는데, 이는 대개 후대에 소리가 바뀌고 글자가 달라져 여러 글에서 글자가 같지 않은 것이다.

3) 【집해(集解)】 가규(賈逵)가 말했다. "당부는 노나라 북쪽 경계다." 두예(杜預)가 말했다. "당부는 제나라 땅이다. 동완(東莞) 몽음현(蒙陰縣) 서북쪽에 이오정(夷吾亭)이 있는데, 혹자는 말하기를 포숙이 이곳에서 이오의 결박을 풀어주어 이런 이름이 생겼다고 한다."

4) 부정 타는 것들을 털어 없애는 의식이다.

환공은 이미 관중을 얻게 되자 포숙, 습붕(隰朋)[1], 고혜와 함께 제나라 국정을 닦았다. 다섯 가구를 서로 잇는 군대를 편성하고[2] 화폐[輕重]를 주조했으며 어업과 소금업의 이점을 살려[3] 가난한 사람들을 구제하는[贍=賑恤] 한편, 뛰어나고 유능한 이들[賢能]을 쓰니 제나라 사람들이 모두 기뻐했다.

1) 【집해(集解)】 서광(徐廣)이 말했다. "간혹 붕(崩)으로 되어 있다."

2) 【집해(集解)】『국어(國語)』에서 말했다. "관자는 나라에 제도를 만들어 다섯 집을 1궤(軌), 10궤를 1리(里), 4리를 1련(連), 10련(連)을 1향(鄕)으로 해서 군령(軍令)을 전파했다."

3) 【색은(索隱)】 살펴보건대, 『관자(管子)』에는 이인경중지법(理人輕重之法) 7편이 있다. 경중이란 곧 전(錢)의 경중이다. 또 포어(捕魚)와 자염법(煮鹽法-소금 굽는 법)이 있다.

(환공) 2년에 담(郯)[1]을 쳐서 멸망시키자 담자(郯子-담나라 임금)는 거(莒)나라로 달아났다. 애초에 환공이 망명하던 시절 담나라를 지날 때 담나라가 무례했기 때문에 그래서 치게 되었다.

1) 【집해(集解)】 서광(徐廣)이 말했다. "판본에 따라 담(譚)으로 되어 있다." 【색은(索隱)】『춘추(春秋)』에 의거할 때 노나라 장공(莊公) 10년에 "제나라 군대가 담(譚)을 멸망시켰다"라고 한 것이 이것이다. 두예(杜預)가 말하기를 "담국(譚國)은 제남(濟南) 평릉현(平陵縣) 서남쪽에 있다"라고 했으나, 이 담(郯)은 곧 동해(東海) 담현(郯縣)에 있으니 아마도 실제의 담(譚)으로 봐서는 안 될 것이다.

5년에 노나라를 쳤는데 노나라 장수가 이끄는 군대가 패했다. 노나라 장공(莊公)이 수읍(遂邑)[1]을 바치며 화친[平(평)]을 청했고, 환공이 이를 허락한 뒤 가(柯)[2]에서 노나라와 만나 동맹을 맺기로 했다. 노나라가 장차 맹세하려는데, 조말(曹沫)이 비수(匕首-날카로운 단도)를 들고 단(壇)[3] 위에서 환공을 협박하며 말했다.

"노나라에서 빼앗아 간 땅을 돌려주시오!"

환공이 허락했다. 얼마 후에 조말은 비수를 버리고 북쪽을 바라보는[北面(북면)] 신하의 자리로 나아갔다. 환공이 후회가 들어 노나라 땅을 주지 않고 조말을 죽이려 하니, 관중이 말했다.

"무릇 협박 때문에 허락했더라도 믿음을 저버리고[倍信(배신)] 죽이는 것[4]은 기껏해야[愈(유)] 소소한 분풀이[小快(소쾌)]에 지나지 않을 뿐입니다. 이는 제후들의 믿음을 저버리고 천하의 지지를 잃는 것이니 안 됩니다."

이에 드디어 조말이 세 번 패해 잃었던 땅을 노나라에 돌려주었으니, 제후들이 이 소식을 듣고 모두 제나라를 신뢰하며 의지하려고 했다.

7년에 제후들이 견(甄)[5]에서 환공과 회맹했고, 환공이 이에 비로소 패자가 되었다.

1) 【집해(集解)】 두예(杜預)가 말했다. "수(遂)는 제북(濟北) 사구현(蛇丘縣) 동북쪽에 있다."

2) 【집해(集解)】 두예(杜預)가 말했다. "이 가(柯)는 지금의 제북(濟北) 동아(東阿)로 제나라의 아읍(阿邑)이니, 마치 축가(祝柯)가 지금의 축아(祝阿)인 것과 같다."

3) 【집해(集解)】 하휴(何休)가 말했다. "흙을 다져 3척 높이로 쌓고 계단을 세 칸으로 한 것을 일러, 단(壇)이라고 한다. 회동에는 반드시 단이 있어야 하니, 오르내릴 때 읍양(揖讓)하고 서로 선군(先君)이라 부르면서 상대를 접대한다."

4) 【집해(集解)】 서광(徐廣)이 말했다. "판본에 따라 이미 허락하고서는 믿음을 저버리고[背信(배신)] 죽이겠다고 겁박하는 것이라고 되어 있다."

5) 【집해(集解)】 두예(杜預)가 말했다. "견은 위(衛) 땅인데, 지금의 동군(東郡) 견성(鄄城)이다."

14년에 진(陳)나라 여공(厲公)의 아들 환(完)[1]이 호가 경중(敬仲)인데 제나라로 도망쳐 왔다. 제나라 환공이 그를 경(卿)으로 삼으려 했으나 사양하자 이에 공정(工正)[2]으로 삼았다. 전성자상(田成子常)[3]의 선조다.

1) 【정의(正義)】 발음은 (완이 아니라) 환(桓)이다.

2) 【집해(集解)】 가규(賈逵)가 말했다. "백공(百工)을 담당한다."

3) 진성자(陳成子)·전성자(田成子)·전상(田常)으로도 불린다. 춘추시대 제(齊)나라 사람으로, 전걸(田乞)의 아들이다. 제(齊) 간공(簡公) 때 감지(闞止)와 함께 좌우상(左右相)을 맡았는데, 선조들의 전통을 계승해 대두(大斗)로 재어 양식으로 대여하고 소두(小斗)로 재어 거둬들임으로써 민심을 얻었다. 제 간공 4년에 감지·간공을 공격해 살해하고 간공의 동생 오(驁)를 세워 평공(平公)으로 삼았다. 스스로 재상이 되어 제나라 국정을 장악한 뒤 공족(公族) 가운데 강성한 이들을 모두 제거하고 봉읍을 확대했으니, 이때부터 제나라 권력은 전씨(田氏)가 독차지하게 되었다.

23년에 산융(山戎)[1]이 연(燕)나라를 치자 연나라가 제나라에 위급함을 알렸다[告急(고급)]. 제 나라 환공이 연나라를 구하러 가서 드디어 산융을 치고 고죽(孤竹)에 이르렀다가 돌아왔다. 연나라 장공(莊公)이 환공을 전송하다가 마침내 제나라 국경 안까지 들어왔다. 환공이 말했다.

"천자가 아닌 제후끼리 전송할 때는 국경을 벗어날 수 없는 법인데 내가 연나라에 무례를 범할 수는 없지요."

이에 도랑을 파서 경계로 삼고는 연나라 임금이 온 곳까지의 땅을 연나라에 떼어주었다. 그러고는 연나라 임금에게 명하기를, 소공(召公)의 정치를 다시 닦아서 성왕(成王)과 강왕(康王) 때처럼 주나라 왕실에 공물을 바치라고 했다. 제후들이 이를 듣고는 모두 제나라에 복종했다.

1) 【집해(集解)】 복건(服虔)이 말했다. "산융은 북적(北狄)이니, 대개 지금의 선비(鮮卑)다." 하휴(何休)가 말했다. "산융이란 융중(戎中)의 별명이다."

27년에 노나라 민공(湣公)의 어머니는 애강(哀姜)이라 했는데 환공의 여동생이다. 애강이 노나라 공자 경보(慶父)와 음란한 짓을 벌여 경보가 민공을 시해했는데, 애강은 경보를 세우고 싶어 했으나 노나라 사람들은 따로

희공(釐公)[1]을 세웠다. 환공이 애강을 불러들여 죽였다.

1) 【집해(集解)】 서광(徐廣)이 말했다. "『사기(史記)』에는 희(僖)자가 모두 희(釐)자로 되어 있다."

28년에 위(衛)나라 문공(文公)이 적(狄)에게 난을 당해 제나라에 위급함을 알렸다. 제나라가 제후들을 이끌고 가서 초구(楚丘)[1]에 성을 쌓고 위나라 임금을 세워주었다.

1) 【집해(集解)】 가규(賈逵)가 말했다. "위나라 땅이다." 【색은(索隱)】 두예(杜預)가 말했다. "위(衛)에 성을 쌓았다고 말하지 않은 것은 위나라가 아직 그곳으로 천도하지 않았기 때문이다." 초구는 제음(濟陰) 성무현(城武縣) 남쪽, 즉 지금의 위남현(衛南縣)에 있다.

29년에 환공이 부인 채희(蔡姬)와 배 안[舡中(강중)]에서 장난을 쳤다. 물에 익숙한 희가 환공이 탄 배를 흔들었고[蕩(탕)][1], 공이 겁이 나서 말렸지만 멈추지 않았다. 배에서 내린 공이 화를 내며 채희를 채나라로 돌려보냈지만 (혼인 관계를) 끊지는 않았다. 채후(蔡侯)도 화가 나서 딸(-채희)을 (다른 데) 시집보내버리니, 환공이 이를 듣고 노해 군대를 일으켜 가서 쳤다[往伐(왕벌)].

1) 【집해(集解)】 가규(賈逵)가 말했다. "탕(蕩)은 '흔들다[搖(요)]'라는 뜻이다."

30년 봄에 제나라 환공이 제후들을 거느리고 채나라를 치니 채나라가 무너졌다[潰(궤)][1]. 드디어 초나라를 쳤다. 초나라 성왕(成王)이 군사를 일으키고서 물었다.

"무슨 연유로 내 땅을 짓밟는가?"

관중이 대답했다.

"옛날에 소강공(召康公)이 우리 선군 태공(太公)께 명하시기를 '다섯 등급의 제후와 아홉 주의 백(伯)이 잘못했을 때는 너희 제나라가 그들을 정벌해 주나라 왕실을 도우라[2]'라고 하셨습니다. 그리하여 우리 선군께서 동으로는 바다, 서로는 황하, 남으로는 목릉(穆陵), 북으로는 무체(無棣)에 이르는 땅을 밟게[履][3] 하셨던 것입니다. (그런데) 초나라가 바치는 공물인 포모(包茅-띠 묶음)가 오지 않아 왕의 제사를 공경스럽게 지내지 못했기에[王祭不共][4] 이렇게 와서 꾸짖는 것입니다[來責]. (그리고 또 주나라) 소왕(昭王)이 남방을 정벌하러 가셨다가 돌아오지 못했기에 이렇게 와서 묻는 것입니다[來問][5]."

초왕이 말했다.

"공물이 안 들어간 일은 있으니, 과인의 죄이므로 감히 바치지 않을 수 있겠는가!

(그러나) 소왕이 나갔다가 돌아가지 못한 일은 (내 소관 밖이니) 그대가 (소왕이 익사했다고 하는) 이에 한수(漢水) 물가에 가서 물어보라[6]."

제나라 군대가 진군해 형(陘)에 주둔했다[次=軍][7]. 여름에 초왕이 굴완(屈完)에게 군대를 거느리고 제나라에 맞서게 하니[扞=距] 제나라 군대는 소릉(召陵)[8]으로 물러나 주둔했다. 환공이 굴완에게 군대의 수로 과시했다. 굴완이 말했다.

"군(君)께서 이치로 따진다면 좋습니다. 그렇지 않다면[若不] 초나라는 방성(方城)을 성으로 삼고[9] 장강과 한수를 해자[溝=垓字]로 삼을 것이니, 군께서 어찌 능히 진군할 수 있겠습니까?"

마침내 굴완과 맹약하고 물러났다. 진(陳)나라를 지나는데, 진나라 원도도(袁濤塗)가 제나라를 속여 동방으로 나가게 하려다가 들켰다. 가을에 제나라가 진(陳)나라를 쳤다[10].

이해에 진(晉)나라는 태자 신생(申生)을 죽였다.

1) 【집해(集解)】 복건(服虔)이 말했다. "백성이 자기 임금에게서 도망가는 것을 일러 궤(潰)라고 한다."

2) 【집해(集解)】 『좌전(左傳)』(희공(僖公) 26년)에서 말했다. "주공과 태공은 주나라 왕실의 고굉(股肱) 같은 신하로서, 와서 성왕(成王)을 도왔다."

3) 【집해(集解)】 두예(杜預)가 말했다. "발이 닿는 곳까지의 경계를 말한다."

4) 【집해(集解)】 가규(賈逵)가 말했다. "포모(包茅)란 청모(菁茅)를 궤짝에 잘 싼 것[包匭]이니, 그것을 갖고서 제사에 이바지하는 것이다." 두예(杜預)가 말했다. "『상서(尙書)』(「하서(夏書)·우공(禹貢)」편)에 이르기를 '청모를 싸서 궤짝에 넣어[包匭菁茅]'라고 했는데, 그것이 그냥 모(茅-띠)와 어떻게 다른지는 자세히 알 수 없다."

5) 【집해(集解)】 복건(服虔)이 말했다. "주나라 소왕이 남쪽으로 순수(巡狩) 하러 왔다가 한수(漢水)를 건너는데, 미처 다 건너지 못했을 때 배가 부서져 소왕이 빠져 죽었다. 왕실에서 그것을 언급하는 것을 기피해서[諱之] 부고로 알리지 않았기 때문에 제후들은 그 연유를 몰랐다. 그래서 환공이 글을 지어 초나라에 따져 물은 것[責問]이다." 【색은(索隱)】 송충(宋衷)이 말했다. "소왕이 남쪽으로 초나라를 쳤는데 신유미(辛由靡)[앞에서는 신유미(辛游靡)라고 했다.]가 곁을 지켰다. 한수를 건너던 중에 물에 빠지자, 유미가 왕을 건져 올렸으나 결국 졸해 돌아오지 못했는데, 주나라에서는 마침내 그의 후손을 서적(西翟)에 봉해주었다."

6) 【집해(集解)】 두예(杜預)가 말했다. "소왕 때 한수는 초나라 영토가 아니었기 때문에 그 죄를 받을 수 없다는 말이다."

7) 【집해(集解)】 두예(杜預)가 말했다. "형(陘)은 초나라 땅인데, 영천(潁川) 소릉현(召陵縣) 남쪽에 형정(陘亭)이 있다." 『좌전(左傳)』(장공(莊公) 3년)에서 말했다. "군대가 하루 묵는 것을 사(舍), 이틀 묵는 것을 신(信), 그 이상 묵는 것을 차(次-주둔)라고 한다."

8) 【집해(集解)】 두예(杜預)가 말했다. "소릉은 영천(潁川)의 현이다."

9) 【집해(集解)】 복건(服虔)이 말했다. "방성산은 한수 남쪽[漢南]에 있다." 위소(韋昭)가 말했다. "방성은 초나라 북쪽의 험한 요새[阨塞]다." 두예(杜預)가 말했다. "방성산은 남양(南陽) 섭현(葉縣) 남쪽에 있다." 【색은(索隱)】 살펴보건대 「지리지(地理志)」에 따르면 섭현 남쪽에 장성이 있는데 이름이 방성이니, 두예와 위소의 설은 실상에 맞다. 그런데 복씨는 한수의 남쪽에 있다고 했으니, 무슨 증빙 근거이 있는지 모르겠다.

10) 【집해(集解)】 『좌전(左傳)』에서 말했다. "진실하지 못함[不忠]을 토벌한 것이다."

35년 여름에 제후들과 규구(葵丘)[1]에서 회동했다. 주나라 양왕(襄王)이 재공(宰孔)을 보내 문왕·무왕에게 제사 지낸 고기[文武胙], 주홍색 활과 화살, 대로(大路)[2]를 환공에게 내려주면서 이를 엎드려 절하지 말고[無拜] 받으라고 명했다. 환공이 이에 응하려고 했으나 관중이 "안 됩니다"라고 해서, 마침내 하배(下拜)하고 그것을 받았다[3].

가을에 다시 제후들과 규구에서 회동했는데, (환공은) 교만한 기색[驕色]이 더 심해졌다. 주나라는 재공을 이 회동에 보냈다. 제후 중에 반발하는 자가 제법 되었는데[4], 진후(晉侯-진 헌공)가 병이 나서 늦게 오다가 (길에서) 재공을 만났다. 재공이 말했다.

"제후(齊侯)가 교만해졌으니, 그냥[弟] 가지 마시오."

그것을 따랐다. 이해에 진(晉)나라 헌공이 졸(卒)하자 (대부) 이극(里克)이 (공자) 해제(奚齊)와 탁자(卓子)[5]를 죽였는데, 진(秦) 목공(穆公)이 부인 때문에[6] 공자 이오(夷吾)를 진(晉)나라에 들여보내 진군(晉君)이 되게 했다. 환공이 이에 진(晉)나라의 난을 토죄한다고 나섰다가 고량(高梁)[7]에 이르러 습붕(隰朋)을 시켜서 (이오를) 진나라 임금으로 세워주고 돌아갔다.

1) 【집해(集解)】 두예(杜預)가 말했다. "진류(陳留) 외황현(外黃縣) 동쪽에 규구가 있다."

2) 【집해(集解)】 가규(賈逵)가 말했다. "대로란 제후들이 조복(朝服)할 때 타는 수레로, 이를 일러 금로(金路)라고도 한다."

3) 【집해(集解)】 위소(韋昭)가 말했다. "당(堂)에서 내려와 절을 하고 하사품을 받는 것이다."

4) 【집해(集解)】 『공양전(公羊傳)』에서 말했다. "규구의 회동에서 환공이 위엄을 부리며 거드름을 피우자[矜之] 반발하는 나라가 9개였다."

5) 【집해(集解)】 서광(徐廣)이 말했다. "역사 기록에서 탁(卓)자는 대부분 탁(悼)자로 되어 있다." 【정의(正義)】 卓은 축(丑)과 각(角)의 반절음이다.

6) 진나라 헌공의 딸로 태자 신생의 이모다.

7) 【집해(集解)】 복건(服虔)이 말했다. "진(晉)나라 땅이다." 두예(杜預)가 말했다. "평양현(平陽縣) 서남쪽에 있다."

이때 주나라 왕실은 쇠미해졌고 오직 제(齊) · 초(楚) · 진(秦) · 진(晉) 나라만이 강성했다. 진(晉)나라가 처음으로 회맹에 참여했지만[與][1] 헌공이 죽고 나자 나라 안이 어지러워졌다. 진(秦) 목공(穆公)은 나라가 멀고 외진 곳이라 중국의 회맹에는 참여하지 않았다. 초(楚) 성왕(成王)은 처음으로 형만(荊蠻)을 거둬 차지한 뒤 이적(夷狄)으로 자처했다. 오로지 제나라 홀로 중국(-중원)의 회맹을 이끌었고 환공이 그 다움을 널리 선양했기에, 그래서 제후들은 회맹에 손님으로 참가했다. 이에 환공이 큰소리를 쳤다.

"과인은 남쪽으로 정벌해 소릉(召陵)까지 이르러 웅산(熊山)을 바라보았고, 북쪽으로 산융(山戎), 이지(離枝), 고죽(孤竹)[2]을 정벌했으며, 서쪽으로는 대하(大夏)[3]를 정벌해 유사(流沙)를 건넌 뒤 말발굽을 감싸고 수레를 매달고서 태항산(太行山)에 올랐다가 비이산(卑耳山)[4]에 이른 다음에 돌아왔소. 제후 중에 과인을 거스르는 자는 아무도 없었소. 과인은 전쟁을 위한 회맹[兵車之會] 세 차례[5]에 평화를 위한 회맹[乘車之會] 여섯 차례[6], 모두 아홉 차례 제후들과 회맹해[九合=糾合] 천하를 한 번에 바로잡았소이다[一匡

天下]7). 옛날에 삼대(三代)가 천명을 받은 것과 무엇이 다르겠소? 나도 태산(泰山)에 봉(封)제사를 올리고 양보산(梁父山)에 선(禪)제사를 올리고자 하오."

관중이 (그러면 안 된다고) 굳게 간언했으나 듣지 않으니, 이에[乃] 환공을 설득해 먼 지방의 진기하고 괴이한 물건들이 와야 마침내 봉제사를 지낼 수 있다고 하자 환공이 드디어 그쳤다.

1) 【정의(正義)】 與의 발음은 예(預)다. 이하에서도 같다.

2) 【집해(集解)】 「지리지(地理志)」에 이르기를 영지현(令支縣)에 고죽성이 있다고 했는데, 아마도 이지(離枝)가 곧 영지(令支)인 듯하니 영(令)과 이(離-혹은 영)는 소리가 서로 가깝다. 응소(應劭)가 말했다. "令의 발음은 영(鈴)이다." 영(鈴)과 이(離)의 발음도 역시 서로 가깝다. 『관자(管子)』에서도 이(離)자를 썼다. 【색은(索隱)】 離枝의 발음은 영지(零支)이고, 또 발음은 영지(令祗)이며, 또 글자 그대로이기도 하다. 이지(離枝)와 고죽은 모두 옛날의 봉국 이름[國名]이다. 진(秦)나라는 이지(離枝)를 현으로 삼았기 때문에, 그래서 「지리지」에 이르기를 요서(遼西) 영지현(令支縣)에 고죽성이 있다고 했다. 『이아(爾雅)』에서 말했다. "고죽·북호(北戶)·서왕모(西王母)·일하(日下)를 일러 사황(四荒)이라고 한다."

3) 【정의(正義)】 대하는 병주(并州) 진양(晉陽)이다.

4) 【정의(正義)】 卑의 발음은 벽(壁)이다. 유백장(劉伯莊)과 위소(韋昭)는 둘 다 글자 그대로라고 했다.

5) 【정의(正義)】 『좌전(左傳)』에 이르기를, 노나라 장공(莊公) 13년에 송나라의 난을 평정하고서 북행(北杏)에서 회맹했고, 희공(僖公) 4년에 채(蔡)를 침공하고 드디어 초(楚)를 정벌했으며, 6년에 정(鄭)나라를 쳐서 신성(新城)을 에워쌌다고 했다.

6) 【정의(正義)】 『좌전(左傳)』에 이르기를, 노나라 장공(莊公) 14년에 견(鄄)에서,

15년에 또 견에서, 16년에 유(幽)에서, 희공(僖公) 5년에 수지(首止)에서, 8년에 조(洮)에서, 9년에 규구(葵丘)에서 회맹했다고 했다.

7) 【정의(正義)】 광(匡)은 '바로잡다[正]'라는 뜻이다. 천하를 한 번에 바로잡았다[一匡天下]는 것은 양왕(襄王)이 태자로 있을 때 자리를 안정시켜준 것을 말한다.

38년에 주나라 양왕(襄王)의 동생 대(帶-숙대·희대)가 융(戎)·적(翟)과 함께 모의해 주나라를 치려고 했는데, 제나라에서는 관중을 시켜 주나라에 가서 융을 평정하게 했다. 주나라가 관중을 상경(上卿)의 예로 대우하려 하자, 관중이 머리를 조아리며 "신은 제후국의 신하[陪臣]인데 어찌 감히!"라며 세 번 사양하고는 마침내 하경(下卿)의 예로써 (주나라 양왕을) 알현했다.

39년에 주나라 양왕의 동생 대가 제나라로 도망쳐 왔다. 제나라가 중손(仲孫)을 보내 희대(姬帶)를 대신해서 왕에게 사죄했다. 양왕은 화가 나서 (사죄를) 받아주지 않았다.

41년에 진(秦)나라 목공(穆公)이 진(晉)나라 혜공(惠公)을 사로잡았다가 다시 돌려보냈다.

이해에 관중과 습붕이 모두 졸했다[1]. 관중의 병이 깊어지자, 환공이 물었다.

"여러 신하 중 누가 재상이 될 만한가?"

관중이 말했다.

"신하를 알아보는 것은 임금만 한 이가 없습니다."

공이 말했다.

"역아(易牙)[2]는 어떤가?"

대답해 말했다.

"자식을 죽여 군주의 비위를 맞추었으니[적군 適君], 인정에 어긋나므로 안 됩니다[불가 不可]."

공이 말했다.

"개방(開方)은 어떤가?"

"부모를 멀리하고 군주의 비위를 맞추었으니, 인정에 어긋나므로 가까이 하기 어렵습니다[난근 難近][3]."

공이 말했다.

"수조(豎刁)는 어떤가?[4]"

"궁형을 자청해 군주의 비위를 맞추었으니, 인정에 어긋나므로 제 몸처럼 여기기 어렵습니다[난친 難親]."

관중이 죽자, 환공은 관중의 말을 쓰지 않고 끝내 세 사람을 가까이 썼는데[근용 近用], 세 사람은 권력을 제 마음대로 휘둘렀다[전권 專權=천권 擅權].

1) 【정의(正義)】『괄지지(括地志)』에서 말했다. "관중의 무덤은 청주(青州) 임치현(臨淄縣) 남쪽으로 21리 떨어진 우산(牛山) 위에 있는데, 환공의 무덤과 연결되어 있다. 습붕의 무덤은 청주 임치현 동북쪽으로 7리에 있다."

2) 【정의(正義)】 곧 옹무(雍巫)다. 가규(賈逵)가 말하기를 "옹무는 옹(翁) 사람으로 이름이 무(巫)이니, 역아를 가리킨다"라고 했다.

3) 【집해(集解)】 관중이 말했다. "위(衛)공자 개방은 자기 천승의 나라 태자 자리를 떠나서 (이 나라에서) 신하가 되어 임금을 섬겼습니다."

4) 【정의(正義)】 안사고(顔師古)가 말했다. "수조와 역아는 둘 다 제나라 환공의 신하다. 관중이 병이 들자, 환공은 가서 병문안하고 말했다. '장차 누가 과인을 가르칠 수 있겠는가?' 관중이 말했다. '바라건대 임금께서는 역아와 수조를 멀리하소서.' 공이 말했다. '역아는 자기 자식을 삶아 죽여 과인을 통쾌하게 해주었는데, 그런데도 의심스러운가?' 대답했다. '사람의 본성상 자기 자식을 사랑하지 않을 수가 없는데, 그 자식에게 잔인하게 했다면 앞으로 장차

임금을 어찌 사랑하겠습니까?' 공이 말했다. '수조는 스스로 궁형을 해서 과인을 가까이했는데 오히려 여전히 의심스러운가?' 대답했다. '사람의 본성상 자기 몸을 사랑하지 않을 수 없는데, 자기 몸에 대해 잔인하게 했다면 앞으로 장차 임금에게는 어떻게 하겠습니까?' 공이 말했다. '알겠다.' 관중이 드디어 그들을 다 내쫓았는데, 공이 맛있는 음식을 먹어도 달지 않고 마음이 늘 불편한 지가 3년이 되었다. 공이 말했다. '중부(仲父-관중)가 너무 지나치지 않았는가?' 이에 두 사람을 다 불러서 돌아오게 했다. 이듬해 공이 병이 들자, 역아와 수조는 서로 모의해서 난을 일으켜 궁문을 막고 높은 담을 쌓아서 사람들이 다닐 수 없게 했다. 한 여인이 담을 뛰어넘어 공이 있는 곳으로 왔다. 공이 말했다. '나는 음식을 먹고 싶다.' 여인이 말했다. '저는 아무것도 할 수가 없습니다.' 공이 말했다. '나는 물을 마시고 싶다.' 여인이 말했다. '저는 아무것도 할 수가 없습니다.' 공이 말했다. '어째서인가?' 여인이 말했다. '역아와 수조가 서로 모의해서 난을 일으켜 궁문을 막고 높은 담을 쌓아서 사람들이 다닐 수 없게 했기 때문에 아무것도 할 수 없는 것입니다.' 공이 크게 탄식하고 눈물을 떨구며 말했다. '오호라, 빼어난 이의 식견이 어찌 원대하지 않은가? 죽은 자가 지각이 있다면 내가 장차 무슨 면목으로 중부를 만나본단 말인가!'라고 말하고는 옷깃으로 얼굴을 가리고 수궁(壽宮)에서 죽었다. 구더기들이 양문(楊門)의 사립문 밖으로 마구 기어 나왔는데, 두 달이 지나도록 안장하지 않았기 때문이다."

42년에 융(戎)이 주나라를 치자 주나라는 제나라에 위급함을 알렸고, 제나라는 제후들에게 각기 군사를 내어 주나라를 지키라고 했다. 이해에 진(晉)나라 공자 중이(重耳)가 제나라에 오자 환공이 딸을 주어 아내로 삼게 했다.

43년이다. 애초에 제나라 환공에게는 부인 3명이 있었는데, 왕희(王姬)

· 서희(徐姬) · 채희(蔡姬)[1] 모두 아들이 없었다. 환공이 여색을 밝혀서 [好內(호내)][2] 안으로 총애하는 여자들이 많았으니, 부인(夫人) 같은 예우를 받는 여자만 여섯이었다. 큰 위희(衛姬)가 공자 무궤(無詭)[3]를, 작은 위희가 혜공(惠公) 원(元)을 낳았다. 정희(鄭姬)가 효공(孝公) 소(昭)를, 갈영(葛嬴)이 소공(昭公) 반(潘)을 낳았다. 밀희(蜜姬)는 의공(懿公) 상인(商人)을, 송화자(宋華子)[4]는 공자 옹(雍)을 낳았다. 환공과 관중은 효공을 송(宋)나라 양공(襄公)에게 부탁하고 태자로 삼았다. 옹무(雍巫)[5]가 위(衛) 공희(共姬)에게 총애받고 있었는데, 환자(宦者-내시) 수조(豎刁)를 통해 환공에게 수많은 예물을 바침으로써 환공의 총애도 받았기 때문에 환공은 무궤를 (태자로) 세울 것을 허락했다[6]. 관중이 졸하자 공자 다섯이 모두 자리에 오르려고 했다.

겨울 10월 을해일에 제 환공이 졸했다. 역아가 (궁중에) 들어와 수조와 함께 내총(內寵)들과 결탁해서 여러 관리[群吏(군리)]를 죽이고[7] 공자 무궤를 세워 임금으로 삼았다. 태자 소(昭)는 송나라로 달아났다.

1) 【집해(集解)】 여러 첩을 총칭할 때 희(姬)라고 한다. 그래서 『한록질령(漢祿秩令)』에 이르기를 "희첩(姬妾)이 수백 명"이라고 했다. 부인(婦人) 또한 총칭해서 희(姬)라고 하니, 희(姬)는 또한 모두 성(姓)을 말하는 것이 아니다.

2) 【집해(集解)】 복건(服虔)이 말했다. "내(內)는 부인의 관직이다."

3) 【색은(索隱)】 『좌전(左傳)』에는 무휴(無虧)라고 했다.

4) 【집해(集解)】 가규(賈逵)가 말했다. "송화씨(宋華氏-송나라 화씨)의 딸이며 자성(子姓)이다."

5) 【집해(集解)】 가규(賈逵)가 말했다. "옹무는 옹(翁) 사람으로, 이름이 무(巫)이고 역아(易牙)가 자(字)다." 【색은(索隱)】 가규는 옹무를 역아라고 했는데, 무슨 근거로 그랬는지를 알 수 없다. 살펴보건대 『관자(管子)』에 당무(棠巫)가 있는데, 아마도 옹무와 같은 사람인 듯하다.

6) 【집해(集解)】 두예(杜預)가 말했다. "역아가 이미 공에게 총애를 받자 큰 위희를 위해 무궤를 세울 것을 청한 것이다."

7) 【집해(集解)】 복건(服虔)이 말했다. "부인처럼 안으로 총애를 받던 여인이 6명이다. 여러 관리란 여러 대부를 말한다." 두예(杜預)가 말했다. "내총(內寵)이란 내관 중에서 권세와 총애를 누리던 자들을 말한다."

환공이 병이 들었을 때 다섯 공자는 각자 당파를 심어[樹黨] 서로 세워지려고 다투었고, 환공이 졸하자 드디어 서로를 공격하느라 그 때문에 궁중이 텅 비어 관(棺)[1]조차 챙기는 사람이 없었다. 환공의 시신은 침상에 67일 동안 방치되어 시신의 구더기가 문밖으로 기어 나왔다. 12월 을해일에 무궤가 세워지자 마침내 시신을 관에 넣어 수습하고 죽음을 알렸다[赴=訃告]. 신사일 밤에 염을 하고 빈소를 마련했다[斂殯][2].

1) 【정의(正義)】 발음은 고(古)와 환(患)의 반절음이다.

2) 【집해(集解)】 서광(徐廣)이 말했다. "염(斂=殮)은 판본에 따라 임(臨)으로 되어 있다."

환공에게는 10명이 넘는 아들이 있었는데, 그중에 환공 뒤를 이어 임금으로 세워지려고 시도하는[要=干] 자만 5명이었다. 무궤는 세워진 지 석 달 만에 죽어 시호가 없었고, 그다음이 효공(孝公), 그다음이 소공(昭公), 그다음이 의공(懿公), 그다음이 혜공(惠公)이다.

효공 원년 3월에 송나라 양공이 제후들의 군대를 이끌고서 제나라 태자 소(昭)를 돌려보내고는 제나라를 쳤다. 제나라 사람들은 두려워 자기 임금 무궤를 죽였다. 제나라 사람들이 장차 태자 소를 세우려 하자 (나머지) 네 공자의 무리가 태자를 공격하니 태자는 송나라로 도망쳤고 송나라는 드디어 제나라 사람, 네 공자들과 싸웠다. 5월에 송나라가 제나라 네 공자의 군

대를 물리치고 태자 소를 세웠으니, 이 사람이 제(齊)나라 효공(孝公)이다. 송나라는 환공과 관중이 태자를 자신에게 맡겼기 때문에 그래서 와서 그들을 친 것이다. 이 난 때문에 8월이 되어서야 마침내 제 환공을 안장할 수 있었다[1].

1) 【집해(集解)】 『황람(皇覽)』에서 말했다. "환공의 무덤은 임치성(臨菑城) 남쪽으로 7리 떨어진 치수(菑水) 남쪽에 있다." 【정의(正義)】 『괄지지(括地志)』에서 말했다. "제 환공의 묘는 임치현 남쪽으로 21리 떨어진 우산(牛山) 위에 있는데, (우산은) 또한 정족산(鼎足山)으로도 불린다. 일명 우수강(牛首堈)이라고 하며, 한 곳에 분묘가 2개 있다. 진(晉)나라 영가(永嘉) 말년에 사람들이 그것을 발굴해서 처음에 판(版-널빤지)을 얻었고, 다음으로 수은지(水銀池)를 발견했는데 나쁜 기운이 있어 들어갈 수가 없었다. 여러 날이 지나자 마침내 개를 끌고 들어가서 금잠(金蠶) 수십 개, 주유(珠襦-구슬 장식 저고리), 옥갑(玉匣), 증채(繒綵-고급 비단), 무기 등 얻은 것이 이루 다 셀 수가 없었다. 또 사람을 순장했기에 해골들이 곳곳에 어지러이 널려 있었다[狼藉(낭자)]."

6년 봄에 제나라가 송나라를 쳤는데, 송나라가 제나라에서의 동맹에 참여하지 않았기 때문이다[1]. 여름에 송나라 양공이 졸했다.

7년에 진(晉)나라 문공(文公)이 세워졌다.

1) 【집해(集解)】 복건(服虔)이 말했다. "노나라 희공(僖公) 19년에 제후들이 제나라에서 회맹했으니, 환공의 다움을 잊지 않기 위함이었는데, 송나라 양공(襄公)이 (독자적으로) 패도(覇道)를 행사하고 싶어서 회맹에 참여하지 않았기 때문에 친 것이다."

10년에 효공이 졸하자 효공의 동생 반(潘)이 위(衛)나라 공자 개방(開方)

을 통해 효공의 아들을 죽이고 세워졌으니, 이 사람이 소공(昭公)이다. 소공은 환공의 아들이고 어머니는 갈영(葛嬴)이다.

소공 원년에 진(晉)나라 문공(文公)이 성복(城濮)[1]에서 초나라를 물리치고 천토(踐土)에서 제후들과 회맹한 다음에 주나라에 조회하니, 천자가 진(문공)을 패(伯)[2]로 칭하게 했다.

6년에 적(翟)이 제나라를 침공했다. 진 문공이 졸했다. 진(秦)나라 군대가 효산(殽山)에서 (진(晉)에게) 패했다.

12년에 진 목공(秦穆公)이 졸했다.

1) 【정의(正義)】 가규(賈逵)가 말했다. "위(衛)나라 땅이다."

2) 【정의(正義)】 발음은 패(覇)다.

19년 5월에 소공이 졸하자 아들 사(舍)가 세워져 제군(齊君)이 되었다. 사의 어머니는 소공에게 총애를 받지 못했기 때문에 나라 사람들[國人-도성 관리들]이 사를 경외하지 않았다. 소공의 동생 상인(商人)은 환공이 죽고 자리를 다투다가 뜻을 이루지 못하자 몰래 뛰어난 인재들[賢士]과 사귀고 백성을 아껴주었고, 백성은 그를 좋아했다. 소공이 졸하고 아들 사가 세워졌으나 외롭고 약했기에[孤弱] 곧바로 10월에 상인이 무리와 함께 소공의 무덤에서 제나라 임금 사를 시해하고 스스로를 세웠으니, 이 사람이 의공(懿公)이다. 의공은 환공의 아들이고 그 어머니는 밀희(蜜姬)다.

의공 4년 봄이다. 애초에 의공이 공자였을 때 병융(丙戎)[1]의 아버지와 사냥을 나갔다가 사냥감을 다퉈 이기지 못한 일이 있었는데, 즉위하게 되자 병융 아버지의 발을 자르고[2] 병융을 노복[僕][3]으로 삼았다. 용직(庸職)의 처가 아름다웠는데[好=美][4], 의공은 그녀를 궁으로 들이고 용직을 참승(驂

乘)으로 삼았다.

5월에 의공이 신지(申池)[5]에 놀러 나갔을 때 (병융, 용직) 두 사람이 목욕하면서 장난을 치다가, 직이 말하기를 "발 잘린 놈의 아들아!"라고 하자 융은 "마누라 빼앗긴 놈아!"라고 했다. 두 사람 모두 이 말에 부끄러워하며 마침내 (의공에게) 원망을 품었다. 함께 모의해 의공과 함께 대나무 숲으로 놀러 가서, 두 사람은 마차 위에서 의공을 시해한 뒤 대나무 숲에 버리고 달아났다.

1) 【색은(索隱)】『좌전(左傳)』에 병(丙)은 병(邴)으로 되어 있으니, 병촉(邴歜)이다.

2) 【정의(正義)】『좌전(左傳)』(문공(文公) 18년)에 "마침내 무덤에서 파내어 발목을 떼 냈다"라고 했고, 두예(杜預)는 말하기를 "그 시신의 발을 자른 것이다"라고 했다.

3) 【집해(集解)】가규(賈逵)가 말했다. "복(僕)은 마부[御]다."

4) 【색은(索隱)】『좌전(左傳)』에는 염직(閻職)이라고 되어 있는데, 바로 용직을 말한다. 둘이 같지 않은 것은 『좌전』에서는 염(閻)을 성, 직(職)을 이름이라고 했는데 여기서는 용직(庸職)의 용(庸)이 성이 아니다. 대개 '고용된 자리에 있는 사람'의 처라는 말이다. 사서에서 둘이 같지 않은 것은 글자가 다를 뿐이다. 【정의(正義)】『국어(國語)』와 『좌전』에 염직(閻職)이라고 되어 있다.

5) 【집해(集解)】두예(杜預)가 말했다. "제남성(齊南城) 서문을 신문(申門)이라고 한다. 제나라 성에는 연못이 없고 오직 이 문의 좌우에만 연못이 있으니, 아마도 이곳인 듯하다." 좌사(左思)가 「제도부(齊都賦)」에 대한 주해에서 말하기를 "신지는 해변가 제(齊)의 늪지[藪]"라고 했다.

의공은 세워지고 나서 교만하게 굴어 백성이 기대어 따르지 않았다[不附=不從]. 제나라 사람들은 그 아들을 폐하고 위(衛)나라에서 공자 원(元)을 맞이해 그를 세웠으니, 이 사람이 혜공(惠公)이다. 혜공은 환공의 아

들이다. 어머니는 위(衛)나라 임금의 딸로 작은 위희라 불렸는데 제나라의 난을 피해 위나라에 가 있었다.

혜공 2년에 장적(長翟)[1)]이 오자[來=來侵] 왕자 성보(城父)[2)]가 공격해 죽이고 그를 북문에 묻었다.

진(晉)나라 조천(趙穿)이 자기 임금 영공(靈公)을 시해했다.

1) 【집해(集解)】『곡량전(穀梁傳)』에서 말했다. "그 시신이 9묘(畝)를 덮었고, 그 머리를 잘라서 수레에 실었는데 눈썹이 식(軾-수레 앞턱 가로대)에 드러날 정도였다."

2) 【집해(集解)】 가규(賈逵)가 말했다. "왕자 성보는 제나라 대부다."

10년에 혜공이 졸하자 아들 경공(頃公)[1)] 무야(無野)가 세워졌다. 애초에 최저(崔杼)는 혜공의 총애를 받았는데, 혜공이 졸하자 고씨(高氏)·국씨(國氏) 두 집안은 핍박이 두려워서 그를 쫓아내었고 최저는 위(衛)나라로 달아났다.

경공 원년에 초나라 장왕(莊王)이 강대해져서 진(陳)나라를 쳤다. 2년에 (초 장왕이) 정(鄭)나라를 에워싸니 정백(鄭伯-정나라 임금)이 항복했는데, 얼마 뒤에[已=已而] 정백에게 나라를 회복시켜주었다.

1) 【정의(正義)】 頃의 발음은 경(傾)이다.

6년 봄에 진(晉)나라 사신 극극(郤克)이 제나라에 왔는데, 제나라는 (경공의 어머니인) 부인에게 장막 안에서 그를 구경하게 했다. 극극이 올라오는 것을 보고는 부인이 비웃었다. 극극이 말했다.

"이 치욕을 갚지 못하면 다시는 황하를 건너지 않겠다!"

돌아가 제나라를 칠 것을 청했으나 진나라 임금[晉侯]이 허락하지 않았다. 제나라 사신이 진나라에 오자 극극은 제나라 사신 4명을 하내(河內)에서 붙잡아 죽여버렸다.

8년에 진나라가 제나라를 치자 제나라는 공자 강(彊)을 인질로 보냈고[質], 진나라 군대는 물러갔다.

10년 봄에 제나라가 노(魯)나라와 위(衛)나라를 쳤다. 노나라와 위나라 대부들이 진(晉)나라에 가서 군대를 청했는데, 모두 극극을 통했다[因][1]. 진나라는 극극을 전차 800승(乘)의 중군장(中軍將)으로 삼고[2] 사섭(士燮)을 상군 장수, 난서(欒書)를 하군 장수로 삼아서 노나라와 위나라를 구원하기 위해 제나라를 쳤다.

6월 임신일에 제후(齊侯)의 군대와 미계산(靡笄山)[3] 아래에서 마주쳤고, 계유일에 안(鞌=鞍)[4]에 진을 쳤다. 방추보(逄丑父)[5]가 제나라 경공의 오른쪽을 호위했는데, 경공이 말했다.

"쳐들어가서 진나라 군대를 깨부수고 모여서 밥을 먹자!"

극극은 화살에 맞고 부상을 당해 신발에까지 피가 흘렀다. 극이 요새로 돌아가려 하자 마부가 말했다.

"이 몸은 처음 쳐들어가서 두 번이나 부상을 당했지만, 감히 아프다는 말조차 하지 못했습니다. 사졸들이 겁먹을까 두려우니 장군께서는 참으십시오."

드디어 다시 싸웠다. 전투에서 제나라가 다급해졌고 추보(丑父)는 경공이 잡힐까 걱정되어 마침내 자리를 바꿔 경공이 오른쪽 자리를 잡게 했으나 전차가 나무에 걸려[絓] 멈추고 말았다[止][6]. 진나라 소장(小將) 한궐(韓厥)이 경공의 전차 앞에 엎드려 말했다.

"저희 임금[寡君]께서 신에게 노나라와 위나라를 구원하라고 하셨습니다."[7]

1) 【색은(索隱)】 성공(成公) 2년 『좌전(左傳)』에 이르기를 노나라 장선숙(臧宣叔)[판본에 따라 장의숙(臧宜叔)으로 되어 있다.]과 위나라 손환자(孫桓子)가 진나라에 가서 모두 극극을 주인으로 삼았다고 한 것이 그것이다.

2) 【집해(集解)】 가규(賈逵)가 말했다. "800승이면 6만 명이다."

3) 【집해(集解)】 서광(徐廣)이 말했다. "미(靡)는 판본에 따라 마(摩)로 되어 있다." 가규(賈逵)가 말했다. "미계(靡笄)는 산 이름이다." 【색은(索隱)】 靡는 글자대로 읽는다. 미계(靡笄)는 산 이름으로 제남(濟南)에 있으니, 대(代) 땅에 있는 마계산(磨笄山)과는 다르다.

4) 【집해(集解)】 복건(服虔)이 말했다. "안(鞌)은 제나라 땅 이름이다."

5) 【집해(集解)】 가규(賈逵)가 말했다. "제나라 대부다."

6) 【정의(正義)】 絓는 (발음이 괘가 아니라) 호(胡)와 괘(卦)의 반절음이다. 멈췄다[止(지)]는 것은 장애가 있었다는 말이다.

7) 놀린 것이다.

추보가 경공에게 마실 물을 떠 오게 하니[1], 경공이 그 틈에 도망쳐 나와서 자기 군대로 들어갔다. 진나라 극극이 추보를 죽이려 하자 추보가 말했다.

"군주를 대신해 죽으려 한 자가 죽임을 당한다면[見僇(견륙)] 훗날 남의 신하 된 자 중에 군주에게 충성할 사람은 없을 것이다."

극극이 그를 놓아주었고[舍(사)=放(방)], 추보는 드디어 도망쳐 제나라로 돌아올 수 있었다. 이에 진나라 군대가 제나라 군사를 마릉(馬陵)[2]까지 뒤쫓았다. 제후(齊侯)가 보배로운 기물들을 바치며[3] 사과를 청했으나 들어주지 않았다.

(진은) 극극을 비웃은 소동숙(蕭桐叔)의 딸[子(자)][4]을 반드시 내놓을 것과 제나라 밭 사이로 난 길을 모두 동서 방향으로 낼 것을 요구했다[5]. 제나라는 이렇게 답했다.

"숙의 딸은 제군(齊君)의 어머니다. 제군의 어머니라면 마치 진군(晉君)의 어머니와도 같은데, 당신들이 그분을 어찌하겠단 말인가? 또 그대들은 의리를 내걸고 정벌에 나서서는 이렇게 포악함으로 끝내려 하니, 이게 될 일인가?"

이에 마침내 진나라는 요구를 받아들이면서 (대신 제나라에) 노나라와 위나라로부터 빼앗은 땅을 돌려주라고 했다[6].

1) 【정의(正義)】『좌전(左傳)』(성공(成公) 2년)에서 말했다. "(추보와 경공이 바꿔 타고서) 화천(華泉)에 이르렀을 때 참마(驂馬)가 나무에 걸려 멈추니, 추보가 공을 내리게 하여 화천에 가서 물을 떠 오게 했다. 정주보(鄭周父)가 좌거(佐車)를 몰고 원패(苑茷)가 거우(車右)가 되어 제후를 싣고서 벗어날 수 있었다."

2) 【집해(集解)】 서광(徐廣)이 말했다. "판본에 따라 (릉(陵)이) 형(陘)으로 되어 있다." 배인(裴駰)이 살펴보건대, 가규(賈逵)가 말하기를 "마형은 제나라 땅"이라고 했다.

3) 【집해(集解)】『좌전(左傳)』(성공(成公) 2년)에서 말했다. "기언(紀甗-시루)과 옥경(玉磬-경쇠)을 뇌물로 주었다."

4) 【집해(集解)】 두예(杜預)가 말했다. "동숙은 소군(蕭君)의 자(字)로서 제후의 외할아버지다. 자(子)는 딸이니, 그 어머니를 지적해 말하기 어려워서 이렇게 돌려 말한 것이다." 가규(賈逵)가 말했다. "소(蕭)는 부용국이며 자성(子姓)이다."

5) 【집해(集解)】 복건(服虔)이 말했다. "제나라의 밭이랑[隴畝(농묘)]을 동서로 만들라는 것이다." 【색은(索隱)】 밭이랑을 동서로 내라는 것은 진나라의 수레와 말이 동쪽으로 제나라를 향해 쉽게 갈 수 있게 하라는 말이다.

6) 【정의(正義)】『좌전(左傳)』(성공(成公) 2년)에 이르기를 "진나라 군대가 제나라에 이르러서 제나라 사람들로 하여금 우리(-노나라) 문양(汶陽)의 땅을 돌려주게 했다"라고 했다.

11년에 진(晉)나라가 처음으로 육경(六卿)을 두었는데, 안(鞍) 전투에서 세운 공로에 대한 상을 주기 위함이었다. 제나라 경공(頃公)이 진나라에 조회를 가서 진(晉)나라 경공(景公)을 왕으로 높이고자 했다가[1] 진 경공이 감히 받아들이지 않자[不受] 마침내 돌아왔다. 돌아온 경공(頃公)은 (임금의 동산인) 원유(苑囿)에 대한 금지를 풀고 세금을 엷게 하며 홀로 된 사람을 진휼하고 병든 사람을 챙기는 한편 쌓아놓은 창고를 열어 백성을 구제했으니, 백성이 실로 크게 기뻐했다. 제후들에게도 예를 두텁게 했다. 결국 경공이 졸할 때까지 백성은 마음을 기울여 따랐고 제후들도 국경을 침범하지 않았다[不犯].

1) 【색은(索隱)】 왕소(王劭)가 살펴보건대, 장형(張衡)이 말하기를 "예법에 따르면 제후들은 천자를 조회할 때 옥을 잡아 쥐고, 이미 주고 나면 돌려받는다. 만약에 제후들끼리 서로 조회할 때는 옥을 주지 않는다"라고 했다. 제나라 경공이 전쟁에서 진나라에 패해 옥을 준 것은 진후(晉侯)를 높여서 왕으로 삼으려 한 것인데, 태사공(太史公)이 그 의미를 찾아내 이렇게 말한 것이다. 그러나 지금 살펴보건대 이 글에는 "옥을 주다[授玉]"라는 말이 없다. 왕씨의 설은 뭔가 의거하는 바가 있었을 것이니, 그 기록에 따라 차이가 난 것일 뿐이다.

17년에 경공이 졸하자[1] 아들 영공(靈公) 환(環)이 세워졌다.

1) 【집해(集解)】 『황람(皇覽)』에서 말했다. "경공의 무덤은 여상(呂尙)의 무덤 근처에 있다."

영공 9년에 진(晉)나라 난서(欒書)가 자기 임금 여공(厲公)을 시해했다.
10년에 진(晉) 도공(悼公)이 제나라를 치자 제나라는 공자 광(光)을 진나라에 인질로 보냈다.

19년에 공자 광을 세워 태자로 삼은 뒤 고후(高厚)로 하여금 그의 스승이 되어 제후들과 종리(鍾離)1)에서 회맹하게 했다.

27년에 진(晉)나라가 중항헌자(中行獻子)2)에게 제나라를 치게 했다. 제나라 군대가 패하자, 공은 임치(臨菑)로 도망쳐 들어갔다. 안영(晏嬰)이 영공을 만류했으나 영공은 따르지 않았다. 안영이 말했다.

"임금께서는 참으로 용기가 없으십니다!"

진나라 군대가 드디어 임치를 에워쌌고, 제나라는 임치성을 지키며 감히 나오지 못하니 진나라는 바깥쪽 성곽을 불태우고 떠나갔다.

1) 【정의(正義)】『괄지지(括地志)』에서 말했다. "종리고성(鍾離故城)은 기주(沂州) 승현(承縣) 경계에 있다."

2) 【색은(索隱)】 순언(荀偃)이 할아버지 임보(林父)를 뒤이어 중항(中行)이 되었다가 뒤에 성을 고쳐 중항씨(中行氏)라고 했는데, 헌자의 이름이 언(偃)이다.[순언(荀偃, ?~기원전 554년)은 중항언(中行偃) 또는 중항헌자(中行獻子)라고도 한다. 춘추시대 진(晉)나라 사람으로 자는 백유(伯游)이고 순임보(荀林父)의 손자다. 대부(大夫)를 지냈으며, 여공(厲公) 때 일찍이 상군(上軍)을 도왔다. 여공이 총희의 오빠 서동(胥童)을 경(卿)으로 임명하려고 하자 난서(欒書)와 함께 여공을 시해한 뒤 망명해 있던 도공(悼公)을 영립(迎立)했다. 도공 때 중군(中軍)을 이끌고 하군장(下軍長) 난전(欒黶)과 불화해 진(秦)나라를 공격했지만, 소득이 없었고, 초(楚)나라를 공격해 평판(平阪)에서 격파했다. 평공(平公) 3년 제(齊)나라가 노(魯)나라를 정벌하자 노나라를 도와서 제나라를 쳤는데, 황하(黃河)에서 기도하고 제수(濟水)에 옥을 빠뜨리니 제나라 군대가 달아났다. 돌아올 때 종기가 나서 도중에 죽었다. 시호는 헌(獻)이다.]

28년이다. 애초에 영공은 노나라 여자를 부인으로 맞아 아들 광을 낳아 태자로 삼았다. 중희(仲姬)와 융희(戎姬)를 더 두었다. 융희가 사랑을 받았고, 중희는 아들 아(牙)를 낳아 희에게 맡겼다. 융희가 아를 태자로 삼을 것을 청하자, 이 허락했다. 중희가 말했다.

"안 됩니다. 광이 (이미) 세워져 제후의 반열에 있는데[1], 지금 별다른 이유 없이 폐한다면 군께서는 틀림없이 후회하실 겁니다."

공이 말했다.

"내 맘에 달려 있을 뿐이다."

드디어 태자 광을 동쪽으로 보낸 뒤[2] 고후(高厚)에게 아(牙)를 보좌하게 하고서 태자로 삼았다. 영공이 병이 나자 최저(崔杼)가 원래의 태자 광을 맞이해 (태자로) 세우니 이 사람이 장공(莊公)이다. 장공은 융희를 죽였다.

5월 임진일에 영공이 졸하고 장공이 자리에 나아가자, 태자 아를 구두(句竇) 언덕에서 붙잡아 죽였다.

8월에 최저가 고후를 죽였다. 진(晉)나라는 이러한 제나라의 난을 듣고는 제나라를 쳐서 고당(高唐)[3]에 이르렀다.

1) 【집해(集解)】 복건(服虔)이 말했다. "여러 차례 제후를 따라 정벌과 회맹에 참여했다는 말이다."

2) 【집해(集解)】 가규(賈逵)가 말했다. "그를 동수(東垂)로 옮겼다."

3) 【집해(集解)】 두예(杜預)가 말했다. "고당은 축아현(祝阿縣) 서북쪽에 있다."

장공 3년에 진(晉)나라 대부 난영(欒盈)[1]이 제나라로 도망쳐 오자 장공이 그를 두텁게 손님의 예로 대접했다. 안영과 전문자(田文子)가 (그래서는 안 된다고) 간언했으나 공은 들어주지 않았다.

4년에 제나라 장공이 난영으로 하여금 몰래 진(晉)나라 곡옥(曲沃)[2]으로 들어가서 내응하게 하면서, 군대를 딸려 보내 태항산(太行山)에 올라 맹문산(孟門山)[3]으로 들어가게 했다. 난영은 패했고, 제나라 군대는 돌아오면서 조가(朝歌)[4]를 차지했다.

1) 【집해(集解)】 서광(徐廣)이 말했다. "역사 기록에는 주로 영(逞)으로 되어 있다."

2) 【집해(集解)】 가규(賈逵)가 말했다. "난영의 읍이다."

3) 【집해(集解)】 가규(賈逵)가 말했다. "맹문과 태항은 둘 나 진나라의 험한 산이다." 【색은(索隱)】 맹문산은 조가(朝歌) 동북쪽에 있다. 태항산은 하내(河內) 온현(溫縣) 서쪽에 있다.

4) 【집해(集解)】 가규(賈逵)가 말했다. "진(晉)나라 읍이다."

6년이다. 애초에 당공(棠公)[1]의 아내가 아름다웠는데, 당공이 죽자, 최저가 그녀를 차지했다. 장공이 그녀와 사통해 자주 최저 집에 갔고, 최저의 갓을 다른 사람에게 내려주기도 했다. 시종이 (장공에게) "안 됩니다"라고 말할 정도였다. 최저가 노해 (장공이) 진(晉)나라를 칠 때 진나라와 함께 모의해 제나라를 습격하려 했으나 틈을 얻지 못했다. 장공이 일찍이 환관 가거(賈擧)에게 채찍질을 가한 적이 있었는데, 가거가 다시 장공을 모시게 되자 최저를 위해 틈을 엿보면서[間(간)][2] 장공에게 원한을 갚고자 했다.

5월에 거(莒)나라 군주가 제나라에 조회를 오자 제나라는 갑술일에 연회를 열어 그를 대접했다. 최저는 병을 핑계로 일을 보지 않았다. 을해일에 공이 최저를 문병한 뒤에 드디어 최저의 아내를 찾았다. 최저의 아내는 방으로 들어가서 최저와 함께 문을 잠그고 나오지 않으니, 공이 기둥을 안고 노래를 불렀다[3]. 환관 가거는 공의 수행원들[從官(종관)]을 막고 들어가서 문을 잠갔고, 최저의 무리가 무기를 들고 안에서 뛰쳐나왔다. 공이 대에 올라[登臺(등대)] 화해를 청했으나 받아들여지지 않았고, 맹세를 하겠다고 청했으나 받아들여지지 않았으며, 종묘에서 자살하겠다고 했으나 역시 받아들여지지 않았다. 모두가 말했다.

"그대의 신하인 최저는 병이 깊어 명을 받들 수 없고[4], 여기는 궁궐과 가깝습니다[5]. 최저의 신하인 저희들은 음탕한 자를 다퉈[爭(쟁)] 붙잡을[趣(취)] 뿐이지[6], 다른 명[二命(이명)]은 알지 못합니다[7]."

제태공세가(齊太公世家) 제2

공이 담을 넘는데 활을 쏘아 허벅지를 맞추었고, 공이 거꾸로 떨어지자 드디어 그를 시해했다. 안영이 최저의 집 대문 밖에 서서[8] 말했다.

"임금이 사직을 위해 죽으면 신하는 그를 따라서 죽고 임금이 사직을 위해 도망가면 그를 따라서 도망가겠지만[9], 만약 임금이 자신을 위해 (사사로이) 죽거나 도망치는 것이라면 그와 측근[私暱(사닐)=私昵(사닐)]이 아니고서야 누가 감히 그 일을 책임지겠는가?[10]"

문이 열리자 들어가 공의 시신에 엎어져[枕(침)] 곡한 뒤에 세 번 펄쩍 뛰고는[三踊(삼용)] 나왔다. 누군가 최저에게 "(안영을) 반드시 죽여야 합니다"라고 하니, 최저가 말했다.

"백성이 우러러보는 사람이니 놓아주면[舍之(사지)=置之(치지)] 백성(의 마음)을 얻을 수 있다[11]."

1) 【집해(集解)】 가규(賈逵)가 말했다. "당공은 제나라 당읍(棠邑)의 대부다."

2) 【집해(集解)】 복건(服虔)이 말했다. "공의 틈[間隙(간극)]을 살핀 것[伺(사)]이다."

3) 【집해(集解)】 복건(服虔)이 말했다. "공은 강씨(姜氏)가 자신이 밖에 있다는 것을 모른다고 여겼기에 노래를 불러서 그녀를 부른 것이다. 일설에는 공이 스스로 속았다는 것을 알아차리고는 밖으로 나갈 수 없음을 근심해서 노래를 불러 스스로 후회한 것이라고 한다."

4) 【집해(集解)】 복건(服虔)이 말했다. "직접 공의 명을 들을 수 없다는 말이다."

5) 【집해(集解)】 복건(服虔)이 말했다. "최저의 집이 공궁(公宮)과 가깝다는 것이고, 음탕한 자란 혹 공을 거짓으로 칭한 것이다."

6) 【집해(集解)】 서광(徐廣)이 말했다. "쟁(爭)은 판본에 따라 한(扞-막다)으로 되어 있다." 【색은(索隱)】 『좌전(左傳)』에는 한취(扞趣)로 되어 있다. 여기서 쟁취(爭趣)라고 한 것은 태사공(太史公)이 좌씨(左氏)의 글을 바꾼 것이다. 최저의 신하들[陪臣(배신)]은 다만 음탕한 자를 다퉈 붙잡으려고 이리저리 뛰어다니는 것일 뿐 더는 다른 명은 알지 못한다는 말이다.

7) 【집해(集解)】 두예(杜預)가 말했다. "음탕한 자를 붙잡아 최자(崔子)의 명을 받들려는 것일 뿐이고, 다른 명[他命(타명)]은 알지 못한다는 말이다."

8) 【집해(集解)】 가규(賈逵)가 말했다. "난(難)이 일어났다는 소식을 듣고서 달려온 것이다."

9) 【집해(集解)】 복건(服虔)이 말했다. "임금이 공적인 의리를 갖고서 사직을 위해 죽거나 도망간다면 신하 또한 그를 따라 죽거나 도망간다는 말이다."

10) 【집해(集解)】 복건(服虔)이 말했다. "임금이 스스로 자신의 사사로운 욕심 때문에 죽거나 도망치는 화를 당한다면 사사로이 가까웠던 신하들이 책임을 떠맡아야 한다는 말이다." 두예(杜預)가 말했다. "사닐(私暱)이란 제 몸처럼 아껴주는 자이니, 제 몸처럼 아껴주는 자가 아니라면 마땅히 그 재앙을 당할 이유가 없다는 말이다."

11) 【집해(集解)】 복건(服虔)이 말했다. "그냥 그대로 살려두면 사람들의 마음을 얻을 수 있다는 말이다."

정축일에 최저가 장공의 이복동생[異母弟(이모제)] 저구(杵臼)[1]를 옹립하니, 이 사람이 경공(景公)이다. 경공의 어머니는 노나라 숙손선백(叔孫宣伯)의 딸이다. 경공은 세워지자, 최저를 우상(右相)으로, 경봉(慶封)을 좌상(左相)으로 삼았다. 두 재상은 난이 일어날 것을 두려워해 마침내 국인(國人-관리)들과 함께 맹세해 말하기를 "최씨(崔氏), 경씨(慶氏)와 같이하지 않는 자는 죽는다!"라고 했다.

안자(晏子-안영)가 하늘을 우러러보며 말했다.

"이 영(嬰)이 애써 뭔가를 차지하려 하지 않는 것은 오직 왕에게 충성하고 사직을 이롭게 하는 길만을 따르고자 하기 때문이다."

기꺼이 함께하려 하지 않았다. 경봉이 안자(晏子)를 죽이려 하자, 최저가 말했다.

"충신이니 그냥 내버려둡시다."

제나라 태사(太史-사관)가 사서(史書)에 쓰기를 '최저가 장공을 시해했다'라고 하니, 최저가 태사를 죽였다. 그 동생이 똑같이 쓰자 최저는 그도 죽였다. 막냇동생이 다시 똑같이 쓰자 최저는 마침내 그를 내버려두었다.

1) 【집해(集解)】 서광(徐廣)이 말했다. "역사 기록에는 주로 저구(箸臼)로 되어 있다."

경공(景公) 원년이다. 애초에 최저는 아들 성(成)과 강(彊)을 낳았는데, 그들의 어머니가 죽자 (당공의 아내였던) 동곽(東郭)의 딸을 아내로 맞아 명(明)을 낳았다. 동곽의 딸은 전남편의 아들 당무구(棠無咎)와 그녀의 동생 언(偃)[1]으로 하여금 최저 집안 집사[相]가 되게 했다. 성이 죄를 짓자[2] 두 집사는 서둘러 그 죄를 다스린 뒤 명을 세워 태자(太子)로 삼았다. 성이 최읍(崔邑)에서 늙기를 청하자, 최저가 그것을 허락했으나, 두 집사는 이를 받아들이면 안 된다고 말했다.

"최읍은 최씨 종가가 있는 읍이라 안 됩니다[3]."

성과 강이 화가 나서 경봉에게 이 일을 알렸으니[4], 경봉은 최저와 틈이 벌어진[有郤=有隙] 터라 최저가 패망하기만을 바라고 있었다. 성과 강이 구와 언을 최저의 집에서 죽이자, 집안사람들은 모두 도망쳤다. 최저는 화가 났으나 사람이 없어, 환관 1명에게 수레를 몰게 해서 경봉을 만났다. 경봉이 말했다.

"그대를 위해 그자들을 죽이겠소!"

최저의 원수 노포별(盧蒲嫳)[5]로 하여금 최씨의 집을 치게 해서 성과 강을 죽이고 최씨의 집안사람들도 모조리 죽였다. 최저의 부인은 자살했고, 최저도 집으로 돌아와서 역시 자살했다. 경봉은 상국(相國)이 되어 권력을 제멋대로 휘둘렀다.

1) 【정의(正義)】 두예(杜預)가 말했다. "동곽언은 동곽강(東郭姜)의 동생이다."

2) 【정의(正義)】『좌전(左傳)』에 이르기를 "성(成)이 병이 있어 그를 폐했다"라고 했다. 두예(杜預)가 말하기를 악질(惡疾)에 걸렸다고 했다.

3) 【집해(集解)】 두예(杜預)가 말했다. "제남(濟南) 동쪽 조양현(朝陽縣) 서북쪽에 최씨의 성(城-성읍)이 있다."

4) 【정의(正義)】『좌전(左傳)』(양공(襄公) 27년)에 나오는 이야기다. 성과 강이 (언과 무구 두 사람을 죽이고자 하여) 경봉에게 아뢰어 말했다. "부자(夫子-최저)의 신상의 일은 그대께서도 알다시피 오직 무구와 언의 말만 따르므로 집안사람들이 제대로 진언할 수 없습니다. 부자께 해라도 있을까 두려워 감히 아뢥니다." 경봉이 말했다. "부자께 도움이 된다면 반드시 그들을 제거하게나. 어려운 일이 생기면 나는 그대들을 도울 것이네." 마침내 최씨 외조(外朝)에서 동곽언과 당무구를 죽였다. 그 처와 최저도 모두 목매 죽었고[縊死(액사)], 최명은 노나라로 달아났다.

5) 【집해(集解)】 가규(賈逵)가 말했다. "제나라 대부 경봉의 무리다."

3년 10월에 경봉이 사냥을 나갔다. 애초에 경봉은 이미 최저를 죽인 뒤로 더욱 교만해져서 술과 사냥을 즐기며 정령(政令)을 듣지 않았다[1]. (아들) 경사(慶舍)가 정치를 맡았지만[用政(용정)=用事(용사)][2] 그들 간에도 이미 안에서 틈이 벌어지고 있었다. 전문자(田文子)가 (아들) 환자(桓子)에게 말했다.

"장차 난이 일어날 것이다."

전씨(田氏)·포씨(鮑氏)·고씨(高氏)·난씨(欒氏)가 모여서 함께 경씨(慶氏)를 없애자고 모의했다. 경사가 갑옷으로 무장한 군사를 동원해 경봉의 궁을 에워싸고 지켰으나 네 집안의 무리가 함께 쳐서 깨뜨렸다. 경봉은 (사냥에서) 돌아오다가 들어가지 못하고 노나라로 달아났다. 제나라 사람들이 노나라를 나무라자, 경봉은 오(吳)나라로 달아났다. 오나라가 주방(朱方)의 땅을 그에게 주고 가족을 데려와 살게 하니 제나라에 있을 때보다 더 부유해졌다. 그해 가을에 제나라 사람들[齊人(제인)]은 장공을 이장하고 최저의 시

신을 시장에서 조리돌려 대중의 마음을 기쁘게 해주었다.

1) 정사를 돌보지 않았다는 말이다.

2) 【집해(集解)】 복건(服虔)이 말했다. "사(舍)는 경봉의 아들이다. 자신의 직분을 그대로 넘겨 아들한테 맡긴 것이다."

9년에 경공이 안영을 진(晉)나라에 사신으로 보냈는데, 안영이 숙향(叔向)에게 은밀하게 말했다.

"제나라 정권은 결국 전씨(田氏)에게 돌아갈 것이오. 전씨가 비록 큰 다움[大德(대덕)]은 없지만 공권력을 사사로이 행사해 백성에게 은덕을 베푸니, 백성이 그들을 사랑합니다."

12년에 경공이 진(晉)나라에 가서 평공(平公)을 만났는데, 함께 연(燕)나라를 치고자 해서였다.

18년에 공이 다시 진나라에 가서 소공(昭公)을 만났다.

26년에 (경공이) 노나라 도성 교외로 사냥을 나갔다가, 그 참에 노나라에 들어가서 안영과 함께 노나라의 예법을 물었다.

31년에 노(魯)나라 소공(昭公)이 계씨(季氏)의 난(難)을 피해 제나라로 도망쳐 왔다. 제나라에서 그에게 1,000사(社)[1]로 봉해주려 하자 자가(子家)[2]가 소공을 말렸고 소공은 이에 제나라에다 노나라를 정벌해달라고 청했고, 제나라는 (노나라의) 운(鄆)[3]을 차지하고서 소공을 그곳에 살게 해주었다.

1) 【집해(集解)】 가규(賈逵)가 말했다. "25가구를 1사(社)라고 하니, 1,000사는 2만 5,000가구다."

2) 소공이 제나라에 올 때 함께 온 노나라 공족이다.

3) 【정의(正義)】 운(鄆)은 운성(鄆城)이다.

32년에 혜성[彗星]이 나타났다. 경공이 백침대(柏寢臺)에 앉아 있다가 탄식해 말했다.

"(저 혜성의 모습) 당당하구나[堂堂]! 장차 누가 이 나라를 차지할지[誰有此乎][1]!"

신하들이 모두 우는데 안자(晏子-안영)가 웃자, 공이 화를 냈다. 안자가 말했다.

"신은 여러 신하의 아첨이 심해서 웃은 것입니다."

경공이 말했다.

"동북방에 나타난 혜성이 우리 제나라 분야에 해당하기에, 과인은 그것을 걱정한 것이다."

안자가 말했다.

"임금께서 누대를 높이 쌓고 연못을 깊이 파고는 (백성에게) 세금을 거두지 못하지는 않을까, 형벌이 안 무섭지는 않을까를 걱정하시니, 앞으로는 패성(茀星)[2]도 나타날 판인데 혜성 따위가 뭐가 그렇게 두렵단 말입니까?"

경공이 말했다.

"푸닥거리[禳]로 없앨 수 있겠는가?"

안자가 말했다.

"축원을 드려서[祝][3] 귀신을 오게 할 수 있다면 또한 푸닥거리로 가게 할 수도 있겠지요. (그러나) 백성의 고통과 원망이 수만 가지이니, 군주 한 사람의 푸닥거리로 없애려 해본들 수많은 입을 어찌 이길 수 있겠습니까?"

이때 경공은 궁실 짓기나 꾸미기를 즐기고 개와 말을 많이 기르는 등 사치스러웠으며 세금은 두텁고 형벌은 무거웠으니, 그래서 안자가 이 일들을 갖고서 경공에게 간언한 것이다.

1) 【집해(集解)】 복건(服虔)이 말했다. "경공은 스스로 다움이 엷어서 제나라를 오래도록 향유할 수 없음을 걱정했기에, 그래서 '누가 이 나라를 차지할지'라

고 말한 것이다."

2) 【정의(正義)】 茀의 발음은 (불이 아니라) 패(佩)다. 객성(客星-혜성)이 제나라 분야로 접근하게 되면 서로 해치고자 함을 가리킨다.

3) 【정의(正義)】 祝의 발음은 (축이 아니라) 장(章)과 수(受)의 반절음이다.

42년에 오왕(吳王) 합려(闔閭)가 초(楚)나라를 쳐서 (초의 도읍인) 영(郢)에 들어갔다.

47년에 노나라 양호(陽虎-양화)가 자기 주군을 공격했다가 이기지 못하자 제나라로 도망쳐 와서 제나라에 노나라를 쳐달라고 청했다. 포자(鮑子)가 경공에게 간언해 마침내 양호를 구금했다. 양호는 도망쳐 진(晉)나라로 달아났다.

48년에 노나라 정공(定公)과 협곡(夾谷)[1]에서 우호를 위한 회맹을 했다[好會].

이저(犁鉏)[2]가 말했다.

"공구(孔丘-공자)는 사리는 알지만[知禮] 겁쟁이입니다. 내(萊)[3] 사람들을 불러서 음악을 연주하게 한 뒤 그 틈에 노나라 임금을 잡는다면 뜻하는 바를 이룰 것입니다."

경공은 공구가 노나라 재상이 되면 어떡하나 걱정이 되었고[害=患], 또 (그렇게 될 경우에) 노나라가 패주가 될까 두려워서 이저의 계책을 따랐다. 바야흐로 회맹이 진행되고 내 사람들이 들어와서 연주를 시작했는데, 공자가 계단을 타고 올라가서 유사(有司-담당 관리)로 하여금 내 사람들을 잡아 목 베게 한 다음에 일의 이치[禮=事理]로써[以禮] 경공에게 따졌다. 경공이 부끄러워서 마침내 빼앗은 노나라 땅을 돌려주며 사과하고는 회맹을 마치고 떠났다. 이해에 안영(晏嬰)이 졸했다.

1) 【집해(集解)】 복건(服虔)이 말했다. "동해(東海) 축기현(祝其縣)이 이곳이다."

2) 【색은(索隱)】 鉏는 (발음이 서가 아니라) 즉(卽)과 여(餘)의 반절음이다. 곧 이미(犁彌)다.

3) 【집해(集解)】 두예(杜預)가 말했다. "내인(萊人)은 제나라가 멸망시킨 내이(萊夷)다."

55년에 범씨(范氏)와 중항씨(中行氏)가 진(晉)나라에서 자기 임금에게 반란을 일으켰다가 진나라가 서둘러 공격하자 (제나라로) 와서 식량을 청했다. 전걸(田乞-전기)이 난을 일으키고자 이 역신들과 패거리를 짓고는[樹黨(수당)] 경공에게 유세해 말했다.

"범씨와 중항씨는 제나라에 여러 차례 은덕을 베풀었으니 구원하지 않으면 안 됩니다."

전걸을 시켜 구원하게 하고 식량을 보냈다.

58년 여름에 경공의 부인 연희(燕姬)가 낳은 적자가 죽었다. 경공이 아끼는 첩 예희(芮姬)가 낳은 아들 도(荼)가 있었으나[1], 도는 어리고 그 어미가 신분이 천한 데다가 행실이 좋지 않았다[無行(무행)]. 여러 대부는 도가 후사가 될까 걱정해 마침내 여러 아들 중 나이가 많고 뛰어난 이[長賢(장현)]를 골라서 태자로 삼기를 원한다고 말했다. 경공은 늙었지만, 후사 문제를 말하는 것이 싫었던 데다가 또 도의 어미를 사랑해 도를 세우고 싶었으나 차마 말을 꺼내지 못하고 있다가, 마침내 여러 대부에게 말했다.

"즐길 뿐이지, 나라에 설마 임금이 없을까 걱정이겠는가?"

가을에 경공이 병이 나자, 국혜자(國惠子)와 고소자(高昭子)[2]에게 작은 아들 도를 세워 태자로 삼으라고 명했고, 여러 공자를 내보내 내(萊)[3] 땅으로 옮기도록 했다. 경공이 졸하고[4] 태자 도가 세워졌으니, 이 사람이 안유자(晏孺子)다.

겨울에 아직 안장도 하지 않았는데, 여러 공자는 죽임을 당할까 두려워서 모두 나라 밖으로 도망쳤다. 도의 이복형 중에 공자 수(壽)[5]와 구(駒)와 검(黔)[6] 등은 위(衛)나라로 달아났고[7], 공자 서(駔)[8]와 양생(陽生)은 노나라로 도망쳤다[9].

내(萊)나라 사람들이 이를 두고 노래를 만들어 불렀다.

"경공이 죽었건만 시신 묻는 일에 참여하지 않고[景公死乎弗與埋]

삼군의 일을 도모하는 데 참여하지 않으니[三軍事乎弗與謀][10]

이 사람들아, 이 사람들아[師乎師乎]

어디가 그대들의 안식처인가[胡黨之乎][11]?"

1) 【색은(索隱)】『좌전(左傳)』(애공(哀公) 5년)에 이르기를 "육사(鬻姒)가 낳은 아들 도(荼)를 사랑하니"라고 했으니, 도의 어머니는 성이 사(姒)로서 여기서 예희(芮姬)라고 한 것과 같지 않다. 초주(譙周)는『좌씨(左氏)』에 의거해 육사(鬻姒)라고 했고, 추탄생(鄒誕生)은 책에서 예우(芮姁)라고 했다. 姁의 발음은 (후가 아니라) 오(五)와 구(句)의 반절음이다.

2) 【집해(集解)】 두예(杜預)가 말했다. "혜자는 국하(國夏)다. 소자는 고장(高張)이다."

3) 【집해(集解)】 복건(服虔)이 말했다. "내(萊)는 제나라 동쪽 변방의 읍[鄙邑]이다."

4) 【집해(集解)】『황람(皇覽)』에서 말했다. "경공의 무덤과 환공의 무덤은 같은 곳에 있다."

5) 【색은(索隱)】 판본에 따라 가(嘉)로 되어 있다.

6) 【정의(正義)】 모두 세 공자다.

7) 【집해(集解)】 서광(徐廣)이 말했다. "일설에 따르면 '수와 검이 위나라로 달아났다'라고 했다." 【색은(索隱)】 세 사람 다 위나라로 달아났다.

8) 【색은(索隱)】『좌전(左傳)』에는 서(鉏-혹은 저)로 되어 있다.

9) 【색은(索隱)】 두 사람은 노나라로 달아났으니, 모두 다섯 공자다.

10) 【집해(集解)】 복건(服虔)이 말했다. "내(萊) 사람들은 다섯 공자가 멀리 변방 읍으로 옮겨졌기 때문에 함께 경공을 매장하는 일과 삼군의 일을 모의하는 것에 참여하지 못하는 것을 보고 불쌍하게 여겨서 노래를 부른 것이다." 두예(杜預)가 말했다. "경공이라는 시호를 칭한 것을 볼 때 대개 매장 이후에 이 노래를 지었으니, 여러 공자가 갈 곳이 없음을 슬퍼한 것이다."

11) 【집해(集解)】 복건(服虔)이 말했다. "사(師)는 여러 사람[衆]이다. 당(黨)은 '있어야 할 곳[所]'이다. 공자의 무리가 어디로 가야 할지를 말한 것이다."

안유자 원년 봄에 전걸은 거짓으로 고씨와 국씨를 섬기는 척하면서 조회에 갈 때마다 참승(驂乘) 하고서 이렇게 말했다.

"그대들이 임금의 신임을 얻으니, 대부들이 모두 스스로 위기를 느껴서 난을 꾀하려 듭니다."

또 여러 대부에게 말했다.

"고소자는 무서운 사람이니, 그가 움직이기 전에 먼저 손을 써야 할 것입니다."

대부들이 그 말을 따랐다.

6월에 전걸과 포목(鮑牧)이 마침내 대부들과 함께 병사들을 이끌고 공궁(公宮)으로 들어가서 고소자를 공격했다. 소자가 이 소식을 듣고는 국혜자와 함께 공을 구원하러 나섰다. 공의 군대가 패해 전걸의 무리가 국혜자를 추격하자 그는 거(莒)나라로 달아났고, 드디어 전걸의 무리는 되돌아와 고소자를 죽였다. 안어(晏圉)[1]는 노나라로 달아났다.

8월에 제나라 병의자(秉意茲)가 노나라로 도망쳤다[2]. 전걸이 두 재상을 패배시키고 마침내 사람을 노나라로 보내 양생(陽生)을 부르자 양생은 제나라로 와서 몰래 전걸의 집에 숨었다.

10월 무자일에 전걸이 여러 대부에게 청해 말했다.

"상(常-전걸의 아들)의 어미가 생선과 콩으로 제사 준비를 했으니, 모두

오셔서 술과 음식을 드시기 바랍니다[3].”

마침, 술을 마시고 있는데, 전걸은 양생을 자루 안에 들어가게 해서 자리 중앙에 놓아두었다가 자루를 열어 양생을 나오라고 하면서 말했다.

“이분이 마침내 제나라 임금이십니다!”

대부들이 모두 엎드려 인사를 올렸다[伏謁]. 장차 대부들과 맹세해 양생을 세우기로 했는데 포목이 술에 취했을 때 전걸이 대부들에게 “나와 포목이 함께 꾀해 양생을 세우기로 했습니다”라고 거짓말을 하니, 포목이 화가 나서 말했다.

“그대는 경공(景公)의 명을 잊었소?”

여러 대부가 서로를 바라보며 후회하는 듯하자, 양생이 앞으로 나와 머리를 조아리며 말했다.

“된다면 세우시고, 그렇지 않으면 그만이지요.”

포목은 화가 일어날까 두려워서 마침내 다시 말했다.

“모두가 경공의 아들인데, 안 될 것이 무엇입니까?”

마침내 맹세하고 양생을 세우니, 이 사람이 도공(悼公)이다. 도공은 궁에 들어와 사람을 시켜서 안유자를 태(駘)[4]로 옮기게 하고는 장막 안에서 죽였고, 이어 안유자의 어머니 예자(芮子)를 내쫓았다. 원래 예자는 천했고 안유자는 어려서 권력을 가지지 못했기 때문에 나라 사람들[國人-관리]은 두 사람을 경시했다.

1) 【집해(集解)】 가규(賈逵)가 말했다. “어(圉)는 안영의 아들이다.”

2) 【집해(集解)】 서광(徐廣)이 말했다. “『좌전(左傳)』 8월에 제나라 병의자(邴意玆)가 노나라로 달아났다고 했다.”

3) 【집해(集解)】 하휴(何休)가 말했다. “제나라 풍속에는 부인들도 제사를 지냈다. 생선과 콩이라고 말한 것은 소박해 가진 것이 없음을 보여준 것이다.”

4) 【집해(集解)】 가규(賈逵)가 말했다. “제나라 읍이다.”

도공 원년에 제나라가 노나라를 쳐서 환(讙)과 천(闡)[1]을 차지했다. 애초에 양생은 망명해 노나라에 있을 때 계강자(季康子)의 여동생을 아내로 삼았기에 돌아와 즉위하자 그녀를 맞아오게 했는데, 계희(季姬)가 계방후(季魴侯)[2]와 사사로이 간통하고 있다가 그 실상을 말하자 노나라는 감히 보내지 못했다. 그래서 제나라가 노나라를 쳐서 끝내 계희를 맞이해 간 것이다. 계희가 총애를 받게 되면서 제나라는 노나라로부터 뺏은 땅을 돌려주었다.

1) 【집해(集解)】 두예(杜預)가 말했다. "천(闡)은 동평강현(東平剛縣) 북쪽에 있다."
【색은(索隱)】 둘 다 읍의 이름이다. 환은 지금의 박성현(博城縣) 서남쪽에 있으며, 두예(杜預)가 말하기를 "천(闡)은 동평강현(東平剛縣) 북쪽에 있다"라고 했다.
2) 【집해(集解)】 두예(杜預)가 말했다. "방후는 강자의 숙부다."

포자(鮑子-포목)는 도공과 틈이 있어[有郤(유극)=有隙(유극)] 사이가 좋지 않았다.

4년에 오나라와 노나라가 제나라 남방을 쳤다. 포자(鮑子)가 도공을 시해하고 오나라에 부고했다. 오왕 부차는 군문 밖에서 사흘 동안 곡한[1] 뒤에 바다를 끼고서 올라와 제나라를 토벌하고자 했다. 제나라 사람들이 물리쳤고, 오나라 군대는 마침내 물러갔다. 진(晉)나라 조앙(趙鞅)이 제나라를 쳐서 뇌(賴)[2]에까지 이르렀다가 물러갔다. 제나라 사람들이 함께 도공의 아들 임(壬)을 세우니, 이 사람이 간공(簡公)이다[3].

1) 제후의 예다.
2) 【집해(集解)】 복건(服虔)이 말했다. "뇌는 제나라 읍이다."
3) 【집해(集解)】 서광(徐廣)이 말했다. "「연표(年表)」에서 간공 임은 경공의 아들이라고 했다."

간공 4년 봄이다. 애초에 간공이 아버지 양생과 함께 노나라에 있을 때

감지(闞止)[1]의 사랑을 받았다. 간공은 자리에 나아가자, 감지에게 국정을 맡겼다. 전성자(田成子-전걸의 아들 전상)는 그를 꺼려해 조정에서 감지를 자주[驟(취)=數(삭)] 돌아보곤 했다[2]. 어앙(御鞅)[3]이 간공에게 말했다.

"전성자와 감지를 함께 쓸 수는 없으니, 임금께서 고르셔야 할 것입니다[4]."

듣지 않았다. 자아(子我)가 저녁에 조정에 들어갔다가[5] 전역(田逆)이 사람을 죽이는 것을 목격하고는[6] 그를 잡아서 조정으로 들어갔다[7]. 전씨들은 바야흐로 사이가 좋았기에[8] 전역에게 병을 핑계 대게 하고, 간수에게 술을 보내[9] 취하게 만든 다음에 간수를 죽이고 도망치게 했다. 자아는 진씨(陳氏) 종가[陳宗(진종)]에서 전씨들과 맹세했다[10].

1) 【집해(集解)】 가규(賈逵)가 말했다. "감지는 자아(子我)다." 【색은(索隱)】 감(監)은 『좌전(左傳)』에 감(闞)으로 되어 있으며 발음은 고(苦)와 남(濫)의 반절음이다. 감(闞)은 동평(東平) 수창현(須昌縣) 동남쪽에 있다.

2) 【집해(集解)】 두예(杜預)가 말했다. "마음이 불안해서 자주 돌아본 것이다."

3) 【집해(集解)】 가규(賈逵)가 말했다. "앙은 제나라 대부다." 【색은(索隱)】 앙은 이름으로, 말을 모는 복어(僕御)를 책임지고 있기에 어앙(御鞅)이라고 한 것이다. 또한 전씨(田氏) 일족이다. 살펴보건대, 『계본(系本)』에 이르기를 진환자(陳桓子) 무우(無宇)가 자미(子亹)를, 미가 자헌(子獻)을, 헌이 앙을 낳았다고 했다.

4) 【집해(集解)】 두예(杜預)가 말했다. "두 사람 중에 한 사람만 골라서 써야 한다는 말이다."

5) 【집해(集解)】 복건(服虔)이 말했다. "저녁에 일을 마무리하는 것을 말한다."

6) 【집해(集解)】 복건(服虔)이 말했다. "자아는 장차 임금에게 저녁 일을 마무리하는 보고를 하러 들어갔다가 역이 사람을 죽이는 장면과 마주친 것이다." 두예(杜預)가 말했다. "역(逆)은 자항(子行)이며, 진씨(陳氏-전씨) 종족이다."

7) 【집해(集解)】 두예(杜預)가 말했다. "역을 붙잡아서 조정으로 데리고 간 것이다."

8) 【집해(集解)】 복건(服虔)이 말했다. "진상(陳常-전상)은 바야흐로 제나라를 소유하고 싶어 했기 때문에, 그래서 자기 집안을 화목하게 했다."

9) 【집해(集解)】 복건(服虔)이 말했다. "진역(陳逆)으로 하여금 거짓으로 병이 있다고 말하게 하고서 보내준 것이다."

10) 【집해(集解)】 복건(服虔)이 말했다. "자아는 진역이 살아서 탈출한 것을 보고는 진씨들에게 원망을 당하지나 않을까 두려워, 그래서 맹세하고 화친을 청한 것이다. 진종(陳宗)이란 종갓집을 말한다."

애초에 전표(田豹)[1]가 자아의 가신이 되고자 대부 공손(公孫)에게 자신에 대해 말해달라고[言] 한 적이 있었는데[2], 표가 상을 당하는 바람에 중지되고 말았다. 후에 상을 마치고[卒][3] 가신이 되어 자아의 총애를 받았는데, 자아가 그에게 말했다.

"내가 전씨들을 모조리 몰아내고 너를 세우려고 하는데, 되겠는가?"

대답했다.

"저는 전씨들과 멉니다[4]. 그렇지만 거슬리는 자[5]가 몇몇에 지나지 않는데 무엇 때문에 다 쫓아내야 합니까?"

드디어 이를 전씨에게 알렸다. 자항(子行)이 말했다.

"그는 임금의 총애를 얻고 있으므로, 먼저 움직이지 않으면 화가 틀림없이 당신에게 미칠 것입니다[6]."

자항은 그대로 공궁에 머물렀다[7].

1) 【집해(集解)】 가규(賈逵)가 말했다. "표는 진씨(陳氏) 일족이다."

2) 【집해(集解)】 가규(賈逵)가 말했다. "공손은 제나라 대부다." 두예(杜預)가 말했다. "말해달라는 것은 자기를 잘 소개해달라는 뜻이다."

3) 【집해(集解)】 두예(杜預)가 말했다. "상을 마친 것[終喪]이다."

4) 【집해(集解)】 복건(服虔)이 말했다. "자신은 진씨와 먼 집안이라는 말이다."

5) 【집해(集解)】 복건(服虔)이 말했다. "자아를 따르지 않는 자를 말한다."

6) 【집해(集解)】 복건(服虔)이 말했다. "그란 감지이고, 당신이란 진상이다."

7) 【집해(集解)】 복건(服虔)이 말했다. "공궁에 그대로 머물렀다는 것은 진씨를 위해 내부의 간첩 활동을 했다는 말이다."

여름 5월 임신일에 성자(成子)의 형제들이 수레 4승(乘)을 타고 공에게 갔다[1]. 자아가 휘장[악幄][2] 안에 있다가 나와서 맞이했는데, 드디어 쳐들어가서 문을 잠가버렸다[3]. 환자들이 막자[4] 자항은 환자들을 죽였다[5].

1) 【집해(集解)】 복건(服虔)이 말했다. "성자의 형제는 8명인데 2명씩 함께 같은 수레에 올랐으니, 그래서 4승이라고 했다." 【색은(索隱)】 살펴보건대, 『계본(系本)』에 이르기를 진희자(陳僖子) 걸(乞)은 성자(成子) 상(常), 간자(簡子) 치(齒), 선자(宣子) 기이(其夷), 목자(穆子) 안(安), 늠구자(廩丘子) 상의(尙毉), 자자(玆子) 망영(芒盈), 혜자(惠子) 득(得) 등 7명을 낳았다고 했는데, 두예(杜預)는 소자(昭子) 장(莊)을 넣어 8명을 채웠다. 그러나 『계본』에 따르면 소자는 환자(桓子)의 아들로 성자의 숙부이며 또 이름이 장(莊)이 아니니, 억지로 증거를 끌어대 4승에 8명이 올랐다고 한 것일 뿐이다. 지금 살펴보건대 『전완계가(田完系家)』에 이르기를 전상(田常)의 형제 4명이 공궁에 갔다고 했으니, 여기서와 일치한다. 그런데 지금 다만 4승이라고 했고 사람 수는 언급하지 않았으니, 수레 4대에 형제 4명이 타고 들어간 것이고 2명씩 수레 하나를 탄 것은 아님을 알 수 있다. (그럴 경우에) 형제 3명이 보이지 않는 것은 아마도 그때는 없었거나 함께 공궁에 들어가지는 않은 것이니, 억지로 4승은 8명이라 하여 숙부까지 형제 수에 추가해 넣어서는 안 된다. 복건과 두예는 이 점을 놓친 것이다.

2) 【집해(集解)】 두예(杜預)가 말했다. "악(幄)은 휘장[장帳]이니, 정사를 듣는 곳이다."

3) 【집해(集解)】 복건(服虔)이 말했다. "성자의 형제들이 자아가 나오는 것을 보고는

드디어 쳐들어가서 반대로 문을 잠그니, 자아는 다시 들어갈 수가 없었다."

4) 【집해(集解)】 복건(服虔)이 말했다. "엄수(閹豎-내시)가 군사를 동원해서 진씨들을 막은 것이다."

5) 【집해(集解)】 복건(服虔)이 말했다. "공궁에 머물러 있으면서 그들을 죽인 것이다."

공은 부인과 단대(檀臺)에서 술을 마시고 있었는데[1], 전성자가 (들어와서는) 침전으로 자리를 옮기게 했다[2]. 공이 창을 집어 그를 찌르려 하자[3] 태사(太史) 자여(子餘)[4]가 말했다.

"불리한 일이 아니라 장차 해악을 제거하려는 것입니다[5]."

성자가 빠져나와 무기 창고에 머물러 있다가[6], 간공이 여전히 화가 나 있다는 말을 듣고는 장차 나가려 하면서[出][7] 말했다.

"어디 간들 임금을 모실 곳이 없으랴!"

자항이 검을 뽑아 들고 말했다.

"머뭇거림[需]은 일을 망치는 첩경입니다[8]. 전씨 종족이 아닌 자 누구입니까[9]? 당신을 죽이지 않으면 내가 전씨가 아닙니다[10]."

1) 【집해(集解)】 복건(服虔)이 말했다. "진씨들이 들이닥칠 때 이 대에서 술을 마시고 있었던 것이다."

2) 【집해(集解)】 복건(服虔)이 말했다. "공을 옮겨 침전에 머물러 있도록 한 것이다."

3) 【집해(集解)】 두예(杜預)가 말했다. "그가 난을 일으킨 것으로 의심한 것이다."

4) 【집해(集解)】 복건(服虔)이 말했다. "제나라 대부다."

5) 【집해(集解)】 두예(杜預)가 말했다. "장차 공을 위해 해악을 제거하려는 것이라는 말이다."

6) 【집해(集解)】 두예(杜預)가 말했다. "공이 화가 났기 때문이다."

7) 【집해(集解)】 복건(服虔)이 말했다. "나가서 도망치려는 것[出奔]이다."

8) 【집해(集解)】 두예(杜預)가 말했다. "기다리며 우물쭈물하면 일을 그르친다는 말이다."

9) 【집해(集解)】 두예(杜預)가 말했다. "진씨 종족이 그만큼 많다는 말이다."

10) 【집해(集解)】 두예(杜預)가 말했다. "그대가 만약에 나가려 한다면 나는 반드시 그대를 죽여서 진씨의 종가임을 분명히 하겠다는 말이다."

마침내 그만두었다. 자아가 돌아가서 무리를 모아[屬衆][1] 궁중의 작은 문[闈]과 대문을 공격했으나[2] 모두 이기지 못하고 마침내 도망치니, 전씨들이 뒤쫓았다. 풍구(豐丘)[3] 사람들이 자아를 붙잡고 이를 알리자, 곽관(郭關)[4]에서 그를 죽였다. 전성자는 장차 대륙자방(大陸子方)[5]을 죽이려 했으나 전역이 (살려줄 것을) 청하는 바람에 살려주었다. (대륙자방은) 공의 명을 빙자해서 길에서 마차를 구해[6] 옹문(雍門)[7]을 나갔다. 전표가 마차를 주려 했으나 받지 않고 이렇게 말했다.

"역이 나를 위해 부탁했는데 표까지 내게 마차를 준다면, 내가 사사로운 은혜를 너무 많이 입는 것이다. 자아를 섬기면서 그 원수에게 사사로운 은혜를 입는다면 어찌 노나라와 위나라의 선비들을 볼 수 있겠는가[8]?"

1) 【집해(集解)】 복건(服虔)이 말했다. "무리를 모았다[會]는 말이다."

2) 궁중의 문을 위(闈)라고 한다. 대문은 공문(公門)이다.

3) 【집해(集解)】 가규(賈逵)가 말했다. "풍구는 진씨의 읍이다."

4) 【집해(集解)】 복건(服虔)이 말했다. "제나라 관(關)의 이름이다."

5) 【집해(集解)】 복건(服虔)이 말했다. "자방은 자아의 당여인 대부 동곽고(東郭賈)다."

6) 【집해(集解)】 두예(杜預)가 말했다. "자방이 길 가던 사람의 수레를 빼앗은 것이다."

7) 【집해(集解)】 두예(杜預)가 말했다. "제나라 성의 문이다."

8) 【집해(集解)】 복건(服虔)이 말했다. "자방이 장차 노나라나 위나라로 달아나려

한 것이다." 『좌전(左傳)』에 이르기를 "동곽고가 위나라로 도망쳤다"라고 했다.

경진일에 전상이 간공을 서주(徐州)[1]에서 붙잡았다. 공이 말했다.

"과인이 진작 어앙(御鞅-전앙)의 말을 따랐더라면 이 지경에 이르지 않았을 텐데!"

갑오일에 전상이 서주에서 간공을 시해했다.

1) 【집해(集解)】 『춘추(春秋)』에서는 서주(舒州)라고 했다. 가규(賈逵)가 말했다. "진씨의 읍이다." 【색은(索隱)】 『좌씨(左氏)』에서는 서(舒)라고 했는데, 서는 진씨의 읍이다. 『설문(說文)』에서는 서(郐)라고 했는데, 서(郐)는 설현(薛縣)에 있다.

전상은 마침내 간공의 동생 오(驁)[1]를 세웠으니, 이 사람이 평공(平公)이다. 평공이 자리에 나아가자, 전상은 재상이 되었는데, 제나라 정치를 마음대로 좌우하면서 제나라 안평(安平) 동쪽을 떼어 전씨의 봉읍으로 삼았다[2].

1) 【색은(索隱)】 『계본(系本)』과 초주(譙周)는 모두 경(敬)이라고 했는데, 아마도 오류인 듯하다.

2) 【집해(集解)】 서광(徐廣)이 말했다. "「연표(年表)」에 이르기를, 평공 때 제나라는 이때부터 전씨(田氏)라고 칭했다고 했다." 【색은(索隱)】 안평은 제나라 읍이다. 살펴보건대, 「지리지(地理志)」에 이르기를 탁군(涿郡)에 안평현이 있다고 했다.

평공 8년에 월나라가 오나라를 멸망시켰다.

(평공이 재위) 25년 만에 졸하자 아들 선공(宣公) 적(積)이 세워졌다.

선공이 51년 만에 졸하자 아들 강공(康公) 대(貸)가 세워졌다. 전회(田會)

가 늠구(廩丘)에서 반란을 일으켰다[1].

1) **【색은(索隱)】** 전회는 제나라 대부다. 늠은 읍 이름인데, 동군(東郡)에 늠구현(廩丘縣)이 있다.

강공 2년에 한(韓) · 위(魏) · 조(趙)가 처음으로 반열에 올라 제후가 되었다.

19년에 전상 증손자 전화(田和)가 반열에 올라 비로소 제후가 되었고, 강공을 해변으로 옮겼다.

26년에 강공이 졸하자 여씨(呂氏)는 드디어 그 제사가 끊어졌다. 전씨(田氏)가 결국 제나라를 차지했고, 제(齊)나라 위왕(威王) 때는 천하의 강국이 되었다.

태사공(太史公)이 말한다.

"내가 제나라에 간 적이 있는데, 태산(泰山)부터 낭야(琅邪)까지, 그리고 북쪽으로 바다까지 기름진 땅[膏壤]이 2,000리였고 그 백성은 활달하고 꾀를 많이 감추고 있었으니, 그것이 그들의 천성이다. 태공(太公)의 빼어남[聖] 덕분에 나라의 근본을 세웠고 환공(桓公)의 성대함이 있었으니, 선정을 닦아서 제후들과 회맹해 패자라 칭하게 됨이 참으로 마땅한 것이 아니겠는가?

끝없이 우렁차구나[洋洋哉], 진실로 큰 나라 기풍이여![1]"[2]

1) 마지막 문장은 오나라 계찰의 "음악이 끝없이 우렁차니[泱泱] 큰 나라의 풍도[大風]가 있어"라는 제나라 음악에 대한 평을 가져온 것이다. 양양(洋洋)은 큰 바다가 넘실거리는 모양이며, 앙앙(泱泱)도 같은 뜻이다.

2) 【색은술찬(索隱述贊)】 태공이 주나라를 보좌해[太公佐周]/실로 남모르는 많은 계책 내셨도다[實秉陰謀]/이미 동해 쪽으로 널리 펴시고[旣表東海]/마침내 영구에 도읍하셨도다[乃居營丘]/소백은 패자가 되어[小白致覇]/제후들을 규합하셨네[九合諸侯]/하나 안으로 총애하는 자들에게 빠지더니[及溺內寵]/세상 떠났을 때 구더기가 마구 기어다녔다네[疊鍾虫流]/장공(莊公)이 임금다움을 잃더니[莊公失德]/최저가 원수가 되었도다[崔杼作仇]/진씨가 정사를 장악하더니[陳氏專政]/재물을 뿌리기를 두텁게 하고 세금 거두기를 가볍게 했네[厚貨輕收]/도공, 간공 모두 화를 만났고[悼簡遘禍]/전씨나 감지의 도움 받지 못했다네[田闞非儔]/선조의 다움 커서 두고두고 보우하리라 여겼더니[渢渢餘烈]/한순간에 바뀌어버린 것은 어째서이겠는가[一變何由]!

세가(世家)

권33 — 노주공세가(魯周公世家) 제3

권33 노주공세가(魯周公世家) 제3

주공(周公) 단(旦)은 주나라 무왕(武王)의 동생[1]이다. 문왕(文王)이 재위할 때부터 단은 자식으로서 효도하고[孝][2] (형제들에게는) 도탑고 어질어서[篤仁] 다른 아들들과는 달랐다. 무왕이 자리에 나아가자, 단은 늘 무왕을 도우며[輔翼] 대부분의 일을 도맡았다.

무왕 9년에 동쪽 정벌에 나서[東伐] 맹진(盟津)에 이르렀을 때 주공은 무왕의 행군을 도왔다.

11년에 (은나라) 주왕(紂王)을 쳐서 목야(牧野)[3]에 이르렀을 때 주공은 무왕을 보좌하면서 「목서(牧誓-목야에서의 맹서)」를 지었다. 은나라를 깨뜨리고[破殷=克殷] 상궁(商宮-상나라 궁)에 들어갔다. 주왕을 이미 죽이고 나서는, 주공이 큰 도끼를, 소공(召公)이 작은 도끼를 들고 무왕을 양옆에서 끼고 희생의 피로 토지신에게 제사를 지내[釁社] 주(紂)의 죄를 하늘에 고하고 은나라 백성이 다 알도록 했다. 갇혀 있던 기자(箕子)를 풀어주었다. 주(紂)의 아들 무경 녹보(武庚祿父)를 봉해주고 관숙(管叔)과 채숙(蔡叔)으로 하여금 그를 도와주어 은나라 제사를 이어가게 했다. 공신들과 성이 같은 친척들을 두루 봉해주었다. 주공 단을 소호(少昊)의 옛 땅인 곡부(曲阜)[4]에 봉해주었으니 이 사람이 노공(魯公)이다. (그러나) 주공은 봉국에 나아가지 않고 남아서 무왕을 보좌했다.

1) 【집해(集解)】 초주(譙周)가 말했다. "태왕(太王)이 거주했던 주나라 땅을 자기 채읍(采邑)으로 삼았기 때문에, 그래서 주공이라고 했다." 【색은(索隱)】 주(周)는 땅

이름이며 기산(岐山) 남쪽에 있는데, 본래 태왕이 도읍했던 곳이다. 뒤에 주공의 채읍이 되었기 때문에 주공이라고 했으니, 곧 지금의 부풍(扶風) 옹(雍) 동북쪽에 있는 옛 주성(周城)이 그곳이다. 시호는 주문공(周文公)이라 했는데, 『국어(國語)』에 나온다.

2) 【색은(索隱)】 추탄생(鄒誕生)의 책에는 효(孝)가 경(敬-삼감)으로 되어 있다.

3) 【정의(正義)】 위주(衛州)가 곧 목야의 땅인데, 동북쪽으로 조가(朝家)와의 거리가 73리다.

4) 【정의(正義)】 『괄지지(括地志)』에서 말했다. "연주(兗州) 곡부현 외성은 곧 노공(魯公) 백금(伯禽-주공의 아들)이 쌓은 것이다."

무왕이 은나라를 이기고[克殷][1] 2년이 되었으나 천하는 아직 마음이 모이지 못했는데[未集], (이런 차에) 무왕이 병이 들어 편치 않자[不豫] 여러 신하가 모두 몹시 두려워했다. 태공(太公)과 소공(召公)이 마침내 삼가[繆=穆][2] 점을 치기로 했는데, 주공이 말했다.

"우리 선왕들을 걱정하시게 해서는[戚] 안 된다[3]."

주공이 이에 마침내 자신을 제물[質]로 삼아서 단을 3층 마련한 뒤 본인은 북쪽을 향해 서서 벽옥(碧玉)을 머리에 이고 규(圭-홀)를 손에 쥐고는[4] 태왕(太王)·왕계(王季)·문왕(文王)에게 고했다[告][5]. 사(史)가 축문[策祝]을 지어 읽었다[6].

1) 이를 전상(翦商)이라고도 한다. 상나라를 끊어냈다는 말이다.

2) 【집해(集解)】 서광(徐廣)이 말했다. "옛날 책에서 목(穆)자는 대부분 목(繆)으로 썼다."[진(秦) 목공(繆公)이 그런 경우다.]

3) 【집해(集解)】 공안국(孔安國)이 말했다. "척(戚)은 '가깝다[近]'는 뜻이다. 즉 선왕을 죽음에 가까이 가게 해서는 안 된다는 말이다." 정현(鄭玄)이 말했다. "두 공이 문왕(文王)의 사당에 나아가서 점을 치려 한 것이다. 척(戚)이란 '근심하

다[憂]'는 뜻이다. 우리 선왕이 근심하게 해서는 안 된다는 말이다."

4) 【집해(集解)】 공안국(孔安國)이 말했다. "벽옥은 예법에서 신령을 뜻하고, 규는 예물[贄]인 셈이다."

5) 【집해(集解)】 공안국(孔安國)이 말했다. "축문을 읽는다는 말이다."

6) 【집해(集解)】 공안국(孔安國)이 말했다. "사(史)가 책서(策書)의 축문을 읽은 것이다." 정현(鄭玄)이 말했다. "책(策)은 주공이 지은 것으로, 간서(簡書)를 말한다. 제사를 담당하는 사람[祝]이 이 간서를 읽어 세 왕에게 고한 것이다."

"아아! 당신들의 원손(元孫)이신 왕 발(發)이 부지런히 일을 하다가 병이 났습니다[阻疾][1]. 당신들 세 왕께서 부자(負子)를 하늘에 바치려 하신다면 이 단(旦)이 왕 발의 몸을 대신하겠나이다[2]. 저 단은 명민하게 일을 처리하고[巧能] 다재다능해 귀신을 잘 섬길 수 있습니다[3]. 반면에 왕 발은 단만큼 다재다능하지 못해 귀신을 제대로 섬길 수 없습니다.

(그러나 무왕은) 마침내 상제의 뜰에서 명해 펴서 사방을 도와[4] 그대의 자손들을 땅 아래에 안정시키니, 사방 백성 중에서 경외하지 않는 자가 없습니다[5]. 하늘이 내리신[降] 보배로운 명[葆命=寶命]을 실추하지[墜] 않아야 우리 선왕들도 또한 길이 의지해 돌아갈 곳[所依歸]이 있을 것입니다[6].

지금 나는 이에[其] 원구(元龜)에게 명한 바를 나아가[卽] 살펴볼 것입니다[7]. 당신들께서 나를 허락해주신다면 나는 벽옥과 규를 가지고 돌아가 당신들의 명을 기다릴 것이고[8], 당신들께서 나를 허락해주시지 않는다면 나는 마침내 벽옥과 규를 숨길 것입니다[屛][9]."

1) 【집해(集解)】 서광(徐廣)이 말했다. "조(阻)는 판본에 따라 엄(淹)으로 되어 있다."

2) 【집해(集解)】 공안국(孔安國)이 말했다. "하늘이 크게 책임을 물었다는 것은 질병을 치유할 수 없다는 것이니, 하늘에서 구원해줄 수 없다면 마땅히 단 자신이 대신하겠다는 말이다. 죽고 사는 것에는 명이 있어[死生有命] 대신하겠다

고 청할 수는 없는 것이니, 이는 빼어난 이(-주공)의 신하 된 마음가짐을 서술함으로써 세교(世敎)를 드리운 것이다." 【색은(索隱)】 『상서(尙書)』에는 부(負)가 비(丕-크다, 으뜸)로 되어 있는데 지금 여기서 부(負)라고 한 것은, 세 왕이 상천으로부터 무왕을 보전할 책임을 떠맡고 있으므로[負] 자신이 마땅히 그것을 대신하겠다는 뜻을 드러낸 것이다. 정현(鄭玄)은 또 丕를 (비가 아니라) 부(負)로 읽어야 한다고 했다.

3) 【집해(集解)】 공안국(孔安國)이 말했다. "무왕의 뜻을 대신할 수 있다고 말한 것이다."

4) 【집해(集解)】 마융(馬融)이 말했다. "무왕이 천제(天帝)의 뜰에서 천명을 받고 그 도리를 펴서 사방을 도왔다는 말이다."

5) 【집해(集解)】 공안국(孔安國)이 말했다. "무왕은 상제의 뜰에서 천명을 받고 능히 선인의 자손들을 천하에서 안정시키자 사방의 백성이 경외하지 않는 바가 없었다는 말이다."

6) 【집해(集解)】 공안국(孔安國)이 말했다. "구원해주지 않는다면 이는 하늘의 보배로운 명을 실추시키는 것이고, 구원해준다면 선왕들이 의지처로 삼을 수 있는 바를 길러준다는 말이다." 정현(鄭玄)이 말했다. "강(降)은 '내려준다[下]'는 말이다. 보배롭다는 것은 곧 '신령스럽다[神]'는 말이다. 의지해 돌아갈 곳이란 종묘의 주인이 된다는 말이다." 【정의(正義)】 墜는 직(直)과 유(類)의 반절음이다.

7) 【집해(集解)】 공안국(孔安國)이 말했다. "원구에게 나아가 세 왕의 명을 받고 점을 쳐서 길흉을 알아내는 것이다." 마융(馬融)이 말했다. "원구(元龜)란 큰 거북이다."

8) 【집해(集解)】 공안국(孔安國)이 말했다. "허락이란 질병을 치료해준다는 말이다. 명을 기다린다는 것은 마땅히 귀신을 잘 섬기겠다는 말이다."

9) 【집해(集解)】 공안국(孔安國)이 말했다. "허락해주지 않는다는 것은 곧 병이 낫지 않는다는 말이다. 병(屛)은 '숨긴다[藏]'는 뜻이니, 귀신을 섬길 수 없다는 말

이다."

주공이 이미 사(史)에게 태왕(太王) · 왕계(王季) · 문왕(文王)께 자신이 무왕 발을 대신하겠다는 축문을 아뢰게 하고는, 이에 마침내 삼왕(三王)에 대해 점을 쳤다. 복인(卜人-점쟁이)들이 모두 말했다.

"길합니다."

점괘[1]를 보이며 길조를 확인시켜주었다[信吉(신길)].

주공이 기뻐하며 피리처럼 생긴 통[籥(약)][2]을 열어서 마침내 글을 보고는 길조를 확인했다[遇吉(우길)].

주공이 들어가 무왕에게 하례하며 말했다.

"왕께는 이에 아무런 해악도 없을 것입니다. 단(旦)이 삼왕께 새로이 명을 받았으니, 오로지 '어떻게 하면 오래도록 잘 통치할 것인가?'만 생각하십시오[3]. 이 도리[玆道(자도)=斯道(사도)]는 오직 (천자) 한 사람에게만 주어지는 것이라 여깁니다[4]."

주공이 축문을 금실로 봉한 함[5]에 보관하고는 이를 지키는 자에게 함부로 말하지 말라고 주의를 주었다. 이튿날 무왕은 병이 나았다[有瘳(유추)=有差(유차)=有間(유간)].

1) **[집해(集解)]** 공안국(孔安國)이 말했다. "점괘가 적힌 글이다."

2) **[집해(集解)]** 왕숙(王肅)이 말했다. "점괘가 담긴 글을 보관하는 관(管)이다."

3) **[집해(集解)]** 공안국(孔安國)이 말했다. "내가 새로이 삼왕의 명을 받았으므로 무왕은 오로지 주나라를 잘 도모하려는 도리만 길이 생각하라는 뜻이다."

4) **[집해(集解)]** 마융(馬融)이 말했다. "한 사람이란 천자다." 정현(鄭玄)이 말했다. "자(玆)란 '이[此(차)]'라는 뜻이다."

5) **[집해(集解)]** 공안국(孔安國)이 말했다. "함에 그것을 넣고서 금실로 봉했는데, 이는 다른 사람이 열지 못하도록 하기 위함이다."

❖

그 후에 무왕이 이미 붕(崩)했을 때 성왕(成王)은 어려서 강보(强葆)[1] 안에 있었다. 주공은 무왕이 붕했다는 소식을 천하 사람들이 듣고서 배반할까 두려워, 마침내 동쪽 섬돌에 올라서서 성왕을 대신해 섭정하며 나랏일을 떠맡았다. 관숙(管叔)과 그 동생들은 나라에 유언비어를 퍼뜨리며 말했다.

"주공은 장차 성왕에게 이롭지 못한 짓을 할 것이다[2]."

주공이 마침내 태공(太公) 망(望)과 소공(召公) 석(奭)에게 말했다.

"내가 (온갖 오해를) 피하지 않고[弗辟][3] 섭정을 하는 것은 천하가 주(周)나라를 배반할까 두렵기 때문이니, 그래서 내가 우리 선왕이신 태왕·왕계·문왕께 아뢰지 않았던 것입니다. 세 왕께서 오래도록 천하를 걱정하고 노고를 다하셨기에 지금에 이르러서야 성취가 있게 된 것입니다. 무왕이 일찍 세상을 마치셨고 성왕께서는 어리시니, 장차 주나라 대업을 이룩하고자[成周] 내가 이렇게 하는 것입니다."

이에 드디어 (주공은) 성왕을 돕느라[相][4] 자기 아들 백금(伯禽)을 봉국인 노(魯)나라로 대신 나아가도록 했다. 주공이 백금에게 경계시키며 말했다.

"나는 문왕의 아들이자 무왕의 동생이며 성왕의 숙부이니 천하에서 실로 낮은 신분이 아니다[不賤]. 하지만 나는 한 번 목욕하다가 머리카락을 세 번 움켜쥐고[一沐三捉髮] 한 번 밥을 먹다가 세 번 뱉어내면서[一飯三吐哺] 벌떡 일어나 선비를 맞이하면서도 오히려 천하의 뛰어난 인재들을 잃을까 걱정했다[猶恐=唯恐]. 네가 노나라로 가거든 부디[愼=冀] 나라를 가졌다고 사람들에게 교만하게 굴어서는 안 될 것이다."[5]

1) 【색은(索隱)】 강보(强葆)란 곧 강보(繈褓-포대기)의 옛글자로 어리다는 뜻이니, 가차(假借)해 그렇게 쓴 것이다. 【정의(正義)】 강(强)은 넓이[闊]가 8촌이고 길이는 8척이며 어린아이를 등에 묶어 업고 갈 때 쓴다. 보(葆)란 어린아이를 감싸

는 것이다.

2) 【집해(集解)】 공안국(孔安國)이 말했다. "나라에 말을 퍼뜨려 주공을 무고함으로써 성왕을 미혹시키려 한 것이다."

3) 【정의(正義)】 발음은 피(避)다.

4) 재상이 되었다고 옮겨도 무방하다.

5) 『논어(論語)』「미자(微子)」편에는 주공이 백금에게 당부하는 다음과 같은 말이 실려 있다. "참된 군주[君子]는 그 친척을 버리지 않으며, 대신으로 하여금 써주지 않는 것을 원망하지 않게 하며, 선대왕의 옛 신하들이 큰 문제[大故]가 없는 한 버리지 않으며, 한 사람에게 모든 것이 갖춰져 있기를 바라지 않는다[無求備於一人]."

관숙과 채숙[管蔡], 무경(武庚) 등이 과연 회이(淮夷)를 거느리고 반란을 일으켰다. 주공은 마침내 성왕의 명을 받들어 군사를 일으켜 동방 정벌에 나섰고, 「대고(大誥)」를 지었다. 드디어 관숙을 주살하고 무경을 죽였으며 채숙을 추방했다. 은나라 유민[餘民]을 거둬들이고 강숙(康叔)을 위(衛)나라에 봉했으며, 미자(微子)를 송(宋)나라에 봉해 은나라 제사를 받들게 했다. 회이(淮夷) 동쪽 땅이 2년이 지나자 모두 평정되었다. 제후들이 모두 복종해 주나라를 종주로 모셨다[宗周].

하늘이 큰 복[祉福]을 내려주어 당숙(唐叔)이 볍씨를 얻었는데, 두 이랑의 벼가 한 이삭으로 패자[異母同穎][1] 이를 성왕에게 바치니 성왕은 당숙에게 명해 동쪽의 주공에게 보내도록[餽] 한 뒤 「궤화(餽禾-볍씨를 보내다)」[2]를 지었다.

주공은 이미 (성왕이) 명으로 내려준 벼를 받고 나자, 천자의 명에 감사하며[嘉][3] 「가화(嘉禾)」를 지었다.

동쪽 땅이 안정되자[集=和睦] 주공은 돌아와 성왕에게 보고하고 마침내 시를 지어 왕에게 바치니[貽=致], 이름하여 「치효(鴟鴞)」[4]라고 했다. 왕은 실로 감히 주공에게는 꾸짖지[訓][5] 못했다.

1) 【집해(集解)】 서광(徐廣)이 말했다. "판본에 따라 수(穗-이삭)로 되어 있다. 영(穎)이 곧 수(穗)다." 【색은(索隱)】 『상서(尙書)』에서는 이무(異畝-다른 이랑)라고 했는데, 모(母)와 뜻이 함께 통한다. 추탄생(鄒誕生)의 책에도 똑같이 되어 있다.

2) 원문에는 가화(嘉禾)로 되어 있다.

3) 【집해(集解)】 서광(徐廣)이 말했다. "가(嘉)는 판본에 따라 노(魯)라고 되어 있는데, 지금의 책 서문에는 여(旅)로 되어 있다." 【색은(索隱)】 서광이 말하기를 판본에 따라 노(魯)라고 되어 있다고 했는데, 노(魯)자는 잘못된 것이다. (또) 지금의 책 서문에는 여(旅)로 되어 있다고 했지만, 『사기(史記)』에서는 "천자의 명에 감사하며"라고 했으니, 그것으로 말이 잘 통하는데 어찌 모름지기 가려(嘉旅)라고 했겠는가?

4) 【집해(集解)】 『모시(毛詩)』 서문에서 말했다. "성왕이 주공의 뜻을 알지 못했으니, 공이 이에 마침내 시를 지어 왕에게 올리고 이름하여 치효(鴟鴞)라고 했다." 모전(毛傳)에 이르기를 "치효는 영결(鸋鴂-부엉이 종류)"이라고 했다.

5) 【집해(集解)】 서광(徐廣)이 말했다. "훈(訓)은 판본에 따라 초(誚-꾸짖다)로 되어 있다." 【색은(索隱)】 살펴보건대 『상서(尙書)』에는 초(誚)로 되어 있으니, 초(誚)란 '꾸짖다[讓]'는 뜻이다. 여기서 훈(訓)이라고 한 것은 글자의 잘못일 뿐이고, 뜻도 통하지 않는다. 서씨(徐氏-서광)는 그저 판본에 따라 그런 것으로 말했는데, 어찌 그냥 "초(誚-꾸짖다)로 되어 있다"라고 해서야 되겠는가?

성왕 7년 2월 을미일에 왕이 조회를 하고[朝] 주(周)에서 풍(豐)까지 걸어갔다가[步][1] 태보(太保) 소공(召公)을 먼저 낙읍(雒邑)으로 보내 땅을 살피도록 했다[相土][2]. 그해 3월에 주공이 가서 성주(成周) 낙읍(雒邑)을 조성하고서[3] 점을 치자 길한 것으로 나오니, 드디어 그곳을 국도(國都-수도)로 삼았다[國之].

1) 【집해(集解)】 마융(馬融)이 말했다. "주(周)는 호경(鎬京)이고, 풍(豐)은 문왕의 사

당이 있는 곳이며, 조(朝)란 일을 들어 위에 아뢰는 것이다. 장차 수도를 옮기려 했으니 이는 큰일이기 때문에 문왕과 무왕의 사당에 아뢴 것이다." 정현(鄭玄)이 말했다. "보(步)란 걸어서 갔다는 것이니 당하(堂下-당 아래로 내려감)를 일러 보(步)라고 하며, 풍(豐)은 호(鎬)의 이읍(異邑)이다. 보(步)라고 말한 것은 무왕의 사당에 고하러 가서 사당을 들고나며 멀리 가지 않았다는 뜻으로, 아버지에게 공경함을 보인 것이다." 【색은(索隱)】 풍은 문왕이 조성한 읍이다. 뒤에 무왕이 호(鎬)에 도읍하고서 풍에는 문왕의 사당을 세웠다. 살펴보건대, 풍은 호현(鄠縣) 동쪽에 있으며 풍수(豐水)와 인접해 있고 동쪽으로 호와의 거리는 25리다.

2) 【집해(集解)】 정현(鄭玄)이 말했다. "상(相)이란 '살펴보다[視(시)]'라는 뜻이다."

3) 【집해(集解)】 『공양전(公羊傳)』에서 말했다. "성주(成周)란 무엇인가? 동주(東周)다." 하휴(何休)가 말했다. "이름을 성주(成周)라고 한 것은 주나라의 도리[周道(주도)]가 비로소 이뤄졌고[成(성)] 왕이 그곳에 도읍했기 때문이다."

성왕이 장성해 능히 청정(聽政)할 수 있게 되었다. 이에 주공은 마침내 성왕에게 정권을 돌려주어[還政(환정)] 성왕이 조정에 임했다. 주공이 성왕을 대신해 다스릴 때는 도끼를 수놓은 병풍을 뒤로 둘러놓고[倍(배)] 남면해 제후들의 조회를 받았다[1]. 7년이 지나 성왕에게 정권을 돌려주고 북면하러 신하 자리에 나아갔을 때는 그 삼가는 모습[匑匑(궁궁)][2]이 마치 두려움에 떠는 듯했다.

1) 【집해(集解)】 『예기(禮記)』에서 말했다. "주공은 명당(明堂) 자리에서 제후들의 조회를 받았고, 천자는 부의(斧依)를 등지고 남쪽을 향해 섰다." 정현(鄭玄)이 말했다. "주공은 왕위를 섭정할 때 명당의 예의(禮儀)로써 제후들의 조회를 받았으니, 종묘에서 하지 않은 것은 왕(王-천자)을 피한 것이다. 등졌다는 것은 배(倍)다. 부의(斧依)란 도끼 문양의 병풍을 문과 창 사이에 두고서 주공이 그 앞에 선 것을 말한다."

2) 【집해(集解)】 서광(徐廣)이 말했다. "궁궁(𩊆𩊆)이란 삼가고 공경하는 모습이다. 『삼창(三蒼)』에 나오는데, 발음은 궁궁(窮窮)이다. 판본에 따라 기기(夔夔)로 되어 있다."

애초에 성왕이 어렸을 때 병이 나자, 주공은 마침내 손톱[蚤(조)]을 잘라서 황하에 던지며 물의 신에게 축원해 말했다.

"왕은 어려서 아직 식견이 없으니, 신의 명을 범한[奸(간)=犯(범)] 자는 곧 저 단(旦)입니다."

또 그 축문을 부(府-문서보관소)에 보관했다. 성왕의 병이 다 나았다. 성왕이 정사를 맡게 되자[用事(용사)=親政(친정)] 어떤 사람이 간혹 주공을 참소했으니, 주공은 초(楚)나라로 달아났다[1]. 성왕이 부를 열어 주공이 기도한 글을 발견하고는 마침내 눈물을 흘리며 주공을 돌아오게 했다.

1) 【색은(索隱)】 경전(經典)에는 이 글이 나오지 않고, 이 일은 간혹 별도로 다른 곳에서 나온다. 초주(譙周)가 말했다. "진(秦)나라가 책을 다 불살라버려서 당시 사람들이 금등(金縢)의 일을 말하고 싶어도 그 본말을 잃어버렸다가, 마침내 말하기를 '성왕이 어릴 때 병이 들자, 주공이 황하에서 기도하며 자신이 왕을 대신해 죽고자 하면서 그 축문을 부에 보관했다. 성왕이 정사를 맡게 되었고, 사람들이 주공을 참소하자 주공이 초나라로 달아났다. 성왕이 부에서 축문을 발견하고서는 마침내 주공을 맞이했다'라고 했다." 또 이는 「몽염전(蒙恬傳)」과 같으며 일은 거의 비슷하다.

주공은 돌아와서도 성왕이 한창때라 (혹시라도) 그 다스림이 방탕하거나 안일하게 될까 걱정이 되어 마침내 「다사(多士)」와 「무일(毋逸)」을 지었다.

「무일(毋逸)」에서는 이렇게 말했다.

"부모로서 오랜 세월, 업을 이뤄놓았거늘 자손들이 교만하고 사치하

면 그것을 잊고 집안을 망치게 되나니, 자식 된 자로서 어찌 조심하지 않으리오!

그래서 옛날 은(殷)나라 중종(中宗)은 천명을 엄숙하고 경외해 스스로 법도를 잘 헤아려가며 백성을 다스렸다. 삼가 두려워 정치를 엉망으로 하거나 게을리하지 않았기에 나라를 누린 기간이[饗國=享國] 75년이었다.

(은나라) 고종(高宗)은 오랜 기간 궐 밖에서 힘들게 일하며 일반 백성과 함께 생활했다. 이 사람이 자리에 나아갔을 때 마침내 상을 당하자[亮闇=諒闇] 3년 동안 (정사에 관해서는) 아무런 말도 하지 않았으니, 그가 말을 하자 백성이 모두 기뻐했다. 정치를 엉망으로 하거나 게을리하지 않고 은나라를 안정시켰다. 크고 작은 일에 원망을 사지 않았기에 나라를 누린 기간이 55년이었다.

조갑(祖甲)은 자신이 왕이 된 것이 마땅하지 않다고 여겨[不義] 궐 밖으로 나가서 오랫동안 일반 백성 노릇을 했다. 일반 백성이 의지하려는 바를 알았기에[1] 백성을 보호하고 은혜를 베풀 수 있었다. 홀아비와 과부를 업신여기지 않았기에 나라를 누린 기간이 33년이었다."

「다사(多士)」에서는 이렇게 말했다.

"탕(湯)에서 제을(帝乙)까지 제사를 따르고 다움을 밝히지 않은 임금이 없었고, 그래서 제(帝) 중에 하늘에 짝하지 않은 임금이 없었다. (그런데) 그 뒤를 이은 왕 주(紂)는 제멋대로 굴고 향락과 안일만 빠져 하늘과 백성의 바람을 전혀 돌보지 않았다. 이에[其=於是] 백성은 모두 그가 주살되어야 한다고 여겼다."

"주나라에는 좋은 선비가 많아서 문왕은 낮부터 해가 저물 때까지 밥 먹을 겨를도 없었기에 나라를 누린 기간이 50년이었다."

이런 글들을 지어 성왕을 경계시켰다.

1) 【집해(集解)】 공안국(孔安國)이 말했다. "백성이 의지하려는 바란 인정(仁政)

이다."

성왕이 풍읍(豐邑)에 있을 때, 천하가 이미 안정되었으나 주나라 관직과 행정[官政]은 아직 차서(次序)가 정해지지 않았다. 이에 주공이 「주관(周官)」을 지어 관직의 마땅함을 분별하고 「입정(立政)」[1]을 지으니 백성의 삶이 편안해졌다. 백성이 기뻐했다.

1) 【집해(集解)】 공안국(孔安國)이 말했다. "주공(周公)은 이미 성왕에게 정사를 돌려주었으나 성왕이 정사에 게으르거나 정사를 소홀히 할 것을 걱정했다. 그래서 임금과 신하가 각자 맡은 정사를 세워야 한다[立政]는 내용으로 경계시킨 것이다."

주공이 풍읍에 있을 때 병이 들어 장차 죽으려 하자[沒=歿] 이렇게 말했다.

"반드시 나를 성주(成周)에 장사 지내 내가 감히 성왕을 떠나지 않음을 분명하게 해야 할 것이다."

주공이 이미 졸(卒)하자 성왕 또한 겸손하게 그 뜻을 받아들여[讓] 주공을 필(畢) 땅에 장사 지냈으며[1], 문왕(文王)(의 뜻)을 따라서[2] 나 소자(小子)(-성왕)는 감히 주공을 신하로 여기지 않는다는 것을 명확히 했다.

1) 【정의(正義)】 『괄지지(括地志)』에서 말했다. "주공의 무덤은 옹주(雍州) 함양(咸陽)에서 북쪽으로 13리 필(畢) 벌판 위에 있다."

2) 주공을 신하가 아니라 삼촌으로 받든다는 말이다.

주공이 졸한 후에 가을이 되어 아직 수확도 못 했는데, 폭풍우와 우레가 몰아쳐 벼가 모두 쓰러지고 큰 나무도 죄다 뽑혔다. 주나라 사람들이 크게

두려워하자, 성왕이 대부들과 함께 조복(朝服) 차림을 하고서 금등서(金縢書)를 열어보았는데, 왕은 마침내 주공이 스스로 무왕을 대신해서 죽는 것이 자기 직무[功=職]라고 말한 내용을 알게 되었다. 이공(二公-태공망과 소공)과 성왕이 함께 마침내 사(史)와 여러 집사(執事)에게 물으니, 이들이 말했다.

"정말로 그런 일이 있었습니다. 예전에 주공께서 우리에게 감히 발설하지 말라고 명하셨습니다."

성왕은 그 책을 붙들고 울면서 말했다.

"지금부터 분명 점괘에 어긋남[繆卜]이 없어야 할 것이다[1]. 예전에 주공께서 왕실을 위해 부지런히 노고를 다하셨건만, 아! 나는 어려서 미처 알지를 못했다. 지금 하늘이 위엄을 떨쳐 주공의 다움을 널리 밝히려 하시니, 아! 짐(朕) 소자가 이에 받들어 실로 국가의 예(禮)로써 그를 마땅히 예우하려고 한다."

왕이 교외에 나가 제사를 올리자, 하늘이 마침내 비바람을 멈추었고[反風] 벼가 모두 일어섰다[2]. 이공(二公)이 나라 사람들에게 명해 쓰러진 큰 나무들을 모두 일으켜 세워 수습하게 했다[築-拾][3]. 그해에 큰 풍년이 들었다[大熟]. 이에 성왕이 마침내 노(魯)나라에 명해 문왕께 교(郊)제사를 지낼 수 있게 했다[4]. (이처럼) 노나라에 천자의 예악(禮樂)이 있게 된 것은 주공의 다움을 기리기 위함이었다.

1) 【집해(集解)】 공안국(孔安國)이 말했다. "본래 점의 길흉을 공경하려 했다가 지금에서야 하늘의 뜻을 알게 된 것이다."

2) 【집해(集解)】 공안국(孔安國)이 말했다. "교제사를 지내, 옥과 폐물로써 하늘에 사죄하자 하늘이 곧바로 바람의 방향을 되돌려서 벼를 일으켜 세워주었다는 말이다."

3) 【집해(集解)】 마융(馬融)이 말했다. "벼는 나무들로 인해 쓰러졌기 때문에 나무

들을 바로 세워서 쓰러진 벼를 수습하자 마침내 망실된 것들이 없었다."

4) 【집해(集解)】『예기(禮記)』에서 말했다. "노나라 임금이 교외에서 제(帝)에게 제사를 지냈다. 이는 후직(后稷)과 나란히 한 것으로, 천자의 예를 행하게 한 것이다." 정현(鄭玄)이 말했다. "노나라에는 주공으로 인해 문왕의 사당이 세워졌다."

주공이 졸했을 때 아들 백금(伯禽)은 본래 이미 예전에 봉국을 받았는데, 이 사람이 노공(魯公)이다[1]. 애초에 노공 백금은 봉해져서 노나라에 간 지 3년이 지난 후에야 주공에게 정사를 보고했다.

주공이 말했다.

"어째서 이리 늦었느냐?"

백금이 말했다.

"그 풍속을 바꾸고 그 예를 개혁하며 삼년상을 치르고서 상복을 벗느라 늦었습니다."

태공 또한 제나라에 봉해졌는데, 5개월이 지난 후에 주공에게 정사를 보고했다. 주공이 말했다.

"어째서 이리 빠른가?"

말했다.

"저는 그 군신(君臣)의 예를 간소화하고 그 풍속을 그대로 따랐기 때문입니다."

(태공은) 뒤에 백금이 정사를 보고한 것이 늦었다는 말을 듣고는 마침내 탄식해 말했다.

"아! 노나라는 후세에 아마도 제나라를 향해 북면(北面-신하가 됨)해 섬길 것이다. 무릇 정사가 평이하지 않고 간결하지 않으면[不簡不易(불간 불이)] 백성이 임금을 제 몸처럼 여기지 않게 되고, 정사가 평이하고 백성을 가까이하면 백성은 반드시 귀의하게 된다[2]."

1) 【색은(索隱)】 주공의 원자(元子-장남)는 노나라에 나아가 봉해졌고, 둘째 아들 류(留)는 주나라 왕실을 보필하면서 주공을 대신했다. 그 나머지 아들들은 작은 나라를 식읍으로 받았는데 모두 6명으로, 봉읍은 범(凡)·장(蔣)·형(邢)·모(茅)·조(胙)·채(祭)다.

2) 【색은(索隱)】 정사가 간이(簡易)하면 백성이 반드시 기대어 임금을 가깝게 여긴다는 말이다. 가깝다는 것은 친근하다는 뜻이다."[태공의 이 말은 『주역』을 풀이한 공자의 「계사전(繫辭傳)」에 일목요연하게 정리되어 있다. 건(乾)은 임금이고 곤(坤)은 신하다. "건은 평이함[易]으로 (큰 시작을) 주관하고[知], 곤은 간결함[簡]으로 능히 (일을) 해낸다[能]. 평이하면 알기 쉽고, 간결하면 (아랫사람들이) 따르기 쉽다[易從]. 알기 쉬우면 제 몸처럼 여기는 사람들이 있게 되고[有親], 따르기 쉬우면 성과가 있게 된다[有功]. 제 몸처럼 여기는 사람들이 있으면 오래 지속할 수 있고[可久], 성과가 있게 되면 (일을) 크게 할 수 있다[可大]. 오래 할 수 있으면 (그것이 바로) 뛰어난 이의 다움[賢人之德]이고, 크게 할 수 있으면 (그것이 바로) 뛰어난 이의 공적[業]이다. (건과 곤의) 평이함과 간결함[易簡]에서 천하의 이치가 얻어지고, 천하의 이치가 얻어지면 그 (하늘과 땅) 안에서 (사람의) 자리가 이뤄진다[成位]."]

백금이 자리에 나아간 후에 관숙·채숙 등의 반란이 있었고 회이(淮夷)와 서융(徐戎)도 아울러 반란을 일으켰다[1]. 이에 백금은 군사를 이끌고 그들을 힐(肹) 땅[2]에서 정벌했는데, (이때) 「힐서(肹誓)」[3]를 지었다. 「힐서」에서는 이렇게 말했다.

"너의 갑옷과 투구를 잘 준비하고 감히 함부로 다루지 말라.

소나 말을 기르는 우리[牿]를 함부로 훼손하지 말라[4].

말과 소가 바람나서[風][5] 달아나거나 노역에 동원된 인부들[臣妾]이 도망쳐 달아나거든 감히 군루(軍壘)를 뛰어넘어[越] 그들을 뒤쫓지 말고 삼가[敬=祗] 돌아오게 하라[復之=還之][6].

감히 남의 것을 도둑질하거나 약탈하지 말고 남의 담을 뛰어넘지 말라.

노나라 세 교수(郊隧)[7] 주민들아, 너희들은 마른풀과 꼴, 마른 식량, 정

노주공세가(魯周公世家) 제3

간(楨幹)[8]을 비축해[峙=備] 감히 공급이 모자라게 하지 말라.

나는 갑술일에 성을 쌓고 서융을 정벌할 것이니, 감히 시기를 놓쳐서는 안 될 것이다.

감히 이를 어기면 사형[大刑=大辟=死刑]에 처할 것이다."

이 「힐서」를 지은 뒤에 드디어 서융을 평정하고 노나라를 안정시켰다.

1) 【집해(集解)】 공안국(孔安國)이 말했다. "회포(淮浦)의 이(夷)와 서주(徐州)의 융(戎)이 함께 일어나 반기를 들었다."

2) 【집해(集解)】 공안국(孔安國)이 말했다. "노나라 동쪽 근교의 지명이다."

3) 지금 『서경(書經)』에는 「비서(費誓)」로 되어 있다.

4) 【정의(正義)】 곡(牿)이란 소나 말의 우리[牢]다. 함부로 훼손하지 말라는 것은 소나 말이 달아날 것을 우려한 때문이다.

5) 발정 났다는 뜻이다.

6) 이에 대해서는 "주인에게 돌려주라"라는 번역도 있고, 그냥 "원래 있던 곳으로 돌아가게 하라"는 번역도 있다. 문맥으로는 확정하기 어려움을 밝혀둔다.

7) 【집해(集解)】 왕숙(王肅)이 말했다. "읍 밖을 교(郊), 교외(郊外)를 수(隧)라고 한다. 네 곳을 말하지 않은 이유는 동쪽 교(郊)를 지켜야 하므로 서·남·북 세 방위만을 말한 것이다."

8) 【집해(集解)】 마융(馬融)이 말했다. "정(楨)과 간(幹)은 모두 건축 도구다. 정은 앞에 세우고, 간은 양쪽에 세웠다."

노공(魯公) 백금이 졸하자[1] 아들 고공(考公) 추(酋)[2]가 세워졌다.

고공이 4년 만에 졸하자 동생 희(熙)가 세워졌으니, 이 사람이 양공(煬公)이다. 양공은 모궐문(茅闕門)을 건립했다.

6년에 졸하자 아들 유공(幽公) 재(宰)가 세워졌다.

유공 14년에 유공의 동생 비(潰)가 유공을 죽이고 스스로를 세웠으니, 이

사람이 위공(魏公)이다.

위공이 50년 만에 졸하자 아들 여공(厲公) 탁(擢)[3]이 세워졌다.

여공이 37년에 졸하자 노나라 사람들은 동생 구(具)를 세웠으니, 이 사람이 헌공(獻公)이다.

헌공이 32년 만에 졸하자[4] 아들 신공(眞公)[5] 비(濞)가 세워졌다.

1) 【집해(集解)】 서광(徐廣)이 말했다. "황보밀(皇甫謐)이 말하기를, 백금은 성왕 원년에 봉해져서 46년간 재위했다가 강왕(康王) 16년에 졸했다고 했다."

2) 【색은(索隱)】 『계본(系本)』에는 취(就)로 되어 있다. 추탄생(鄒誕生)은 본래 주(遒)라고 했다.

3) 【색은(索隱)】 『계본(系本)』에는 적(翟)으로 되어 있다.

4) 【집해(集解)】 서광(徐廣)이 말했다. "유흠(劉歆)은 50년이라고 했다. 황보밀(皇甫謐)은 36년이라고 했다."

5) 【색은(索隱)】 眞은 발음이 신(愼)이다. 여러 판본에도 본래 신공(愼公)으로 되어 있다.

신공 14년에 주나라 여왕(厲王)이 무도한 짓을 일삼다가 나라를 나가 체(彘) 땅으로 달아나니, 대신들이 함께[共和(공화)] 정사를 시행했다.

29년에 주나라 선왕(宣王)이 자리에 나아갔다.

30년에 신공이 졸하자 동생 오(敖)가 세워졌으니, 이 사람이 무공(武公)이다.

무공 9년 봄에 무공은 큰아들 괄(括), 작은아들 희(戲)와 함께 서쪽으로 가서 주나라 선왕(宣王)을 조현했다. 선왕이 희를 아껴서 희를 세워 노나라 태자로 삼고 싶어 하니, 주나라 번중산보(樊仲山父)[1]가 선왕에게 간언해 말했다.

"장자를 폐하고 작은아들을 세우는 것[廢長立少(폐장입소)]은 순리에 맞지 않고, 순리에 맞지 않으면 반드시 왕명을 범하게 되며, 왕명을 어기면 반드시 주벌해야 합니다. 그래서 명령을 낼 때에는 순리에 맞지 않으면 안 됩니다. 명령이 시행되지 않으면 정사가 제대로 서지 않게 되고, 명령이 시행되는데도 순리대로 하지 않는다면 백성은 장차 윗사람을 저버리게 될 것입니다[2]. 무릇 아래가 위를 섬기고 작은아들이 장자를 섬기는 것이 순리입니다. (그런데) 지금 천자가 제후를 세우면서 그 작은아들을 세운다면 이는 백성에게 역리(逆理)를 가르치는 것입니다. 만약에 노나라가 그것을 따르고 제후들이 이를 본받게 된다면 왕명이 장차 막히는 바가 있게 될 것이고, 만약에 노나라가 그것을 따르지 않는다면 주벌해야 할 터인데 이는 왕명을 스스로 주벌하는 꼴입니다. 주벌하는 것도 잘못이고 주벌하지 않는 것도 잘못이니, 왕께서는 이에[其(기)] 깊이 사려하셔야 할 것입니다[圖(도)=思(사)]."

선왕이 듣지 않고 결국 (작은아들) 희를 세워 노나라 태자로 삼았다. 여름에 무공이 졸하자[3] 희가 세워졌으니, 이 사람이 의공(懿公)이다.

1) 주나라 대부로 번(樊)에 봉해져 번후(樊侯) 또는 번목중(樊穆仲)으로 불렸다. 현신(賢臣)이었다.

2) 【집해(集解)】 위소(韋昭)가 말했다. "장자로 하여금 막내를 섬기게 하면 백성은 윗사람을 버리게 된다."

3) 【집해(集解)】 서광(徐廣)이 말했다. "유흠(劉歆)이 말하기를 세워진 지 2년이라고 했다."

의공 9년에 의공의 형인 괄(括)의 아들 백어(伯御)[1]와 함께 노나라 사람들이 의공을 공격해 시해하고 백어를 세워서 임금으로 삼았다. 백어가 자리에 나아간 지 11년에 주나라 선왕이 노나라를 쳐서 그 임금 백어를 죽인 뒤, 노나라 공자 중에서 능히 제후의 도리에 고분고분할 수 있는 사람이 누구인지를 물어서 그를 노나라 후계자로 삼으려고 했다. 번목중(樊穆仲)[2]이 말했다.

"노나라 의공의 동생 칭(稱)이 엄숙하고 공손하고 눈 밝으며 신명스러운 데다가[肅恭明神(숙공명신)] 노인들을 공경하며 섬깁니다. 또 일을 맡아 형벌을 시행할 때는 반드시 유훈(遺訓)을 묻고 옛일을 살피는데, 물었던 바에 어긋나지 않았고 알게 된 옛일을 범하지 않았습니다."

선왕이 말했다.

"그렇다면 능히 그 백성을 가르치고 다스릴 수 있을 것이다."

마침내 칭을 이궁(夷宮)[3]에서 세우니, 이 사람이 효공(孝公)이다. 이때부터 제후들이 대부분 왕명을 어기게 되었다.

1) 【정의(正義)】 御는 발음이 (어가 아니라) 아(我)와 가(嫁)의 반절음이다. 이하에서도 똑같다.

2) 【집해(集解)】 위소(韋昭)가 말했다. "목중은 중산보의 시호다."

3) 【집해(集解)】 위소(韋昭)가 말했다. "선왕인 조부 이왕(夷王)의 사당이다. 옛날에는 작명(爵命)을 내릴 때 반드시 조상의 사당에서 행했다."

효공 25년에 제후들이 주나라에 반기를 들었고 견융(犬戎)이 유왕(幽王)을 죽였다. 진(秦)나라가 비로소 반열에 올라 제후가 되었다.

27년에 효공이 졸하자 아들 불황(弗湟)[1]이 세워졌으니, 이 사람이 혜공(惠工)이다.

1) 【집해(集解)】 서광(徐廣)이 말했다. "「표」에는 불생(弗生)으로 되어 있다."

혜공 30년에 진(晉)나라 사람들이 자기들 임금 소후(昭侯)를 시해했다. 45년에 진나라 사람들이 또 자기들 임금 효후(孝侯)를 시해했다.

❖

46년에 혜공이 졸하자 장서자(長庶子) 식(息)[1]이 섭정하며 국사를 맡아 임금의 일[君事(군사)]을 행했으니, 이 사람이 은공(隱公)이다.

애초에 혜공의 적부인(適夫人-본부인)에게 자식이 없었고, 공의 천첩 성자(聲子)가 식을 낳았다. 식이 장성하자 송(宋)나라에서 아내를 맞이했는데, 송나라 여인이 노나라에 왔을 때 미모가 뛰어나니 혜공이 그녀를 빼앗아 자기 아내로 삼고 아들 윤(允)을 낳았다. 송나라 여인을 높여[登(등)=尊(존)] 부인으로 삼고 윤을 태자로 삼았으나, 혜공이 졸했을 때 윤이 어렸기 때문에 노나라 사람들은 모두 식에게 섭정(攝政)하게 하면서 아무도 즉위(卽位)에 대해서는 말하지 않았다[不言(불언)][2].

1) 【색은(索隱)】 은공이다. 『계본(系本)』에는 은공의 이름이 식고(息姑)로 되어 있다.

2) 정식 임금으로 받아들이지 않았다는 말이다.

은공 5년, 당(棠) 땅에 가서 물고기잡이를 구경했다[1].

8년에 (은공이) 천자가 태산에 제사 지내던 정나라의 팽읍(祊邑)과 (노나라에 속하던) 허전(許田)을 바꾸려 하자 군자들이 이를 비판했다[譏(기)][2].

1) 【집해(集解)】 가규(賈逵)가 말했다. "당은 노나라 땅이다. 어구들을 진열해놓고 구경하는 것이다."[임금이라면 흥미를 느껴야 할 오락이 아닌데도 그러했으니, 은공의 문제점을 드러내 보인 것이다.]

2) 【집해(集解)】 『곡량전(穀梁傳)』에서 말했다. "팽(祊)이란 정백(鄭伯)이 천자에게 명을 받아 태산에 제사를 지내는 읍이고, 허전은 곧 노나라가 조회할 때 묵는 읍이다. 천자가 위에 계신데 제후들이 서로 땅을 주고받아서는 안 된다."

11년 겨울에 공자 휘(揮)가 은공에게 아첨해 말했다.

"백성이 임금을 편하게 받아들였기에 임금께서는 이에[其(기)=於是(어시)] 드디어

세워질 수 있었습니다. 제가 임금을 위해 공자 윤(允)을 죽이려 하니, (성공하면) 임금께서 저를 재상으로 삼아주실 것을 청합니다."

은공이 말했다.

"선군(先君-돌아가신 임금)의 명이 있었는데도 윤이 어리기 때문에 내가 섭정했던 것이다[攝代]. (그런데) 지금은 윤이 장성했으니, 나는 바야흐로 토구(菟裘) 땅에 집을 짓고서 노후를 보낼 것이며[1] 공자 윤에게 정권을 넘겨줄 것이다."

휘는 공자 윤이 이를 듣고 도리어 자기를 주살할까 두려워서, 마침내 반대로 공자 윤에게 은공을 참소해 말했다.

"은공이 드디어 자리에 오르고 공자를 죽이려 하니, 공자께서는 이에 도모해야 할 것입니다[圖之]. 청컨대 공자를 위해 은공을 죽이겠습니다."

공자 윤이 허락했다. 11월에 은공은 종무(鍾巫)[2]를 거행하려고 사포(社圃)[3]에서 재계하고 (노나라 대부) 위씨(蔿氏) 집에서 묵었는데[館=舍], 휘가 사람을 시켜 위씨 집에서 은공을 죽이고 공자 윤을 세워 임금으로 삼았다. 이 사람이 환공(桓公)이다.

1) 【집해(集解)】 복건(服虔)이 말했다. "토구는 노나라 읍이다. 영구를 경영해 궁실을 짓고서 그곳에 살면서 늙어갈 것[終老]이라는 말이다."

2) 【집해(集解)】 가규(賈逵)가 말했다. "제사 이름이다."

3) 【집해(集解)】 두예(杜預)가 말했다. "정원이나 동산[園] 이름이다."

환공 원년에 정나라가 벽(璧-좋은 옥)을 갖고 와서 천자가 (노나라에 내려준) 허전(許田)과 바꾸었다[1].

2년에 송나라가 뇌물로 바친 쇠솥을 (주공의 사당인) 태묘(太廟)에 들이자, 군자들이 이를 비판했다[2].

3년에 (공자) 휘(揮)로 하여금, 제나라로 가서 여인을 맞아오게 하여 (환공

의) 부인(夫人)으로 삼았다.

6년에 부인이 아들을 낳았는데, 환공과 생일이 같아서 이름을 동(同)이라고 했다. 동은 커서 태자가 되었다.

16년에 조(曹)나라에서 회맹하고 정나라를 쳐서 (정나라) 여공(厲公)을 (정나라로) 들여보냈다[入=納].

18년 봄에 공이 어떤 일이 있어[有行][3] 드디어 부인과 함께 제나라로 가려고 했다. (노나라 대부) 신수(申繻)가 그만둘 것을 간언했지만 공은 듣지 않고 결국 제나라로 갔다. 제나라 양공(襄公)이 환공의 부인과 간통했는데, 공이 부인에게 화를 내자 부인은 이를 제후(齊侯-양공)에게 일렀다. 여름 4월 병자일에 제나라 양공은 공을 위한 술자리를 베풀어서 공을 취하게 한 다음에, 공자 팽생(彭生)을 시켜 노 환공을 끌어안고 그 참에 갈비뼈를 부러뜨리게[摺=折] 하니 공은 수레에서 죽었다. 노나라 사람들이 제나라에 고했다.

"과군(寡君-다른 나라 사람에게 자기 임금을 지칭)께서 그대 임금의 위엄을 두려워해 감히 편히 계시지 못하다가 가서 우호의 예를 차렸습니다. 예를 다하고도 돌아오지 못했건만[4] 책임을 따져 물을[歸咎] 곳이 없으니, 팽생을 잡아들여 제후 사이에 퍼져 있는 추문을 없애주실 것을 청하옵니다."

제나라 사람들이 팽생을 죽여 노나라를 기쁘게 해주었다. 태자 동을 세우니, 이 사람이 장공(莊公)이다. 장공의 모부인(母夫人)은 제나라에 머물러 있으면서 감히 노나라로 돌아오지 못했다.

1) 【집해(集解)】 미신(糜信)이 말했다. "정나라는 팽읍만으로는 허전을 바꾸기에 충분치 않다고 여겼기 때문에 다시 벽을 더해준 것이다."

2) 【집해(集解)】 『곡량전(穀梁傳)』에서 말했다. "환공이 안으로는 자기 임금을 죽이고 밖으로는 다른 사람의 난을 이뤄준 뒤 뇌물을 받고서야 물러났는데, 이런 일들을 갖고서 조상을 섬기려 했으니, 예(禮)가 아니다."

3) 【집해(集解)】 두예(杜預)가 말했다. "비로소 일을 행할 것을 토의한 것이다."

4) 자기 임금이 죽었다는 사실을 알고서 에둘러 표현한 것이다.

장공 5년 겨울에 위(衛)나라를 치고 위나라 혜공(惠公)을 위나라로 들여 보냈다[內=入].

8년에 제나라 공자 규(糾)가 도망쳐 왔다.

9년에 노나라가 공자 규를 제나라로 들이려 했으나 환공(桓公)보다 늦었고[後], (이에) 환공이 군사를 일으켜 노나라를 치자 다급하게 된 노나라는 공자 규를 죽였다. (규를 모시던) 소홀(召忽, ?~기원전 685년)[1]이 죽었고, 제나라는 노나라에 관중(管仲)을 산 채로 보내라고[生致] 통고했다. 노나라 사람 시백(施伯)[2]이 말했다.

"제나라가 관중을 얻으려는 것은 그를 죽이려 함이 아니라 쓰려는 것이니, 그를 쓰게 되면 노나라에 근심이 될 것입니다. 죽여서 시체로 보내는 것만 못합니다."

장공은 듣지 않고 드디어 관중을 (죄수를 싣는 수레에) 가둬 제나라로 보냈다. 제나라 사람은 관중을 재상으로 삼았다[相].

13년에 노나라 장공과 조말(曹沫)[3]이 가(柯) 땅에서 제나라 환공과 회맹했는데, 조말이 제나라 환공을 겁박해 빼앗긴 노나라 땅을 돌려달라고 요구했다가 이미 맹세를 하고 나서야 환공을 풀어주었다. 환공은 약속을 어기려 했지만, 관중이 간언해 결국 빼앗은 땅을 노나라에 돌려주었다.

15년에 제나라 환공이 비로소[始] 패자(霸者)가 되었다.

23년에 장공이 제나라에 가서 토지신[社] 제사를 참관했다[4].

32년이다. 애초에 장공이 대(臺)를 쌓다가 당씨(黨氏)[5] 집에 들렀는데, (당씨의 딸) 맹녀(孟女)를 보고 한눈에 반해 좋아하게 되었다. 부인으로 세워주겠다고 약속하니 (맹녀는) 팔을 그어 (장공과) 맹세했고, 맹녀는 아들 반(斑)을 낳았다. 반이 자라서 양씨(梁氏)[6]의 딸을 좋아해 가서 그녀를 보고

는 했는데, (하루는) 어인(圉人) 낙(犖)[7]이 담 밖에서 양씨의 딸과 노닥거리고 있었다. 반이 화가 나서 낙에게 채찍질했는데, 장공이 이 말을 듣고서 말했다.

"낙은 힘 있는 자이니 끝내 죽여야 한다. 이렇게 채찍질만 하고 그냥 둬서는 안 된다."

반은 그를 죽이지 못했다.

1) 관중(管仲)과 함께 공자 규(公子糾)의 가신(家臣)이 되어 그를 섬겼다. 제나라에 내란이 일어나자, 공자 규를 데리고 노(魯)나라로 달아났다. 다음 해 포숙아(鮑叔牙)가 군대를 이끌고 노나라를 공격하면서 노나라에 공자 규를 죽일 것을 압박했는데, 공자 규가 형 환공(桓公)에게 죽임을 당하자 그를 위해 죽었다.
2) 【정의(正義)】『세본(世本)』에서 말했다. "시백은 노나라 혜공의 손자다."
3) 조귀(曹劌)라고도 하는데, 지략과 의리가 뛰어났던 노나라 대부다.
4) 【집해(集解)】 위소(韋昭)가 말했다. "제나라는 토지신 제사를 핑계로 군대를 검열했는데, 이는 사실상 군대의 위용을 보여주려 한 것이었다. 공이 가서 그것을 관람한 것이다."
5) 【집해(集解)】 가규(賈逵)가 말했다. "당씨는 노나라 대부이고 임성(任姓)이다."
6) 【집해(集解)】 두예(杜預)가 말했다. "노나라 대부다."
7) 【집해(集解)】 복건(服虔)이 말했다. "어인은 말 기르는 일을 담당하는 자다. 낙(犖)은 이름이다."

마침, 장공이 중병에 걸렸다. 장공에게는 동생 셋이 있었는데, 첫째가 경보(慶父), 둘째가 숙아(叔牙), 막내가 계우(季友)였다. 장공은 제나라 여자를 취해 부인으로 삼았는데, 이름이 애강(哀姜)이었다. 애강에게는 아들이 없었고 애강의 여동생 숙강(叔姜)에게서 아들 개(開)를 얻었으나, 장공은 자신에게 적사(適嗣)가 없는 데다 맹녀를 사랑했기 때문에 그 아들 반을 후

계자로 세우고 싶어 했다. 장공은 병이 나자, 동생 숙아에게 후사 문제를 물었다. 숙아가 말했다.

"아버지가 죽으면 아들이, 형이 죽으면 동생이 뒤를 잇는 것[一繼一及(일계일급)][1] 이 노나라의 상례(常禮)입니다. 경보가 있어 뒤를 이을 수 있거늘 임금께서는 무엇을 걱정하십니까?"

장공은 숙아가 경보를 세우려는 것이 걱정되어 그가 물러가자, 계우에게 물었다. 계우가 말했다.

"청컨대 목숨을 걸고 반을 세우겠습니다."

장공이 말했다.

"얼마 전에 숙아는 경보를 세우고 싶어 하던데, 어찌해야겠느냐?"

계우는 장공의 명을 받고 숙아를 침무씨(鍼巫氏)[2] 집에 대기하게 하고는, 침계(鍼季)를 시켜 숙아에게 독주를 마시도록 겁박하면서 말했다.

"이것을 마시면 후손으로부터 제사라도 받게 하겠지만, 그렇지 않으면 죽어서 장차[且(차)] 후손도 없을 것이다."

숙아는 결국 독주를 마시고 죽었고, 노나라는 숙아의 아들을 세워 숙손씨(叔孫氏)로 삼았다[3].

8월 계해일에 장공이 졸(卒)하자 계우가 결국 아들 반(斑)을 세워 군주로 삼았는데, 이는 장공이 명한 대로였다. (반은) 당씨 집에 머무르며 상을 치렀다[4].

1) 【집해(集解)】 하휴(何休)가 말했다. "아들이 아버지를 잇는 것이 계(繼), 동생이 형의 뒤를 이어받는 것이 급(及)이다."

2) 【집해(集解)】 두예(杜預)가 말했다. "침무씨는 노나라 대부다."

3) 【집해(集解)】 두예(杜預)가 말했다. "죄가 있어 죽은 것이 아니므로 후사로 세워질 수 있었고 대대로 복록을 이어받았다."

4) 【정의(正義)】 아직 공궁(公宮)에 나아가지 않고 처가에 머문 것이다.

이에 앞서 경보는 애강과 사사로이 간통했고, (그래서) 애강 여동생의 아들인 개(開)를 세우려 했다. 장공이 졸하고 계우가 반을 세웠으나, 10월 기미일에 경보는 어인(圉人) 낙(犖)을 시켜 공자 당씨의 집에 있던 반을 죽였다. 계우는 진(陳)나라로 달아났다[1]. 경보가 결국 장공의 아들 개(開)를 세웠으니, 이 사람이 민공(湣公)이다[2].

1) 【집해(集解)】 복건(服虔)이 말했다. "계우는 경보의 실상을 속으로 알고 있었지만 힘으로 그를 주살할 수 없었기 때문에 난을 피해 나라 밖으로 달아난 것이다."

2) 【색은(索隱)】 『계본(系本)』에서는 이름을 계(啓)라고 했으니, 여기서 개(開)라고 한 것은 한나라 경제(景帝)의 이름을 피하기 위한 것일 뿐이다. 『춘추(春秋)』에는 민공(閔公)이라고 되어 있다.

민공 2년에 경보와 애강의 간통이 더욱 심해졌다. 애강과 경보는 민공을 죽이고 경보를 세우려고 모의했다. 경보는 복의(卜齮)를 시켜 무위(武闈)에서 민공을 습격해 죽였다[1]. 계우가 이 소식을 듣고는 민공의 동생 신(申)과 함께 진(陳)나라로부터 주(邾)나라로 가서 노나라에 들어갈 수 있게 해달라고 청했다. 노나라 사람들은 경보를 죽이려 했고, 경보는 두려워서 거(莒)나라로 달아났다. 이에 계우가 공자 신을 받들고 들어와 그를 세우니, 이 사람이 희공(釐公)이다[2].

희공 또한 장공의 작은아들이다. 애강은 두려워서 주(邾)나라로 달아났다. 계우는 뇌물을 가지고 거나라로 가서 경보를 요구했으니, 그를 귀국하게 해서 사람을 시켜 죽이려는 것이었다. 경보가 망명을 청했지만 (계우는) 이를 허락하지 않았고, 마침내 대부 해사(奚斯)를 시켜 곡을 하면서 지나가게 했다. 경보는 해사의 곡소리를 듣고는 마침내 자살했다. 제나라 환공은 애강과 경보의 음란함이 노나라를 위태롭게 했다는 소식을 듣고는 애강을

주(邾)나라에서 불러와 죽였다. 그러고는 그 시신을 노나라로 보내니 노나라에서는 그 시신을 도륙했다. 노나라 희공이 청해서 애강을 묻어주었다.

계우는 어머니가 진(陳)나라 여자였기 때문에 (애초에 민공이 세워지자) 진나라로 도망쳤고, 진나라는 그 때문에 계우와 공자 신을 도와서 호송해주었던 것이다. 계우가 장차 태어나려 할 때 아버지 노 환공이 사람을 시켜 점을 치게 하니, 점괘가 다음과 같았다.

"사내아이이니, 그 이름을 우(友)라고 하라. 양사(兩社) 사이[3]에 있으면서 공실을 위해 도움을 줄 것이다. 계우가 없으면 노나라는 번창하지 못한다."

태어났을 때 손바닥에 '우(友)'자 무늬가 있어, 드디어 그것을 이름으로 하고 호를 성계(成季)라고 했다. 그는 훗날 계씨(季氏)가 되었고, 경보의 후손은 맹씨(孟氏)가 되었다.

1) 【집해(集解)】 가규(賈逵)가 말했다. "복의는 노나라 대부다. 궁중 안에 있는 쪽문을 일러 위(闈)라고 한다."

2) 【색은(索隱)】 민공의 동생으로 이름은 신(申)이며, 성계(成季)가 그의 재상이 되어 노나라를 다스렸다. 이에 노나라 사람들이 희공(僖公=釐公)을 위해 『시경(詩經)』 「노송(魯頌)」을 지었다.

3) 【집해(集解)】 가규(賈逵)가 말했다. "양사란 주사(周社)와 박사(亳社)를, 양사 사이란 조정의 집정 대신이 머무는 곳을 가리킨다."

희공 원년에 문수(汶水) 북쪽[陽(양)]에 있는 비(鄪)읍을 계우에게 봉해주었다[1]. 계우가 재상이 되었다.

9년에 진(晉)나라 이극(里克)이 자기 임금 해제(奚齊)와 탁자(卓子)[2]를 살해했다. 제나라 환공은 희공을 거느리고 진나라의 난을 토벌한 뒤 고량(高梁)[3]까지 갔다가 돌아왔는데, (이때) 진나라 혜공(惠公)을 세워주었다.

17년에 제나라 환공이 졸했다.

24년에 진(晉)나라 문공(文公)이 자리에 나아갔다.

33년에 희공이 졸하자 아들 흥(興)이 세워지니, 이 사람이 문공(文公)이다.

1) 【집해(集解)】 가규(賈逵)가 말했다. "문양(汶陽)과 비(鄪)는 노나라 두 읍이다." 두예(杜預)가 말했다. "문양(汶陽)이란 문수 북쪽 땅이다. 문수는 태산 내무현(萊蕪縣)에서 발원한다." 【색은(索隱)】 비(鄪)는 판본에 따라 비(費)로 되어 있는데, 발음은 똑같이 비(祕)다. 살펴보건대 비읍은 문수 북쪽에 있으니, 그렇다면 문양(汶陽)은 읍 이름이 아니다. 가규는 두 읍이라고 했는데 틀렸다.[산의 남쪽을 양, 북쪽을 음이라고 하고 강의 남쪽을 음, 북쪽을 양이라고 한다. 한양(漢陽)은 한강 북쪽이라는 뜻이다.]

2) 【집해(集解)】 서광(徐廣)이 말했다. "탁(卓)은 판본에 따라 탁(悼)으로 되어 있다."

3) 【색은(索隱)】 진나라 땅인데, 평양현(平陽縣) 서북쪽에 있다.

문공 원년에 초나라 태자 상신(商臣)[1]이 아버지 성왕(成王)을 시해하고 뒤를 이어 세워졌다.

3년에 문공이 진(晉)나라 양공(襄公)[2]을 조회했다.

11년 10월 갑오일에 노나라가 함(鹹)[3]에서 적(翟)을 무찌르고 장적(長翟)의 교여(喬如)를 잡았는데, (노나라 대부) 부보종생(富父終甥)이 그의 목을 절구질하듯이 찧고[舂] 창으로 찔러 죽인 뒤 머리를 자구문(子駒門)[4]에 묻고는 (이를 기념해) 선백(宣伯)에게 교여라는 이름을 주었다[5]. 애초에 송나라 무공(武公) 때 수만(鄋瞞)이 송나라를 치자[6] 사도(司徒) 황보(皇父)가 군대를 이끌고 이를 막았는데, (송나라 땅) 장구(長丘)에서 적(翟)을 무찌르고 장적의 연사(緣斯)[7]를 붙잡았다. 진(晉)나라는 노(路)나라를 멸하고[8] 교여의 동생 분여(棼如)를 붙잡았다. 제나라 혜공(惠公) 2년에 수만이 제나라를 치

자 제나라 왕자 성보(城父)가 교여의 동생 영여(榮如)를 붙잡아 그의 머리를 북문에 묻었고, 위(衛)나라 사람들이 막냇동생인 간여(簡如)를 붙잡았다[9]. 수만은 이로 말미암아 드디어 멸망했다[10].

15년에 계문자(季文子)가 진(晉)나라에 사신으로 갔다.

1) 초나라 목왕(穆王)으로, 12년간 재위했다.

2) 원문은 양보(襄父)로 되어 있는데, 양공(襄公)의 잘못인 듯하다.

3) 【집해(集解)】 복건(服虔)이 말했다. "노나라 땅이다."

4) 【집해(集解)】 가규(賈逵)가 말했다. "노나라 성곽 문의 이름이다."

5) 【집해(集解)】 복건(服虔)이 말했다. "선백이란 숙손득신(叔孫得臣)의 아들 교여(喬如)다. 득신이 교여를 붙잡고서 자기 아들에게 이 이름을 지어준 것은 후세로 하여금 자기가 거둔 공로를 기리고 기억하게 하기 위해서였다."

6) 【집해(集解)】 복건(服虔)이 말했다. "무공은 주나라 평왕 때 사람이다. 수만은 장적(長翟)의 나라 이름이다."

7) 【집해(集解)】 가규(賈逵)가 말했다. "교여의 조상이다."

8) 【집해(集解)】 노나라 선공(宣公) 15년에 있었던 일이다.

9) 【집해(集解)】 복건(服虔)이 말했다. "교여를 붙잡을 때와 같은 때였다."

10) 【집해(集解)】 두예(杜預)가 말했다. "장적(長翟)의 종족은 절멸되었다."

18년 2월에 문공이 졸했다. 문공에게는 비가 2명 있었는데, 장비(長妃)는 제나라 여자 애강(哀姜)[1]으로 아들 오(惡)와 시(視)를, 차비(次妃)는 경영(敬嬴)으로 총애와 사랑을 받았고 아들 왜(俀)[2]를 낳았다. 왜는 몰래 양중(襄仲)[3]을 섬겼는데, 양중이 그를 세우고 싶어 했으나 숙중(叔仲)이 안 된다고 했다. 양중은 제나라 혜공에게 도움을 청했고, 혜공은 막 즉위한 때라 노나라와 친해지고 싶어서 도움의 요청을 받아들였다. 겨울 10월에 양중이 공자 오와 시를 죽이고 왜를 세우니, 이 사람이 선공(宣公)이다.

1) 【색은(索隱)】 이 애(哀)는 시호가 아니라 대개 곡을 하면서 시장을 돌아다니자, 도성 사람들이 모두 슬퍼했기에 그래서 애강이라고 한 것이다. 따라서 위에 나온 환공의 부인과는 구별해야 한다.

2) 【집해(集解)】 서광(徐廣)이 말했다. "판본에 따라 왜(倭)로 되어 있다. 俀는 퇴가 아니라 倭와 발음이 같다."

3) 【집해(集解)】 복건(服虔)이 말했다. "공자 수(遂)다."

애강은 제나라로 돌아가 곡을 하면서 시장을 돌아다니며 말했다.

"하늘이시여! 양중이 무도하게 적자를 죽이고 서자를 세웠습니다."

시장 사람들이 모두 슬피 우니, 이에 노나라 사람들이 그녀를 '애강(哀姜)'이라고 불렀던 것이다. 노나라는 이때부터 공실(公室)이 약해지고 삼환(三桓)[1]이 강성해졌다.

1) 【집해(集解)】 복건(服虔)이 말했다. "삼환(三桓)이란 노나라 환공의 핏줄인 중손(仲孫)·숙손(叔孫)·계손(季孫)이다."

선공 왜(倭) 12년에 초나라 장왕(莊王)이 강대해져서 정(鄭)나라를 에워쌌다. 정백(鄭伯)이 항복하자 나라를 회복시켜주었다.

18년에 선공이 졸하자 아들 성공(成公) 흑굉(黑肱)[1]이 세워지니, 이 사람이 성공(成公)이다. 계문자가 말했다.

"우리로 하여금 적자를 죽이고 서자를 세우게 함으로써 큰 지원 세력을 잃게 했으니, 이는 모두 양중 때문이다[2]."

양중이 선공을 세웠기에 (양중의 아들) 공손귀보(公孫歸父)가 총애를 받았다. 선공은 삼환(三桓)을 제거하고자 하여 진(晉)나라와 함께 삼환 토벌을 도모했는데, 마침 선공이 졸하자 계문자가 원망해서 그런 말을 했던 것이고 귀보는 제나라로 달아났다.

1) 【집해(集解)】 서광(徐廣)이 말했다. "굉(肱)은 판본에 따라 고(股)로 되어 있다."

2) 【집해(集解)】 복건(服虔)이 말했다. "양중이 적자를 죽이고 서자를 세워서 국정에 일정한 도리가 없어지니 이웃 나라들이 비난했다. 이로 인해 큰 지원 세력을 잃게 된 것이다." 두예(杜預)가 말했다. "양중이 선공을 세우는 바람에 남쪽으로 초나라와 통교하는 것도 이미 안정되지 못했는데, 또 제나라와 진나라를 제대로 섬길 수도 없었으니 이 때문에 큰 지원 세력을 잃었다고 말한 것이다."

성공 2년 봄에 제나라가 우리 융(隆)[1]을 쳐서 차지했다. 여름에 공이 진(晉)나라 극극(郤克)과 함께 안(鞍) 땅에서 제나라 경공(頃公)을 물리치자, 제나라는 빼앗았던 우리 땅을 돌려주었다.

4년에 성공이 진(晉)나라에 갔는데, 진나라 경공(景公)이 노나라에 불경스럽게 대했다. (그래서) 노나라는 진나라를 배반하고 초나라와 연합하려고 했으나, 누군가가 간언해 마침내 그만두었다.

10년에 성공이 진(晉)나라에 갔다. 진나라 경공(景公)이 졸하자 진에 머무르고 있던 성공이 장례에 참석했지만 노나라는 이를 꺼렸다[諱之(휘지)][2].

15년에 처음으로 오왕(吳王) 수몽(壽夢)과 종리(鍾離)에서 회맹했다[3].

16년에 선백(宣伯)[4]이 진(晉)나라에 고해 계문자를 주살하려 했는데, 계문자는 의로움이 있다[有義(유의)] 하여 진나라가 허락하지 않았다.

18년에 성왕이 졸하자 아들 오(午)가 세워지니, 이 사람이 양공(襄公)이다. 이때 양공의 나이 3세였다.

1) 【집해(集解)】 『좌전』에는 용(龍)으로 되어 있다. 두예(杜預)가 말했다. "노나라 읍으로, 태산 박현(博縣) 서남쪽이다."

2) 【색은(索隱)】 『춘추(春秋)』에서는 장례 참여는 기록하지 않고 단지 "공이 진나라에 갔다"라고만 했으니, 이것이 바로 꺼린 것이다.

3) 【정의(正義)】『괄지지(括地志)』에서 말했다. "종리국의 옛 성은 호주(濠州) 종리현(鍾離縣) 동쪽 5리에 있다."

4) 【집해(集解)】 복건(服虔)이 말했다. "선백이란 숙손교여다."

양공 원년에 진(晉)나라는 도공(悼公)을 세웠다. 지난겨울에 진(晉)나라 난서(欒書, ?~기원전 573년)[1]가 자기 임금 여공(厲公)을 시해했기 때문이다.

4년에 양공이 진(晉)나라에 조회했다.

5년에 계문자(季文子)가 졸했다. (그가 죽었을 때) 집에는 비단옷 입는 첩들이 없었고 마구간에는 (꼴이 아니라) 곡식을 먹는 말이 없었으며 창고에는 금과 구슬이 없었는데, 그러면서 재상이 되어 세 군주를 보좌했다[2]. 군자가 말했다.

"계문자는 청렴하고 충직했다[廉忠(염충)]."

9년에 진(晉)나라와 함께 정나라를 쳤다. 진나라 도공이 위(衛)나라에서 양공(襄公)의 관례를 거행했는데, 계무자(季武子)가 시종하며 예를 거행하는 것을 도왔다.

11년에 삼환씨(三桓氏)가 군대를 셋으로 나눠 각각 지휘했다[3].

12년에 진(晉)나라에 조회했다.

16년에 진(晉)나라 평공(平公)이 자리에 나아갔다.

21년에 진나라 평공을 조회했다.

22년에 공구(孔丘-공자)가 태어났다[4].

25년에 제나라 최저(崔杼, ?~기원전 546년)[5]가 자기 임금 장공(莊公)을 시해하고 장공의 동생 경공(景公)을 세웠다.

29년에 오나라 연릉계자(延陵季子-계찰)가 노나라에 사신으로 와서 주(周)나라 음악에 관해 묻고 그 뜻을 모두 알아차리니, 노나라 사람들이 그를 존경했다.

31년 6월에 양공이 졸했다. 그해 9월 태자가 졸했다[6]. 노나라 사람들이

제귀(齊歸)의 아들 주(裯)를 임금으로 세우니[7], 이 사람이 소공(昭公)이다.

1) 춘추시대 진(晉)나라 대부로 난지(欒枝)의 손자다. 처음에 진나라 하군(下軍) 보좌로 있으면서 경공(景公) 11년의 안(鞌) 전투에서 제(齊)나라 군대를 대파하고 왕실을 잘 보상(輔相)했으며, 나중에 극극(郤克)을 대신해 중군(中軍)을 이끌었다. 여공(厲公) 6년 언릉(鄢陵) 전투에서 초나라 군대에 대패했다. 여공이 정치를 잘못하자 중항언(中行偃)과 함께 사람을 시켜 여공을 죽이고 도공(悼公)을 옹립했다. 시호는 무자(武子)다.

2) 【색은(索隱)】 선공·성공·양공이다.

3) 【집해(集解)】 위소(韋昭)가 말했다. "주례(周禮)에 따르면 천자는 육군(六軍)을, 제후 중에서 큰 나라는 삼군(三軍)을 갖춘다. 노나라 백금(伯禽)이 처음 봉해졌을 때는 삼군이었으나 그 후에 쇠약해져서 이군만 있었는데, 계무자가 공실을 제 마음대로 하고 싶어서 중군(中軍)을 추가해 삼군으로 만들어서 삼가(三家)가 각각 하나씩 다스린 것이다."

4) 【정의(正義)】 주나라 영왕(靈王) 21년, 노나라 양공 22년, 진나라 평공 7년이다.

5) 영공(靈公) 때 정(鄭)나라와 진(秦)나라 등의 정벌에 공을 세웠다. 처와 사통한 장공(莊公)을 시해하고 경공(景公)을 세워 전권을 휘둘렀지만, 경봉(慶封)이 집안의 불화를 틈타고 멸문시켰다.

6) 【집해(集解)】 『좌전』에 이르기를 "이름은 훼(毁)"라고 했다. 【색은(索隱)】 『좌전』에 이르기를 "호녀(胡女) 경귀(敬歸)가 낳은 아들 자야(子野)로, 3월에 졸했다"라고 했다.

7) 【집해(集解)】 서광(徐廣)이 말했다. "주(裯)는 판본에 따라 소(袑)로 되어 있다." 복건(服虔)이 말했다. "호(胡)는 귀성(歸姓)의 나라다. 제(齊)는 시호다."

소공은 나이가 열아홉인데도 여전히 동심(童心)에 머물러 있는 듯했다[1]. (노나라 대부 숙손표(叔孫豹)이자 선백교여의 동생) 목숙(穆叔)이 그를 세우고 싶어 하지 않았기에, 이렇게 말했다.

"태자가 죽으면 같은 어머니에게서 난 동생을 세울 수 있고, 그렇지 않으면[不卽] 장자[長]를 세운다[2]. 나이가 같으면[鈞=同] 뛰어난 이를 고르고[擇賢], 마땅함[義]이 같으면 점을 친다[3]. 지금 주(裯)는 적사(嫡嗣)가 아닌 데다가 상중인 데도 마음속으로 슬퍼하기는커녕 기뻐하는 기색이 있으니, 그런데도 과연 그를 세운다면 반드시 계씨에게 근심거리가 될 것이다."

계무자가 듣지 않고 끝내 그를 세웠다. (소공이) 장례 기간에 상복을 세 번이나 바꿔 입으니[4] 군자가 말했다.

"이 사람은 제대로 끝마치지 못할 것이다[不終]."

소공 3년에 진(晉)나라에 조회하러 가다가 황하에 이르렀는데, 진나라 평공이 (조회를) 사양하며 돌려보내니 노나라가 이를 부끄러워했다.

4년에 초나라 영왕(靈王)이 신(申)에서 제후들과 회맹했는데, 소공은 병을 핑계로 가지 않았다.

7년에 계무자가 졸했다.

1) 【집해(集解)】 복건(服虔)이 말했다. "성인의 뜻이 없고 어린아이 같은 마음만 있는 것을 말한다."

2) 【집해(集解)】 복건(服虔)이 말했다. "동모제가 없으면 서자 중에 맏이를 세운다."

3) 【집해(集解)】 두예(杜預)가 말했다. "인사(人事)가 먼저이고 점치는 것은 그다음이라는 말이다. 마땅함이 같다는 것은 뛰어남이 대등하다는 말이다."

4) 【집해(集解)】 두예(杜預)가 말했다. "장난을 일삼는 것이 무도했다는 말이다."

8년에 초나라 영왕이 장화대(章華臺)를 짓고서[就=成] 소공을 부르니, 소공이 가서 축하하자[1] 소공에게 보기(寶器)를 내려주었다. 얼마 지나자 후회해 속임수를 써서 도로 빼앗아 갔다[2].

12년에 소공이 진나라에 조회하러 가다가 황하에 이르렀는데, 진나라 평공이 (조회를) 사양하며 돌려보냈다.

13년에 초나라 공자 기질(棄疾)이 자기 임금 영왕을 시해하고 대신해 (스스로) 섰다[代立].

15년에 진나라에 조회하러 가자, 진나라가 (진) 소공의 장례를 치르고 가라며 억류하니 노나라에서는 이를 부끄러워했다.

20년에 제나라 경공(景公)과 안자(晏子)가 변경에서 사냥하다가 노나라에 들어온 김에 예(禮)를 물었다[3]**.**

21년에 진나라에 조회하러 가다가 황하에 이르렀는데, 진나라에서 사양하며 돌려보냈다.

1) 【집해(集解)】『춘추』에서는 "7년 3월에 공이 초나라에 갔다"라고 적었다.

2) 【집해(集解)】『좌전(左傳)』에서 말했다. "우호의 표시로 대굴궁(大屈弓)을 내려주었다." 복건(服虔)이 말했다. "대굴은 양질의 금속으로, 검을 만들 수 있다. 한편 대굴은 활 이름이니, 아마도 크게 휘어진 활을 가리키는 듯하다."

3) 【색은(索隱)】「제세가」에도 그렇게 되어 있는데, 『좌전』에는 그 일이 없다.

25년 봄에 (북방에 산다는) 구욕조(鸜鵒鳥)가 날아와 둥지를 틀었다[1]**. 사기(師己)**[2]**가 말했다.**

"문공(文公)과 성공(成公) 때 '구욕조가 날아와 둥지를 트니 국군이 간후(乾侯) 땅에 있고, 구욕조가 날갯짓을 하니[入處=之羽] **국군이 들판에 있네'라는 동요가 있었습니다."**

계씨(季氏)와 후씨(郈氏)[3]**가 닭싸움을 벌였는데**[4]**, 계씨는 닭 날개에 갑옷을 입혔고**[芥][5] **후씨는 쇠 발톱을 만들어**[金距] **닭발에 끼웠다. (계씨의 닭이 패하자) 계평자(季平子)가 화가 나서 후씨의 택지를 침범하니**[6] **후소백(郈昭伯)**[7]**도 평자에게 한을 품었다. 장소백(藏昭伯)의 (사촌) 동생 회(會)가 거짓을 갖고서 장씨 집안을 참소(讒訴)하고는, 계씨 집에 숨었는데, 장소백이 계씨 집 안으로 가서 그를 붙잡았다. 계평자도 화가 나서 장씨 집안의 가**

신[老=家臣]을 가두었다. 장씨와 후씨가 이 분란을 소공에게 고했고, 소공이 9월 무술일에 계씨를 쳐서 드디어 (계씨 집 안으로) 들어갔다. 평자가 누대에 올라가서 말했다.

"임금께서 참소만 듣고 신의 죄를 제대로 살피지 않은 채 저를 주벌하려 하시는데, 저를 기수(沂水)[8]가로 내쫓아주십시오!"

허락하지 않았다. (자기 봉읍인) 비(鄪)읍에 구금해달라고[9] 청했지만 허락하지 않았다. 수레 5대만 가지고 나라를 나가겠다[10]고 청했지만 허락하지 않았다.

1) 【집해(集解)】 『주례(周禮)』에 따르면 "구욕조는 제수(濟水)를 건너지 않는다"라고 했다. 『공양전(公羊傳)』에서는 "중국의 새가 아니다"라고 했고, 『곡량전(穀梁傳)』에서는 "날아왔다는 것은 중국으로 날아온 것이다"라고 했다.

2) 【집해(集解)】 가규(賈逵)가 말했다. "사기는 노나라 대부다."

3) 【집해(集解)】 서광(徐廣)이 말했다. "후(郈)는 판본에 따라 후(厚)로 되어 있고, 『세본(世本)』 또한 그렇다."

4) 【집해(集解)】 두예(杜預)가 말했다. "계평자(季平子)와 후소백(郈昭伯) 두 집안이 서로 가까워 닭싸움을 한 것이다."

5) 【집해(集解)】 복건(服虔)이 말했다. "겨자를 가루로 만들어 닭의 깃에 뿌려서 후씨 닭의 눈에 들어가게 했다." 두예(杜預)가 말했다. "혹자는 모래를 아교로 개어 닭의 몸에 뿌려서 갑옷 입은 닭을 만든 것이라고 했다."

6) 【집해(集解)】 복건(服虔)이 말했다. "후씨의 닭이 자기 닭에게 꼬리를 내리지 않아 노한 것이다. 그래서 후씨 집을 침탈해 자기 집에 보태었다."

7) 【집해(集解)】 가규(賈逵)가 말했다. "『계본(系本)』을 살펴보건대, 소백은 이름이 오(惡)이고 노나라 효공의 후손이며 후씨(厚氏)로 불렸다."

8) 【집해(集解)】 두예(杜預)가 말했다. "노나라 성 남쪽에 기수가 있으니, 평자는 성을 나가서 대죄(待罪)하겠다고 한 것이다. 대기수(大沂水)는 개현(蓋縣)에서

발원해서 남쪽으로 흘러 사수(泗水)로 들어간다."

9) 【집해(集解)】 복건(服虔)이 말했다. "비읍은 계씨의 읍이다."

10) 【집해(集解)】 복건(服虔)이 말했다. "수레 5대란 스스로 검약한 모습으로 나가겠다는 말이다."

자가구(子家駒)[1]가 말했다.

"임금께서는 이에 그것을 허락하셔야 합니다. 정권이 계씨로부터 나온 지 오래되었고 무리도 많으니, 그 무리가 장차 일을 꾸밀 것입니다."

듣지 않았다. 후씨는 "그를 반드시 죽여야 합니다"라고 했다. 숙손씨(叔孫氏)의 가신 여(戾)[2]가 (자기) 무리에게 말했다.

"계씨가 있는 것과 없는 것, 어느 쪽이 (우리에게) 유리한가?"

모두 말했다.

"계씨가 없으면 곧 숙손씨도 없습니다."

여가 말했다.

"그렇다. 계씨를 구원하자!"

드디어 공실의 군대[公師(공사)]를 패배시켰다.

1) 【색은(索隱)】 노나라 대부 중손씨(仲孫氏)의 족속으로, 이름은 구(駒)이고 시호는 의백(懿伯)이다.

2) 【집해(集解)】 『좌전(左傳)』에는 종려(鬷戾)라고 했다.

맹의자(孟懿子)[1]는 숙손씨가 이겼다는 소식을 듣자 또한 후소백을 죽였다. (마침) 후소백이 소공의 사신이 되어 맹씨 집에 갔기 때문에 맹씨는 그를 붙잡을 수 있었다. 삼가(三家)가 함께 공을 치니 공이 결국 달아났다.

기해일에 공이 제나라에 이르렀다. 제나라 경공이 말했다.

"1,000사(社) 규모 읍으로 임금을 대우하겠소."

자가구가 말했다.

"주공(周公)의 위업을 버리고 제나라 신하가 되라는 것인데, 될 말입니까?"

마침내 (그런 계획을) 그만두었다. 자가구가 말했다.

"제나라 경공은 신의가 없으니, 서둘러 진(晉)나라로 가는 것만 못합니다."

따르지 않았다.

숙손(叔孫)이 소공을 만나고 돌아와 평자를 만나자, 평자가 고개를 조아렸다. 애초에 (숙손은) 소공을 맞이하려 했다가 맹손씨와 계손씨가 후회하자 이에 그만두었다.

26년 봄에 제나라가 노나라를 쳐서 (노나라 읍) 운(鄆)을 빼앗고 소공을 그곳에 살게 했다. 여름에 제나라 경공이 공을 장차 (노나라에) 들이고자 노나라에서 보내오는 뇌물을 받지 못하도록 했다. 신풍(申豐)과 여고(汝賈)[2]가 제나라 대신 고흘(高齕)과 자장(子將)에게 곡식 5,000유(庾)[3]를 주겠다고 하자, 자장이 제후(齊侯-제나라 임금)에게 말했다.

"신하들이 노나라 임금을 능히 섬기지 못하는 것은 이상한 일입니다. 송나라 원공(元公)이 노나라를 위해 진(晉)나라에 가서 소공을 귀국시키려 했으나 도중에 죽었고, 숙손소자(叔孫昭子)[4]가 자기 임금을 귀국시키려 하다가 병도 없는데 죽었습니다. 하늘이 노나라를 버린 것을 알지 못하겠습니까? 그렇지 않다면[抑(억)] 노나라 임금이 귀신에게 죄라도 지은 것입니다. 바라건대 임금께서는 잠시 기다리소서."

제나라 경공이 그것을 따랐다.

1) 【집해(集解)】 가규(賈逵)가 말했다. "의자는 중손하기(仲孫何忌)다."

2) 【집해(集解)】 가규(賈逵)가 말했다. "신풍과 여고는 노나라 대부다."

3) 【집해(集解)】 가규(賈逵)가 말했다. "16말이 1유이니, 5,000유는 8만 말이다."

4) 【색은(索隱)】 이름은 야(婼)이니, 곧 목숙자(穆叔子)다.

28년에 소공이 진(晉)나라에 가서 노나라에 들어갈 수 있게 해줄 것을 청했다. (그러나) 계평자가 진(晉)나라 육경(六卿)과 내통하고 있었기에, 육경이 계씨의 뇌물을 받고는 진나라 임금에게 간언하니 진나라 임금은 마침내 귀국 논의를 그만두고 소공을 (진나라 읍인) 간후(乾侯)에 살게 했다.

29년에 소공이 운(鄆) 땅으로 갔는데, 제나라 경공이 사람을 시켜 소공에게 편지를 보내면서 스스로를 '주군(主君)'이라 칭했다[1]. 소공이 이를 부끄럽게 여겨서 화를 내며 간후로 떠났다[去(거)].

31년에 진나라가 소공을 노나라에 들이려고 계평자를 부르니, 평자가 베옷에 맨발로 와서는[2] 육경을 통해 사죄했다. 육경이 그를 위해 (자기 임금에게) 말했다.

"(우리) 진나라가 소공을 들이려 해도 (노나라) 무리가 따르지 않습니다."

진나라 사람들이 계획을 그만두었다.

32년에 소공이 간후에서 졸했다. 노나라 사람들이 공동으로 소공의 동생 송(宋)을 임금으로 삼았으니, 이 사람이 정공(定公)이다.

1) 【집해(集解)】 복건(服虔)이 말했다. "공(公)이 대부에게 자기를 칭할 때 주군이라고 한다."

2) 【집해(集解)】 왕숙(王肅)이 말했다. "근심하고 있음을 보인 것이다."

정공이 세워지자 (진나라 대부) 조간자(趙簡子)가 사묵(史墨)[1]에게 물었다.

"계씨가 망하겠는가?"

사묵이 대답했다.

"망하지 않을 것입니다. 계우(季友)가 노나라에 큰 공을 세워 비(鄪) 땅

을 받고서 상경(上卿)이 되었고, 계문자와 계무자에 이르도록 대대로 그 공업을 더했습니다. 노나라 문공이 졸하자 동문수(東門遂)[2]가 적자를 죽이고 서자를 세웠으니[殺適立庶], 노나라 임금은 이에 국정을 잃었습니다. 정권이 계씨에게 넘어간 뒤로 지금까지 임금이 4명 있었으나 백성이 자기 임금을 알지 못하는데, 어찌 나라를 얻을 수 있겠습니까? 이 때문에 임금 된 자는 기물과 이름[3]을 신중히 해야지, 남에게 넘겨주어서는 안 되는 것입니다."

정공 5년에 계평자가 졸했다. 양호(陽虎, ?~?)[4]가 사사로운 원한을 품고서 계환자(季桓子)를 가두었다가 (계환자가) 맹세하자 마침내 풀어주었다.

7년에 제나라가 우리를 쳐서 운(鄆) 땅을 빼앗아 노나라 양호의 읍으로 삼고 (그로 하여금) 정치에 종사하게 했다.

8년에 양호가 삼환(三桓)의 적자들을 모두 죽인 뒤 대신 자신이 좋아하는 서자로 바꿔 세우고자 했다. 계환자를 수레에 태운 다음 장차 죽이려 했으나, 환자가 속임수를 써서 탈출했다. 삼환이 함께 양호를 공격하자 양호는 (노나라 읍인) 양관(陽關)을 점거했다.

9년에 노나라가 양호를 치자 양호는 제나라로 달아났다가 얼마 뒤에 진(晉)나라 조씨(趙氏-조간자)[5]에게로 달아났다.

10년에 정공이 제나라 경공과 협곡(夾谷)에서 회동했는데, 공자(孔子)가 재상 일을 임시로 수행했다. 제나라가 노나라 임금을 습격하려[襲] 했으나 공자가 예에 맞춰 계단을 올라가서 제나라의 음탕한 연주단을 주벌하니 제후(齊侯)가 두려워하며 마침내 그만두었고, 노나라로부터 빼앗은 땅을 돌려주며 사과했다.

12년에 중유(仲由-공자의 제자 자로)를 시켜 삼환의 성을 무너뜨리고 그 무기를 거둬들였다. 맹씨가 기꺼이 성을 허물려고[墮=毁] 하지 않자 토벌했으나, 이기지 못하고 중지했다. 계환자가 제나라가 보내준 여악(女樂)을 받아들이자, 공자는 노나라를 떠났다[去][6].

15년에 정공이 졸하자 아들 장(將)[7]이 세워지니, 이 사람이 애공(哀公)이다.

1) 【집해(集解)】 복건(服虔)이 말했다. "사묵은 진나라 사관 채묵(蔡墨)을 말한다."

2) 【집해(集解)】 복건(服虔)이 말했다. "동문수는 양중(襄仲)이다. 동문에 살았기 때문에 이렇게 불렀다."

3) 【집해(集解)】 두예(杜預)가 말했다. "기물[器(기)]이란 거복(車服)이며, 이름[名(명)]이란 작호(爵號)다."

4) 노(魯)나라 사람으로 자는 화(貨)이니, 얼굴이 공자(孔子)와 닮았다고 한다. 계씨(季氏)의 가신(家臣)으로 계평자(季平子)를 섬겼고, 계평자가 죽자, 권력을 장악했다. 일찍이 계환자(季桓子)를 잡아 강제로 동맹을 맺었다. 노(魯) 정공(定公) 8년에 삼환(三桓)을 제거하고 삼환의 적자(嫡子)들을 모두 죽이려다가 실패하고 양관(陽關)으로 달아났고, 다음 해 삼환이 양관을 공격하자 제(齊)나라로 달아났다가 다시 진(晉)나라로 달아났다. 조순(趙盾)에게 귀의해 조간자(趙簡子)의 모신(謀臣)이 되었다.

5) 【집해(集解)】 『좌전(左傳)』에서 중니(仲尼)는 이렇게 말했다. "조씨는 아마도 대대로 어지러움을 겪을 것이다." 두예(杜預)가 말했다. "난을 일으킨 사람을 받아들였기 때문이다."

6) 【집해(集解)】 공안국(孔安國)이 말했다. "환자는 정공으로 하여금 제나라 여악을 받아들이게 했는데, 임금과 신하가 서로 그것을 즐기느라 조례(朝禮)를 사흘 동안 폐기했다."

7) 【색은(索隱)】 『계본(系本)』에서는 장(將)이 장(蔣)으로 되어 있다.

애공 5년에 제나라 경공이 졸했다.

6년에 제나라 전걸(田乞)이 자기 임금 유자(孺子-어린 임금)를 시해했다.

7년에 오왕 부차(夫差)가 강대해져서 제나라를 치고 증(繒)나라까지 이르렀는데, 노나라로부터 소·양·돼지 100뢰(牢-총 300마리)를 거두려 했다.

❖

계강자(季康子)가 (공자의 제자) 자공(子貢)을 시켜 오왕과 태재(太宰) 비(嚭)에게 유세하게 하여 예(禮)로 설득했으나 오왕이 말했다.

"나는 문신을 했으니, 예를 가지고 나에게 따지지 말라."

마침내 (유세를) 그만두었다.

8년에 오나라가 추(鄒) 땅을 위해 노나라를 쳐서 성 밑에까지 왔다가 동맹을 맺고 돌아갔다. 제나라가 우리를 쳐서 세 읍을 빼앗았다.

10년에 (노나라가) 제나라 남쪽 변경을 쳤다.

11년에 제나라가 노나라를 쳤다. 계씨가 염유(冉有)를 써서 공을 세우자, 공자를 떠올리니[思], 공자가 위(衛)나라로부터 노나라로 돌아왔다.

14년에 제나라 전상(田常)이 자기 임금 간공(簡公)을 서주(徐州)에서 시해했다. 공자가 전상을 칠 것을 청했으나 애공이 들어주지 않았다.

15년에 자복경백(子服景伯)을 사신으로, 자공을 그 보좌[介]로 삼아 제나라에 보내자, 제나라가 빼앗은 우리 노나라 땅을 돌려주었다. 전상이 처음 재상이 되어 제후들과 화친하려 했기 때문이다.

16년에 공자(孔子)가 졸했다.

22년에 월나라 왕 구천(句踐)이 오나라 왕 부차를 멸망시켰다.

27년 봄에 계강자(季康子)가 졸했다.

여름에 애공이 삼환(三桓)을 근심거리로 여겨 장차 제후들을 이용해 그들을 위협하려고 했고 삼환 역시 애공이 난을 빚을까 근심했으니, 이 때문에 군신 사이에 틈[間=隙]이 커졌다. 공이 능판(陵阪)으로 유람 갔다가 큰 길[衢]에서 맹무백(孟武伯)을 우연히 만나자 물었다.

"내가 명에 죽겠는가?"

대답했다.

"모르겠습니다."

공이 월나라를 이용해 삼환을 치고자 했다.

8월에 애공이 (노나라의 대부) 형씨(陘氏)[1]에게로 갈 때 삼환이 애공을 공격하자, 공은 위(衛)나라로 달아났다가 그곳을 떠나 추(鄒) 땅으로 간 다음에 드디어 월나라로 갔다. 나라 사람들[國人]이 애공을 맞아들여 복귀시켰지만, 유산씨(有山氏) 집에서 졸했다. 아들 영(寧)이 세워지니, 이 사람이 도공(悼公)이다.

1) 【집해(集解)】 두예(杜預)가 말했다. "형씨는 곧 유산씨(有山氏)다."

도공 때 삼환이 득세하니[勝], 노나라는 작은 제후[小侯]와 같아서 삼환 집안의 권세만도 못했다.

13년에 삼진(三晉-한 · 조 · 위)이 지백(智伯)을 멸망시키고 그 땅을 나눠 가졌다.

37년에 도공이 졸하자 아들 가(嘉)가 세워지니, 이 사람이 원공(元公)이다.

원공이 21년 만에 졸하자 아들 현(顯)이 세워지니, 이 사람이 목공(穆公)이다.

목공이 33년 만에 졸하자 아들 분(奮)이 세워지니, 이 사람이 공공(共公)이다.

공공이 22년 만에 졸하자 아들 준(屯)이 세워지니[1], 이 사람이 강공(康公)이다.

강공이 9년 만에 졸하자 아들 언(匽)이 세워지니, 이 사람이 경공(景公)이다.

경공이 29년 만에 졸하자 아들 숙(叔)이 세워지니, 이 사람이 평공(平公)이다.

이때는 육국 모두 왕을 칭했다[稱王].

1) 【색은(索隱)】 屯의 발음은 (둔이 아니라) 죽(竹)과 륜(倫)의 반절음이다.

평공 12년에 진(秦)나라 혜왕(惠王)이 졸했다.

22년에 평공이 졸하자 아들 가(賈)가 세워지니, 이 사람이 문공(文公)이다.

문공 7년에 초나라 회왕(懷王)이 진(秦)나라에서 죽었다.

23년에 문공이 졸하자 아들 수(讎)가 세워지니, 이 사람이 경공(頃公)이다.

경공 2년에 진(秦)나라가 초나라 (수도) 영(郢)을 뽑아버리자[拔(발)] 초나라 경왕(頃王)이 동쪽의 진(陳)으로 천도했다.

19년에 초나라가 우리를 쳐서 서주(徐州)를 차지했다[1].

24년에 초나라 고열왕(考烈王)이 우리를 쳐서 멸망시켰다. 경공은 달아나 하읍(下邑)[2]으로 옮겨서 평민[家人(가인)]이 되었으니, 노나라는 제사가 끊어졌다. 경공은 가(柯) 땅에서 졸했다[3].

1) 【집해(集解)】 서광(徐廣)이 말했다. "서주는 노나라 동쪽에 있으며, 지금의 설현(薛縣)이다."

2) 【집해(集解)】 서광(徐廣)이 말했다. "판본에 따라 하(下)는 변(卞)으로 되어 있다."

3) 【색은(索隱)】 두예(杜預)가 말했다. "가는 제나라의 읍으로, 지금의 제북 동아읍(東阿邑)이다."

노나라는 주공에서 일어나 경공까지 모두 34세(世)였다.

태사공(太史公)이 말한다.

"나는 공자께서 하신 말씀을 들었다.

'심하도다, 노나라 도리가 쇠약해짐이여! 수수(洙水)와 사수(泗水) 사이에는 위아래 없이 다투는 풍습이 있도다[齗齗如(은은여)][1]!'

경보(慶父)와 숙아(叔牙), 민공(閔公) 때를 살펴보니 어찌 그렇게도 어지러웠던가? 은공(隱公)과 환공(桓公)의 일, 양중(襄仲)이 적자를 죽이고 서자를 세운 일, 삼환(三桓)이 북면하는 신하로서 직접 소공(昭公)을 공격해 소공이 달아난 일 등이 그렇다. 겉으로 보이는 겸양의 예는 그대로이건만 실제 벌어진 일들은 어찌 이다지도 일의 이치에 어긋났는가[戾]?”[2]

1) 여러 해석이 가능하지만, 문맥상 이것이 가장 적합한 듯하다.

2) 【색은술찬(索隱述贊)】 무왕이 이미 돌아가셨을 때[武王旣沒]/성왕은 어린 고아였다네[成王幼孤]/주공이 정사를 대신해[周公攝政]/병풍을 치고서 일을 도모했네[負扆據圖]/신하의 반열로 돌아가서[及還臣列]/북면하며 자신을 굽혔도다[北面躬如]/원자를 노나라에 봉했는데[元子封魯]/그곳은 소호의 유적지라네[少昊之墟]/왕실을 보필하는 마음[夾輔王室]/대대로 바뀌지 않았다네[世職不渝]/아래로 효공에 이르고[降及孝公]/목중은 영예로웠도다[穆仲致譽]/은공이 능히 나라를 양보했으니[隱能讓國]/춘추시대에 처음 있는 일이라네[春秋之初]/좌구명이 간책을 쥐고서[丘明執簡]/포폄을 남김없이 기록했도다[褒貶備書]!

권34 — 연소공세가(燕召公世家) 제4

권34 연소공세가(燕召公世家) 제4

소공(召公) 석(奭)은 주(周)나라와 같은 성으로 희씨(姬氏)[1]다. 주나라 무왕(武王)이 (은나라) 주왕(紂王)을 멸망시키고[滅紂] 소공을 북연(北燕)[2]에 봉했다.

1) 【집해(集解)】 초주(譙周)가 말했다. "주나라 지족(支族)으로, 소(召) 땅을 식읍으로 했기에 소공(召公)이라고 했다." 【색은(索隱)】 소(召)란 기내(畿內-경기권)의 채지(采地)다. 석(奭)이 처음으로 소에서 식읍을 받았기에 소공이라고 했다.

2) 【집해(集解)】 송충(宋忠)이 말했다. "따로 남연이 있기에, 그래서 북연이라고 한 것이다."

성왕(成王) 때 소공[1]은 삼공(三公)이 되었으니, 섬(陝)[2]의 서쪽 지역은 소공이, 섬의 동쪽 지역은 주공(周公)이 다스렸다[主=治]. 성왕이 아직 어려서 주공이 섭정하면서 국정을 주관하고 천자의 일을 대신했는데[踐祚], 소공이 그를 의심해 「군석(君奭)」[3]을 지었다. 「군석(君奭)」은 주공을 달가워하지 않는 내용[4]이다. 주공이 마침내 이렇게 말했다.

"탕왕(湯王) 때는 이윤(伊尹)이 있어 황천(皇天)[5]에 이르렀고[假=格], 태무(太戊) 때는 이척(伊陟)과 신호(臣扈) 같은 신하가 있어 상제(上帝)에 이르렀다. 무함(巫咸)은 왕가(王家)를 다스렸고[治][6], 조을(祖乙) 때는 무현(巫賢) 같은 이가 있었으며, 무정(武丁) 때는 감반(甘般) 같은 이가 있었다[7]. (이들 여섯 사람은) 이 도리를 따라 진열한 공이 있었기에 은나라를 보존하여 잘

다스렸다."

이에 소공은 마침내 기뻐했다.

1) 원문은 소왕(召王)이라고 했는데, 소공의 잘못이다.

2) 【집해(集解)】 하휴(何休)가 말했다. "섬이란 대개 지금의 홍농군(弘農郡) 섬현(陝縣)이다."

3) 【집해(集解)】 공안국(孔安國)이 말했다. "높여서 군(君)이라고 한 것이니, 옛일을 갖고서 그에게 고해주었기 때문에 편 이름으로 삼았다."

4) 【집해(集解)】 마융(馬融)이 말했다. "소공은 주공이 이미 섭정을 해서 태평을 이루었으므로 공로가 문왕이나 무왕과 짝할 만함에도 다시 신하의 자리로 마땅히 돌아가야 하는데 그러질 않으니 기꺼워하지 않았다. 즉 그는 주공이 구차스럽게 총애를 탐한다고 여겼던 것이다."

5) 【집해(集解)】 공안국(孔安國)이 말했다. "이지(伊摯-이윤)가 탕왕을 보좌해서 공로가 대천(大天)에 이르렀으니, 이는 태평에 이르렀다는 말이다." 정현(鄭玄)이 말했다. "황천이란 북극천제(北極天帝)를 말한다."

6) 【집해(集解)】 공안국(孔安國)이 말했다. "이척과 신호는 이윤의 직분을 이어받아 그 임금으로 하여금 조상들의 대업을 손상하지 않게 했기 때문에 지극한 하늘의 공로가 훼손되지 않을 수 있었다. 무함이 왕가를 다스렸다고 한 것은 그가 이척과 신호에는 미치지 못했음을 말한 것이다." 마융(馬融)이 말했다. "도리가 상제에 이르렀다는 것은 천시(天時)를 잘 받들었다는 말이다."

7) 【집해(集解)】 공안국(孔安國)이 말했다. "고종이 즉위했을 때 (처음에는) 감반이 보좌했다가 뒤에는 부열(傅說)이 보좌했다."

소공이 서방을 다스릴 때 백성[兆民]의 화합하는 마음[和]을 크게 얻었다. 소공이 향읍을 순시할 때 (당시) 팥배나무[棠][1)]가 있었는데 그 아래에서 송사를 판결하고 정사를 처리했으니, 후백(侯伯)부터 일반 서인까지 각

자 자기에게 마땅한 자리를 얻어서[各得其所(각득기소)] 직분을 잃는 자가 (아무도) 없었다.

소공이 졸하자 백성과 관리들[民人(민인)]은 소공의 정치를 사모하고 팥배나무를 그리워해서 감히 그것을 베지 않고 「감당(甘棠-팥배나무)」이라는 시를 지어 그를 노래했다.

1) 【정의(正義)】 오늘날의 당리수(棠梨樹)다. 『괄지지(括地志)』에서 말했다. "소백(召伯)의 사당은 낙주(洛州) 수안현(壽安縣) 서북쪽으로 5리에 있다. 소백은 감당나무 아래에서 옥사를 처결했는데, 주나라 사람들이 그를 사모해서 그 나무를 베지 않았고 후세 사람들이 그를 그리워해서 사당을 세웠다. 팥배나무는 구곡성(九曲城) 동쪽 언덕 위에 있다."

소공 이래로 9대를 지나면 혜후(惠侯)에 이른다[1]. 연나라 혜후는 주나라에서 여왕(厲王)이 체(彘) 땅으로 달아나고 공화(共和)[2]가 행해지던 때에 해당한다.

1) 【색은(索隱)】 연나라에는 후가 42명 있었는데, 혜후(惠侯)가 둘, 희후(釐侯)가 둘, 선후(宣侯)가 둘, 환후(桓侯)가 셋, 문후(文侯)가 둘이다. 이는 대개 나라의 역사 기록에서 본래의 시호를 잃어버렸기에 이처럼 중복되었을 뿐이다.

2) 현대적 의미의 공화정은 아니고, 천자가 없는 상태에서 두 재상이 함께 정사를 결정했다는 말이다.

혜후가 졸하자 아들 희후(釐侯)가 세워졌다. 그해에 주나라 선왕(宣王)이 처음 자리에 나아갔다.

희후 21년에 정(鄭)나라 환공(桓公)이 비로소 정 땅에 봉해졌다.

36년에 희후가 졸하자 아들 경후(頃侯)가 세워졌다.

❖

경후 20년에 주나라 유왕(幽王)이 음란했는데, 견융(犬戎)에게 시해되었다[所弑(소시)=見弑(견시)]. 진(秦)나라가 비로소 반열에 올라 제후가 되었다.

24년에 경후가 졸하자 아들 애후(哀侯)가 세워졌다.

애후가 2년에 졸하자 아들 정후(鄭侯)가 세워졌다[1].

정후가 36년에 졸하자 아들 목후(繆侯-혹은 무후)[2]가 세워졌다.

1) 【색은(索隱)】 시호법에 정(鄭)은 없으니, 정은 아마도 이름일 것이다.

2) 繆는 긍정적일 때는 목(穆)으로 읽고, 그렇지 않으면 무로 읽는다.

목후 7년은 노나라 은공(隱公) 원년이다.

18년에 졸하고 아들 선후(宣侯)가 세워졌다.

선후가 13년에 졸하자 아들 환후(桓侯)가 세워졌다.

환후가 7년에 졸하자[1] 아들 장공(莊公)이 세워졌다.

1) 【집해(集解)】 서광(曙光)이 말했다. "환후가 임역(臨易)으로 도읍을 옮겼다." 송충(宋忠)이 말했다. "지금의 하간군(河間郡) 역현(易縣)이 그곳이다."

장공 12년에 제나라 환공(桓公)이 비로소 패자(霸者)가 되었다.

16년에 (연나라는) 송(宋)나라, 위(衛)나라와 함께 주나라 혜왕(惠王)을 치니 혜왕은 도성을 나와 온읍(溫邑)으로 도망쳤고, (이에) 혜왕의 동생 퇴(頹)를 세워 주나라 왕으로 삼았다[1].

17년에 정나라가 연나라 중보(仲父)를 붙잡고 혜왕을 주나라에 들여보냈다[內(내)=入(입)].

27년에 산융(山戎)이 와서 우리를 침략하자 제나라 환공이 연나라를 구원해주고 드디어 북쪽으로 산융을 친 뒤 돌아갔다. (이때) 연나라 임금이 제

나라 환공을 환송하면서 국경을 넘었는데, 환공이 그 참에 연나라 임금이 밟은 땅을 떼어 연나라에 주었다. (환공은) 연나라에 주나라 초기 때 직공을 바치던 것처럼 천자에게 조공하도록 하고, 또 연나라로 하여금 소공(召公)의 법도를 다시 따르도록 했다.

33년에 졸하자 아들 양공(襄公)이 세워졌다.

1) 【집해(集解)】 초주(譙周)가 말했다. "『춘추전』을 살펴보건대 연나라는 왕자 퇴와 함께 주나라 혜왕을 내쫓았는데, 이때의 연나라는 남연길성(南燕姞姓)이다. 「세가」에서는 북연이라고 했으니 틀렸다."

양공 26년에 진(晉)나라 문공(文公)이 천토(踐土)의 회맹으로 패자가 되었다[稱伯(칭패)=稱霸(칭패)].

31년에 진(秦)나라 군대가 효산(殽山)에서 (진(晉)나라에) 패했다.

37년에 진(秦)나라 목공(穆公)이 졸했다.

40년에 양공(襄公)이 졸하자 환공(桓公)이 세워졌다.

환공이 16년에 졸하자 선공(宣公)이 세워졌다.

선공이 15년에 졸하자 소공(昭公)이 세워졌다.

소공이 13년에 졸하자 무공(武公)이 세워졌다. 이해에 진(晉)나라가 삼극대부(三郤大夫)[1]를 멸망시켰다.

1) 극기(郤錡)·극주(郤犨)·극지(郤至)의 세 사람이다. 난서(欒書) 등이 진나라 여공(厲公)을 압박해서 삼극을 제거했다.

무공이 19년에 졸하자 문공(文公)이 세워졌다.

문공이 6년에 졸하고 의공(懿公)이 세워졌다. 의공 원년에 제나라(대부)

최저(崔杼)가 자기 임금 장공(莊公)을 시해했다.

의공이 4년에 졸하자 아들 혜공(惠公)이 세워졌다.

혜공 원년에 제나라 고지(高止)가 연나라로 도망쳐 왔다.

6년에 혜공에게는 총희(寵姬)[1]들이 많았는데 공이 여러 대부를 제거하고 총희 송(宋)을 세우려 하자 대부들이 함께 희(姬) 송을 주살했고, 혜공은 두려워서 제나라로 달아났다. 4년 만에 제나라 고언(高偃)이 진(晉)나라에 가서 함께 연나라를 치고 그 임금(-혜공)을 연나라에 들여보내려고 했다. 진나라 평공(平公)이 허락하고 제나라와 함께 연나라를 쳐서 혜공을 들여보냈는데, 혜공이 연나라에 이르러 죽었다[2]. 연나라는 도공(悼公)을 세웠다.

1) 이때는 첩들을 말하는 것이 아니라 총애하는 희씨(姬氏)를 말한다.

2) 【색은(索隱)】『춘추(春秋)』 소공(昭公) 3년에 "북연의 백(伯) 관(款)이 제나라로 달아났다"라고 했고 또 6년에 "제나라가 북연을 쳤다"라고 했으니, 하나는 이 글과 합치하지만, 『좌전』에는 관(款)을 들였다는 문장이 없이 "장차 간공(簡公)을 (연나라로) 들이려 하자 안자(晏子)가 말하기를 '연나라 임금을 들여서는 안 됩니다'라고 했다. 제나라가 마침내 뇌물을 받고 돌아가게 했다"라고 되어 있어 일이 이곳과 어그러지며 또 관(款)이 간공(簡公)으로 되어 있다. 간공은 혜공의 4대 뒤 임금이니, 『춘추』의 경과 전이 이렇게 어울리지 못하고 있는 것은 아마도 억지로 말했기 때문이 아닐까?

도공이 7년에 졸하자 공공(共公)이 세워졌다.

공공이 5년에 졸하자 평공(平公)이 세워졌다. 진(晉)나라 공실이 약해지고 육경(六卿)이 비로소 강대해졌다.

평공 18년에 오왕(吳王) 합려(闔閭)가 초나라를 깨뜨리고 (수도) 영(郢)에

들어갔다.

(평공이) 19년에 졸하자 간공(簡公)이 세워졌다.

간공이 12년에 졸하자 헌공(獻公)이 세워졌다[1]. 진(晉)나라 조앙(趙鞅)[2]이 조가(朝歌)에서 범씨(范氏)과 중항씨(中行氏)를 에워쌌다.

헌공 12년에 제나라 전상(田常)이 자기 임금 간공(簡公)을 시해했다.

14년에 공자(孔子)가 졸했다.

28년에 헌공이 졸하자 효공(孝公)이 세워졌다.

1) 【색은(索隱)】 왕소(王劭)가 『기년(紀年)』을 살펴보건대, 간공의 뒤를 효공이 이었고 헌공은 없다.

2) 진나라 내부에서 6경(卿)이 세력 다툼을 벌일 때 2경인 범씨(范氏)와 중항씨(中行氏)를 몰아내고 조(趙)나라를 일으키는 바탕을 마련했다.

효공 12년에 한(韓)·위(魏)·조(趙)가 지백(知伯)을 멸망시키고 그 땅을 나눠 가지니 삼진(三晉)이 강대해졌다.

15년에 효공이 졸하자 성공(成公)이 세워졌다.

성공이 16년에 졸하자[1] 민공(湣公)이 세워졌다.

민공이 31년에 졸하자 희공(釐公)이 세워졌다. 그해에 삼진(三晉)이 반열에 올라 제후가 되었다.

1) 【색은(索隱)】 『기년(紀年)』을 살펴보건대 성공은 이름이 재(載)다.

희공 30년에 임영(林營)[1]에서 제나라를 쳐서 패배시켰고, 희공이 졸하자 환공(桓公)이 세워졌다.

환공이 11년에 졸하자 문공(文公)이 세워졌다. 그해에 진(秦)나라 헌공

(獻公)이 졸했다. 진(秦)나라는 더욱 강성해졌다.

1) 【색은(索隱)】 임영은 지명인데, 판본에 따라 그냥 임(林)으로 되어 있기도 하다. 숲속에 군영을 만들었기 때문에 임영이라고 했다.

문공 19년에 제나라 위왕(威王)이 졸했다.

28년에 소진(蘇秦, ?~?)[1]이 처음으로 와서 문공을 만나 유세했다. 문공이 말과 마차, 금과 비단을 주어 조(趙)나라로 보내자, 조나라 숙후(肅侯)가 그를 썼다. 그로 인해 6국이 동맹을 약속하니, (연나라 문공이 동맹 즉) 합종을 이끄는 우두머리[從長(종장)]가 되었다. 진(秦)나라 혜왕(惠王)이 자기 딸을 연나라 태자의 아내로 주었다.

1) 장의(張儀)와 함께 귀곡자(鬼谷子)에게 가르침을 받았다. 처음에 진(秦)나라의 혜왕(惠王)을 비롯해 여러 제후 밑에서 유세했지만, 채용되지 않았다. 강국인 진나라와 한(韓)나라가 서로 교전하고 있어 산동(山東) 지방 제후국들이 진나라의 침략을 두려워하고 있는 상황을 이용해서 연(燕)나라 문후(文侯-문공)에게 6국 합종(合縱)의 이익을 설득해 채택되었다. 다시 조(趙)·한(韓)·위(魏)·제(齊)·초(楚)를 설득하는 데도 성공함으로써 기원전 333년 6국의 합종을 이뤄내면서 혼자 6국의 상인(相印-재상의 인장)을 가지게 되었고, 스스로 무안군(武安君)이라 칭했다. 그러나 합종책은 장의 등이 내세운 연횡책(連衡策=連橫策)에 밀려 실패했다. 그 후 연나라에 있다가 다시 제나라에 출사(出仕)했지만, 제나라 대부(大夫)의 미움을 사서 살해당했다.

29년에 문공이 졸하고 태자가 세워지니, 이 사람이 역왕(易王)이다.

역왕이 처음 세워졌을 때 제나라 선왕(宣王)이 연나라가 상중(喪中)임을 틈타 우리 연나라를 쳐서 10개 성을 차지했다. 이에 소진이 제나라에 유세해 연나라에 10개 성을 돌려주게 했다.

10년에 연나라 임금이 왕(王)을 칭했다[1]. 소진이 연나라 문공의 부인과 몰래 간통했다가, 주살될 것을 두려워해 마침내 왕에게 제나라에 사신으로 가서 반간계(反間計)[2]로 제나라를 어지럽히겠다고 유세했다.

역왕이 세워진 지 12년에 졸하자 아들 쾌(噲)가 세워졌다.

1) 【색은(索隱)】 연나라 임금이란 곧 역왕이다. 임금이 10년이 지나서 칭왕 했다는 말이다. 위에서 (이미) 역왕이라고 했지만, 역(易)은 시호이니 뒤에 추시(追諡) 했을 뿐이다.

2) 【집해(集解)】 『손자병법(孫子兵法)』에서 말했다. "반간(反間)이란 적의 틈을 활용하는 것이다."

연나라에서 쾌가 이미 세워진 후에 제나라 사람들이 소진을 죽였다. 소진은 연나라에 있을 때 재상 자지(子之)와 혼인 관계를 맺었고 (동생) 소대(蘇代)도 자지와 교유했으므로 소진이 죽자 제나라 선왕은 다시 소대를 썼다.

연나라 쾌 3년에 초나라가 삼진(三晉)과 함께 진(秦)나라를 공격했으나 이기지 못하고 돌아갔다. 자지가 연나라 재상이 되어 더욱 귀하게 되자 국정을 독단했는데[主斷(주단)], 소대가 제나라 사신이 되어 연나라에 왔다[1]. 연왕이 물어 말했다.

"제나라 왕은 어떤가?"

대답했다.

"분명 패자가 못 될 것입니다."

연왕이 말했다.

"어째서인가?"

대답했다.

"자기 신하를 믿지 못하기 때문입니다."

소대는 이렇게 함으로써 연왕을 자극해 자지를 더욱 높이려 했던 것이다. 이에 연왕이 자지를 크게 신임했고, 이에 자지는 소대에게 100금[2]을 주고서 (그를 써서) 그가 하고자 하는바[所使]를 다 들어주었다.

1) 【색은(索隱)】『전국책(戰國策)』에서 "자지가 소대로 하여금 인질을 모시고 제나라에 가게 했는데, 제나라는 소대를 사신으로 삼아 연나라로 돌려보냈다"라고 말한 것이 이것이다.

2) 【정의(正義)】 신찬(臣瓚)이 말했다. "진(秦)나라에서는 1일(溢)이 1금(金)이다." 맹강(孟康)이 말했다. "24냥이 1일(溢)이다."

녹모수(鹿毛壽)[1]가 연왕에게 말했다.

"나라를 국상(國相) 자지에게 양보하느니만 못합니다. 사람들이 요(堯)를 뛰어나다고 하는 까닭은 그가 천하를 허유(許由)에게 선양(禪讓)하려 했기 때문입니다. 허유가 받지 않았지만, 천하를 선양했다는 명성을 얻었고, 실제로 천하를 잃지는 않았습니다. 지금 왕께서 나라를 자지에게 양보한다 해도, 자지는 반드시 감히 받지 못할 것이니, 이는 왕께서 요와 같은 덕행을 행하게 되는 것입니다."

이에 연왕이 자지에게 나라를 맡기려 하니[屬], 자지는 권력이 (더욱) 크게 무거워졌다. 어떤 사람이 말했다.

"우(禹)는 익(益)을 추천하고 얼마 후에 (우왕의 아들) 계(啓)의 사람을 관리로 삼았는데, (우가) 늙게 되자 계가 천하를 맡기에는 부족하다고 생각해 익에게 자리를 전했다. 그러나 얼마 후에 계가 무리와 함께 익을 공격해 자리를 빼앗았다. 천하는 우가 명목상으로는 익에게 천하를 전했지만 실제로는 얼마 후에 아들 계로 하여금 알아서 천하를 차지하게 했을 뿐이라고 말한다. 지금 왕이 나라를 자지에게 맡긴다고는 했으나 관리들은 태자의 사람이 아닌 자가 없으니, 이는 명목상 자지에게 맡기고 실제로는 태자로 하

여금 일을 주도적으로 처리하게[用事] 한 것이다."

왕이 이에 300석 이상의 녹봉을 받는 관리들의 인장을 거둬서 자지에게 넘겼다[效][2]. 이에 자지가 남면(南面)해 왕의 일을 행사하게 되었고 쾌는 늙어서 정사를 듣지 못하고 도리어 신하가 되었으니, 나랏일은 모조리 자지가 결정했다.

1) 【집해(集解)】 서광(徐廣)이 말했다. "판본에 따라 조모(厝毛)로 되어 있기도 하다." 【색은(索隱)】 『한비자(韓非子)』에서는 반수(潘壽)라고 했다.

2) 【색은(索隱)】 정현(鄭玄)이 말했다. "효(效)란 '바치다[呈]'는 뜻이니, 인장을 자지에게 넘겼다는 말이다."

3년 만에 나라가 크게 어지러워지자, 백성이 힘들어하고[恫=痛] 두려워하니, 장군 시피(市被)[1]가 태자 평(平)과 모의해 장차 자지를 공격하려고 했다. 여러 장군이 제나라 민왕(湣王)에게 말했다.

"이 틈을 타서 쳐들어가면 틀림없이 연나라를 깰 수 있습니다."

제나라 왕이 이에 사람을 보내 연나라 태자 평에게 말했다.

"과인은 태자가 의롭다는 것을 들은 바 있으니, 장차 사(私)를 버리고 공(公)을 세우며 임금과 신하의 마땅함[義]을 바로잡고 부자간의 자리[位]를 밝혀야 할 것이다. 과인의 나라는 작아 앞장서 이끌거나 뒤에서 도울 수는 없다. 그럼에도 불구하고 오직 태자만은 그 일을 명할 수 있을 것이다."

태자는 그래서 당파를 만들고[要黨] 무리를 모았으며, 장군 시피는 공궁(公宮)을 에워싸고 자지를 공격했다. 그러나 이기지 못하자 장군 시피는 백성과 함께 도리어 태자 평을 공격했고, 장군 시피가 죽자 (연나라는) 그를 조리돌렸다[徇]. 여러 달에 걸친 난리로 죽은 사람이 수만 명에 이르렀으니, 많은 관리가 힘들어하고 두려워했으며 백성은 마음이 떠나갔다[離志]. 맹가(孟軻, 기원전 372~289년경)[2]가 제왕에게 말했다.

"지금 연나라를 친다면 이는 (주나라) 문왕과 무왕 때와 같으니, 기회를 놓쳐서는 안 됩니다[3]."

이에 왕은 장자(章子)[4]에게 5도(都)[5]의 군사를 거느리고 북쪽 땅[6]의 무리를 동원해 연나라를 치게 했다. (연나라) 사졸들은 싸울 생각이 없어서 성문도 닫지 않았으니, 연나라 임금 쾌는 죽고 제나라는 대승을 거두었다. 연나라 자지가 죽고[7] 2년이 지나 연나라 사람들이 함께 태자 평을 세우니, 이 사람이 연나라 소왕(昭王)이다.

1) 【정의(正義)】 사람의 성과 이름이다.

2) 노(魯)나라 공족(公族)인 맹손씨(孟孫氏) 후예다. 자사(子思)의 제자에게서 배웠다고 한다. 일찍이 제(齊)·송(宋)·등(滕)·위(魏)나라 등을 다니며 유세(遊說)했다. 한 번 제선왕(齊宣王)의 객경(客卿)이 되었지만 등용되지는 못했다. 당시 제후들에게 왕도(王道)와 인정(仁政)을 설파했으며 민귀군경(民貴君輕)을 주장했다. 성선설(性善說)과 혁명론을 내세워 어지러운 시대를 바로잡으려고 했지만 뜻을 이루지 못했다. 말년에 제자 공손추(公孫丑)·만장(萬章) 등과 함께 『맹자』 7편을 저술했다. 아성(亞聖)으로 불린다.

3) 【색은(索隱)】 무왕이 문왕의 대업을 이어받아 주왕(紂王)를 치던 때와 같다는 말이다. 그러나 이 말은 맹자와 어울리지 않는다.

4) 【집해(集解)】 장자는 제나라 사람으로 『맹자(孟子)』에 나온다.

5) 【색은(索隱)】 5도는 곧 제나라다. 살펴보건대, 임치(臨淄)는 5도 중 하나다.

6) 【색은(索隱)】 북쪽 땅이란 제나라 북쪽 변경을 말한다.

7) 【집해(集解)】 배인(裴駰)이 살펴보건대, 『급총기년(汲冢紀年)』에 이르기를 "제나라 사람들이 자지를 붙잡아 그 몸으로 젓갈을 만들었다"라고 했다.

연나라 소왕은 연나라가 다 파괴된 후 자리에 나아갔기에 몸을 낮추고 두터운 대우로써 뛰어난 이들을 불렀다.

(소왕이) 곽외(郭隗)에게 말했다.

“제나라가 고(孤-왕의 자칭)의 나라가 어지러운 틈을 타고 연나라를 기습해 무너뜨렸지만, 고는 연나라가 작고 힘이 약해서 되갚기에 부족하다는 것을 너무 잘 알고 있다. 그러나 진실로 뛰어난 선비들을 얻어 함께 나라를 다스림으로써[共國] 선왕의 치욕을 씻는 것, 이것이야말로 고의 바람이다. 선생이 이런 뛰어난 인재들을 데리고 온다면 이 몸이 친히 그들을 섬길 것이다.”

곽외가 말했다.

“왕께서 반드시 그런 인재들이 오게 하시려면 먼저 이 외로부터 시작하십시오[先從隗始]. (그렇게 하신다면) 하물며 이 외보다 뛰어난 인재들이 어찌 1,000리를 멀다 하겠습니까?”

이에 소왕이 외를 위해 궁을 고쳐 짓고 그를 스승으로 섬기니[師事], 악의(樂毅)[1]가 위(魏)나라에서, 추연(鄒衍)이 제나라에서, 극신(劇辛)이 조(趙)나라에서 찾아오는 등 선비들이 다퉈 연나라로 달려왔다. 연나라 왕이 죽은 사람에게는 조의를 표하고 고아에게는 직접 찾아가서 위문하는 등 백성과 동고동락했다[同甘苦=同苦同樂].

1) 위(魏)나라 초기의 장수 악양(樂羊)의 후손인데, 현자(賢者)이면서 전쟁을 좋아했다. 연나라 소왕(昭王)이 현자를 초빙한다는 말을 듣고 위나라에서 연나라로 가 아경(亞卿)이 되었고, 연나라 소왕 28년에 상장군(上將軍)에 올랐다. 조(趙)·초(楚)·한(韓)·위·연의 군사를 이끌고 강대국임을 자랑하던 제(齊)나라를 토벌해 수도 임치를 함락시키고 5년에 걸쳐 성 70여 개를 수중에 넣었는데, 이들을 모두 군현으로 삼아 연나라에 소속시켰다. 제나라의 재보(財寶)를 연나라로 옮겼고, 이 공으로 창국군(昌國君)에 봉해졌다. 혜왕(惠王)이 즉위하자 제나라의 반간계(反間計)가 적중해 연나라는 기겁(騎劫)을 악의 대신에 장수로 임명했다. 이에 조나라로 달아나자, 조나라가 그를 관진(觀津)에 봉하고 망제군(望諸君)이라 불렀다. 조나라에서 죽었다.

28년에 연나라가 크게 부유해지고[殷富] 사졸들은 기꺼이 싸움을 두려

워하지 않게 되니[輕戰(경전)][1], 이에 드디어 악의를 상장군으로 삼아서 진(秦)나라, 초나라, 삼진(三晉)과 함께 제나라를 치기로 모의했다. 제나라 군대는 패했고, 민왕은 도성을 나가 나라 밖으로 도망쳤다. 연나라 군대가 홀로 패주하는 제나라 군대를 추격해 임치(臨淄)에 들어간 뒤 제나라 보물을 죄다 차지하고 궁실과 종묘를 불태웠다. 제나라 성 중에서 함락되지 않은 곳이 단지 요(聊)[2], 거(莒), 즉묵(卽墨)뿐이고 그 나머지는 모두 연나라에 속하게 된 상황이 6년 동안 지속되었다.

1) 이는 문맥상 전쟁을 가볍게 여긴다는 뜻이 아니라 싸움을 가벼이 여겨서 두려워하지 않는다는 뜻이다.

2) 【색은(索隱)】 다른 편이나 『전국책(戰國策)』에는 요(聊)라는 글자가 없다.

소왕이 33년에 졸하자 아들 혜왕(惠王)이 세워졌다.

혜왕이 태자로 있을 때 악의와 틈이 있었기에[有隙(유극)=有間(유간)] 자리에 나아가게 되자 악의를 의심해 기겁(騎劫)으로 하여금 상장군을 대신하게 하니, 악의는 조나라로 도망쳐 달아났다.

제나라 전단(田單)이 즉묵을 근거지로 삼아 연나라 군대를 쳐서 이겼고 기겁이 전사하니, 연나라 군대는 철수했고 제나라는 잃었던 옛 성들을 모두 되찾았다. 민왕이 거(莒) 땅에서 죽자 (제나라는) 마침내 그 아들을 세워 양왕(襄王)으로 삼았다.

혜왕이 7년에 졸했다. 한·위·초가 함께 연나라를 쳤다. 연나라 무성왕(武成王)이 세워졌다.

무성왕 7년에 제나라 전단이 우리를 쳐서 중양(中陽)을 뽑아버렸다.

13년에 진(秦)나라가 장평(長平)에서 조나라 40만 군대를 패배시켰다.

14년에 무성왕이 졸하자 아들 효왕(孝王)이 세워졌다.

효왕 원년에 진(秦)나라가 (조나라 수도) 한단(邯鄲)을 에워쌌다가 포위를 풀고 물러갔다[解去(해거)].

(효왕이) 3년에 졸하자 아들이자 지금의 왕[今王(금왕)][1]인 희(喜)가 세워졌다.

1) 【색은(索隱)】 금왕이란 금상(今上)과 같다. 판본 중에 금(今)이 영(令)으로 되어 있기도 한데, 잘못이다. 시호법을 살펴보건대 시호 중에 영(令)자는 없다.

지금의 왕 희 4년에 진(秦)나라 소왕(昭王)이 졸했다. 연나라 왕이 재상 율복(栗腹)에게 명해 조나라와 우호적인 맹약을 맺은 뒤 500금을 바치고 조나라 왕의 장수[酒(주)=壽(수)]를 빌게 했으니, (율복이) 돌아와 연나라 왕에게 보고했다.

"조나라 왕의 장정들은 모두 장평 전투에서 죽었고 그 자식들은 아직 장성하지 않았으니, (얼마든지) 칠 수 있습니다."

왕이 창국군(昌國君) 악간(樂間-악의의 아들)을 불러 묻자, (창국군이) 대답했다.

"조나라는 사방으로 전쟁을 치르는 나라[四戰之國(사전지국)][1]라서 그 백성이 싸움에 익숙하므로[習兵(습병)] 쳐서는 안 됩니다."

왕이 말했다.

"우리는 다섯으로써 하나를 친다."

대답했다.

"안 됩니다."

연나라 왕이 화를 냈고, 여러 신하는 모두 된다고 했다.

결국 2군을 일으키고 전차 2,000승을 내어 율복에게는 호(鄗)[2]를, 경진

❖

(卿秦)에게는 대(代)를 공격하게 했다. 오직 대부 장거(將渠)[3]만이 연나라 왕에게 말했다.

"사람을 보내 관문을 통하게 해서 수교를 했으며, 500금을 보내 그 왕의 건강까지 빌었습니다. 사신의 보고만 듣고 도리어 그들을 공격하려 하시니, 상서롭지 못합니다. 전쟁은 성공할 수 없을 것입니다."

연나라 왕이 듣지 않고 스스로 편군(偏軍-한쪽 군대)을 거느리고 참전하니, 장거가 연왕의 도장 끈을 잡고서 말리며 말했다.

"왕께서 직접 가시면 결코 안 됩니다. 가시더라도 공을 이룰 수가 없습니다."

왕이 발로 그를 걷어차자[蹴之(축지)] 장거가 울면서 말했다.

"신은 저를 위해서가 아니라 왕을 위해서 이러는 것입니다!"

연나라 군대가 송자(宋子)에 이르렀는데, 조나라는 염파(廉頗)를 장수로 삼아 호에서 율복을 쳐서 깨뜨렸고 대(代)에서는 악승(樂乘)이 경진을 깨뜨렸다[4]. 악간은 조나라로 달아났다. 염파가 500여 리나 뒤쫓아 연나라를 에워쌌다. 연나라가 화친을 청했으나 조나라 사람들은 허락하지 않다가, 반드시 장거가 화친에 나설 것을 요구했다. 연나라가 장거를 재상으로 삼아 화친에 나서게 했고, 조나라는 장거의 청을 듣고는 연나라에 대한 포위를 풀었다.

1) 【정의(正義)】 조나라는 동쪽으로 연나라와 이웃하고 있고, 서쪽으로는 진(秦)나라와 국경을 접하고 있으며, 남쪽으로는 한나라, 위나라와 붙어 있고, 북쪽으로는 호(胡)·맥(貊)과 이어져 있다. 그래서 사방으로 전쟁을 치른다고 한 것이다.

2) 【집해(集解)】 서광(徐廣)이 말했다. "상산(常山)에 있으며, 지금은 고읍(高邑)이라고 부른다." 【색은(索隱)】 추씨(鄒氏)는 발음이 화(火)와 각(各)의 반절음이라고 했는데, 한편으로는 호(昊)라고 발음하기도 한다.

3) 【색은(索隱)】 위의 경진(卿秦)이나 여기서의 장거(將渠)에서, 경이나 장은 모두 관직 이름이고 진이나 거는 모두 이름이다. 이렇게 한 것은 역사 기록자가 성을 잃어버린 때문이다. 『전국책(戰國策)』에는 원진(爰秦)으로 되어 있으니, 원은 성이고 경은 관직일 뿐이다.

4) 원문은 "破卿秦樂乘於代"로 되어 있어 대에서 경진과 악승을 깨뜨렸다고 옮겨야 하지만, 악승은 조나라 장군이니 문맥에 맞춰 옮겼다.

6년에 진(秦)나라가 동주(東周)와 서주(西周)를 멸하고 그곳에 삼천군(三川郡)을 두었다.

7년에 진나라가 (조나라) 유차(楡次) 등 성 37개를 뽑아버리고 태원군(太原郡)을 두었다.

9년에 진나라 왕 영정(嬴政-진시황)이 처음으로 자리에 나아갔다.

10년에 조나라가 염파를 보내 군사를 이끌고 번양(繁陽)[1]을 공격해서 뽑아버렸다. 조나라 효성왕(孝成王)이 졸하자 도양왕(悼襄王)이 세워졌다. (도양왕이) 악승을 보내 염파를 대신하게 했으나 염파가 따르지 않고 악승을 공격하니, 악승은 달아났고 염파도 대량(大梁)으로 도망쳤다.

12년에 조나라가 이목(李牧)에게 연나라를 공격하게 해서 무수(武遂)[2]와 방성(方城)[3]을 뽑아버렸다. 그에 앞서 극신(劇辛)이 조나라에 있을 때 방훤(龐煖)과 친하게 지내다가 얼마 뒤에 연나라로 도망쳐 왔는데, 연나라는 조나라가 진나라 때문에 여러 번 곤경에 처했고 염파가 떠나버리자 방훤을 대장으로 삼은 것을 보고는 피폐해진 조나라를 공격하려 했다. 그리하여 극신에게 묻자, 극신이 말했다.

"방훤은 쉬울 뿐입니다."

연나라가 극신을 장군으로 삼아 조나라를 공격했으나, 조나라는 방훤으로 하여금 맞서 싸우게 해서 연나라 군대 2만을 물리치고 극신을 죽였다. 진나라는 위나라 성 20개를 뽑아버리고 동군(東郡)을 두었다.

19년에 진나라가 조나라 땅 업(鄴)의 성 9개를 뽑아버렸다. 조나라 도양왕이 졸했다.

23년에 태자 단(丹)이 진나라에 인질로 잡혀갔다가 도망쳐 연나라로 돌아왔다.

25년에 진나라가 한왕(韓王) 안(安)을 포로로 잡고 영천군(潁川郡)을 두었다.

27년에 진나라가 조나라 왕 천(遷)을 포로로 붙잡고 조나라를 멸망시켰다. 조나라 공자 가(嘉)가 스스로를 세워 대왕(代王)이 되었다.

1) 【집해(集解)】 서광(徐廣)이 말했다. "번양은 위군(魏郡)에 속한다."

2) 【집해(集解)】 서광(徐廣)이 말했다. "하간(河間)에 속한다."

3) 【집해(集解)】 서광(徐廣)이 말했다. "탁군(涿郡)에 속한다."

연나라는 진나라가 장차 6국을 멸망시키고 나면 진나라 군대가 역수(易水)까지 밀어닥침으로써 화가 연나라에 미치게 될 것이라는 것을 알았다[見(견)=知(지)]. 이에 태자 단(丹)이 몰래 장사 20명을 기르면서 형가(荊軻, ?~기원전 227년)[1]를 보내, 독항(督亢)의 지도를 (진나라에) 바치면서 기습적으로 진왕을 찌르게 했다. 진왕이 이를 알아차리는 바람에 형가를 죽이고는 장군 왕전(王翦)을 보내 연나라를 공격했다.

29년에 진나라가 우리 연나라 도성 계(薊)를 뽑아버리니, 연나라 왕은 도망쳐서 요동(遼東)으로 달아났고 (연나라는) 태자 단의 목을 베어 진나라에 바쳤다.

30년에 진나라가 위나라를 멸망시켰다.

1) 원래 선조가 제(齊)나라 귀족이었으나 위나라로 옮겨 가서 살았는데, 위나라 사람들이 그를 경경(慶卿)이라 불렀다. 독서와 칼 쓰기를 좋아했다. 진(秦)나라가 위나라를 멸망시키자 연(燕)나

라로 왔는데, 연나라 사람들은 그를 형경(荊卿) 또는 형숙(荊叔)이라 불렀다. 당시 진나라는 이미 한(韓)나라와 조(趙)나라를 멸망시킨 상태였다. 연나라의 태자 단(丹)이 진왕 정(政-진시황)을 죽이려고 모의해 형가의 친구 전광(田光)과 사귀었는데, 전광이 그를 추천해 상경(上卿)의 존대를 받았다. 연왕 희(喜) 28년에 진나라의 망명한 장군 번오기(樊於期)의 목과 안에 비수를 넣은 연나라 독항(督亢)의 지도를 가지고 진나라에 사신으로 가서 기회를 노려 죽이려고 했다. 진왕 정에게 지도를 바치는데 지도를 펼치자, 비수가 드러났고 칼을 뽑아 찔러 죽이려고 했지만 실패하고 그 자리에서 피살되었다.

33년에 진나라가 요동을 뽑아버리고 연왕 희(喜)를 사로잡음으로써 결국 연나라를 멸망시켰다. 이해에 진나라 장수 왕분(王賁)도 (조나라) 대왕(代王) 가(嘉)를 포로로 잡았다.

태사공(太史公)이 말한다.

"소공(召公) 석(奭)은 어질었다[仁]고 할 수 있을 것이다! (백성이) 팥배나무도 사모하거늘 그 사람임에랴!

연나라는 북으로는 만맥(蠻貊)과 가깝고 안으로는 제나라와 진(晉)나라 같은 강한 나라에 끼어 있어서 기신기신 살아가는 힘없는 나라였으니, 거의 망할 뻔한 것이 여러 차례였도다. 그런데도 사직 제사를 800년에서 900년 가까이 유지하며 희씨(姬氏) 성 가운데 가장 늦게 망했으니, 이 어찌 소공의 공덕이 아니겠는가?"[1)]

1) 【색은술찬(索隱述贊)】 소백이 재상이 되어[召伯作相]/섬 땅을 나눠 다스렸다네[分陝而治]/사람들이 그 은혜를 고마워하니[人惠其德]/팥배나무까지도 그리워했도다[甘棠是思]/장공은 패주(제 환공)를 환송했고[莊送霸主]/혜공은 총희에 구애되었도다[惠羅寵姬]/문공은 조나라와 맹약을 맺었고[文公約趙]/소진은 초빙을 받았으나 떠나갔다네[蘇秦騁辭]/역왕이 처음 세워졌을 때[易王初立]/

제 선왕은 우리를 속였지[齊宣我欺]/연나라 쾌는 무도해[燕噲無道]/자지에게 선위했네[禪位子之]/소왕은 좋은 선비들을 기다려[昭王待士]/임치(-제나라)에 원수 갚을 일만 생각하다가[思報臨淄]/독항의 뜻을 이루지 못한 채[督亢不就]/결국 제거당하고 말았구나[卒見芟夷]!

권35 — 관채세가(管蔡世家) 제5

권35 관채세가(管蔡世家) 제5

관숙(管叔) 선(鮮)[1]과 채숙(蔡叔) 탁(度)은 주(周)나라 문왕의 아들이자 무왕의 동생들이다. 무왕과 어머니가 같은 형제는 10명이었다. 어머니는 태사(太姒)[2]로 문왕의 정비(正妃)였으며, 맏아들은 백읍고(伯邑考)이고 그다음이 무왕 발(發), 그다음이 관숙 선, 그다음이 주공(周公) 단(旦), 그다음이 채숙 탁, 그다음이 조숙(曹叔) 진탁(振鐸), 그다음이 성숙(成叔) 무(武), 그다음이 곽숙(霍叔) 처(處), 그다음이 강숙(康叔) 봉(封), 그다음이 염계(冉季) 재(載)로, 염계 재가 막내였다. 같은 어머니에게서 태어난 형제 10명 가운데 오로지 발(發)과 단(旦)만이 뛰어나[賢(현)] 좌우에서 문왕을 보필했기에 문왕은 백읍고를 버리고[舍(사)=捨(사)] 발을 태자로 삼았다. 문왕이 붕(崩)하자 발이 세워지니, 이 사람이 무왕이다. 백읍고는 이미 그에 앞서 졸(卒)했다.

1) 【정의(正義)】 『괄지지(括地志)』에서 말했다. "정주(鄭州) 관성현(管城縣)으로, 지금의 정주 성 밖이 곧 관국(管國)의 성이니 이곳이 관숙 선이 봉해진 나라다."

2) 【정의(正義)】 『국어(國語)』에서 말했다. "기(杞)·증(繒) 두 나라는 사성(姒姓)으로, 하우(夏禹)의 후손이며 태사의 집안이다. 태사는 문왕의 비이자 무왕의 어머니다."

무왕은 이미 은(殷)나라 주왕(紂王)을 꺾고 천하를 평정하자 공신과 곤제(昆弟-형제)들을 (제후에) 봉했다. 이에 동생 선을 관(管)[1]에, 동생 탁을 채(蔡)[2]에 봉했으니, 두 사람은 주왕의 아들 무경 녹보(武庚祿父)를 도와 은나라

라 유민을 다스렸다. 동생 단(旦)을 노(魯)나라에 봉하고서 주나라 재상으로 삼았으니, 이 사람이 주공(周公)이다. 동생 진탁을 조(曹)나라, 동생 무를 성(成)나라[3], 동생 거를 곽(霍)나라에 봉해주었고, 강숙(康叔) 봉(封)과 염계(冉季) 재(載)는 둘 다 어려서 아직 봉해주지 못했다.

1) 【집해(集解)】 두예(杜預)가 말했다. "관은 형양군(滎陽郡) 경현(京縣) 동북쪽에 있다."

2) 【집해(集解)】 『세본(世本)』에 이르기를 "상채(上蔡)에 거처했다"라고 했다.

3) 【색은(索隱)】 살펴보건대, 『춘추(春秋)』 은공(隱公) 5년에 "위(衛)나라 군대가 성(郕)나라를 침입했다"라고 했다.

무왕이 이미 붕(崩)했으나 성왕(成王)은 나이가 어렸기에 주공 단이 왕실을 전적으로 주관하자[專(전)=專政(전정)], 관숙과 채숙은 주공이 성왕에게 불리한 짓을 할 것이라고 의심해 마침내 무경을 끼고서 난을 일으켰다. 주공 단은 성왕의 명을 받들고 정벌에 나서서 무경을 주살하고 관숙을 죽였으며 채숙은 수레 10승과 추종하는 무리 70명만 주어 딴 지방으로 내쫓았다. 그리고 은나라 유민들[餘民(여민)=遺民(유민)]을 둘로 나눠 그 하나에는 미자(微子) 계(啓)를 송(宋)나라에 봉해 은나라 제사를 잇게 했고, 다른 하나에는 강숙을 봉해 위(衛)나라 군(君)으로 삼았으니 이 사람이 위(衛) 강숙(康叔)이다. 또 동생 재를 염(冉)나라에 봉했다. 염계와 강숙이 모두 선한 행실[馴行(순행)=善行(선행)]을 보이자, 이에 주공은 강숙을 천거해 주나라 왕실의 사구(司寇)로 삼게 하고 염계를 사공(司空)으로 삼아서 성왕의 통치를 보좌하게 함으로써 두 사람 모두 천하에 아름다운 명성[令名(영명)=美名(미명)]을 남기게 했다.

채숙 탁은 이미 멀리 옮겨졌다가[遷(천)][1] 죽었다. 그 아들이 호(胡)인데, 호가 마침내 행실을 고쳐 다움을 닦으며[率德(솔덕)=修德(수덕)] 선하게 행동하니 주공

이 그 이야기를 듣고서 호를 천거해 노(魯)나라의 경사(卿士)로 삼았다[2]. 노나라가 잘 다스려지자 이에 주공이 성왕에게 호를 천거해[言] 다시 채(蔡) 땅에 봉하고 채숙의 제사를 받들게 했으니, 이 사람이 채중(蔡仲)이다. (무왕의) 나머지 다섯 동생[3]은 모두 봉국으로 가고 천자의 관리가 된 자는 없었다.

1) 유배되었다는 뜻이다.

2) 【색은(索隱)】 『서경(書經)』에 이르기를 채중(蔡仲)이 덕이 있고 삼가자, 주공이 경사로 삼았고 채숙이 죽자 마침내 성왕에게 말해서 그를 채나라에 봉해주었다고 했으니, 노나라에서 벼슬했다는 기록은 없다. 사마천이 무엇을 근거로 이렇게 말했는지는 알 수가 없다.

3) 【색은(索隱)】 관숙·채숙·성숙·조숙·곽숙이다.

채중이 졸하자 아들 채백(蔡伯) 황(荒)이 세워졌다.

채백 황이 졸하자 아들 궁후(宮侯)가 세워졌다.

궁후가 졸하자 아들 여후(厲侯)가 세워졌다.

여후가 졸하자 아들 무후(武侯)가 세워졌다. 무후 때 주나라 여왕(厲王)이 나라를 잃고 체(彘) 땅으로 달아나니, 공화(共和)해[1] 정치를 행하자 많은 제후가 주나라에 등을 돌렸다.

1) 기원전 841년에 호경에서 국인(國人)들의 폭동이 일어나 주(周) 여왕(厲王)이 쫓겨난 후에 경대부(卿大夫)와 국인들의 추대를 받은 공백(共伯) 화(和)가 체(彘)읍으로 도망간 주 여왕을 대리해서 통치를 맡았던 14년간의 시기를 지칭한다. 827년에 주 여왕이 죽고 주 여왕의 태자가 주(周) 선왕(宣王)으로 즉위하면서 공화 시기가 종결되었다.

무후가 졸하자 아들 이후(夷侯)가 세워졌다. 이후 11년에 주나라 선왕(宣

王)이 자리에 나아갔다. 28년에 이후가 졸하자 아들 희후(釐侯) 소사(所事)가 세워졌다.

희후 39년에 주나라 유왕(幽王)이 견융(犬戎)에게 살해되자 주나라 왕실은 쇠약해져서 (수도를) 동쪽으로 옮겼다. 진(秦)나라가 비로소 봉해져 제후가 되었다[1].

48년에 희후가 졸하자 아들 공후(共侯) 흥(興)이 세워졌다.

공후가 2년에 졸하자 아들 대후(戴侯)가 세워졌다.

대후가 10년에 졸하자 아들 선후(宣侯) 조보(措父)가 세워졌다.

1) 【정의(正義)】 주나라 유왕이 견융에게 살해되자 평왕(平王)은 동쪽 낙읍(洛邑)으로 천도했다. 진나라 양공(襄公)이 군사를 내어 구원해서 평왕이 낙읍에 이를 때까지 호송했으니, 평왕이 양공을 봉해주었다.

선후 28년에 노나라 은공(隱公)이 처음 세워졌다.

35년에 선후가 졸하자 아들 환후(桓侯) 봉인(封人)이 세워졌다.

환후 3년에 노나라가 자기 임금 은공을 시해했다.

20년에 환후가 졸하자 동생 애후(哀侯) 헌무(獻舞)가 세워졌다.

애후 11년이다. 애초에 애후가 진(陳)나라에서 아내를 취했다. 식후(息侯) 또한 진나라에서 아내를 취했는데[1], 식(息)부인이 장차 시집가는 길에 채나라를 지나갔으나 채후(-애후)가 공경하지 않았다. 식후가 화가 나서 초나라 문왕(文王)에게 청했다.

"와서 우리를 치십시오. 제가 채나라에 구원을 청하면 채나라는 반드시 달려올 것이니, 그 틈을 타서 초나라가 채나라를 공격하면 성공할 것입니다."

초나라 문왕이 그 말을 따랐고, 채나라 애후를 붙잡아 초나라로 돌아갔다. 애후는 9년 동안 억류되어 있다가 초나라에서 죽었으니, 모두 20년 동안 재위하다 졸했다. 채나라 사람들이 그 아들 힐(肸)을 세우니, 이 사람이 목후(繆侯)다.

1) 【집해(集解)】 두예(杜預)가 말했다. "식국(息國)은 여남군(汝南郡) 신식현(新息縣)이다."

목후는 여동생을 제나라 환공(桓公)의 부인으로 보냈다. 18년에 제나라 환공이 채희(蔡姬)와 뱃놀이를 했는데, 부인이 배를 흔들자, 환공이 제지했으나 그만두지 않았다. 공이 화가 나서 그녀를 (채나라로) 돌려보냈는데, 그러나 (혼인) 관계를 끊지는 않았다.

채후가 화가 나서 그 여동생을 (다른 곳으로) 시집보내자, 제나라 환공이 노해 채나라를 쳤다. 채나라는 무너지고[潰(궤)] 마침내 목후가 포로로 잡혔으며, (제나라는 다시) 남쪽으로 초나라 소릉(邵陵)까지 쳐들어갔다. 얼마 후에 제후들이 채나라를 위해 제나라에 사죄하자 제후(齊侯-환공)는 채후를 돌려보냈다.

29년에 목후가 졸하자 아들 장후(莊侯) 갑오(甲午)가 세워졌다.

장후 3년에 제나라 환공이 졸했다.

14년에 진(晉)나라 문공(文公)이 성복(城濮)에서 초나라를 꺾었다.

20년에 초나라 태자 상신(商臣)이 그 아버지 성왕(成王)을 시해하고 대신해 세워졌다[代立(대립)].

25년에 진(秦)나라 목공(穆公)이 졸했다.

33년에 초나라 장왕(莊王)이 자리에 나아갔다[卽位(즉위)].

34년에 장후가 졸하자 아들 문후(文侯) 신(申)이 세워졌다.

❖

문후 14년에 초나라 장왕이 진(陳)나라를 쳐서 하징서(夏徵舒, ?~기원전 604년)[1]를 죽였다.

15년에 초나라가 정(鄭)나라를 에워싸자, 정나라는 초나라에 항복했고, 초나라는 다시 포위를 풀었다[醳(석)=釋(석)].

20년에 문후가 졸하자 아들 경후(景侯) 고(固)[2]가 세워졌다.

1) 진(陳)나라 사람으로 대부(大夫)를 지냈다. 어머니 하희(夏姬)가 영공(靈公)과 공녕(孔寧), 의항보(儀行父)와 간통한 사실을 대부 예야(洩冶)가 고발하자 영공이 예야를 죽였는데, 이에 하징서가 영공을 살해하고 자립했으며 공녕과 의항보는 초(楚)나라로 달아났다. 초(楚) 장왕(莊王)이 진나라를 정벌할 때 살해당했다.

2) 원문에는 동(同)으로 되어 있으나, 다른 기록들에는 모두 고(固)로 되어 있어 그것을 따랐다.

경후 원년에 초나라 장왕이 졸했다.

29년에 경후는 태자 반(般)을 위해 초나라에서 아내를 얻어주었는데, 경후가 (그 여자와) 관계를 맺었다. 태자가 경후를 시해하고 스스로를 세우니, 이 사람이 영후(靈侯)다.

영후 2년에 초나라 공자 위(圍)가 자기 왕 겹오(郟敖)를 시해하고 스스로를 세우니, 이 사람이 영왕(靈王)이다.

9년에 진(陳)나라 사도(司徒) 소(招)[1]가 자기 임금 애공(哀公)을 시해했다. 초나라가 공자 기질(棄疾)을 보내, 진(陳)나라를 멸망시키고 차지했다.

12년에 초나라 영왕은 영후가 그 아버지를 시해했다는 이유로 채나라 영후를 신(申)으로 유인하고는[2] 병사들을 숨겨놓고[伏甲(복갑)=伏兵(복병)] 영후에게 술을 마시고 취하게 만든 다음에 죽이고 병사 70명도 함께 죽였다[刑(형)=殺(살)]. 공자 기질을 시켜 채나라를 에워싸도록 했다. 11월에 채나라를 멸망시키고 기질을 채공(蔡公)[3]으로 삼았다.

1) 【색은(索隱)】 招는 판본에 따라 소(昭)나 소(韶)로 되어 있는데, 모두 발음이 (초가 아니라) 시(時)와 요(遙)의 반절음이다.

2) 【정의(正義)】 옛 신성(申城)은 등주(鄧州)에 있다.

3) 【정의(正義)】 채나라 대부다.

초나라가 채나라를 멸망시킨 지 3년 만에 초나라 공자 기질이 자기 임금 영왕을 시해하고 대신해 세워졌으니, 이 사람이 평왕(平王)이다. 평왕이 마침내 채나라 경후의 어린 아들 려(廬)를 찾아내 그를 세워주니, 이 사람이 평후(平侯)다. 그해 초나라 왕은 또 진(陳)나라를 다시 세워주었다. 초나라 평왕이 이제 막 세워져 제후들과 가까이 지내고 싶었기에, 그래서 진나라와 채나라의 후손을 다시 세워준 것이다[1].

1) 【집해(集解)】 『세본(世本)』에서 말했다. "평후는 영후 반의 손자이자 태자 우(友)의 아들이다."

평후가 9년에 졸하자 영후(靈侯) 반(般)의 손자 동국(東國)이 평후 아들을 몰아내고 스스로를 세우니 이 사람이 도후(悼侯)다.

도후의 아버지는 은태자(隱太子) 우(友)다. 은태자 우는 영후의 태자였는데 평후가 세워지자, 그에게 죽임을 당했기 때문에 평후가 죽자, 은태자의 아들 동국이 평후의 아들을 몰아내고 그 뒤를 이어 도후가 된 것이다. 도후가 3년에 졸하자 동생 소후(昭侯) 신(申)이 세워졌다.

소후 10년에 초나라 소왕(昭王)에게 조회하러 갔는데, 아름다운 가죽옷 두 벌을 가지고 가서 한 벌을 소왕에게 바치고 한 벌은 자기가 입었다. 초나라 재상 자상(子常)이 그것을 갖고 싶어 했으나 주지 않았다. 자상이 채후(蔡侯)를 참소하니, (소왕은 채나라 소후를) 초나라에 3년 동안 억류했다. 채

후가 그 이유를 알아차리고는 마침내 가죽옷을 자상에게 바치자, 자상이 그 옷을 받고서는 드디어 채후를 돌려보내라고 말했다. 채후가 돌아와서는 진(晉)나라에 가서 함께 초나라를 칠 것을 청했다.

13년 봄에 위(衛)나라 영공(靈王)과 소릉(邵陵)에서 회동했다. 채후가 은밀하게 주나라 장홍(萇弘)에게 자기가 위나라보다 상석에 앉게 해달라고 부탁했는데, 위나라는 사추(史鰌)를 시켜 (위나라 시조) 강숙(康叔)의 공덕을 말하게 함으로써 마침내 상석을 차지했다[長]. 여름에 진(晉)나라를 위해 (초나라의 속국) 침(沈)나라를 멸망시키자 초나라가 화가 나서 채나라를 공격했고, 채나라 소후는 아들을 오(吳)나라에 인질[質]로 보낸 뒤 함께 초나라를 치자고 했다.

겨울에 오왕 합려(闔閭)와 함께 드디어 초나라를 깨뜨리고 (도읍) 영(郢)까지 들어갔다. 채나라가 자상에게 원한을 품었기 때문에 자상은 두려워서 정나라로 달아났다.

14년에 오나라가 철수하자 초나라 소왕은 나라를 회복했다.

16년에 초나라 영윤(-자서)이 그 백성을 위해 눈물을 흘리면서 채나라 정벌을 도모하니 채나라 소후가 두려워했다.

26년에 공자(孔子)가 채나라에 갔다. 초나라 소왕이 채나라를 치려 하자 채나라는 두려워서 오나라에 위급함을 알렸다. 오나라는 채나라가 멀기 때문에 (구하기 어렵다며) 도와주기 쉽도록 도읍을 자기들 가까운 곳으로 옮길 것을 약속하라고 했다. 소후가 몰래 허락했지만, 대부들과는 계책을 함께 토의하지도 않았다가, 오나라 사람들이 채나라를 구원하러 오자 그 참에 주래(州來)[1]로 천도했다.

28년에 소후가 장차 오나라에 조회하려 하자 대부들은 또 도읍을 옮길까 두려워서 이에 리(利)라는 자객[賊]을 시켜 소후를 죽이게 했고, 얼마 후에 자객 리를 죽임으로써 사건을 무마시킨 뒤 소후의 아들 삭(朔)을 세우니 이 사람이 성후(成侯)[2]다.

1) 【색은(索隱)】 주래는 회남(淮南) 하채현(下蔡縣)에 있다.

2) 【집해(集解)】 서광(徐廣)이 말했다. "판본에 따라 경(景)으로 되어 있다."

성후 4년에 송(宋)나라가 조(曹)나라를 멸망시켰다.

10년에 제(齊)나라 전상(田常)이 자기 임금 간공(簡公)을 시해했다.

13년에 초나라가 진(陳)나라를 멸망시켰다.

19년에 성후가 졸하자 아들 성후(聲侯) 산(産)이 세워졌다.

성후가 15년에 졸하자 아들 원후(元侯)가 세워졌다.

원후가 6년에 졸하자 아들 후(侯)[1] 제(齊)가 세워졌다.

1) 시호가 없어, 그냥 후라고만 했다.

후(侯) 제 4년에 초나라 혜왕(惠王)이 채나라를 멸망시키니, 채후 제는 달아났고 채나라는 드디어 제사가 끊어졌다. 진(陳)나라보다 33년 뒤에 망했다[1].

1) 【색은(索隱)】 노나라 애공 17년에 초나라가 진나라를 멸망시켰으며, 초나라는 또한 채나라를 멸망시키고 그 제사를 끊어버렸다.

백읍고(伯邑考)의 후손들은 어디에 봉해졌는지 알 수가 없다. 무왕 발(發)의 후손들은 주나라 왕이 되었기에 「주본기」에 기록되어 있다. 관숙 선은 난을 일으켜 주살되었기에 후손이 없다. 주공 단의 후손들은 노나라 제후이기에 「노주공세가」에 기록되어 있다. 채숙 탁의 후손들은 채나라 제후였기에 「관채세가」에 기록되어 있다. 조숙 진탁의 후손들은 조나라 제후들이기에 「조세가」에 기록되어 있다. 성숙(成叔) 무(武)의 후손들은 세상에 알려진 바가 없다. 곽숙(霍叔) 처(處)의 후손들은 (봉해졌으나) 진(晉)나라 헌공

(獻公) 때 멸망했다. 강숙(康叔) 봉(封)의 후손들은 위(衛)나라 제후들이기에 「위세가」에 기록되어 있다. 염계(冉季) 재(載)의 후손들은 세상에 알려진 바가 없다.

태사공(太史公)이 말한다.

"관숙과 채숙은 난을 일으켰으니, 역사서에 실을 가치가 없으나, 주나라 무왕이 붕하고 성왕이 어려서 천하가 이미 (섭정을 하는 주공을) 의심하자 같은 어머니에게서 난 동생 성숙과 염계 등 10명이 힘써 성왕을 보필했다. 이 때문에 제후들이 결국 주나라를 종주(宗主)로 받들었으니, 그래서 「세가(世家)」에 덧붙여 언급한 것이다."

조숙세가(曹叔世家)[1)]

조숙(曹叔) 진탁(振鐸)은 주나라 무왕의 동생이다. 무왕은 이미 은나라 주왕을 이기고 나자, 동생 진탁을 조나라에 봉했다[2)].

진탁이 졸하자 아들 태백(太伯) 비(脾)가 세워졌다.

태백 비가 졸하자 아들 중군(仲君) 평(平)이 세워졌다.

중군 평이 졸하자 아들 궁백(宮伯) 후(侯)가 세워졌다.

궁백 후가 졸하자 아들 효백(孝伯) 운(雲)이 세워졌다.

효백 운이 졸하자 아들 이백(夷伯) 희(喜)가 세워졌다.

1) 【색은(索隱)】 여기서 조숙을 관숙, 채숙의 끝에 붙이고 별도로 제목을 달지 않은 것은 대개 조나라가 매우 작고 사적도 많지 않아서다. 또한 관숙은 비록 후손이 없지만 채숙과 조숙의 형이므로 제목에는 관숙, 채숙만 표시하고 조숙을 생략하게 된 것이다.

2) 【집해(集解)】 송충(宋忠)이 말했다. "제음군(濟陰郡) 정도현(定陶縣)이다."

이백 23년에 주나라 여왕(厲王)이 체(彘) 땅으로 달아났다.

30년에 졸하자 동생 유백(幽伯) 강(彊)이 세워졌다.

유백 9년에 동생 소(蘇)가 유백을 죽이고 그 뒤를 이어 세워지니, 이 사람이 대백(戴伯)이다. 대백 원년은 주나라 선왕(宣王)이 이미 세워진 지 3년째다.

30년에 대백이 졸하자 아들 혜백(惠伯) 시(兕)가 세워졌다.

혜백 25년에 주나라 유왕(幽王)이 견융(犬戎)에게 살해되고 그로 인해 수도를 동쪽으로 옮겼는데 더욱 약해지자, 제후들이 등을 돌렸다. 진(秦)나라가 처음으로 반열에 올라 제후가 되었다.

36년에 혜백이 졸하자 아들 석보(石甫)가 세워졌으나 그 동생 무(武)가 그를 죽이고 그 뒤를 이어 세워지니 이 사람이 목공(繆公)이다.

목공이 3년에 졸하자 아들 환공(桓公) 종생(終生)[1]이 세워졌다.

1) 【집해(集解)】 손검(孫檢)이 말했다. "판본에 따라 종생(終湦)으로 되어 있기도 하다."

환공 35년에 노나라 은공(隱公)이 세워졌다. 45년에 노나라에서 자기 임금 은공을 시해했다. 46년에 송나라 화보독(華父督)이 자기 임금 상공(殤公)을 시해하고 공보(孔父)를 살해했다. 55년에 환공이 졸하자 아들 장공(莊公) 역고(夕姑)[1]가 세워졌다.

1) 【색은(索隱)】 夕의 발음은 (석이 아니라) 역(亦)이다. 즉 역고(射姑)다.

장공 23년에 제나라 환공이 처음으로 패자(霸者)가 되었다.

31년에 장공이 졸하자 아들 희공(釐公) 이(夷)가 세워졌다.

희공이 9년에 졸하자 아들 소공(昭公) 반(般)이 세워졌다. 소공 6년에 제나라 환공이 채나라를 물리치고 드디어 초나라 소릉(召陵)까지 쳐들어갔다.

9년에 소공이 졸하자 아들 공공(共公) 양(襄)이 세워졌다.

공공 16년이다. 애초에 진(晉)나라 공자 중이(重耳)가 망명 가던 길에 조(曹)나라에 들렀는데, 조나라 임금이 무례하게도 (목욕 중이던) 중이의 특이한 갈비뼈[騈脅(병협)]를 구경하려고 했다. (조나라 대부) 희부기(僖負羈)가 간언했으나 듣지 않자 (희부기는) 개인적으로 몰래 중이를 잘 대해주었다.

21년 진(晉)나라 문공(文公) 중이가 조나라를 쳐서 공공을 사로잡아 돌아가면서 군사들에게 희부기의 종족이 사는 마을에는 들어가지 말라고 명했다. 어떤 사람이 진나라 문공에게 유세해 말했다.

"예전에 제나라 환공은 제후들과 회맹에서 성(姓)이 다른 나라들도 회복시켜주었습니다. (그런데) 지금 임금께서는 조나라 임금을 감금해 성이 같은 나라를 없애려 하시니, 이래서야 어찌 제후들을 호령하시겠습니까?"

진나라는 마침내 공공을 다시 돌려보내주었다.

25년에 진(晉)나라 문공이 졸했다.

35년에 공공이 졸하자 아들 문공(文公) 수(壽)가 세워졌다.

23년에 문공이 졸하자 아들 선공(宣公) 강(彊)[1]이 세워졌다.

17년에 선공이 졸하자 동생 성공(成公) 부추(負芻)가 세워졌다.

1) 【색은(索隱)】『좌전(左傳)』을 살펴보건대 선공의 이름은 여(廬)로 되어 있다.

성공 3년에 진(晉)나라 여공(厲公)이 조나라를 쳐서 성공을 사로잡아 데려갔다가 얼마 뒤에 다시 풀어주었다.

5년에 진나라 난서(欒書)와 중항언(中行偃)이 정활(程滑)을 시켜 자기 임금 여공을 시해했다.

23년에 성공이 졸하자 아들 무공(武公) 승(勝)이 세워졌다.

무공 26년에 초나라 공자 기질(棄疾)이 자기 부왕 영왕(靈王)을 시해하고 그 뒤를 대신해 세워졌다.

27년에 무공이 졸하자 아들 평공(平公) 경(頃)이 세워졌다.

4년에 평공이 졸하자 아들 도공(悼公) 오(午)가 세워졌다. 이해에 송(宋)·위(衛)·진(陳)·정(鄭) 나라에 모두 화재(火災)가 있었다.

도공 8년에 송나라 경공(景公)이 세워졌다.

9년에 도공이 송나라에 조현하러 갔는데, 송나라에서 그를 가두었다. 조나라에서 그 동생 야(野)를 세우니, 이 사람이 성공(聲公)이다. 도공은 송나라에서 죽은 뒤 (시신이 조나라로) 돌아와서 장례를 치렀다.

성공 5년에 평공의 동생 통(通)이 성공을 시해하고 그 자리에 대신해 세워졌으니, 이 사람이 은공(隱公)이다[1].

은공 4년에 성공의 동생 로(露)가 은공을 시해하고 그 자리에 대신해 세워졌으니, 이 사람이 정공(靖公)이다.

정공이 4년에 졸하자 아들 백(伯) 양(陽)이 세워졌다.

1) 【색은(索隱)】 초주(譙周)는 『춘추(春秋)』에 이 일이 없다고 말했는데, 『계본(系本)』과 『춘추』를 살펴보니 도백(悼伯)이 졸하자 동생 로(露)가 세워졌는데 시호가 정공(靖公)이니 사실상 성공과 은공은 없는 셈이다. 이는 기록이 허소(虛疏)한 때문이다.

백 양(陽) 3년에 나라 사람이 꿈을 꾸었는데, 군자들 여럿이 사직 궁에 모여서 조나라를 멸망시킬 모의를 하는 중에 조숙 진탁이 나타나 이를 말리면서 공손강(公孫彊)이란 자를 기다리자고 청하니 이를 받아들이는 꿈이었다. 날이 밝아 조나라에서 (공손강을) 찾았으나 그런 사람은 없었다. 꿈을 꾼 사람이 그 아들에게 경계시켜 말했다.

"내가 죽고 나서, 네가 공손강이 정권을 잡았다는 소식을 들으면 반드시 조나라를 떠나가 조나라의 재앙에 휩쓸리지[離(이)=罹(이)=被(피)][1] 않도록 해라!"

백 양은 자리에 나아가자마자 각종 사냥[田弋(전익)]을 즐겼다. 6년에 조나라 야인(野人) 공손강이 있었다. 그도 각종 사냥을 좋아했는데, 흰 기러기를 잡아 백 양에게 바치며 사냥의 이치에 관해 이야기하다가 (양이) 정치에 관해 물었다. (공손강의 말을 듣고 난) 백 양이 크게 기뻐해 총애했고, 사성(司城) 벼슬을 주어 정사를 (책임지고) 듣게 했다[聽政(청정)]. 이에 꿈을 꾼 자의 아들은 마침내 조나라를 떠났다. 공손강이 조백(曹伯)에게 패주 역할에 관해 유세했다.

14년에 조백이 공손강의 말을 따라 마침내 진(晉)나라를 배반하고 송나라를 침략했다[干(간)=犯(범)][2]. 송나라 경공(景公)이 조나라 정벌에 나섰지만, 진나라는 (조백을) 구원하지 않았다.

15년에 송나라가 조나라를 멸망시키고 조백 양과 공손강을 잡아 자기 나라로 데리고 가서 죽였다. 조나라는 드디어 제사가 끊어졌다.

1) 【색은(索隱)】의 풀이를 따른 것이니, 안 좋은 일을 만난다는 뜻이다. 우(遇)에도 같은 뜻이 있다.

2) 【집해(集解)】 가규(賈逵)가 말했다. "작은 나라가 큰 나라를 친 것이다."

태사공(太史公)이 말한다[1].

"내가 깊이 생각건대, 조나라 공공이 희부기의 말을 쓰지 않고 마침내 대부의 수레인 헌(軒)을 타는 미녀를 300명이나 두었으니[2], 이는 임금다움을 제대로 세우지 않았다는 것을 알겠다. 진탁이 꿈에 나타난 것은 어찌 조나라 제사를 보전하고 싶어서가 아니었겠는가? 공손강이 그렇게 정치를 하지

않았다면 숙 탁의 제사가 어찌 그렇게 빨리 끊어졌겠는가[忽=忽絶]?[3)]"[4)]

1) 【색은(索隱)】 여러 판본을 살펴보니 이 사론(史論)이 없는 경우들도 있다.

2) 【정의(正義)】 「진세가(晉世家)」에서 말했다. "진나라 군대가 조나라에 들어가서 희부기(釐負羈) 말을 쓰지 않고 미녀 300명을 화려한 수레에 태운 일을 꾸짖었다[數=責]."

3) 【정의(正義)】 만일 공손강이 패도의 정사를 행하지 않고 백양의 아들을 세웠더라면 숙 진탁은 오히려 제사를 흠향할 수 있었을 것이니, 어찌 갑자기 끊어지는 일이 있었겠는가라는 말이다.

4) 【색은술찬(索隱述贊)】 무왕의 동생 중에[武王之弟]/관, 채 그리고 곽이 있었네[管蔡及霍]/주공이 재상으로 있을 때[周公居相]/유언비어가 일어났다네[流言是作]/이리가 턱살을 밟아 어려움에 빠졌으나[狼跋致艱][『시경(詩經)』「빈풍(豳風)·낭발(狼跋)」편은 주공이 의심과 비방을 만났으나 떳떳하게 대처했음을 노래한 시다.]/나쁜 새들 잘못을 토죄했네[鴟鴞討惡][『시경(詩經)』「빈풍(豳風)·치효(鴟鴞)」편은 주공이 관숙과 채숙의 잘못을 막아낸 것을 노래한 시다.]/호(胡)가 능히 행실을 고치니[胡能改行]/기꺼이 그 작위를 회복해주었네[克復其爵]/헌무가 초나라에 붙잡힌 까닭은[獻舞執楚]/식나라에 예를 박하게 한 때문이고[遇息禮薄]/목후가 제나라에 붙잡힌 까닭은[穆侯虜齊]/채녀가 배를 흔들고 괴이한 짓을 한 때문이라네[蕩舟乖謔]/조나라 공공이 진나라를 가벼이 여겼지만[曹共輕晉]/희부기는 미리 중이의 중요성을 알아차렸다네[負羈先覺]/백 양 때 사직의 꿈을 꾼 것은[伯陽夢社]/진탁의 나라를 무너뜨리려는 징조였도다[祚傾振鐸]!

권36 — 진기세가(陳杞世家) 제6

권36 진기세가(陳杞世家) 제6

진(陳)나라 호공(胡公) 만(滿)은 우(虞)나라 제순(帝舜)의 후손이다. 옛날에 순(舜)이 서인(庶人)이었을 때 요(堯)임금이 두 딸을 아내로 삼게 하여 규예(嬀汭)에 살게 했으니, 그 후손들이 그곳을 성씨로 삼아 성을 규씨(嬀氏)라고 했다. 순임금이 이미 붕하고 천하를 우(禹)에게 전하니, 순의 아들 상균(商均)은 봉국을 받았다[1]. 하후(夏后-하나라) 때에 이르러 혹 잃기도 하고 혹 잇기도 했다[2].

주나라 무왕이 은나라 주왕을 이기고 나서 마침내 다시 순의 후손들을 찾았으니, 규만(嬀滿)을 얻어서 진(陳)나라에 봉하고[3] 제순(帝舜)의 제사를 받들게 했다. 이 사람이 호공(胡公)이다.

1) 【색은(索隱)】 상균이 봉해진 우는 곧 지금의 양국(梁國) 우성(虞城)이다.

2) 【색은(索隱)】 하나라 때 여전히 우사(虞思)나 우수(虞遂) 등을 봉해준 것이 그것이다.

3) 【색은(索隱)】 『좌전(左傳)』(양공(襄公) 25년에 정나라 자산(子産)이 한 말 중)에서 말했다. "무왕(武王)께서는 원녀(元女-장녀) 태희(太姬)를 우(虞) 호공(胡公)에게 아내로 주고서 그를 진(陳)나라에 봉해 삼각(三恪)의 수(數)를 갖추었습니다."[삼각(三恪)이란 주나라가 천하를 얻은 뒤에 하나라와 은나라 두 왕조의 후손과 순임금의 후손을 봉해준 것을 말한다. 이들을 각(恪)이라고 했으니, 각이란 법도라는 뜻이다.]

호공이 졸하자 아들 신공(申公) 서후(犀侯)가 세워졌다.

신공이 졸하자 동생 상공(相公) 고양(皐羊)이 세워졌다.

상공이 졸하자 신공의 아들 돌(突)을 세우니, 이 사람이 효공(孝公)이다.

효공이 졸하자 아들 신공(愼公) 어융(圉戎)이 세워졌다. 신공(愼公)의 시대는 주나라 여왕(厲王) 때에 해당한다.

신공이 졸하자 아들 유공(幽公) 영(寧)이 세워졌다.

유공 12년에 주나라 여왕이 체(彘) 땅으로 달아났다.

23년에 유공이 졸하자 아들 희공(釐公) 효(孝)가 세워졌다. 희공 6년에 주나라 선왕(宣王)이 자리에 나아갔다.

36년에 희공이 졸하자 아들 무공(武公) 영(靈)이 세워졌다.

15년에 무공이 졸하자 아들 이공(夷公) 열(說)이 세워졌다. 이해에 주나라 유왕(幽王)이 자리에 나아갔다.

3년에 이공이 졸하고 아우 평공(平公) 섭(燮)이 세워졌다. 평공 7년에 주나라 유왕이 견융(犬戎)에게 살해당하자 주나라는 동쪽으로 (도읍을) 옮겨갔다. 진(秦)나라가 비로소 반열에 올라 제후가 되었다.

23년에 평공이 졸하자 아들 문공(文公) 어(圉)가 세워졌다.

문공 원년에 채후(蔡侯) 딸을 맞아들여 아들 타(佗)를 낳았다.

10년에 문공이 졸하자 맏아들 환공(桓公) 포(鮑)가 세워졌다.

환공 23년에 노(魯)나라 은공(隱公)이 막 세워졌다.

26년에 위(衛)나라(의 신하)가 자기 임금 주우(州吁)를 죽였다[殺].

33년에 노나라가 자기 임금 은공을 시해했다[弑].

38년 정월 갑술일과 기축일 사이에 진(陳)나라 환공 포가 졸했다[1]. 환공의 동생 타는 그 어머니가 채후의 딸이었는데, 채나라 사람들이 타를 위해 오보(五父)[2]와 환공의 태자 면(免)을 죽이고 타를 세웠으니 이 사람이 여공(厲公)이다. 환공이 병들자, 난이 일어나서 나라 사람들이 흩어졌기 때문에 (환공의 죽음을) 다시 부고했다[再赴].

1) 【색은(索隱)】 진나라에 난이 일어났기 때문에 두 번 부고한 날을 표시한 것이다. 【정의(正義)】 갑술일에서 기축일까지는 모두 16일이다.

2) 【집해(集解)】 초주(譙周)가 말했다. "『춘추전(春秋傳)』에서는 타가 곧 오보라고 했는데, 「세가(世家)」는 『전』과는 다르다."

여공 2년에 아들 경중(敬仲) 완(完)을 낳았다. 진나라 여공은 주나라 태사(太史)가 진나라를 지나갈 때 『주역(周易)』으로 점을 쳐달라고 해서 관괘(觀卦, ䷓)가 비괘(否卦, ䷋)로 바뀌는[之] 점괘를 얻었다[1].

"이는 나라의 빛남[國之光]을 지켜보는 것[觀]이니, 왕에게 손님 대접을 받는 것이 이롭다는 것입니다[2]. 그가 진씨를 대신해 나라를 소유한다는 말입니다. 여기에 있지 않으면 다른 나라에 있을 것이며, 그 자신이 있지 않더라도 그 자손이 있게 될 것입니다. 다른 나라라면 강씨(姜氏) 성이 틀림없으니[3], 강씨 성은 태악(太嶽)의 후손입니다. 일이란 양쪽이 모두 번성할 수는 없으므로, 진나라가 쇠망해야 그가 번창할 수 있을 것입니다."

1) 【집해(集解)】 가규(賈逵)가 말했다. "곤괘(坤卦, ☷)가 아래에 있고 손괘(巽卦, ☴)가 위에 있는 것이 관괘이고 곤괘가 아래에 있고 건괘(乾卦, ☰)가 위에 있는 것이 비괘이니, 관괘의 육사(六四-밑에서 네 번째 음효)가 (양효로) 바뀌어 비괘가 된 것이다."

2) 【집해(集解)】 두예(杜預)가 말했다. "이는 『주역(周易)』 관괘(觀卦) 육사에 대한 효

사다. 『역』이라는 책에서 육효는 모두 변화의 상을 갖고 있고 호체(互體-효 하나가 달라져 괘가 바뀌는 것)를 갖고 있으니, 빼어난 이는 그 뜻에 따라 그 의미를 논했다."

3) 【정의(正義)】 육사가 달라졌는데 이 효는 신미(辛未)다. 상체 손괘(☴)를 살펴보건대, 미(未)는 양이고 손은 여자이니, 여(女)가 양(羊)을 태운 것이므로 강(姜)이 된다. 강은 제나라 성씨이니, 그래서 제나라에 있다는 것을 알 수 있다.

여공은 채(蔡)나라 여자를 아내로 맞이했는데, 채나라 여자는 채나라 사람들과 음란한 짓을 했고 여공도 여러 차례 채나라에 가서 음란한 짓을 했다. 7년에 여공이 죽인 환공 태자 면(免)의 세 동생, 즉 큰 동생 약(躍), 가운데 동생 림(林), 막냇동생 저구(杵臼) 세 사람이 함께 채나라 사람으로 하여금 미인으로 여공을 유혹하게 하고는 채나라 사람과 함께 여공을 죽이고[1] 약(躍)을 세우니, 이 사람이 이공(利公)이다. 이공은 환공의 아들이다.

이공이 세워진 지 5개월 만에 졸하자 가운데 동생 림(林)이 세워졌으니, 이 사람이 장공(莊公)이다.

장공이 7년 만에 졸하자 막냇동생 저구(杵臼)가 세워졌으니, 이 사람이 선공(宣公)이다.

1) 【집해(集解)】 『공양전(公羊傳)』에서 말했다. "채나라에 가서 음란한 짓을 하자 채나라 사람들이 죽인 것이다."

선공 3년에 초나라 무왕(武王)이 졸하고 초나라가 비로소 강대해졌다. 17년에 주나라 혜왕(惠王)이 진(陳)나라 여자를 후(后)로 삼았다.

21년에 선공은 훗날 폐희(嬖姬-애첩)가 아들 관(款)을 낳자 그를 세우고 싶어서 마침내 태자 어구(御寇)를 죽였다. 어구는 평소 여공의 아들 완

(完)을 아꼈는데, 완은 화가 자신에게 미칠까 두려워서 마침내 제나라로 달아났다. 제나라 환공이 진나라에서 온 완을 경으로 삼으려 하자, 완이 말했다.

"나그네 신세[羈旅][1]인 신(臣)이 요행히 수고로움[負檐]을 면한 것도 임금의 은혜 덕분인데, 감히 높은 자리를 감당할 수 없습니다."

환공은 그를 공정(工正)[2]으로 삼았다. 제나라 의중(懿仲)이 진나라 경중을 사위로 삼고 싶어 점을 쳤더니[卜之] 다음과 같은 점괘가 나왔다[占][3].

"이는 봉황(鳳皇=鳳凰)[4] 암수 한 쌍이 함께 조화를 이뤄 힘차게 날고[鏘鏘] 크게 우는 것입니다. 규씨(嬀氏)의 후손이 장차 강씨 나라에서 자라나[5], 5대에 이르면 번창해 정경(正卿)과 어깨를 나란히 하게 되고 8대 이후에는 누구도 그보다 클[京=大] 수 없을 것입니다[6]."

1) 【집해(集解)】 가규(賈逵)가 말했다. "기(羈)는 '기대다[寄]', 여(旅)는 나그네[客]라는 뜻이다."

2) 【정의(正義)】 『주례(周禮)』에 이르기를 "동관(冬官)은 고공(考工)이니, 기물 제작을 주관한다"라고 했다.

3) 복(卜)이나 서(筮)는 점을 치는 행위이고 점(占)은 그 결과로 미래를 알아내는 행위[知來]라는 점에서 뜻에 미묘한 차이가 있다. 물론 경우에 따라 점(占)도 점을 치는 행위로 풀이해야 할 때가 있다.

4) 【집해(集解)】 두예(杜預)가 말했다. "수놈이 봉이고 암놈이 황이다."

5) 【집해(集解)】 두예(杜預)가 말했다. "규씨는 진나라 성이고, 강씨는 제나라 성이다."

6) 【정의(正義)】 살펴보건대, 진 경중 8대손은 전상(田常)의 아들 양자(襄子) 반(磐)이다.

37년에 제나라 환공이 채나라를 치니 채나라가 패했고, 이에 남쪽으로

초나라를 침략해 소릉(召陵)에까지 이르렀다가 돌아오는 길에 진(陳)나라를 지나게 되었다. 진나라 대부 원도도(轅濤塗)는 제나라 군대가 진나라를 지나는 것을 싫어해서 제나라를 속여 동쪽 길로 가게 했는데, 동쪽 길이 험했기에 환공이 노해 원도도를 붙잡았다. 그해에 진(晉)나라 헌공(獻公)이 자기 태자 신생(申生)을 죽였다.

45년에 선공이 졸하자 아들 관(款)이 세워지니 이 사람이 목공(穆公)이다.

목공 5년에 제나라 환공이 졸했다.

16년에 진(晉)나라 문공(文公)이 성복(城濮)에서 초나라 군대를 꺾었다. 이해에 목공이 졸하자 아들 공공(共公) 삭(朔)이 세워졌다.

공공 6년에 초나라 태자 상신(商臣)이 자기 아버지 성왕(成王)을 시해하고 그 자리에 세워지니, 이 사람이 목왕(穆王)이다.

11년에 진(秦)나라 목공(穆公)이 졸했다.

18년에 공공이 졸하자 아들 영공(靈公)[1] 평국(平國)이 세워졌다.

1) 【정의(正義)】 시호법에 이르기를 "어지러운데도 망하지 않는 것[亂而不損(난이불손)]을 영(靈)이라고 한다"라고 했다.[이는 『논어(論語)』 「헌문(憲問)」편에 나오는 위나라 영공(靈公)에 대한 공자의 말을 통해 드러난다. 공자가 위나라 영공(靈公)의 무도함을 이야기하자 계강자(季康子)가 말했다. "무릇 이와 같은데 어째서 나라를 잃지 않는가?" 공자가 말했다."중숙어(仲叔圉)는 빈객을 잘 다스리고, 축타(祝鮀)는 종묘 일을 잘 다스리며, 왕손가(王孫賈)는 군사 문제를 잘 다스리고 있습니다. 무릇 이와 같은데 어째서 나라를 잃겠습니까?"]

영공 원년에 초나라 장왕(莊王)이 자리에 나아갔다.

6년에 초나라가 진(陳)나라를 쳤다.

10년에 진(陳)나라가 초(楚)나라와 화친을 맺었다.

14년에 영공이 그 대부 공녕(孔寧), 의항보(儀行父)와 함께 하희(夏姬)[1]와 간통하고는 그녀의 속옷[衣(의)][2]을 입은 채[衷(충)]로 조정에서 희롱을 일삼았다. 설야(泄冶)가 간언해 말했다.

"임금과 신하가 음란하면 백성이 무엇을 본받겠습니까[效(효)=法(법)]?"

영공이 두 사람에게 이 말을 전하자 두 사람은 설야를 죽일 것을 청했고, 공이 금하지 않으니 드디어 설야를 죽였다.

15년에 영공이 두 사람과 함께 하씨 집에 가서 술을 마셨다. 공이 두 사람에게 장난을 치며 말했다.

"징서(徵舒)가 그대들을 닮았구려!"

두 사람도 말했다.

"공을 닮기도 했습니다."

징서가 분노해 영공이 술자리를 마치고 나오는데 마구간 문에 쇠뇌(석궁)를 숨겨놓았다가 쇠뇌를 쏘아 영공을 죽였다. 공녕과 의항보는 둘 다 초나라로 달아났고, 영공의 태자 오(午)는 진(晉)나라로 도망쳤다. 징서가 스스로를 세워 진나라 후(侯)가 되었다. 징서는 원래 진나라 대부였고, 하희는 어숙(御叔)의 아내이자 징서의 어머니다.

1) 【정의(正義)】 유향(劉向)의 『열녀전(列女傳)』에서 말했다. "진나라 여자 하희는 진나라 대부 하징서(夏徵舒)의 어머니이자 어숙(御叔)의 아내로 왕후(王后)가 세 번 되고 부인(夫人)이 일곱 번 되었는데, 공후(公侯)들이 그녀를 놓고 다투느라 미혹되지 않는 바가 없었다."

2) 【집해(集解)】 『좌전(左傳)』에서 말했다. "그녀의 속옷[衵服(일복)]을 입은 것이다."

성공(成公) 원년 겨울에 초나라 장왕은 하징서가 영공을 시해했다는 명분을 내세워 제후들을 거느리고 진나라를 쳤다. 그러고는 진나라 사람들을 향해 말했다.

"놀라지 말라! 나는 징서만 주살하면 그뿐이다!"

이미 징서를 죽이고 나서 그 참에 진나라를 현(縣)으로 만들어 차지했다. 여러 신하가 모두 축하를 올리는데, (초나라 대부) 신숙시(申叔時)가 제나라에 사신으로 갔다가 돌아와서는 홀로 축하의 말을 올리지 않았다. 장왕이 그 까닭을 묻자, 대답해 말했다.

"속담에 '소를 끌고 가다 소가 남의 밭을 밟았더니 밭 주인이 그 소를 빼앗더라'라는 말이 있습니다. 남의 밭을 밟은 것은 잘못이지만, 그렇다고 소를 빼앗는 것은 너무 심하지 않겠습니까? 지금 왕께서는 징서가 국군을 시해한 난신이라는 이유로 제후의 군대를 징발해서 마땅함의 기치로 정벌하셨습니다. 그러면 되었지, 땅까지 탐을 내서 차지하신다면 장차 천하를 무엇으로 호령하시렵니까? 이 때문에 축하의 말씀을 올리지 않았습니다."

장왕이 말했다.

"좋도다!"

마침내 진나라 영공의 태자 오를 진(晉)나라에서 맞이해 예전처럼 진나라 임금으로 복위시키니, 이 사람이 성공(成公)이다.

공자가 역사서를 보다가 초나라가 진나라를 회복시켜준 이 대목에 이르러 말했다.

"뛰어나도다[賢哉(현재)], 초나라 장왕이여! 천승지국(千乘之國-제후국)을 가볍게 여기고, 말 한마디를 무겁게 여겼도다!"[1]

1) 【색은(索隱)】 말 한마디란 신숙시의 말을 가리킨다. 【정의(正義)】 『공자가어(孔子家語)』에서 말했다. "공자가 역사서를 보다가 초나라가 진나라를 회복시켜준 이 대목에 이르러 크게 탄식하며 말했다. '뛰어나도다, 초나라 장왕이여! 천승지국을 가볍게 여기고 말 한마디를 무겁게 여겼도다! 신숙시의 충성이 없었더라면 그 마땅함을 세울 수 없었을 것이고, 초나라 장왕의 뛰어남이 없었더라면 능히 그 깨우침을 받아들일 수 없었을 것이다.'"

28년에 초나라 장왕이 졸했다.

29년에 진(陳)나라가 초나라와의 맹약을 배반했다.

30년에 초나라 공왕(共王)이 진(陳)나라를 쳤다. 이해에 성공이 졸하자 아들 애공(哀公) 약(弱)이 세워졌는데, 초나라는 진나라에 상사(喪事)가 있다 하여 군대를 거둬 돌아갔다.

애공 3년에 초나라가 진(陳)나라를 에워쌌다가 다시 포위를 풀었다.

28년에 초나라 공자 위(圍)가 자기 임금 겹오(郟敖)를 시해하고 스스로를 세우니, 이 사람이 영왕(靈王)이다.

34년이다. 애초에 애공은 정나라에서 아내들을 맞이했는데, 큰 부인[長姬(장희)]이 도(悼)태자 사(師)를 낳고 작은 부인[少姬(소희)]이 언(偃)을 낳았다[1]. 총애하는 두 첩 중 큰 첩이 류(留)를 낳고 작은 첩이 승(勝)을 낳았다. 류가 애공에게 사랑을 받았는데, 애공은 동생 사도(司徒) 초(招)에게 류를 부탁했다[屬(촉)]. 애공이 병이 났는데, 그해 3월에 초(招)가 도태자를 죽이고 류를 세워 태자로 삼았다. 애공이 노해 초를 죽이려고 하자 초가 군사를 내어 애공을 에워싸고 감금하니, 애공이 자기 목을 찔러[自經(자경)=自剄(자경)=自刎(자문)] 죽었다[2].

4월에 진(陳)나라가 초나라에 사신을 보내 부고(訃告)했는데, 초나라 영왕은 진나라에 난이 있었다는 이야기를 듣고는 진나라 사신[3]을 죽이고 공자 기질(棄疾)에게 군대를 발동해 진나라를 치게 했다. 진나라 임금 류는 정나라로 도망쳤다.

9월에 초나라가 진나라를 에워쌌다. 11월에 진나라를 멸망시키고 기질을 진공(陳公)으로 삼았다.

1) 【색은(索隱)】 살펴보건대, 소공(昭公) 8년 『춘추(春秋)』에 이르기를 "진후의 동생 초(招)가 진나라 세자 언사(偃師)를 죽였다"라고 했고 『좌전(左傳)』에서는

"진나라 애공의 원비(元妃) 정희(鄭姬)가 도태자 언사(偃師)를 낳았다"라고 했다. 그런데 여기서는 희 2명을 말하고 언과 사 두 사람으로 나눠 말하고 있으니, 아마도 이곳이 틀린 듯하다.

2) 【집해(集解)】 서광(徐廣)이 말했다. "35년의 일이다."

3) 【색은(索隱)】 즉 사도(司徒) 초이다. 판본에 따라 초(苕)로 되어 있다.

초(招)가 도(悼)태자를 죽였을 때 태자의 아들 오(吳)는 도성을 나가 진(晉)나라로 달아났다. 진(晉)나라 평공(平公)이 태사(太史) 조(趙)에게 물었다.

"진(陳)나라가 결국은 망할 것 같은가?"

대답했다.

"진나라는 전욱(顓頊)의 후예입니다[1]. 진씨가 제나라에서 정권을 얻게 되면 이에 마침내 망할 것입니다[2]. 막(幕)에서 고수(瞽瞍)[3]까지 천명을 거스르지 않았고 순(舜)은 밝은 다움으로 자기를 중하게 만들었으며 수(遂)까지 대대로 순임금의 공덕을 잘 지켰으니, 호공(胡公)에 이르러 주나라 천자가 성씨를 내려주고 순임금의 제사를 받들게 했습니다. 큰 덕을 가진 조상의 후손들이니 100대는 족히 갈 것입니다. 순임금의 후대가 아직 끊어지지 않았으니, 제나라에서 일어나지 않겠습니까?"

1) 【집해(集解)】 복건(服虔)이 말했다. "진나라 뿌리는 우순(虞舜)인데, 순임금은 전욱에서 나왔다. 그래서 전욱의 후예라고 한 것이다."

2) 【집해(集解)】 가규(賈逵)가 말했다. "일이란 양쪽이 함께 성대할 수는 없다."

3) 고수는 순임금의 아버지이고, 막은 두 사람의 조상이다.

초나라 영왕이 진나라를 멸망시킨 지 5년 후에 초나라 공자 기질이 영왕을 시해하고 그 자리에 세워졌으니, 이 사람이 평왕(平王)이다. 평왕은 이제

막 세워졌기에 제후들과 잘 지내고 싶어서 마침내 옛 진(陳)나라 도태자 사(師-언사)의 아들 오(吳)를 찾아내 진후(陳侯)로 세웠으니, 이 사람이 혜공(惠公)이다. 혜공은 세워지자, 애공이 죽은 해로 소급해 원년으로 삼았으니, 자리가 빈 지[空籍(공적)] 5년이었다.

7년에 진(陳)나라에 화재가 있었다.

15년에 오나라 왕 요(僚)가 공자 광(光)을 보내, 진(陳)나라를 쳐서 호(胡)와 침(沈)[1]을 차지하고 돌아갔다.

28년 오왕 합려(闔閭)와 오자서(伍子胥)가 초나라를 꺾고 (수도) 영(郢)까지 들어갔다. 이해에 혜공이 졸하자 아들 회공(懷公) 류(柳)가 세워졌다.

1) 【색은(索隱)】『계본(系本)』에서 말했다. "호는 귀성(歸姓)이고 침은 희성(姬姓)이다. 침국은 여남(汝南) 평여(平輿)에 있고, 호국 또한 여남에 있다."

회공 원년에 오나라가 초나라를 깨뜨리고 영(郢)에 있으면서 진후(陳侯-회공)를 불렀다. 진후가 가려고 하는데, 대부들이 말했다.

"오나라가 새로 득세해 초나라 왕이 비록 달아났습니다만, 그러나 우리 진나라와는 옛 교분이 있으니 배반해서는 안 됩니다."

회공이 마침내 병을 핑계로 오나라의 요구를 거절했다[謝(사)=謝絶(사절)].

4년에 오나라가 다시 회공을 불렀다. 회공이 두려워하면서 오나라로 갔다. 오나라는 지난번에 오지 않은 것에 화가 나서 그를 억류했고, 결국 오나라에서 졸했다. 진나라는 마침내 회공의 아들 월(越)을 세웠으니, 이 사람이 민공(湣公)[1]이다[2].

1) 원래 발음은 혼공이지만 관행상 민공으로 읽는다.

2) 【색은(索隱)】『좌전(左傳)』을 살펴보건대 민공의 이름은 주(周)다.

민공 6년에 공자(孔子)가 진(陳)나라에 갔다. 오왕 부차(夫差)가 진나라를 쳐서 세 읍을 차지하고 떠나갔다.

13년에 오나라가 다시 와서 진나라를 치니 진나라가 초나라에 위급함을 알렸고[告急(고급)] 초나라 소왕(昭王)이 와서 구원해 성보(城父)에 군대를 주둔시키자 오나라 군대가 물러갔다. 그해에 초나라 소왕이 성보에서 졸했다. 이때 공자는 진나라에 있었다[1].

15년에 송나라가 조(曹)나라를 멸망시켰다. 16년에 오왕 부차가 제나라를 쳐서 애릉(艾陵)에서 제나라를 패배시킨 뒤 사신을 보내 진후(陳侯-민공)를 불렀다. 진후가 두려워하며 오나라로 갔다. 초나라가 진나라를 쳤다.

21년에 제나라 전상(田常)이 자기 임금 간공(簡公)을 시해했다.

23년에 초나라 백공(白公) 승(勝)이 영윤(令尹-초나라 재상) 자서(子西)와 자기(子綦)를 죽이고 혜왕(惠王)을 습격했다. 섭공(葉公)이 백공의 군사를 공격해 꺾자 백공은 자살했다.

1) 【색은(索隱)】 살펴보건대 공자는 노나라 정공(定公) 14년에 진나라로 갔는데, 이는 진나라 민공 6년에 해당하니 위의 글과 같다. 그런데 13년인 이때도 공자가 거듭해서 진나라에 있었다면 모두 8년이 경과한 것인데, 어찌 그리 오래 있었을까?

24년에 초나라 혜왕이 나라를 되찾은 뒤에 군대를 일으켜 북쪽을 쳐서 진나라 민공을 죽였으며, 드디어 진나라를 멸하고 차지했다. 이해에 공자가 졸했다.

기세가(杞世家)

기(杞)나라 동루공(東樓公)[1]은 하나라 우왕(禹王)의 후예다. 은나라 때

는 혹 제후에 봉해지기도 하고 혹 끊어지기도 했다. 주나라 무왕이 은나라 주왕을 물리치고[克殷=翦商] 우왕의 후예인 동루공을 찾아내 그를 기(杞)에 봉해서[2] 하후씨(夏后氏)의 제사를 받들게 했다.

1) 【색은(索隱)】 기(杞)는 나라 이름이고 동루공은 시호다. 이름을 말하지 않은 것은 역사 기록을 잃어버려서일 뿐이다.

2) 【집해(集解)】 송충(宋忠)이 말했다. "기(杞)는 지금의 진류군(陳留郡) 옹구현(雍丘縣)이다."

동루공은 서루공(西樓公)을 낳았고, 서루공은 제공(題公)을 낳았다. 제공은 모취공(謀娶公)을 낳았으니, 모취공은 주나라 여왕(厲王) 때 해당한다. 모취공은 무공(武公)을 낳았다.

무공이 세워진 지 47년에 졸하자 아들 정공(靖公)이 세워졌다.

정공이 세워진 지 23년에 졸하자 아들 공공(共公)이 세워졌다.

공공이 세워진 지 8년에 졸하자 아들 덕공(德公)이 세워졌다.

덕공이 세워진 지 18년에 졸하자 동생 환공(桓公) 고용(姑容)이 세워졌다.

환공이 세워진 지 17년에 졸하자 아들 효공(孝公) 개(匃)[1]가 세워졌다.

효공이 세워진 지 17년에 졸하자 동생 문공(文公) 익고(益姑)가 세워졌다.

문공이 세워진 지 14년에 졸하자 동생 평공(平公) 울(鬱)이 세워졌다.

평공이 세워진 지 18년에 졸하자 아들 도공(悼公) 성(成)이 세워졌다.

도공이 세워진 지 23년에 졸하자 아들 은공(隱公) 걸(乞)이 세워졌으나, 7월에 은공의 동생 수(遂)가 은공을 시해하고 스스로를 세우니 이 사람이 희공(釐公, 僖公)이다.

희공이 세워진 지 15년에 졸하자 아들 민공(湣公) 유(維)가 세워졌다.

민공 15년에 초나라 혜왕이 진(陳)나라를 멸망시켰다.

16년에 민공의 동생 알로(閼路)가 민공을 시해하고 대신해 그 자리에 세워지니, 이 사람이 애공(哀公)이다.

애공이 세워진 지 10년에 졸하자 민공의 아들 수(敕)[2]가 세워지니, 이 사람이 출공(出公)이다.

출공이 세워진 지 12년에 졸하자 아들 간공(簡公) 춘(春)이 세워졌다. 세워진 지 1년은 초나라 혜왕 44년인데, 초나라가 기나라를 멸망시켰다. 기나라는 진(陳)나라보다 34년 늦게 멸망한 셈이다.

1) 【색은(索隱)】 발음은 개(蓋)다.

2) 【집해(集解)】 서광(徐廣)이 말했다. "판본에 따라 속(遬)으로 되어 있다."

기나라는 작고 미미해서 이렇다 칭술할 사적이 부족하다.

순(舜)의 후예를 주나라 무왕이 진(陳)나라에 봉하고 나서부터 초나라 혜왕이 멸망시키기까지의 일은 「진기세가(陳杞世家)」에 있다.

우(禹)의 후예를 주나라 무왕이 기나라에 봉하고 나서부터 초나라 혜왕이 멸망시키기까지의 일은 「진기세가」에 있다.

설(契)의 후예가 은(殷)인데, 은나라의 일은 「은본기(殷本紀)」에 있다.

은나라가 망하자 주나라는 그 후예를 송나라에 봉했는데, 제나라 민왕에 의해 멸망될 때까지의 일은 「송미자세가(宋微子世家)」에 있다.

후직(后稷)의 후예가 주나라인데, 진(秦)나라 소왕(昭王)에 의해 멸망될 때까지의 일은 「주본기(周本紀)」에 있다.

고요(皐陶)의 후예 중 일부가 영(英)과 육(六)에 봉해졌다가 초나라 목왕에게 망했는데, 아무런 계보가 남아 있지 않다.

백이(伯夷)의 후예를 주나라 무왕이 다시 제나라에 봉하고 태공망(太公

望)이라 했으니, 진씨(陳氏)에 의해 멸망될 때까지의 일은 「제태공세가(齊太公世家)」에 있다.

백예(伯翳)의 후예는 주나라 평왕 때 제후에 봉해져 진(秦)나라가 되었는데, 항우(項羽)에 의해 멸망될 때까지의 일은 「진본기(秦本紀)」에 있다.

수(垂)·익(益)·기(夔)·용(龍)의 후예는 어디에 봉해졌는지 모르고 기록에도 보이지 않는다.

이상 11명은 모두 당우(唐虞) 시대에 공로와 다움[功德]으로 이름난 신하들이었다. 그중 5명의 후예는 훗날 제왕이 되었고, 나머지도 마침내 이름난 제후들이 되었다.

등(滕)·설(薛)·추(騶)는 하·은·주 삼대에 걸쳐 봉해졌는데, (나라가) 작아서 (다른 제후국들과) 나란히 언급하기에는[齒列] 부족하므로 논하지 않았다.

주나라 무왕 때는 제후와 방백이 1,000여 명을 넘었다[尙=上]. 유왕(幽王)과 여왕(厲王) 때 이후로 제후들은 힘으로 싸우며 서로를 집어삼켰다[相幷]. 강(江)·황(黃)[1]·호(胡)·침(沈) 같은 (작은) 나라들이 이루다 헤아릴 수 없이 많기에 일일이 드러내 전(傳)에 기록하지 않았다.

1) 【색은(索隱)】『계본(系本)』을 살펴보건대, 강과 황 두 나라는 나란히 영성(嬴姓)이다.

태사공(太史公)이 말한다.

"순(舜)의 다움은 지극하다고 할 만하도다! 하(夏)나라에 천자 자리를 선양한[禪位] 뒤로 후손들의 제사를 삼대(三代-하·은·주)에 걸쳐 받았다. 초나라가 진나라를 멸망시켰지만, 전상(田常)이 제나라에서 정권을 얻고 끝내 나라를 세워서 100세(世) 동안 끊어지지 않았다. 자손이 번창해 봉지

를 소유한 자[有土者=有國者=侯]가 적지 않았다.

하우(夏禹)의 후대로 주나라 때 기(杞)나라가 있었지만, 너무 미미해 꼽을 만한 것이 없다. 초나라 혜왕이 기나라를 멸망시켰으나 그 후손인 월왕(越王) 구천(句踐)이 일어났다."[1]

1) 【색은술찬(索隱述贊)】 성대한 다움을 기리는 제사[盛德之祀]/반드시 100세에 이르리다[必及百世]/순임금, 우왕의 공덕이 남아 있어[舜禹餘烈]/진나라, 기나라가 이를 이었도다[陳杞是繼]/규만이 봉작을 받았고[嬀滿受封]/동루공이 대를 이었네[東樓纂世]/알로가 찬탈하고 시해했으며[閼路篡逆]/하희는 음란한 여인이었네[夏姬淫嬖]/두 나라가 쇠미해져[二國衰微]/혹 침체되고 혹 임금이 바뀌었지[或淪或替]/앞에서는 침략당하고 뒤에서는 포로가 되니[前幷後虜]/둘 다 초나라 혜왕에게 멸망되었다네[皆亡楚惠]/구천이 벌떡 일어나고[句踐勃興]/전화(田和-전상의 증손)가 제나라를 삼키게 되지[田和吞噬]/매미 울음소리 이어지듯 제사가 이어지니[蟬聯血食]/어찌 그 후예들이 아니랴[豈其苗裔]!

세가(世家)

권37 — 위강숙세가(衛康叔世家) 제7

권37 위강숙세가(衛康叔世家) 제7

위(衛) 강숙(康叔)[1]은 이름이 봉(封)으로, 주나라 무왕과 같은 어머니에게서 태어난 어린 동생이다. 그 밑으로 아직 염계(冉季)가 있는데, 염계가 가장 어렸다.

1) 【색은(索隱)】 강(康)은 경기권내[畿內]에 있던 봉국 이름이다. 송충(宋忠)이 말했다. "강숙은 강에서 옮겨져 위(衛)에 봉해졌는데, 위는 은나라 옛터 정창(定昌) 땅이다. 경기권내에 있던 강의 소재지는 알 수 없다."

무왕은 이미 은(殷)나라 주왕(紂王)을 이기고 나자 다시 은나라 유민을 갖고서 주왕 아들 무경 녹보(武庚祿父)을 봉해 제후와 동등하게 해주고 주나라 선조들의 제사를 받들어 끊어지지 않게 해주었다. 그러나 무경에게 민심이 제대로 모이지 않았고[未集=不和] 또 그에게 난을 일으킬 마음[賊心=逆心]이 있지는 않을까 걱정해서, 무왕은 마침내 동생 관숙(管叔)과 채숙(蔡叔)에게 무경 녹보를 보좌해서[傅相] 그 백성을 화합시키도록 했다. 무왕이 이미 붕했을 때 성왕(成王)은 어렸다. 주공(周公) 단(旦)이 성왕을 대신해 나라를 다스리면서 국정을 맡았다[當國]. 관숙과 채숙은 주공을 의심해 마침내 무경 녹보와 함께 난을 일으켜 성주(成周)를 공격하려 했다[1]. 주공 단이 성왕의 명을 받고 군사를 일으켜 은나라를 쳐서 무경 녹보와 관숙을 죽이고 채숙을 추방한 다음에, 무경의 은나라 유민을 갖고서 강숙을 봉해주고 그를 위(衛)나라 임금으로 삼아서 황하(黃河)와 기수(淇水) 사이에 있

는 옛 상나라 터[商墟=殷墟][2]를 관할하게 했다[居=當].

1) 【색은(索隱)】 성주는 낙양(洛陽)이다. 그때 주공은 성왕을 보필하고 있었기에 낙읍을 조성하고도 계속 서주(西周) 호경(鎬京-서안 인근)에 머물고 있었다. 관숙과 채숙이 난을 일으키고자[搆難] 먼저 성주를 공격하니, 이에 주공은 동쪽 낙읍에 머물면서 관숙과 채숙을 토벌했다.

2) 【색은(索隱)】 송충(宋忠)이 말했다. "지금의 정창(定昌)이다."

주공 단은 강숙이 나이[齒]가 어리다는 것을 걱정해 마침내 강숙에게 거듭해서 당부했다.

"반드시 (옛) 은나라의 뛰어났던 이들과 군자, 덕망 있는 사람들[長者]을 찾아내 그들 선조인 은나라가 흥하고 망한 까닭을 묻고, 백성을 사랑하는 데[愛民=仁] 힘을 써야 할 것이다."

그러고는 은나라 주왕이 망한 까닭은 술로 인해 정사를 그르쳤고 부인네 말을 썼기 때문이라 하면서 주왕의 정치가 어지러워진 것은 바로 여기로부터 비롯되었다고 일러주었다. 「자재(梓材)」[1]를 지어 군자가 따라야 할 법도를 보여주었다. 그러므로 이를 일러 「강고(康誥)」, 「주고(酒誥)」, 「자재」[2]로써 명해주었다고 하는 것이다. 강숙이 봉국으로 가서는 이미 이를 갖고서 명해 능히 그 백성을 화합시켜 하나로 모으니[和集], 백성이 크게 기뻐했다.

1) 【정의(正義)】 마치 목수가 자 등으로 재목을 다루듯이 군자다운 임금은 법도를 갖고서 백성을 다스린다는 내용을 담고 있다. 재(梓)는 목수를 말한다.

2) 모두 『서경(書經)』 「주서(周書)」에 실린 글 이름이다.

성왕이 성장해 직접 정사를 처리하게 되었을 때[用事][1], 강숙을 들어 써

서[擧=擧用] 주나라 사구(司寇)로 삼고 위나라에 보배로운 제기를 내려줌으로써[2] 그가 임금다움을 갖추고 있음[有德]을 널리 드러냈다.

1) 용사(用事)는 주로 강한 신하가 약한 군주를 대신해서 권력을 마음대로 한다는 뜻이다. 그러나 여기서 보듯이 임금이 전권(專權)을 행사하거나 친정(親政)하는 것을 가리킬 때도 쓰인다.

2) 【집해(集解)】『좌전(左傳)』에서 말했다. "강숙에게 대로(大路), 대기(大旂), 소백(少帛), 천패(綪茷), 전정(旃旌), 대려(大呂)를 나눠주었다." 가규(賈逵)가 말했다. "대로는 전로(金路)이고 소백은 각종 비단이며 대려는 종의 이름이고, 나머지는 모두 깃발과 그 장식이다."

강숙이 졸하자 아들 강백(康伯)[1]이 뒤를 이어 세워졌다.
강백이 졸하자 아들 고백(考伯)이 세워졌다.
고백이 졸하자 아들 사백(嗣伯)이 세워졌다.
사백이 졸하자 아들 첩백(捷伯)[2]이 세워졌다.
첩백이 졸하자 아들 정백(靖伯)이 세워졌다.
정백이 졸하자 아들 정백(貞伯)[3]이 세워졌다.
정백이 졸하자 아들 경후(頃侯)가 세워졌다.

1) 【색은(索隱)】『계본(系本)』에 따르면 강백의 이름은 곤(髡)이다. 송충(宋忠)이 말했다. "즉 왕손 모(牟)다. 주나라 강왕(康王)을 섬겨 대부가 되었다."

2) 【색은(索隱)】『계본(系本)』에는 지백(摯伯)으로 되어 있다.

3) 【색은(索隱)】『계본(系本)』에는 기백(箕伯)으로 되어 있다.

경후는 주나라 이왕(夷王)에게 많은 뇌물을 바쳤고, 이왕은 명을 내려 위나라 임금을 후(侯)로 삼았다. 경후가 세워진 지 12년에 졸하자 아들 희후(釐侯)가 세워졌다.

희후 13년에 주나라에서는 여왕(厲王)이 체(彘) 땅으로 달아나 공화(共和)가 시행되었다.

28년에 주나라 선왕(宣王)이 세워졌다.

42년에 희후가 졸하자 태자 공백(共伯) 여(餘)가 세워져 임금이 되었다.

공백의 동생 화(和)는 희후에게 총애를 받았는데, 화가 (희후가 준) 많은 재물을 무사들에게 나눠주어 매수하고 공백을 무덤 주변에서 습격하니 공백은 희후 무덤의 묘도(墓道)[羨(연)][1]로 들어가 자살했다. 그리하여 위나라 사람들은 그를 희후의 무덤 옆에 안장하고 시호를 공백(共伯)이라 했으며, 이어서 화를 세워 위후(衛侯)로 삼으니 이 사람이 무공(武公)이다[2].

1) 【색은(索隱)】 羨은 발음이 (선이 아니라) 연(延)이니, 연(延)은 묘도(墓道)다. 공백의 이름은 여(餘)다.

2) 【색은(索隱)】 화(和)가 공백을 죽이고 대신해서 세워졌다고 했는데, 이 설은 아마도 틀린 듯하다. 살펴보건대, (오나라) 계찰(季札)이 강숙과 무공의 임금다움을 찬미한 바 있으며, 『국어(國語)』에서는 무공이 나이 95세가 되어서도 여전히 스스로 경계해 조정에서 공손하고 매사에 조심했으며 죽을 때까지 늘 삼갔다고 하면서 그를 일러 예성(叡聖)이라고 했다. 또한 『시경(詩經)』에서는 위나라 세자 공백이 일찍 졸했다고 했지, 피살되었다고 하지 않았다. 만일 무공이 형을 죽이고 세워졌다면 어찌 역사에서 모범이 될 수 있었겠는가? 대개 태사공이 잡설을 취해서 이렇게 기록한 것일 뿐이라 하겠다.

무공은 자리에 나아가자, 강숙의 정치를 (모범으로 삼아) 닦음으로써 백성을 화합시키고 마음을 한곳으로 모았다.

42년에 견융(犬戎)이 주나라 유왕(幽王)을 죽였을 때 무공이 군대를 이끌고 가서 주나라를 도와 견융을 평정하는 데 큰 공을 세우니, 주나라 평왕

(平王)은 명을 내려 무공을 공(公)으로 삼았다. 55년에 졸하자 아들 장공(莊公) 양(揚)이 세워졌다.

장공 5년에 제(齊)나라 여인을 취해 부인(夫人)으로 삼았는데, 미인이지만 아들이 없었다. 다시 진(陳)나라 여인을 취해 부인으로 삼아 아들을 낳았지만, 일찍 죽었다. 진나라 여자의 여동생이 다시 장공에게 총애를 받아 아들 완(完)을 낳았다[1]. 완의 어머니가 죽자, 장공은 부인인 제나라 여자에게 완을 돌보게 하고는[子之(자지)=養之(양지)][2] 완을 세워 태자로 삼았다. 장공의 총첩(寵妾)이 아들 주우(州吁)를 낳았다.

18년에 주우가 커서 군사의 일을 좋아하자, 장공이 그에게 군대를 이끌게 하니 석작(石碏)[3]이 장공에게 간언했다.

"서자가 군사의 일을 좋아한다 하여 군대를 이끌게 하면, 난이 거기로부터 일어날 것입니다."

듣지 않았다.

23년에 장공이 졸하자 태자 완(完)이 세워지니, 이 사람이 환공(桓公)이다.

1) 【색은(索隱)】 여동생은 대규(戴嬀)로, 아들 환공 완이 주우(州吁)에게 피살되자 대규는 진나라로 돌아갔다. 『시경(詩經)』 「연연우비(燕燕于飛)」편이 이 내용을 다루고 있다.

2) 【색은(索隱)】 제나라 여자는 곧 장강(莊姜)이다. 『시경(詩經)』 「석인(碩人)」편은 장강을 찬미한 것이다.

3) 【집해(集解)】 가규(賈逵)가 말했다. "석작은 위나라 상경(上卿)이다."

환공 2년에 동생 주우가 교만하고 사치스럽자, 환공이 내쫓으니, 주우가 나라(도성) 밖으로 나가서 도망쳤다.

13년에 정백(鄭伯) 동생 단(段)이 그 형을 공격했으나 이기지 못하고 도망쳤는데 주우가 그와 벗이 되기를 청했다.

16년에 주우는 위(衛)나라에서 도망친 사람들을 모아서 환공을 습격해 죽이고 스스로를 세워 위나라 임금이 되었다. (주우가) 정백의 동생 단을 위해 정나라를 치고자 하여 송(宋)·진(陳)·채(蔡) 나라에 동참을 요청하자 세 나라가 모두 주우의 청을 받아들였다. 주우가 새로 세워지고도[新立] 군사의 일을 좋아하는 데다 환공을 시해했기 때문에 위나라 관리들은 모두 그를 좋아하지 않았다. 석작은 환공 어머니의 친정이 진(陳)나라임을 염두에 두고서 주우와 겉으로는[詳=陽=佯] 잘 지내는 척하다가, (위나라 군대가) 정나라 교외에 이르자 마침내 진후(陳侯)와 공모해 우재추(右宰醜)[1]로 하여금 음식을 바치고는 그 틈에 (진나라 땅) 복(濮)에서 주우를 죽이도록 했다. 그러고는 환공의 동생 진(晉)을 형(邢)나라[2]에서 맞아들여 세우니, 이 사람이 선공(宣公)이다.

1) 【집해(集解)】 우재추는 위나라 대부다.

2) 【집해(集解)】 형나라는 주공의 후손으로, 희성(姬姓)의 나라다.

선공 7년에 노(魯)나라에서는 자기 임금 은공(隱公)을 시해했다.

9년에 송나라 화보독(華父督)이 자기 임금 상공(殤公)을 시해하고 대부 공보가(孔父嘉)를 죽였다.

10년에 진(晉)나라 곡옥장백(曲沃莊伯)이 자기 임금 애후(哀侯)를 시해했다.

18년이다. 애초에 선공은 부인 이강(夷姜)을 사랑했는데, 이강이 아들 급(伋)을 낳자, 태자로 삼고 우공자(右公子)로 하여금 태자를 보필하게 했다. 우공자가 태자를 위해 제(齊)나라 여자를 아내로 취하게 했는데, 아직 혼례를 치르기 전에[未入室] 선공은 태자비가 될 여자가 아름다운 것을 보고는 마음을 빼앗겨 자신이 차지한 뒤 태자를 위해서는 다시 다른 여자를 구해 주었다. 선공은 제나라 여자를 얻어 아들 수(壽)와 삭(朔)이 태어나자 좌공자(左公子)[1]에게 두 사람을 보필하게 했다.

태자 급의 어머니가 죽자, 선공의 정부인은 삭과 함께 태자 급을 모해하며 미워했다. 선공은 태자의 아내가 될 여자를 빼앗은 뒤로 내심 태자를 미워해 폐위시키려 했는데, 마침 태자에 대한 나쁜 말을 듣게 되자 크게 노해 마침내 태자 급을 제나라로 보내면서 자객[盜]을 시켜 국경에서 죽이게 했다[2]. 그리하여 태자에게 흰 깃대 장식[白旄]을 주고는 자객[盜=刺客]에게 국경에서 흰 깃대 장식을 가진 자를 보면 죽이라고 했다. 장차 (태자 급이) 떠나려고 하는데, 배다른 동생이자 삭의 형인 수는 삭이 태자를 미워하고 임금이 태자를 죽이려 한다는 것을 알고는 마침내 태자에게 말했다.

"국경에서 자객이 태자의 흰 깃대 장식을 보면 곧바로 태자를 죽이려 할 것이니, 태자께서는 가시지 않는 것이 좋습니다."

태자가 말했다.

"아버지의 명을 어기고서 살기를 구하는 것은 안 될 일이다."

드디어 길을 떠났다. 수가 태자를 멈출 수 없다는 것을 알고는 마침내 흰 깃대 장식을 훔쳐서 먼저 국경으로 달려가니, 국경에 있던 자객이 그 표식을 보자마자 바로 그를 죽였다. 수가 이미 죽었는데, 다시 태자 급이 도착해서는 자객에게 말했다.

"(그대가) 마땅히 죽여야 할 사람은 바로 나다."

자객이 태자 급마저 죽이고 이를 선공에 보고했고, 선공은 마침내 아들 삭을 태자로 삼았다.

19년에 선공이 졸하자 태자 삭이 세워지니, 이 사람이 혜공(惠公)이다.

1) 【집해(集解)】 좌우 잉첩의 아들들이기에 그것으로써 칭호를 삼았다.

2) 【정의(正義)】『좌전(左傳)』에 이르기를 "위나라 선공은 태자 급에게 제나라로 갈 것을 명한 뒤에 자객으로 하여금 신(莘) 땅에서 기다렸다가 장차 태자를 죽이라고 했다"라고 했다. 두예(杜預)가 말했다. "신(莘)은 위나라 땅이다."

좌공자, 우공자 두 사람은 삭이 세워진 것이 불공평하다고 여기고 있었다[不平]. 그리하여 혜공 4년에 두 공자는 혜공이 태자 급을 헐뜯어 죽게 하고 대신 그 자리에 오른 것을 원망해 마침내 난을 일으켰다. (두 공자는) 혜공을 공격하며 태자 급의 동생 검모(黔牟)를 세워 임금으로 삼았고, 혜공은 제나라로 달아났다.

위나라 임금 검모가 세워진 지 8년에 제나라 양공(襄公)이 천왕의 명을 받들어 제후들을 거느리고 함께 위나라를 침으로써 혜공을 위나라에 들여보내고 좌우 공자를 주살했다. 위나라 임금 검모가 주나라로 달아나고 혜공이 다시 세워졌다. 혜공은 세워진 지 3년 만에 도망쳤다가 망명 8년 만에 돌아왔으니, 이전까지 모두 합치면 13년이다.

25년에 혜공은 주나라가 검모를 받아들인 것을 원망해 연(燕)나라와 함께 주나라를 쳤다. 주나라 혜왕(惠王)은 온(溫) 땅으로 달아났고, 위나라와 연나라는 혜왕의 동생 퇴(頹)를 왕(王-천자)으로 세웠다.

29년에 정나라가 혜왕을 주나라로 다시 들여보냈다[納入].

31년에 혜공이 졸하자 아들 의공(懿公) 적(赤)이 세워졌다.

자리에 나아간 의공은 학을 지나치게 좋아했으며[1] 사치를 일삼고 음탕함을 즐겼다.

9년에 적(翟)나라가 위나라를 치자 위나라 의공이 군사를 일으키려 했는데, 병사 중에 혹 반기를 드는 자들이 있었다. 대신들이 말했다.

"임금께서는 학을 좋아하시니, 학에게 적을 공격하라고 하시지요."

적나라가 이에 드디어 쳐들어와 의공을 죽였다.

의공이 세워졌을 때 백성과 대신들은 모두 심복하지 않았다. 의공의 아버지 혜공 삭이 태자 급을 헐뜯어 죽이고 대신 자리를 차지한 이래로 의공 때까지 늘 (백성과 대신들은) 그들을 자리에서 내쫓으려고 했는데, 마침내 혜공의 후손들을 없애고 다시 검모의 아우 소백(昭伯) 완(頑)의 아들인 신(申)을 세워 임금으로 삼으니 이 사람이 대공(戴公)이다.

1) 【정의(正義)】『좌전(左傳)』에서 말했다. "위나라 의공이 학을 좋아해서, 그 학 중에는 대부의 지위에 올라 헌(軒)을 타는 학까지 있었다. 적나라가 위나라를 치자 의공이 싸우려 했지만 나라 사람 중에 갑옷을 받은 자들이 모두 말하기를 '학으로 하여금 싸우게 하라. 학은 대부의 녹과 지위가 있으니 얼마든지 잘 싸울 수 있지 않겠느냐!'라고 했다."

대공 신은 원년에 졸했다.

제나라 환공(桓公)은 위나라가 여러 차례 난을 겪는 것을 보고는 마침내 제후들을 거느리고 적나라를 친 후 위나라를 위해 초구(楚丘)에 성을 쌓았고, 대공의 동생 훼(燬)[1]를 세워 위나라 임금으로 삼으니 이 사람이 문공(文公)이다. 문공은 난리로 인해 제나라로 달아났었는데, 제나라 사람이 (이번에) 들여보낸 것이다[入(입)=納(납)].

1) 【정의(正義)】 가의(賈誼)가 글에서 말했다. "위나라 후가 주나라에 조현하려 했을 때, 주나라 행인(行人)이 그 이름을 물으니 벽강(辟疆)이라고 했다. 이에 행인이 말하기를 계강(啓疆)이나 벽강(辟疆)은 천자의 이름이므로 제후들은 쓸 수 없다고 했다. 위후가 이름을 고쳐 훼(燬)라고 하니, 그런 연후에 위나라 후의 조현이 받아들여졌다."

❖

애초에 적나라 사람들이 의공을 죽이자, 위나라 사람들은 그를 가엾게 여기는 한편 선공이 예전에 죽인 태자 급의 후손을 다시 세우려고 생각했지만, 급의 아들 또한 죽었고 급을 대신해 죽은 수 역시 아들이 없었다. 태자 급에게는 같은 어머니에게서 난 동생이 둘 있었다. 그중 하나가 검모로 일찍이 혜공을 대신해 임금이 되었다가 8년 만에 물러났고, 둘째가 소백(昭伯)이었다. 소백과 검모 모두 이미 예전에 죽었기 때문에, 그래서 소백의 아들 신을 세워 대공으로 삼았던 것이다. 이에 대공이 졸하자 다시 그 동생 훼를 세워 문공으로 삼게 되었다.

문공은 세워진 초기에 세금을 가볍게 하고 형벌을 공평하게 했다. 몸소 수고로움을 감당하고 백성과 고생을 같이하면서 위나라 백성을 잘 거둬주었다.

16년에 진(晉)나라 공자 중이(重耳)가 위나라를 지나갔는데, 위나라에서 무례하게 대우했다.

17년에 제나라 환공이 졸했다.

25년에 문공이 졸하자 아들 성공(成公) 정(鄭)이 세워졌다.

성공 3년에 진(晉)나라가 송(宋)나라를 구원하기 위해 위나라에 길을 빌리려 했으나[假道] 성공이 불허했다. 진나라는 길을 바꿔 남하(南河)[1]에서 강을 건너 송나라를 구원했고 위나라에 군사 징발을 요청했는데, 위나라 대부들이 허락하고 싶었으나 성공은 그렇게 하지 않았다. (그러자) 대부 원훤(元咺)이 성공을 공격했고, 성공은 나라 밖으로 달아났다[2]. 진나라 문공 중이는 위나라를 쳐서 그 땅을 나눠 송나라에 줌으로써 과거에 자신에게 무례하게 대하고 송나라의 우환을 구원하지 않은 일을 토죄했다.

위나라 성공은 드디어 진(陳)나라로 도망쳤다가[3], 2년 뒤에 주나라로 가

서 자기가 귀국할 수 있게 해달라고 호소해 진나라 문공과 회동하게 되었다. 진나라가 사람을 시켜 위나라 성공을 독살하려 하자, 성공은 주나라에서 짐독(鴆毒)을 주관하는 사람에게 사사로이 뇌물을 주어 독을 약하게 타게 함으로써[令薄(영박)] 죽음을 면할 수 있었다. 얼마 후에 주나라가 진나라 문공에게 청해 드디어 (성공이) 위나라로 들어가니, 그는 원훤을 주살했고 위나라 임금 하(瑕)는 나라 밖으로 달아났다[4].

7년에 진나라 문공이 졸했다.

12년에 성공이 진나라 양공(襄公)을 조회했다.

14년에 진(秦)나라 목공(穆公)이 졸했다.

26년에 제나라 (대부) 병촉(邴歜)[5]이 자기 임금 의공(懿公)을 시해했다.

35년에 성공이 졸하자 아들 목공(穆公) 속(遬)[6]이 세워졌다.

1) 【집해(集解)】 복건(服虔)이 말했다. "남하는 제남(濟南) 동남쪽으로 흐르는 강이다." 두예(杜預)가 말했다. "급군(汲郡) 남쪽에서 건너 위나라 남쪽을 나갔다."

2) 【색은(索隱)】 초나라로 달아났다.

3) 【색은(索隱)】 살펴보건대, 『좌전(左傳)』에 이르기를 "위후는 초나라 군대가 패했다는 소식을 듣고서 두려워 초나라로 달아났다가 드디어 진나라로 갔다"라고 했다.

4) 【색은(索隱)】 이 사람은 원훤이 세운 사람인데, 성공이 들어와 죽였다. 그래서 희공(僖公) 30년 『춘추(春秋)』에 이르기를 "위나라가 그 대부 원훤과 공자 하(瑕)를 죽였다"라고 했다. 여기서 "달아났다"라고 한 것은 틀렸다.

5) 【색은(索隱)】 병촉(邴歜)이라는 이름은 『좌씨(左氏)』와 같다. 그런데 『제계가(齊系家)』에는 병융(邴戎)으로 되어 있으니, 아마도 병촉이 융거(戎車) 모는 일을 담당해서 그렇게 불렀을 것이다.

6) 【정의(正義)】 발음은 (칙이 아니라) 속(速)이다.

목공 2년에 초나라 장왕(莊王)이 진(陳)나라를 쳐서 하징서(夏徵舒)를 죽였다.

3년에 초나라 장왕이 정나라를 에워쌌다가 정나라가 항복하자 다시 풀어주었다.

11년에 (위나라 대부) 손양부(孫良夫)가 노(魯)나라를 구원하고 제나라를 쳐서 빼앗긴 땅[侵地(침지)]을 되찾았다.

목공이 졸하자 아들 정공(定公) 장(臧)이 세워졌다.

정공이 12년에 졸하자 아들 헌공(獻公) 간(衎)이 세워졌다.

헌공 13년에 공이 악사 조(曹)로 하여금 첩에게 거문고[琴(금)]를 가르치게 했는데 첩이 제대로 못 하자 조가 매질을 했다. 첩이 헌공에게 조를 헐뜯자, 헌공 역시 조에게 매 300대를 때렸다.

18년에 헌공이 손문자(孫文子)와 영혜자(甯惠子)[1]에게 함께 식사를 하자고 청했다. 두 사람이 다 들어와서 한참 시간이 지났는데도[旰(간)=晏(안)] 헌공은 이들을 부르지 않고 왕실 동산[囿(유)]으로 가서 기러기 사냥을 했다. 두 사람이 헌공을 찾아갔으나, 헌공은 사냥 복장을 벗지도 않은 채 그들과 이야기를 나누었다. 두 사람은 화가 나서 숙읍(宿邑)[2]으로 가버렸다.

손문자의 아들[3]이 헌공의 술자리를 여러 차례 시중든 적이 있는데, 공은 악사 조(曹)에게 「교언(巧言)」의 마지막 장을 노래하게 했다[4]. 악사 조는 또한 공이 300대나 매질한 것에 화가 나 있던 터라, 마침내 그 노래를 불러 손문자를 노하게 만듦으로써 위 헌공에 보복하고 싶었다. 문자가 이 일을 거백옥(蘧伯玉)[5]에게 말하자 백옥은 "신은 알지 못하겠소"라고 했다. (손문자가) 드디어 공을 공격해 내쫓았다. 헌공은 제나라로 달아났는데, 제나라는 위나라 헌공을 취읍(聚邑)에 두었다. 손문자와 영혜자가 함께 정공(定公)의 동생 추(秋)[6]를 세워 위나라 임금으로 삼으니, 이 사람이 상공(殤公)이다.

1) 【집해(集解)】 복건(服虔)이 말했다. "손문자는 손임보(孫林父)이고 영혜자는 영식(甯殖)이다.

2) 【집해(集解)】 복건(服虔)이 말했다. "손문자의 읍이다." 【색은(索隱)】 『좌전(左傳)』에는 척(戚)으로 되어 있다.

3) 【집해(集解)】 『좌전(左傳)』에 이르기를, 손문자의 아들은 손괴(孫蒯)라고 했다.

4) 【집해(集解)】 두예(杜預)가 말했다. "「교언」은 『시경(詩經)』「소아(小雅)」의 편 이름이니, 그 마지막 장은 다음과 같다. '저 사람은 누구인가? 하수 가에 살면서 힘도 없고 용기도 없이 다만 난을 빚어내는 계단이 될 뿐이다.' 공은 손문자가 황하 가에 살면서 난을 빚어내려 하는 것을 비유하려 했던 것이다."

5) 공자가 존경했던 인물로, 위나라 대부다.

6) 【집해(集解)】 서광(徐廣)이 말했다. "반씨(班氏-반고)는 헌공의 동생 염(焱)이라고 했다."

상공 추는 세워지자, 손문자 임보(林父)를 숙읍(宿邑)에 봉했다. 12년에 대부 영희(甯喜)와 손임보가 총애를 다투다가 서로를 미워하게 되자, 상공이 영희를 시켜 손임보를 공격하게 했다. 임보는 진(晉)나라로 달아나서 전(前) 임금 위나라 헌공이 다시 위나라에 들어갈 수 있도록 해달라고 요청했다. 헌공은 제나라에 있었는데, 제나라 경공(景公)이 이 소식을 듣고는 위나라 헌공과 함께 진나라로 가서 귀국할 길을 찾았다. 진나라가 (헌공을 위해) 위나라를 공격하려고 거짓으로 위나라와 동맹을 맺으니, 위나라 상공이 진나라 평공과 회맹하려 했으나 평공은 상공과 영희를 붙잡고는 위나라 헌공을 다시 들여보냈다. 헌공은 12년 동안 밖에서 망명하다가 들어왔다.

헌공은 후(後) 원년에 영희를 주살했다.

3년에 오나라 연릉계자(延陵季子)가 사신으로 위나라를 지나가다가, 거

백옥과 사추(史鰌)를 만나보고는 이렇게 말했다.

"위나라에는 군자들이 많으니 이 나라에 별일은 없겠습니다."

숙읍을 지나는데, 손임보가 (그를 위해) 경(磬-경쇠)을 연주하자 계자는 이렇게 말했다.

"즐겁지 않고 소리가 크게 슬픈 것이, 만약에 위나라에 분란이 일어난다면 여기서 비롯되겠구나!"

이해에 헌공이 졸하자 아들 양공(襄公) 오(惡)가 세워졌다.

양공 6년에 초나라 영왕(靈王)이 제후들과 회동했는데, 양공은 병을 핑계로 가지 않았다.

9년에 양공이 졸했다. 애초에 양공에게는 총애하는 천한 첩이 하나 있었다. 첩이 임신했는데, 꿈에 어떤 사람이 나타나 말했다.

"나는 강숙(康叔)이다. 네 아들이 반드시 위나라를 차지할 수 있게 해줄 것이니, 아들 이름을 원(元)이라 해라!"

첩이 이를 괴이하게 여겨 공성자(孔成子)[1]에게 물으니, 성자가 말했다.

"강숙은 위나라의 조상입니다."

아이를 낳았는데 사내였으니, 첩은 그간의 모든 일을 양공에게 알렸다. 양공이 말했다.

"하늘이 내려주신 것이로다!"

아이 이름을 원(元)이라고 지었다. 양공의 부인은 아들이 없었고, 이에 마침내 원을 세워 후사로 삼으니 이 사람이 영공(靈公)이다.

1) 【집해(集解)】 복건(服虔)이 말했다. "위나라 경(卿) 공증서(孔烝鉏)다."

영공 5년에 진(晉)나라 소공(昭公)에게 조회했다.

6년에 초나라 공자 기질(棄疾)이 영왕(靈王)을 시해하고 스스로를 세우니, 이 사람이 평왕(平王)이다.

11년에 화재가 났다[火(화)].

38년에 공자(孔子)가 (위나라에) 오니, 노나라에서와 같은 녹봉을 주었다. 뒤에 (영공과 공자 두 사람 사이에) 틈이 생겨 공자는 떠났다. 뒤에 다시 왔다.

39년에 태자 괴외(蒯聵)가 영공의 부인 남자(南子)[1]를 미워해 남자를 죽이려 했다. 괴외가 그 무리 희양속(戱陽遬)[2]과 모의해 조회 때 부인을 죽이라고 했는데, 희양이 뒤늦게 뉘우치며 결단을 내리지 못했다. 괴외가 여러 차례 눈짓을 하자 부인이 이를 알아채고는 두려워서 소리쳤다.

"태자가 나를 죽이려 한다!"

영공은 노했고, 태자 괴외는 송나라로 도망쳤다가 얼마 후에 진(晉)나라 조씨(趙氏-조간자)에게로 갔다.

1) 【집해(集解)】 가규(賈逵)가 말했다. "남자는 송나라 여인이다."

2) 【집해(集解)】 가규(賈逵)가 말했다. "태자의 가신이다."

42년 봄에 영공이 교외로 놀러 가면서 자영(子郢)에게 수레를 몰게 했다[僕(복)=御(어)]. 자영은 영공의 작은아들로 자는 자남(子南)이다. 영공은 태자가 도망친 일을 원망하면서 영(郢)에게 말했다.

"나는 장차 너를 세워 후계자로 삼을까 한다."

영이 대답했다.

"저는 모자라서 사직을 욕되게 할 것이니 임금께서는 달리 생각하소서."

여름에 영공이 졸하자 부인이 자영에게 명해 태자로 삼으면서 말했다.

"이는 영공의 명이다."

영이 말했다.

“도망간 태자 괴외의 아들 첩(輒)이 있으므로 저는 맡을 수 없습니다.”

이에 위나라는 마침내 첩을 임금으로 삼았으니, 이 사람이 출공(出公)[1] 이다.

1) 『논어(論語)』에는 당시 위나라의 정치 상황과 관련된 공자의 일화들이 많이 등장한다.

6월 을유일에 (진(晉)나라 대부) 조간자(趙簡子)가 괴외를 귀국시키고자 해서 마침내 양호(陽虎)로 하여금 명을 속여 10여 명에게 상복을 입히고는 위나라에서 태자를 맞이해 귀국시키려는 것처럼 꾸미게 했고, 조간자 자신은 괴외를 호송했다. 위나라 사람들이 이 소식을 듣고는 군사를 내어 괴외를 공격했다. 괴외가 들어가지 못하고 숙읍으로 가서 스스로를 지키니, 위나라 사람들도 병사를 철수시켰다.

출공 첩 4년에 제나라 전걸(田乞)이 자기 임금 유자(孺子)를 시해했다.

8년에 제나라 포자(鮑子)가 자기 임금 도공(悼公)을 시해했다.

공자가 진(陳)나라에서 위나라로 왔다.

9년에 공문자(孔文子)가 중니에게 군사의 일을 물었으나 중니는 대답하지 않았다. 그 후에 노나라가 중니를 맞이하자 중니는 노나라로 돌아갔다.

12년이다. 애초에 공어문자(孔圉文子)가 태자 괴외의 누이를 아내로 맞이해 공회(孔悝)를 낳았다. 공씨 집에는 혼양부(渾良夫)라는 잘생긴 노비가 있었는데, 공문자가 졸하자 혼양부가 회(悝)의 어머니와 간통했다. 태자가 숙읍에 머물고 있을 때 공회의 어머니는 혼양부를 태자에게 보냈다. 태자가 양부에게 말했다.

“만일 내 나라로 돌아갈 수 있게 해준다면 그대에게 대부가 타는 수레

[軒]로 보답할 것이요, 또 죽을죄 세 가지를 사면해 묻지 않을 것이다!"

함께 맹세하고 공회의 어머니를 아내로 삼을 수 있도록 허락했다.

윤달에 양부(良夫)는 태자 괴외와 함께 위나라로 들어와서 공씨 집 바깥 정원[圃=園]에 숨었다가 날이 어두워지자, 여자 옷으로 바꿔 입고[蒙衣] 두건을 쓴 채 환관 나(羅)에게 수레를 몰게 하여 공씨 집으로 갔다. 공씨 집의 가신[老=家老] 난녕(欒寧)이 누구냐고 묻자, 인척 관계에 있는 첩이라고 해서, 드디어 집 안으로 들어가 백희씨(伯姬氏-공회의 어머니)에게로 갔다. 식사를 하고는 공회의 어머니가 창을 들고[杖戈] 앞장섰으며[1], 태자는 다섯 사람에게 갑옷을 주어, 입게 한 뒤 수퇘지를 둘러메고[2] 그 뒤를 따랐다. 백희가 공회를 겁박해 뒷간으로 데려가서 억지로 맹세하게 했고, 마침내 겁박해 누대 위로 올라가게 했다. 난녕이 술을 마시려고 고기를 굽다가 미처 익지도 않았는데 반란 소식을 듣고는 사람을 시켜 중유(仲由-자로)에게 알렸다[3]. (위나라 대부) 소호(召護)는 수레를 타고[4] 술잔을 기울이며 구운 고기를 먹으면서 출공 첩을 받들어 노나라로 달아났다.

1) 【집해(集解)】 복건(服虔)이 말했다. "앞장서서 공회가 있는 곳으로 간 것이다."

2) 【집해(集解)】 가규(賈逵)가 말했다. "그것으로 맹세를 하려 한 것이다."

3) 【집해(集解)】 복건(服虔)이 말했다. "계로(季路-자로)는 공씨 읍의 읍재(邑宰)였기 때문에, 그래서 알린 것이다."

4) 【집해(集解)】 복건(服虔)이 말했다. "병거(兵車)를 타지 않고 일반 수레를 탔다는 것은 아버지의 뜻을 어길 생각이 없었다는 말이다."

중유(仲由)가 장차 공씨 집으로 들어가려 하다가 나오려던 자고(子羔)와 마주쳤다[1]. 자고가 말했다.

"문이 이미 닫혔습니다."

자로가 말했다.

"내가 일단 가보겠다."

자고가 말했다.

"늦었습니다. 난에 휘말리지 마십시오."

자로가 말했다.

"이 집 녹을 얻어먹고 있는 이상 난을 피할 수는 없지!"

자고는 결국 나가버렸다. 자로가 들어가 문에 이르자 공손감(公孫敢-위나라 대부)이 문을 닫으면서 말했다.

"아무도 못 들어오게 하라!"

자로가 말했다.

"이 사람이 공손인가? 이익은 구하면서 그 난은 피하려 하다니! 나는 그렇게 못한다. 그의 녹봉을 먹는 이상 반드시 그를 난에서 구해야 한다."

사자 1명이 나오는 틈에 자로는 마침내 안으로 들어갈 수 있었다. 자로가 말했다.

"태자께서는 어찌 공회를 이용하려 하십니까? 설사 그를 죽인다 해도 반드시 다른 사람이 그를 이을 것입니다[2)]"

자로가 또 말했다.

"태자는 용기가 없다. 누대에다 불을 지르면 반드시 공회를 놓아줄 것이다."

태자가 이 말을 듣고는 겁이 나서 석걸(石乞)과 우염(盂黶)을 보내 자로에게 맞서게 하니, (두 사람이) 창으로 자로를 공격해 갓끈을 잘랐다. 자로는 "군자는 죽을지언정 관을 벗지 않는다![3)]"라며 갓끈을 다시 매다가 죽었다. 공자가 위나라에 난리가 났다는 소식을 듣고는 말했다.

"아! 시(柴-자고)는 아마[其(기)] 돌아오겠지만 유(由-자로)는 아마[其(기)] 죽게 될 것이다!"[4)]

공회가 끝내 태자 괴외를 세우니, 이 사람이 장공(莊公)이다.

1) 【집해(集解)】 가규(賈逵)가 말했다. "자고는 위나라 대부다. 이름은 고시(高柴)이고 공자의 제자다. 나오려 했다는 것은 달아나려 한 것이다."

2) 【집해(集解)】 왕숙(王肅)이 말했다. "반드시 뒤를 잇는 사람이 있을 것이며 그 사람이 또 태자를 공격할 것이라는 말이다."

3) 【집해(集解)】 복건(服虔)이 말했다. "관을 땅에 닿게 하지 않는다는 말이다."

4) 『논어(論語)』 「선진(先進)」편에서 여러 제자와 이야기를 나누던 중에 공자는 자로에게 이렇게 말한다. "유(由-자로)는 제명에 죽지 못할 것이다."

장공 괴외는 출공(出公)의 아버지로, 국외에 머무르고 있을 때 대부들이 자신을 맞이해 왕으로 세우지 않은 것을 원망했다. 즉위 원년에 대신들을 죄다 죽이려 하면서 말했다.

"과인은 나라 밖에서 오랫동안 머물렀다. 그대들도 일찍이 이에 관해 들어서 잘 알고 있지 않은가?"

신하들이 난을 일으키려 하자 (장공이) 마침내 (신하들을 죄다 죽이려는 생각을) 접었다.

2년에 노나라 공구(孔丘-공자)가 졸했다.

3년에 장공이 성에 올라 융주(戎州)를 보면서 말했다.

"융 놈의 오랑캐들[戎虜(융로)]이 어찌 여기에 있단 말인가?"

융주 사람들이 이를 근심했다. 10월에 융주(戎州)가 이를 조간자(趙簡子)에게 고하자, 간자가 위나라를 에워쌌다. 11월에 장공이 도망치자, 위나라 사람들은 공자 반사(斑師)[1]를 세워 위나라 임금으로 삼았는데, 제나라가 위나라를 쳐서 반사를 사로잡고 다시 공자 기(起)[2]를 세워 위나라 임금으로 삼았다.

1) 【집해(集解)】『좌전(左傳)』에 따르면 반사는 양공의 손자다.

2) 【집해(集解)】 복건(服虔)이 말했다. "기는 영공의 아들이다."

위군(衛君) 기(起) 원년에 위나라 석만포(石曼尃)[1]가 자기 임금 기를 내쫓으니, 기는 제나라로 달아났다. 위나라 출공 첩(輒)이 제나라에서 돌아와 다시 세워졌다. 애초에 출공은 세워진 지 12년에 망명했다가 나라 밖에서 4년을 보낸 뒤에 다시 들어온 것이다.

출공 후(後) 원년에 망명 당시 그를 따랐던 사람들에게 상을 내렸다.

세워진 지 21년에 졸하자[2] 출공의 계부 검(黔)이 출공의 아들을 몰아내고 스스로 서니, 이 사람이 도공(悼公)이다.

1) 【색은(索隱)】『좌전(左傳)』에는 석포(石圃)로 되어 있다. 이때 尃의 발음은 (부가 아니라) 포다. 『곡량전(穀梁傳)』에는 만고(曼姑)로 되어 있으니, 尃는 발음이 고(姑)다. 여러 판본에는 대부분 '만(曼)'자가 없다.

2) 【색은(索隱)】 출공은 처음 세워져 12년에 달아나 나라 밖에서 4년을 보냈고 다시 들어와 9년 만에 졸했으니, 세워진 것은 21년이고 처음 즉위해서 졸할 때까지 모두 25년이다. 월(越)에서 졸했다.

도공이 5년에 졸하자 아들 경공(敬公) 비(弗)[1]가 세워졌다.

경공이 19년에 졸하자 아들 소공(昭公) 규(糾)가 세워졌다. 이때 삼진(三晉-한·조·위(魏))이 강해지고 위나라는 작은 제후와 같았기에 (조나라의) 속국이 되었다.

1) 【집해(集解)】『세본(世本)』에는 경공 비(費)라고 했다.

소공 6년에 공자 미(亹)가 소공을 시해하고 그 자리에 세워지니, 이 사람

이 회공(懷公)이다.

회공 11년에 공자 퇴(穨)가 회공을 시해하고 그 자리에 세워지니, 이 사람이 신공(愼公)이다. 신공의 아버지는 공자 적(適)이고 적의 아버지는 경공(敬公)이다.

신공이 42년에 졸하자 아들 성공(聲公) 훈(訓)[1]이 세워졌다.

성공이 11년에 졸하자 아들 성후(成侯) 속(速)[2]이 세워졌다.

1) 【색은(索隱)】 훈(訓)은 판본에 따라 순(馴)으로 되어 있는데, 발음은 휴(休)와 운(運)의 반절음이다. 『계본(系本)』에는 성공(聖公) 치(馳)로 되어 있다.

2) 【색은(索隱)】 『계본(系本-세본)』에는 불서(不逝)로 되어 있다.

성후 11년에 공손앙(公孫鞅)이 진(秦)나라에 들어갔다[1].

16년에 위나라는 다시 칭호가 깎여 (공에서) 후(侯)로 내려왔다.

29년에 성후가 졸하자 아들 평후(平侯)가 세워졌다.

평후가 8년에 졸하자 아들 사군(嗣君)[2]이 세워졌다.

1) 【색은(索隱)】 살펴보건대, 「진본기(秦本紀)」에 이르기를 효공 원년에 앙이 진나라에 들어왔다고 했고 또 「연표(年表)」를 보면 성후와 진효공은 같은 연호이니, 그렇다면 '11년'은 마땅히 '원년'이 되어야 한다. 표기상의 오류일 뿐이다.

2) 칭호가 후에서 군으로 깎인 것이다. 처음에는 칭호가 효양후(孝襄侯)였다.

사군 5년에 군(君)으로 칭호가 깎이고 복양(濮陽) 땅만 갖게 되었다.

사군이 42년에 졸하자 아들 회군(懷君)이 세워졌다.

회군 31년에 위(魏)나라로 조회하러 갔는데, 위나라가 회군을 가두었다가 죽였다. 위(魏)나라는 사군의 동생을 다시 세웠으니, 이 사람이 원군(元君)이다. 원군이 위(魏)나라 사위였기 때문에 그를 세운 것이다.

원군 14년에 진(秦)나라가 위(魏)나라 동쪽 땅을 뽑아버리고 처음으로 동군(東郡)을 두었다가, 위나라 임금(-원군)을 다시 야왕현(野王縣)으로 옮기게 하고는 복양을 동군에 합병시켰다.

원군이 25년에 졸하자 아들 각(角)이 세워졌다[1].

1) 【집해(集解)】 「연표(年表)」에 이르기를, 원군 11년에 진나라가 동군을 두었고 12년에 야왕으로 옮겼으며 23년에 졸했다고 했다.

위군 각(角) 9년에 진(秦)나라가 천하를 통일하고 시황제(始皇帝)가 세워졌다.

21년에 진(秦)나라 2세 황제가 위군 각을 폐해 서인으로 삼으니 위나라 제사는 끊어졌다.

태사공(太史公)이 말한다.

"내가 세가(世家)를 읽다가 위(衛)나라 선공(宣公)의 태자가 부인 문제로 살해되고 동생 수가 서로 죽음을 다퉈 서로 사양하는 대목에 이르렀는데, 이는 진(晉)나라 태자 신생(申生)이 여희(驪姬)의 잘못을 드러내려 하지 않은 것과 같은 경우로 모두 아버지의 뜻을 손상하는 것을 두려워한 때문이다. 그러나 끝내는 죽음에 이르렀으니 어찌 슬프지 않은가! 간혹 아버지와 아들이 서로 죽이려 하고 형과 아우가 서로 없애려 했으니, 이것이 도대체 실로[獨] 무슨 일인가!"[1]

1) 【색은술찬(索隱述贊)】 사구가 봉작을 받으니[司寇受封]/재재를 지어주었다네[梓材有作]/성왕께서는 보배로운 기물들을 하사하셨고[成錫厥器]/이왕께서는 작위를 높여주셨도다[夷加其爵]/무공에 이르러 능히 정사를 잘 닦아[暨武能修]/문치를 따라서 비로소 나라를 화합시켰네[從文始約]/시에서는 남쪽으

로 돌아가는 제비를 노래했고[詩美歸燕]/석작의 바른 간언 가슴 아프게 전하네[傳矜石碏]/선공은 음란함을 일삼으며[宣縱淫嬖]/급과 삭을 낳았지[亹生伋朔]/괴외가 죄를 얻었고[蒯聵得罪]/출공은 악을 일삼았도다[出公行惡]/위나라 천명은 날로 쇠하다가[衛祚日衰]/임금 각에 이르러 나라를 잃었도다[失於君角]!

권38 — 송미자세가(宋微子世家) 제8

권38 송미자세가(宋微子世家) 제8

미자(微子) 개(開)[1]는 은(殷)나라 제을(帝乙)의 큰아들이자 주왕(紂王)의 서형(庶兄)[2]이다. 주왕이 이미 세워지고 나자 눈 밝지 못한[不明(불명)] 데다 정치도 지나치게 어지러웠기에[淫亂(음란)][3] 미자가 여러 차례 간언했으나 주왕은 듣지 않았다.

(주왕의 대신) 조이(祖伊)는 주(周)나라 서백(西伯) 창(昌)이 다움을 닦고 기(阢)나라를 멸망시키자[4] 그 화가 자신에게 미칠까 두려워서 이를 주왕에게 아뢰었는데, 주왕이 말했다.

"내가 태어났다는 것 자체가 하늘이 나에게 명을 내린 것이 아니겠는가? 그가 나에게 무얼 어쩔 수 있겠는가?"

1) 【집해(集解)】 공안국(孔安國)이 말했다. "미(微)는 기내(畿內-경기) 봉국의 이름이고 자(子)는 작위니, 주왕(紂王)의 경사(卿士)다." 【색은(索隱)】 『상서(尚書)』「미자지명(微子之命)」편에 이르기를 미자 계(啓)에게 은나라 뒤를 이르라고 명했다고 했으니, 여기서 이름을 개(開)라고 한 것은 한나라 경제(景帝)의 이름을 피휘한 것이다.

2) 【색은(索隱)】 『여씨춘추(呂氏春秋)』에서 말했다. "미자를 낳았을 때 어머니가 첩이 되었고, 정비가 되고 나서 주(紂)를 낳았다. 따라서 미자는 주의 동모서형(同母庶兄)이다."

3) 이런 경우에 음(淫)은 '지나치다[過(과)]'는 뜻이다.

4) 【집해(集解)】 阢는 발음이 기(耆)다. 【색은(索隱)】 기(耆)는 곧 여(黎)다. 추탄생(鄒誕

生)이 말했다. "는 발음이 여(黎)다." 공안국(孔安國)이 말했다. "여(黎)는 상당(上黨) 동북쪽에 있는데, 곧 지금의 여정(黎亭)이 이곳이다.

이에 미자는 주왕은 끝내 간언만으로는 바꿀 수 없겠다고 여기고 죽으려 하다가[死之(사지)][1] 떠나려고 마음을 먹었는데, 그런 뒤에도 능히 스스로 결정할 수가 없어서 마침내 태사(太師-기자)와 소사(少師-비간)[2]에게 가서 물었다.

"은나라는 제대로 된 정치를 하지 못해 사방을 다스리지 못하고 있습니다[3]. 우리 선조(先祖-탕왕)께서 위로[上(상)=上世(상세)] 큰 공업을 이루셨지만, 주왕이 술에 빠져[沈湎(침면)] 부인 말만 들으면서 아래로[下(하)=下世(하세)] 탕(湯)의 덕을 어지럽히고 무너뜨렸습니다. (그 결과) 은나라 사람들은 이미 나이가 많거나 적거나 할 것 없이 모두 초야에서 도적질하고 법을 어기며 난을 일으키기 좋아하고, 왕실의 경사(卿士)들은 서로 본받아가면서[師師(사사)] 법도를 지키지 않으니, 모두가 죄를 짓고도 마침내 누구 하나 벌을 받지 않습니다. 그러니 일반 백성도 마침내 나란히 들고일어나서 모두 서로를 적이나 원수처럼 여깁니다[4]. 지금 은나라는 이에[其(기)] 나라의 법도[典(전)=國典(국전)]가 무너져 내렸습니다. 마치 물을 건너려 하는데 나루터나 물가[津涯(진애)]가 없는 것과도 같습니다[5]. 은나라가 드디어 망하려 함이 지금에 이르렀습니다[越(월)][6]."

1) '주왕을 죽이려 하다'로 옮길 수도 있다.

2) 【집해(集解)】 공안국(孔安國)이 말했다. "태사는 삼공(三公)으로 기자이고, 소사는 고경(孤卿)으로 비간이다."

3) 【집해(集解)】 공안국(孔安國)이 말했다. "은나라에는 제대로 된 정치가 없고 사방을 다스리지 못하니 장차 반드시 망할 것이라는 말이다."

4) 【집해(集解)】 공안국(孔安國)이 말했다. "서로 화합하지 못한다는 말이다."

5) 【집해(集解)】 서광(徐廣)이 말했다. "다른 판본에는 '강을 건너려 하는데 배가 없

는 것과 같다'라고 했으니, 둘 다 그만큼 위태롭다는 것을 말한다."

6) 【집해(集解)】 마융(馬融)이 말했다. "월(越)은 지금에 이르렀다[於是至矣]는 말이다."

그러고는 물었다.

"태사여, 소사여! 내가 이에[其] 나가서 도망쳐야 하는 것입니까? 우리 경대부들[吾家][1]이 무너지는 것을 지켜낼 수 있겠습니까? 지금 그대들이 나에게 알려줄 뜻이 없어 우리가 엎어지고 무너진다면[顚躋=顚覆] 어찌할 셈입니까?"

태사가 말했다.

"왕자시여! 하늘이 엄중한 재앙[菑=災]을 내려 은나라를 멸망시키려 하는데도[2] 끝내 (주왕은) 두려워하지 않을 뿐 아니라 늙은이의 말도 듣지 않으니[3], 지금은 은나라 백성도 마침내 하늘과 땅에 대한 제사를 무시하며 모독하고 있습니다[陋淫]. 지금 진실로 나라를 잘 다스려서 나라가 제대로 다스려진다면 나라 다스림을 위해 몸이 죽어도 여한이 없겠지만, 죽어도 끝내 다스려질 수 없다면 떠나는 것이 낫습니다."

(미자가) 드디어 떠나갔다.[4]

1) 【집해(集解)】 배인(裴駰)이 살펴보건대, 마융(馬融)이 말하기를 "경대부를 칭해 가(家)라고 한다"라고 했다.

2) 【집해(集解)】 공안국(孔安國)이 말했다. "미자는 제을의 아들이므로 왕자라고 했다. 하늘이 주왕을 낳아줘 난을 빚었으니, 이를 '재앙을 내렸다'라고 한 것이다." 정현(鄭玄)이 말했다. "소사가 대답하지 않은 것은 그 뜻이 반드시 죽으려는 데 있었기 때문이다."

3) 【집해(集解)】 공안국(孔安國)이 말했다. "위로는 하늘이 내리는 재앙을 두려워하지 않고 아래로는 뛰어난 이를 두려워하지 않아서, 원로들의 말을 어기고 그

들의 가르침을 쓰지 않았다."

4) 이를 보면 공자가 왜 『논어(論語)』「미자(微子)」편에서 나라를 떠나간 미자를 어진 이로 꼽았는지 알 수 있다. "미자(微子)는 떠나갔고, 기자(箕子)는 종이 되었으며, 비간(比干)은 간언하다가 죽었다. 공자가 말했다. '은(殷)나라에는 어진 사람 3명이 있었다.'"

기자(箕子)는 주(紂)의 친척[1]이다. 주왕이 처음으로 상아 젓가락[象箸(상저)]을 쓰자 기자가 탄식하며 말했다.

"그가 상아로 만든 젓가락을 사용했으니 틀림없이 옥으로 만든 잔을 사용하려 할 것이고, 옥으로 만든 잔을 사용한다면 틀림없이 먼 곳의 진기하고 기이한 물건들을 차지하려 할 것이다. 수레와 말, 궁실의 사치가 점점 심해지는 것이 이로부터 비롯될 것이니 나라가 제대로 떨칠 수 없을 것이다."

주왕이 안일과 쾌락에 빠지자, 기자가 간언했으나 듣지 않았다. 어떤 사람이 말했다.

"떠나는 것이 좋겠습니다."

기자가 말했다.

"남의 신하 된 자가 간언을 들어주지 않는다고 해서 떠난다는 것은 군주의 잘못을 드러내면서 자신은 백성의 비위만을 맞추는 것[自說(자열)]이니, 나는 차마 그렇게 못 하겠소."

마침내 머리를 풀어 헤치고[被髮(피발)] 거짓으로 미친 척하다가 종이 되었다. 드디어 숨어 살면서 거문고를 연주하며 스스로 슬픔이나 달랬다. 그 노래가 「기자조(箕子操)」[2]라는 이름으로 전해졌다.

1) 【색은(索隱)】 기(箕)는 봉국, 자(子)는 작위다. 마융(馬融)·왕숙(王肅)은 기자를 주왕의 숙부로 보았고, 복건(服虔)·두예(杜預)는 주왕의 서형으로 보았다.

2) 【집해(集解)】 『풍속통의(風俗通義)』에서 이렇게 말했다. "도리가 막혀서 우수에 젖어 음악을 지었을 때 그 노래를 조(操)라고 한다. 재앙이나 해악을 만나서

곤궁함에 처해 비록 원한이 맺히고 실의에 빠져 있기는 하지만, 그럼에도 예의(禮義)를 지키고 두려워하지 않으며 도리를 즐기고 그 절조를 바꾸지 않는 것을 말한다."

왕자 비간(比干) 역시 주(紂)의 친척이다. 기자가 간언해도 들어주지 않자 스스로 종이 되는 것을 보고는 말했다.

"임금에게 허물이 있는데도 죽음을 무릅쓰고 간쟁 하지 않는다면 백성은 무슨 죄인가?"

마침내 주왕에게 곧은 말로 간언했다. 주왕이 화를 내며 말했다.

"내가 듣건대 성인(聖人)의 심장에는 구멍이 7개[七竅(칠규)] 있다던데, 정말 그런가?"

마침내 드디어 왕자 비간을 죽여서 그 심장을 도려내[刳(고)] 살펴보았다.

미자가 말했다.

"아버지와 자식 사이에는 골육의 정이 있지만 임금과 신하는 마땅함[義(의)]으로 맺어져 있다[屬=結(속 결)]. 그래서 아버지에게 잘못이 있으면 자식은 세 번 간언하고, 그래도 들어주지 않는다 해도 자식은 아버지를 따르면서 계속 외칠 뿐이다. (반면에) 신하 된 자가 세 번을 간언했는데도 들어주지 않으면 그 의리상[其義(기의)] 떠날 수 있다."

이에 태사와 소사가 미자에게 떠날 것을 권유하자 드디어 떠났다[1].

1) 【집해(集解)】 이때 비간은 이미 죽었으니, 소사라고 한 것은 잘못인 듯하다.

주나라 무왕이 주왕을 쳐서 은나라를 물리치자[克殷=翦商(극은 전상)] 미자는 마침내 제기를 들고 군문(軍門)으로 나아가, 웃통을 벗고 등 뒤로 손을 묶고서 앞을 올려다보며[肉袒面縛(육단 면박)][1] (사람을 시켜) 왼쪽에서 양을 끌고 오른쪽에

서 삘기[茅]를 쥐게 한 뒤 무릎걸음으로 무왕 앞에 나아가 아뢰었다. 이에 무왕이 마침내 미자를 풀어주고 그의 지위를 예전대로 회복시켜 주었다.

1) 【색은(索隱)】 육단(肉袒)이란 웃옷을 벗어 상체를 드러내는 것이고, 면박(面縛)이란 손을 등 뒤에서 묶고 얼굴은 앞을 향하는 것이다.[이는 항복하는 예다.]

무왕은 주왕의 아들 무경 녹보(武庚祿父)를 봉해 은나라 제사를 잇게 하고, 관숙(管叔)과 채숙(蔡叔)을 시켜 그를 보좌하게 했다[傅相].

무왕은 이미 은나라를 물리치고 나자, 기자를 찾아가서 물었다[訪問].

무왕이 말했다.

"아! 하늘은 은밀하게 아래 백성을 안정시키고 그곳에 사는 사람들은 서로 화목하게 하는데, 나는 일정한 이치[常倫]의 차례를 알지 못한다!"

기자가 대답해 말했다.

"옛날에 곤(鯀-우왕의 아버지)이 홍수를 막으면서[陻=塞] 오행(五行)의 질서를 어지럽히자[汨=亂] 상제께서 마침내 크게 노해 홍범구등(鴻範九等-홍범구주)을 내려주지 않으니, 일정한 이치가 흐트러졌습니다. 곤이 추방을 당해 죽고 우가 마침내 그 일을 이어받아 일으키자, 하늘이 드디어 우에게 홍범구등을 내려주어 일정한 이치가 차례를 얻게 되었습니다.

(홍범구등의) 첫째는 오행(五行), 둘째는 오사(五事), 셋째는 팔정(八政), 넷째는 오기(五紀), 다섯째는 황극(皇極), 여섯째는 삼덕(三德), 일곱째는 계의(稽疑), 여덟째는 서징(庶徵), 아홉째는 오복(五福)을 누리고 육극(六極)을 피하는 것입니다.

오행(五行)은 물·불·나무·쇠·흙입니다[1]. 물은 아래로 적셔주고

[潤下], 불은 위로 타오르고[炎上][2], 나무는 굽거나 곧아지고[曲直][3], 쇠는 사람들의 뜻에 따라 모양을 바꾸고[從革][4], 흙은 심고 거둘 수 있습니다[稼穡][5]. 아래를 적셔주면 짠맛을 내고[6], 위로 타오르면 쓴맛을 내고[7], 굽거나 곧아지면 신맛을 내고[8], 뜻에 따라 모양을 바꾸면 매운맛이 나고[9], 심고 거두면 단맛이 납니다[10].

1) 【집해(集解)】 정현(鄭玄)이 말했다. "이 숫자는 음양이 생성해내는 차례에 뿌리를 두고 있다."

2) 【집해(集解)】 공안국(孔安國)이 말했다. "이는 자연스러운 본성을 말한 것이다."

3) 【집해(集解)】 공안국(孔安國)이 말했다. "나무는 휘어지므로 굽히거나 곧게 할 수 있다."

4) 【집해(集解)】 마융(馬融)이 말했다. "쇠는 본성상 사람들의 뜻에 따라 녹이거나 달굴 수 있다."

5) 【집해(集解)】 왕숙(王肅)이 말했다. "심는 것을 가(稼), 거두는 것을 색(穡)이라고 한다."

6) 【집해(集解)】 공안국(孔安國)이 말했다. "물속의 소금기가 만들어낸다."

7) 【집해(集解)】 공안국(孔安國)이 말했다. "타오르는 기운의 맛이다."

8) 【집해(集解)】 공안국(孔安國)이 말했다. "나무 열매의 맛이다."

9) 【집해(集解)】 공안국(孔安國)이 말했다. "쇠의 기운에서 나는 맛이다."

10) 【집해(集解)】 공안국(孔安國)이 말했다. "단맛은 백 가지 곡식에서 생겨난다. 오행 이하는 기자가 한 말이다."

오사(五事)란 몸가짐·말·보기·듣기·생각을 말합니다. 몸가짐[貌]은 공손해야 하고[恭], 말은 이치에 맞아서 따를 만해야 하고[從][1], 보는 것[視]은 눈 밝아야 하고[明], 듣는 것[聽]은 귀 밝아야 하고[聰], 생각[思]은 일에 밝아야 합니다[睿]. 공손하면 엄숙해지고[肅], 이치에 맞아서 따를 만

하면 다스릴 수 있고[治], 눈 밝으면 지혜로워지고[智], 귀 밝으면 일을 잘 도모할 수 있고[謀], 일에 밝으면 빼어날 수 있습니다[聖][2].

1) 【집해(集解)】 마융(馬融)이 말했다. "말을 하면 마땅히 따를 만하게 해야 한다."

2) 【집해(集解)】 공안국(孔安國)이 말했다. "일에 대해 통달하지 못하는 바가 없는 것[無不通]을 일러 성(聖)이라고 한다."

팔정(八政)이란 식(食), 화(貨), 사(祀), 사공(司空)[1], 사도(司徒)[2], 사구(司寇)[3], 빈(賓)[4], 사(師)[5]를 말합니다.

오기(五紀)란 세(歲), 월(月), 일(日), 성신(星辰)[6], 역수(曆數)[7]를 말합니다.

1) 【집해(集解)】 마융(馬融)이 말했다. "사공은 성곽의 조성과 백성의 주거를 담당한다."

2) 【집해(集解)】 공안국(孔安國)이 말했다. "백성을 예의로 가르치는 일을 담당한다."

3) 【집해(集解)】 마융(馬融)이 말했다. "도적들을 처벌하는 일을 담당한다."

4) 【집해(集解)】 정현(鄭玄)이 말했다. "제후들의 조현을 담당하는 관직이다."

5) 【집해(集解)】 정현(鄭玄)이 말했다. "군대의 일을 담당하는 관직이다."

6) 【집해(集解)】 마융(馬融)이 말했다. "성(星)은 28수(宿)이고, 신(辰)은 해와 달이 만나는 것이다." 정현(鄭玄)이 말했다. "성(星)은 다섯 행성이다."

7) 【집해(集解)】 공안국(孔安國)이 말했다. "역수란 절기의 도수다. 역수로 삼가 백성의 농사철을 내려준다."

황극(皇極)이란 제왕[皇]이 표준[極]을 세우는 것이니, 때에 맞게 오복을 거둬서 백성에게 두루 복을 펴주면 이 여러 백성이 제왕의 표준을 보존해

주는 것입니다. 무릇 백성이 사악한 패거리를 짓지 않고 관리들이 사사로이 패거리를 지어 간사한 짓을 하지 않는 것은 오직 제왕이 표준이 되기 때문입니다. 또 사람 중에 계책이 있고[有猷] 유의미한 일을 할 수 있으며[有爲] 지조를 지키는 자[有守]가 있다면[1] 제왕께서는 깊이 생각해야 합니다. 제왕의 표준에 부합하지 않더라도 큰 잘못을 하지 않는다면 제왕은 그들을 받아들여야 합니다. 기쁜 얼굴로 사람을 가까이 대해, 누구든 '내가 덕을 좋아합니다'라고 할 경우에 제왕께서 그에게 작위와 녹봉을 내려주신다면 이 사람은 이에 제왕의 표준에 맞게 할 것입니다. 홀아비와 과부를 무시하지 말고 높고 귀한 사람들을 두려워해야 합니다. 사람 중에 능력 있고 유의미한 일을 할 수 있는 사람들로 하여금 그 재능을 펼치게 하면 나라는 이에 번창할 것입니다. 바른 사람들[正人]은 자리와 녹봉으로 부유하게 해준 다음이라야 비로소 선하게 되니, 제왕께서 선한 사람들로 하여금 왕실에 있게 하지 못하신다면 그 사람들은 죄에 빠질 것입니다. (반대로) 덕을 좋아하지 않는 사람들에게 제왕께서 자리와 녹봉을 내려준다 해도 이는 (결국) 허물이 있는 사람을 쓰는 것이 될 것입니다.

어느 쪽으로도 치우치거나 기울지 말고 임금다운 임금의 마땅함을 지켜야 하며, 사사로운 마음으로 편애하지 말고 임금다운 임금의 길을 지켜야 하며, 무엇인가를 사사로이 싫어하거나 미워하지 말고 임금다운 임금의 길을 지켜야 합니다. 치우친 마음을 갖지 말고 패거리를 짓지 말아야 임금다운 임금의 길이 탕탕(蕩蕩)해지며, 패거리를 짓지 말고 치우친 마음을 갖지 말아야 임금다운 임금의 길이 평평(平平)해지며[2], 도리를 거스르거나 어그러뜨리지 않아야 임금다운 임금의 길이 바르고 곧아집니다. (이렇게 하면) 모두가 제왕의 표준 아래로 모이고 제왕의 표준으로 돌아갈 것입니다.

제왕이 표준에 의거해 풀어낸 말이 바로 이치이고 바로 가르침이니, 이는 상제가 가르쳐준 것입니다. 무릇 만백성이 표준에 의거해 풀어낸 말을 가르침으로 삼고 이를 행하게 된다면 천자의 빛을 가까이하면서 말하기를

'천자가 우리 백성 부모가 되어 천하의 임금다운 임금이 되시리라'라고 말할 것입니다.

1) 나라를 다스리는 데 꼭 필요한 세 가지 유형의 신하다. 계책이 있는 신하는 재상으로 삼고, 유의미한 일을 할 수 있는 신하는 판서로 삼고, 지조를 지키는 신하는 간관(諫官)으로 삼는다.

2) 여기서 탕평(蕩平)이라는 말이 나왔다.

삼덕(三德)이란 바르고 곧음[正直], 굳셈으로 이겨냄[剛克], 부드러움으로 이겨냄[柔克][1]을 말합니다. (천하가) 평안하고 즐거우면 바르고 곧게 다스리고, 굳세어 복종하지 않으면 굳셈으로 다스리고, 고분고분하고 친근하면 부드러움으로 다스려야 합니다. 은밀하게 난을 꾀하려는 자[沈潛]는 굳세게 다스리고[2], 고상하고 지혜로운 자[高明]는 부드럽게 다스려야 합니다[3].

오직 임금만이 복을 내릴 수 있고[作福] 오직 임금만이 죄를 다스릴 위엄이 있으며[作威][4] 오직 임금만이 좋은 음식을 누릴 수 있으니[玉食], 신하는 복을 내릴 수 없고 죄를 다스릴 수 없으며 좋은 음식을 누릴 수 없습니다. 신하가 복을 내리고 죄를 다스리며 좋은 음식을 누리게 되면 그 피해는 (제왕의) 집안에 미치고 나라에 해를 가져다줄 것이니, 관리들은 기울고 편벽되며 백성도 참람되어 매사에 지나치게 될 것입니다.

1) 【집해(集解)】 정현(鄭玄)이 말했다. "극(克)은 이겨냄[能]이다. 굳세어야 부드러움을 이겨낼 수 있고 부드러워야 굳셈을 이겨낼 수 있으니, 너그러움과 위엄을 함께 씀으로써[寬猛相濟] 다스림을 이뤄내고 공로를 세우게 된다."

2) 【집해(集解)】 마융(馬融)이 말했다. "침(沈)은 음(陰), 잠(潛)은 복(伏)다. 몰래 숨어서 음모를 꾸민다는 것은 곧 난신적자가 하루아침 하룻저녁에 생겨나는 것이 아니라 점점[漸] 자라남을 말한 것이다. 임금의 친인척에게는 장차 미래

가 없어야 하니, 장차 미래를 도모하면 주살한다[君親無將 將而誅].”

3) 【집해(集解)】 마융(馬融)이 말했다. “고명한 군자는 덕으로 품어주어야 한다.”

4) 【집해(集解)】 정현(鄭玄)이 말했다. “복을 내린다는 것은 작위와 상에 대해 전권을 갖는다는 것이며, 죄를 다스린다는 것은 형벌에 대해 전권을 갖는다는 것이다.”

계의(稽疑-의심스러운 일을 상고함)란 복서(卜筮)할 사람을 가려 뽑아 세우는 것입니다[1]. 이에 마침내 복서를 명하니, 그 결과 나오는 점괘는 비[雨], 갬[濟=霽], 구름[涕][2], 안개[霧][3], 음양이 서로 침범하는 형상[克], 반듯함[貞], 숨음[悔=晦]이라는 모두 일곱 가지입니다. 거북점에 다섯 가지를 쓰고 시초점에 두 가지를 써서[4] 사람이 하는 일의 잘못됨을 추측합니다[衍貣=衍忒]. 이런 사람을 세워[立][5] 복서를 행하되, 세 사람이 점을 치면 (결과가 같은) 두 사람 말을 따릅니다[6]. 왕께 크게 의심스러운 일이 있으시거든 먼저 꾀함[謀]을 본인 마음에 미치고 경사(卿士)에 미치고 서인(庶人)에 미친 다음에 복서에 미치도록 해야 합니다[7].

왕께서 따르고 거북점도 따르고 시초점도 따르고 경사도 따르고 서민도 따를 경우 이를 일러 대동(大同)이라 하니, 본인 몸이 강건하고 자손들도 크게 길함을 만나게 될 것입니다.

왕께서 따르고 거북점도 따르고 시초점도 따르는데 경사가 거스르고 서민이 거스른다면 길합니다.

경사가 따르고 거북점도 따르고 시초점도 따르는데 왕께서 거스르고 서민이 거스른다면 길합니다.

서민이 따르고 거북점도 따르고 시초점도 따르는데 왕께서 거스르고 경사가 거스른다면 길합니다.

왕께서 따르고 거북점도 따르는데 시초점이 거스르고 경사가 거스르고 서인이 거스른다면 안에서는 길하지만, 밖에서는 흉합니다[8].

거북점과 시초점이 모두 사람과 위배된다면 가만있으면서 도리를 지키면 길하지만 뭔가를 하려고 움직이면 흉합니다.

1) 【집해(集解)】 공안국(孔安國)이 말했다. "거북점은 복(卜), 시초점은 서(筮)다. 의심스러운 일을 상고해서 바로잡을 때는 마땅히 복서를 잘 아는 사람을 선택해 그를 관직에 세우는 것이다."
2) 『상서(尙書)』에는 역(圛-맴돌다)으로 되어 있다. 【색은(索隱)】 涕의 발음은 (체가 아니라) 역(亦)이다. 공안국(孔安國)이 말했다. "기운이 끊어졌다가 다시 이어졌다가 하는 것이다." 여기서 체(涕-눈물 흘리다)라고 한 것은 눈물 또한 끊어질 듯하면서도 줄줄 이어지는 모습이기 때문이다.
3) 【집해(集解)】 서광(徐廣)이 말했다. "판본에 따라 이(洟-콧물)나 피(被-이불)로 되어 있다."
4) 다섯 가지란 비·갬·구름·안개·음양이 서로 침범하는 형상이고, 두 가지란 반듯함과 숨음이다.
5) 【집해(集解)】 정현(鄭玄)이 말했다. "세웠다는 것은 능히 조짐과 괘(卦)를 분별할 줄 아는 이 사람을 복서인으로 삼았다는 말이다."
6) 【집해(集解)】 정현(鄭玄)이 말했다. "다수를 따르는 것은 시초점과 거북점의 도리가 그윽하고 은미해서 밝히기가 어렵기 때문에 신중함을 더하는 것이다."
7) 【집해(集解)】 공안국(孔安國)이 말했다. "먼저 모려(謀慮)함을 다한 다음에 복서로 결단해야 한다."
8) 【집해(集解)】 정현(鄭玄)이 말했다. "여기서는 거스름이 많으므로 나라 안에서 하는 일은 길하지만 나라 밖에서 하는 일은 흉하다."

서징(庶徵-여러 조짐)이란 비[雨], 따뜻함[陽], 더위[奧], 추위[寒], 바람[風], 때에 맞음[時]입니다. 다섯 가지가 와서 갖춰지되 각각이 그 차례에 맞으면 온갖 풀이 무성하게 됩니다[1]. 한 가지가 너무 심하게 갖춰져도 흉하고 너무 없어도 흉합니다.

아름다운 조짐[休徵]의 경우 (임금이) 엄숙하면[肅] 때에 맞게 비가 내리고, (임금이) 잘 다스리면[治] 때에 맞게 날이 개고, (임금이) 지혜로우면[知=哲] 때에 맞게 날이 덥고, 계책을 잘 세우면[謀] 때에 맞게 날이 춥고, (임금이) 빼어나면[聖] 때에 맞게 바람이 붑니다[2]. 나쁜 조짐[咎徵]의 경우 (임금이) 광패하면[狂=悖] 늘 비가 내리고, (임금이) 도리에 어긋나는 일을 하면[僭] 늘 가물어 비가 내리지 않고, (임금이) 안일해 늘어져 있으면[舒] 늘 무더위가 이어지고, (임금이) 성급하면[及] 늘 춥고, (임금이) 사리에 어두우면[霧=霧闇] 늘 바람이 붑니다.

왕이 살펴야 할 것[眚=省]은 해이고[3], 경사는 달이고[4], 사윤(師尹)은 날입니다[5]. 해·달·날에 때가 바뀜이 없어야 백곡이 잘 자라고 다스려짐이 밝아지며 준걸들[畯民=俊民]이 발탁되어 쓰임으로써 나라가 평안해질 것입니다. 해·달·날에 때가 바뀜이 있게 되면 백곡이 제대로 자라지 못하고 다스림이 어두워지며 준걸이 쓰임이 없게 됨으로써 나라가 평안치 못하게 될 것입니다. 서민들은 별과 같은데, 별 중에는 바람을 좋아하는 것이 있고 비를 좋아하는 것이 있습니다. 해와 달의 운행으로 겨울이 있고 여름이 있으니, 달이 별을 따르는 것으로써 비와 바람을 알 수 있습니다[6].

1) 【집해(集解)】 공안국(孔安國)이 말했다. "비는 사물을 적셔주고, 따뜻함은 사물을 말려주고, 더위는 사물을 길러주고, 추위는 사물을 이뤄주고, 바람은 사물을 움직여준다. 이 다섯 가지가 각각 때에 맞으면 그에 맞는 효험이 있게 된다."

2) 【집해(集解)】 공안국(孔安國)이 말했다. "임금이 이치에 통달하면 때에 맞는 바람이 분다."

3) 【집해(集解)】 마융(馬融)이 말했다. "임금다운 임금이 일을 맡는 것은 한 해가 사계절을 담고 있는 것과 같다."

4) 【집해(集解)】 공안국(孔安國)이 말했다. "경사가 각각 맡은 바를 갖고 있는 것은

달에 12월의 구별이 있는 것과 같다."

5) 【집해(集解)】 공안국(孔安國)이 말했다. "뭇 관리들이 자기 직무를 나눠서 다스리는 것은 날이 해와 달에 속해 있는 것과 같다."

6) 【집해(集解)】 공안국(孔安國)이 말했다. "달이 기성(箕星)을 지나가면 바람이 많고, 필성(畢星)에 걸려 있으면 비가 많다. 정치와 가르침이 일정한 도리를 잃으면 백성이 욕구만 따르게 되어 실로 어지러움이 생겨난다."

오복(五福)이란 수(壽), 부(富), 강녕(康寧), 유호덕(攸好德-다움을 좋아함), 고종명(考終命)[1]입니다.

육극(六極)이란 흉단명(凶短命)[2], 질(疾-몸에 병이 있는 것), 우(憂-마음에 병이 있는 것), 빈(貧-가난), 악(惡-굳셈이 지나친 것), 약(弱-부드러움이 지나친 것)입니다."

1) 【집해(集解)】 공안국(孔安國)이 말했다. "각자 길고 짧은 명을 이뤄내 스스로 잘 마침으로써 비명횡사나 요절을 하지 않는 것이다."

2) 【집해(集解)】 정현(鄭玄)이 말했다. "이를 갈기 전에 죽는 것을 흉(凶), 관례를 올리기 전에 죽는 것을 단(短), 결혼하기 전에 죽는 것을 절(折)이라고 한다."

이에 무왕은 마침내 기자를 조선(朝鮮)에 봉하되 신하로 대하지 않았다[不臣(불신)].

그 뒤에 기자가 주나라에 조회를 드리러 오던 중에 옛 은나라 도읍지[殷虛(은허)]를 지나게 되었는데, 궁실이 무너진 자리에 벼와 기장이 자라나 있는 것을 보고는 느끼는 바가 있었다. 기자는 상심해 통곡하고 싶었으나 그렇게 하지 못했고 펑펑 울고도 싶었으나 아녀자와 같이 보일까 봐 대신에 「맥수(麥秀)」라는 시를 지어 노래를 불렀다. 그 시는 이랬다.

"보리 이삭은 점점 끝이 뾰족해지고[漸漸]
벼와 기장은 싹이 올라 한창이구나[油油]!
저 교활한 아이[狡僮]가 나에게 친하게 대하지도 않았구나!"

이른바 교활한 아이란 주(紂)다. 은나라 유민들이 이를 듣고서 모두 눈물을 흘렸다.

무왕이 붕(崩)했을 때 성왕(成王)은 어렸기 때문에 주공(周公) 단(旦)이 대신해서 정치를 행하며 국정을 떠맡았는데, 관숙(管叔)과 채숙(蔡叔)이 주공에 대해 의심을 품고 마침내 무경(武庚)과 함께 난을 일으켜 성왕과 주공을 습격하려 했다. 이에 주공은 성왕의 명을 받들어 무경을 베고 관숙을 죽였으며 채숙을 추방하고 나서, 마침내 미자 개로 하여금 은나라 후사를 대체하게 해서 선조의 제사를 받들도록 하면서 「미자지명(微子之命)」을 지어 거듭해서 고해준 다음 송(宋)에 나라를 세우도록 했다. 미자는 원래 능히 어질고 뛰어나[仁賢] 마침내 무경을 대신할 수 있었고, 그래서 은나라 유민들도 그를 매우 존경하고 사랑했다[戴愛=敬愛].

미자 개(開)가 졸하자 그 동생 연(衍)을 세우니[1], 이 사람이 미중(微仲)이다.

미중이 졸하자 아들 송공(宋公) 계(稽)가 세워졌다.

송공 계가 졸하자 아들 정공(丁公) 신(申)이 세워졌다.

정공 신이 졸하자 아들 민공(湣公) 공(共)이 세워졌다.

민공 공이 졸하자 동생 양공(煬公) 희(熙)가 세워졌다.

양공이 자리에 나아가자, 민공의 아들 부사(鮒祀)가 양공을 시해하고 스스로를 세우면서 "내가 마땅히 자리에 서야 한다"라고 했다. 이 사람이 여공(厲公)이다.

여공이 졸하자 아들 희공(釐公) 거(擧)가 세워졌다.

1) 【집해(集解)】 정현(鄭玄)이 말했다. "미자의 적자가 죽었기 때문에 그 동생 연을 세웠으니, 이는 은나라 예(禮)다."

희공 17년에 주(周)나라 여왕(厲王)이 나라를 나와 체(彘) 땅으로 달아났다.

28년에 희공이 졸하자 아들 혜공(惠公) 견/간(覵)[1]이 세워졌다.
혜공 4년에 주나라 선왕(宣王)이 자리에 나아갔다.
30년에 혜공이 졸하자 아들 애공(哀公)이 세워졌다.
애공이 원년에 졸하자 아들 대공(戴公)이 세워졌다.

1) 【집해(集解)】 여침(呂忱)이 말했다. "覵의 발음은 (한이 아니라) 고(古)와 현/한(莧)의 반절음이다."

대공 29년에 주나라 유왕(幽王)이 견융(犬戎)에게 살해되었고, 진(秦)나라가 비로소 반열에 올라 제후가 되었다.

34년에 대공이 졸하자 아들 무공(武公) 사공(司空)이 세워졌다. 무공이 낳은 딸은 노(魯)나라 혜공(惠公)의 부인이 되어 노(魯) 환공(桓公)을 낳았다.
18년에 무공이 졸하자 아들 선공(宣公) 역(力)이 세워졌다.

선공에게는 태자 여이(與夷)가 있었다. 19년에 선공이 병이 나자, 동생 화(和)에게 자리를 물려주려[讓=禪讓] 하면서 이렇게 말했다.
"아버지가 죽으면 아들이 뒤를 잇고 형이 죽으면 동생에게 자리가 돌아가는 것은 천하에 두루 통용되는 의리[通義]다. 나는 이에[其] 화를 세우

겠다."

화가 실로 세 번 사양하다가 (끝내는) 받아들였다. 선공이 졸하고 동생 화가 세워지니, 이 사람이 목공(穆公)이다.

목공 9년에 병이 들자, 대사마(大司馬) 공보(孔父)를 불러 말했다.

"선군(先君) 선공(宣公)께서 태자 여이를 버리고 나를 세우셨으니, 나는 감히 그것을 잊을 수 없다. 내가 죽거든 반드시 여이를 세우도록 하라."

공보가 말했다.

"신하들이 모두 공자 풍(馮)을 세우자고 합니다."

목공이 말했다.

"풍을 세워서는 안 된다. 나는 선공을 배반할 수 없다."

이에 목공은 아들 풍을 정나라로 내보내 살게 했다.

8월 경진일에 목공이 졸하고 형 선공의 아들 여이가 세워지니 이 사람이 상공(殤公)이다. 군자가 이를 듣고서 말했다.

"송나라 선공은 사람을 볼 줄 알았구나! 그 동생을 세워 마땅함을 이루었고, 끝내는 그 아들로 하여금 다시 임금 자리를 누리게 했도다!"

상공 원년에 위(衛)나라 공자 주우(州吁)가 자기 임금 완(完)을 시해하고 스스로를 세운 다음 제후들로부터 인정을 얻으려고 사람을 송나라에 보내 말했다.

"풍이 정나라에 있으면서 난을 일으킬 것이 틀림없으니, 우리와 함께 정나라를 치는 것이 좋겠소."

송나라가 이를 받아들여 함께 정나라를 정벌하러 나서서 동문까지 갔다가 돌아왔다.

2년에 정나라가 송나라를 쳐서 동문에서 있었던 싸움을 되갚았다. 그 후 제후들이 여러 차례 와서 송나라를 침벌(侵伐)했다.

❖

9년에 대사마 공보가(孔父嘉)의 아내가 아름다웠는데, 외출했다가 길에서 태재(太宰) 화독(華督)을 만났다. 화독은 공보가의 아내가 마음에 들어 그에게서 눈을 떼지 못하고[目][1] 지켜보았다. 화독은 공보가 아내가 탐나서[利=貪], 사람을 시켜 도성 안에 널리 이런 말을 퍼뜨리게 했다.

"상공이 즉위한 지 10년일 뿐이건만 열한 차례나 전쟁을 일으켰으니, 백성이 그 고통을 견디지 못하고 있다. 이는 모두 공보가가 한 짓이니, 내가 장차 공보를 죽여 백성을 편안케 하겠다[寧民=安民]."

이해에 노나라가 자기 임금 은공(隱公)을 시해했다.

10년에 화독이 공보를 공격해 죽이고 아내를 차지했다. 상공이 분노하자 드디어 상공마저 시해한 뒤 정나라에서 목공의 아들 풍을 맞아들여 세우니, 이 사람이 장공(莊公)이다.

1) 【집해(集解)】 복건(服虔)이 말했다. "목(目)이란 뚫어지게 바라보면서 시선을 돌리지 않는 것이다."

장공 원년에 화독이 상(相-재상)이 되었다.

9년에 정나라의 채중(祭仲)을 붙잡아서 돌(突)을 세워 정나라 임금으로 삼으라고 하니, 채중이 이를 받아들여 결국 돌을 세웠다.

19년에 장공이 졸하자 아들 민공(湣公) 첩(捷)이 세워졌다.

민공 7년에 제(齊)나라 환공(桓公)이 자리에 나아갔다.

9년에 송나라에 홍수가 나자 노나라는 장문중(藏文仲)을 보내 홍수로 겪은 고통을 위로했다[弔][1].

민공이 자책하며[自罪] 말했다.

"과인이 능히 귀신을 잘 섬기지 못하고 정사를 제대로 닦지 못해서 이 홍수가 난 것이다."

장문중이 이 말을 좋게 여겼는데, 이 말은 바로 공자 자어(子魚)가 민공에게 일러준[教] 것이었다.

1) 【집해(集解)】 가규(賈逵)가 말했다. "흉한 일을 위문하는 것을, 조(弔)라고 한다."

10년 여름에 송나라가 노나라를 쳐 승구(乘丘)[1]에서 전투를 벌였다. 노나라가 송나라 남궁만(南宮萬)[2]을 산 채로 잡았는데[生虜=生捕=生擒], 송나라가 만을 (풀어줄 것을) 청하니 만이 송나라로 돌아오게 되었다.

11년 가을에 민공이 남궁만과 사냥을 나갔는데, 바둑을 두다가 다툼이 벌어졌다.

민공이 화가 나서 그를 모욕하며 말했다.

"처음에 나는 너[若]를 공경했지만, 지금의 너는 노나라의 포로다!"

만은 힘이 셌는데, 이 말을 한스럽게 여겨[病=病痛] 드디어 몽택(蒙澤)에서 바둑판[局]으로 민공을 죽였다. 대부 구목(仇牧)이 이를 보고받고는 병사를 이끌고 공문에 이르렀는데[造=及], 만이 목을 때리자, 목은 이가 문짝에 부딪히며[著] 죽었다. 그 참에 (남궁만은) 태재 화독을 죽이고 마침내 공자 유(游)를 세워 임금으로 삼으니, 여러 공자는 소(蕭) 땅으로 달아났고 공자 어열(禦說)은 박(亳) 땅으로 달아났다[3]. 만의 동생 남궁우(南宮牛)가 병사를 거느리고 박 땅을 에워쌌다.

겨울에 소 땅과 송나라의 여러 공자가 함께 남궁우를 쳐서 죽인 뒤 새 임금 유를 시해하고 민공의 동생 어열을 세우니, 이 사람이 환공(桓公)이다.

송나라 만은 진(陳)나라로 달아났다. 송나라 사람들이 진나라에 뇌물을 주고 (남궁만을 돌려보낼 것을) 요청하니, 진나라는 여자를 보내 남궁만에게 진한 술을 먹여서 취하게 한 다음[醇酒][4] 만을 가죽으로 싸서[革裹][5] 송나라로 돌려보냈다. 송나라 사람들은 남궁만을 죽여 젓갈을 담갔다[醢=肉醬].

1) 【집해(集解)】 서광(徐廣)이 말했다. "승(乘)은 판본에 따라 잉(媵)으로 되어 있다." 두예(杜預)가 말했다. "승구는 노나라 땅이다."

2) 【집해(集解)】 가규(賈逵)가 말했다. "남궁은 성이고 만은 이름이니, 송나라 경(卿)이다."

3) 【집해(集解)】 복건(服虔)이 말했다. "소와 박은 송나라 읍이다."

4) 【집해(集解)】 복건(服虔)이 말했다. "송나라 만은 힘이 세고 용맹스러워서 그냥은 잡을 수가 없었다. 그래서 먼저 여자를 보내 유인해서 술을 먹여 취하게 한 다음 그를 붙잡은 것이다."

5) 【집해(集解)】 『좌전(左傳)』에서 말했다. "물소 가죽으로 쌌다."

환공 2년에 제후들이 송나라를 쳤는데, 교외까지 이르렀다가 돌아갔다.

3년에 제나라 환공이 비로소 패주(霸主)가 되었다.

23년에 (위(衛)나라 사람들이) 제나라에서 공자 훼(燬)를 맞이해 세웠다. 이 사람이 위나라 문공(文公)으로, 문공의 여동생은 제나라 환공의 부인이다. 진(秦)나라에서는 목공(穆公)이 자리에 나아갔다.

30년에 환공이 병이 났는데, 태자 자보(兹甫)가 서형 목이(目夷)에게 후사를 양보하려 했다. 환공은 태자의 뜻이 마땅하다고 여기면서도 끝내 들어주지 않았다.

31년 봄에 환공이 졸하고 태자 자보가 세워지니 이 사람이 양공(襄公)이다.

(양공이) 자기의 서형 목이를 재상으로 삼았다. 아직 장례를 마치기도 전에[未葬(미장)][1] 제나라 환공이 규구(葵丘)에서 제후들과 회맹했으므로 양공이 가서 회맹을 맺었다.

1) 예(禮)에 맞지 않음을 지적한 표현이다.

양공 7년 송나라 땅에 운성(霣星=隕星)이 비 오듯이 떨어졌는데, (실제) 빗방울도 함께 떨어졌다[1]. 익조(鷁鳥-물새) 6마리가 뒤로 밀리면서 날아갔는데[退蜚=退飛], 바람이 세찼기 때문이다.

1) 【집해(集解)】『좌전(左傳)』에서 이렇게 말했다. "운석이 송나라에 5개 떨어졌으니, 운성(隕星)이다." 【색은(索隱)】 살펴보건대, 『좌전』 희공(僖公) 16년에 이렇게 기록되어 있다. "송나라에 돌이 5개 떨어졌으니, 이는 운성이다. 익조 6마리가 바람에 밀려 뒤로 날아가면서 송나라 도성 위를 지나갔다." 이는 송나라 양공 시기에 해당한다. 주나라 내사(內史) 숙흥(叔興)에게 양공이 물었다. "길함과 흉함이 어느 나라에 있겠는가?" 숙흥이 대답했다. "임금께서 제후들의 패자가 되겠지만, 결과는 좋지 못할 것입니다[不終]."

8년에 제나라 환공이 졸하자 송나라가 회맹을 주도하려 했다.

12년 봄에 송나라 양공이 녹상(鹿上-송나라 땅)에서 회맹하고자 초나라에 제후들을 불러달라고 요구하니, 초나라가 (일단은) 이를 허락했다. 공자 목이가 간언해 말했다.

"작은 나라가 맹주를 다투면 화를 부르게 됩니다."

듣지 않았다. 가을에 제후들이 우(盂-송나라 땅)에서 송공과 회맹하자, 목이가 말했다.

"화가 여기에서 생겨나지 않겠는가? 임금의 욕심이 너무 지나치니, 어찌 감당할 수 있겠는가?"

이에 초나라가 송나라 양공을 붙잡고 송나라를 쳤다가 겨울에 (제후들이) 박(亳) 땅에서 회맹하자 양공을 풀어주었는데, 자어(子魚-목이)가 말했다.

"화는 아직 끝나지 않았다."

13년 여름에 송나라가 정나라를 쳤다. 자어가 말했다.

"화란 바로 이것이다!"

가을에 초나라가 송나라를 쳐서 정나라를 구원했다. 양공이 장차 싸우려 하는데, 자어가 간언해 말했다.

"하늘이 상(商-송나라)을 버린 지 오래되었으니, 맞서면 안 됩니다."

겨울 11월에 양공이 초나라 성왕(成王)과 홍수(泓水)[1]에서 싸웠다. 초나라 군대가 강을 건너지 않았을 때 목이가 말했다.

"저쪽은 많고 우리는 적으니, 아직 강을 다 건너기 전에 공격해야 합니다."

공은 듣지 않았다. 이미 강을 건넜으나 전열을 미처 갖추지 못하고 있을 때, 목이가 또 말했다.

"당장 공격해야 합니다."

양공이 말했다.

"저들이 전열을 갖출 때까지 기다려라!"

저쪽이 전열을 다 갖춘 다음에 송나라가 공격했으나 송나라 군대는 크게 패했고 양공은 다리에 부상을 입었다. 나라 사람들이 모두 공을 원망하자 공이 말했다.

"군자는 남이 곤경에 처했을 때 공격하지 않고, 남이 전열을 갖추지 않았는데 북을 두드리지 않는다."

자어가 말했다.

"전쟁이란 승리를 공로로 삼아야 하거늘 어찌 그런 한가한 말씀을 하십니까? 공의 말씀대로라면 노비가 되어 남을 섬기게 될 뿐인데 또한 전쟁은 무엇 하러 하십니까?"

1) 【집해(集解)】『곡량전(穀梁傳)』에서 이렇게 말했다. "홍수 변에서 싸운 것이다."

초나라 성왕이 이미 정나라를 구원하고 나자, 정나라가 성왕에게 주연

을 베풀었는데, (성왕은) 떠나면서 정나라 임금의 두 희(姬-첩)[1]를 취해 돌아갔다. 숙첨(叔瞻-정나라 대부)이 말했다.

"성왕이 무례하니 제명에 죽겠는가? 예를 행하면서 무분별함으로 끝냈으니, 그가 패업을 이루지 못할 것을 알겠노라."

1) 【색은(索隱)】 정나라 부인 미씨(芈氏)와 강씨(姜氏)를 말한다. 이미 정나라 여인이 되었으므로 그래서 "두 희"라고 했다.

이해에 진(晉)나라 공자 중이(重耳)가 송나라를 지나갔는데, 초나라와의 전투에서 부상을 입은 양공은 진나라로부터 원조를 얻고 싶어서 말 20승(-80필)을 선물하는 등 두터운 예로써 중이를 접대했다.

14년 여름에 양공이 홍수(泓水)에서 당한 부상 때문에 결국 졸하자 아들 성공(成公) 왕신(王臣)이 세워졌다[1].

1) 【색은(索隱)】 『춘추(春秋)』를 살펴보건대, 홍수에서 벌인 전투는 희공(僖公) 23년이고 중이가 송나라를 지나가고 양공이 졸한 것은 24년이다. 그런데 지금 이 글은 중이가 지나간 것과 홍수에서 부상 당한 것을 같은 해로 보고서 "이해"라고 했다. 이처럼 사건이 『좌씨(左氏)』와 부합하지 않는 것은 대개 태사공(太史公-사마천)이 허술하게 기록한 것일 뿐이다.

성공 원년에 진(晉)나라 문공(文公)이 자리에 나아갔다.

3년에 초나라와 맹약을 저버리고 진나라와 가까이 지냈는데, (이는 양공이) 문공에게 은덕을 베푼 적이 있었기 때문이다.

4년에 초나라 성왕이 송나라를 치자 송나라는 진나라에 위급함을 알렸다.

5년에 진나라 문공이 송나라를 구원하자 초나라 군대는 철수했다.

9년에 진나라 문공이 졸했다.

11년에 초나라 태자 상신(商臣)이 자기 아버지 성왕을 시해하고 대신해 세워졌다.

16년에 진(秦)나라 목공(穆公)이 졸했다.

17년에 성공이 졸했다[1]. 성공의 동생 어(御)가 태자와 대사마 공손고(公孫固)[2]를 죽이고 스스로를 세워 임금이 되자, 송나라 사람들이 함께 임금 어를 죽이고 성공의 작은아들 저구(杵臼)를 세웠다. 이 사람이 소공(昭公)이다.

1) 【정의(正義)】「연표(年表)」에 이르기를, 공손고가 성공을 죽였다고 했다.

2) 【정의(正義)】『세본(世本)』에서 이렇게 말했다. "송나라 장공의 손자로, 이름은 고(固)이고 대사마였다."

소공 4년에 송나라가 장구(長丘)에서 장적연사(長翟緣斯)를 꺾었다[1].

7년에 초나라 장왕(莊王)이 자리에 나아갔다.

1) 【집해(集解)】「노세가(魯世家)」에서는 송나라 무공(武公) 때 장구에서 연사를 사로잡았다고 했는데 지금은 이때라고 했으니, 뭔가 분명하지가 않다.

9년에 소공이 무도하니 나라 사람들이 그를 따르지 않았는데[不附=不從]. 소공의 동생 포혁(鮑革)[1]은 뛰어나고 선비들에게 자신을 낮췄다[賢而下士]. 이에 앞서 양공의 부인이 공자 포(鮑)와 정을 통하고 싶어 했으나 그렇게 할 수가 없었다[2].

부인이 마침내 그를 도우려고 나라 사람들에게 은혜를 베풀고 또 대부

화원(華元)[3]을 통해 (포혁을) 우사(右師)로 삼게 했다가 소공이 사냥을 나가자, 부인 왕희(王姬)가 위백(衛伯)을 시켜 소공 저구를 공격해 죽였다. 동생 포혁이 세워졌으니, 이 사람이 문공(文公)이다.

1) 【집해(集解)】 서광(徐廣)이 말했다. "판본에 따라 혁(革)자가 없기도 하다."

2) 【집해(集解)】 복건(服虔)이 말했다. "양공의 부인은 주나라 양왕(襄王)의 누이 왕희다. '그렇게 할 수가 없었다'라는 것은 포가 기꺼이 받아들이지 않았다는 말이다."

3) 【정의(正義)】 화원은 대공(戴公)의 5대손으로, 화독(華督)의 증손자다.

문공 원년에 진(晉)나라가 제후들을 이끌고 송나라를 치고서 임금을 시해한 일을 책망했는데, 문공이 세워졌다는 것을 듣고는 마침내 물러갔다.

2년에 소공의 아들이 문공의 친동생 수(須)와 무공(武公)·목공(繆公)·대공(戴公)·장공(莊公)·환공(桓公)의 종족들과 함께 난을 일으키자, 문공은 이들을 모두 주살하고 무공과 목공의 종족들을 축출했다[出(출)=逐(축)].

4년 봄에 초나라가 정나라에 송나라를 치라고 명했다[1]. 송나라는 화원(華元)을 장수로 삼아 맞섰는데, 정나라가 송나라를 패배시키고 화원을 붙잡았다. 애초에 화원이 장차 전투하려 하면서 양을 잡아 병사들을 먹였는데, 자기 마부에게 양고기국을 주지 않자, 마부가 원망하며 정나라 군대 속으로 말을 달려 투항해버렸고, 그 바람에 송나라 군대는 패하고 화원은 포로가 되었던 것이다. 송나라가 마차 100승과 장식으로 꾸민 말 400필로 화원을 맞바꾸려 했는데, 이것들을 다 보내기도 전에 화원이 도망쳐서 송나라로 돌아왔다.

1) 원문은 "鄭命楚伐宋"으로 되어 있는데, 문맥상 鄭과 楚가 바뀐 것으로 봐야 한다.

14년에 초나라 장왕이 정나라를 에워쌌다. 정백(鄭伯)이 초나라에 항복하자 초나라는 포위를 풀었다.

16년에 초나라 사신이 송나라를 지나가는데, 송나라가 과거의 원한으로 초나라 사신을 붙잡았다. 9월에 초나라 장왕이 송나라를 에워쌌다.

17년에 초나라가 송나라를 다섯 달이나 에워싼 채 풀지 않자[不解=不釋] 송나라 도성의 먹을 것이 바닥나서 위급하게 되었다. 이에 화원이 밤에 몰래 초나라 장수 자반(子反)을 만났다. 자반이 장왕에게 보고하니, 장왕이 말했다.

"성안의 상황은 어떤가?"

말했다.

"사람 뼈를 쪼개 취사를 위한 연료로 쓰고, 자식을 서로 바꿔서 먹고 있다고 합니다."

장왕이 말했다.

"그 말이 정말이었군. 우리 군대도 이틀분 식량만 남았다."

화원의 말을 믿어 드디어 군대를 철수시켜 돌아갔다.

22년에 문공이 졸하자 아들 공공(共公) 하(瑕)가 세워졌다. 처음으로 후장(厚葬)했는데, 군자들은 화원이 제대로 신하 노릇을 못 했다[不臣]라고 비판했다.

공공 9년에 화원이 초나라 장수 자중(子重)과 잘 지내고 또 진(晉) 장수 난서(欒書)와도 사이가 좋았기에 진과 초 두 나라와 모두 동맹을 맺었다.

13년에 공공이 졸했다. 화원이 우사(右師)가 되고 어석(魚石)이 좌사(左師)가 되었는데, 사마(司馬) 당산(唐山)이 태자 비(肥)를 공격해 죽이고 화원도 죽이려고 했다. 화원이 진(晉)나라로 달아나는데[1] 어석이 만류하니 황하까지 이르렀다가는 되돌아와서 당산을 주살했다. 그러고는 공공의 작은아들 성(成)을 세우니, 이 사람이 평공(平公)이다.

1) 【집해(集解)】『좌전(左傳)』에 이르기를, 어석은 초나라로 달아났다고 했다.

평공 3년에 초나라 공왕(共王)이 송나라 팽성(彭城)을 뽑아버리고[拔] 송나라의 좌사 어석을 그곳에 봉했다. 4년에 제후들이 함께 어석을 주살하고 팽성을 송나라에 돌려주었다.

35년에 초나라 공자 위(圍)가 자기 임금을 시해하고 스스로를 세우니, 이 사람이 영왕(靈王)이다.

44년에 평공이 졸하자 아들 원공(元公) 좌(佐)가 세워졌다.

원공 3년에 초나라 공자 기질(棄疾)이 영왕을 시해하고 스스로를 세워 평왕(平王)이 되었다.

8년에 송나라에서 화재가 났다.

10년에 원공이 신의 없이 속임수로 여러 공자를 죽이니, 대부 화씨(華氏)와 상씨(向氏)가 난을 일으켰다. 초나라 평왕의 태자 건(建)이 (송나라로) 도망쳐 왔다가 화씨 등이 난을 일으켜서 서로 공격해 어지러운 것을 보고는 송을 떠나 정나라로 갔다.

15년에 원공이 노나라 소공(昭公)이 계씨(季氏)를 피해 나라 밖에 머물러 있는 것을 보고는 그를 위해 노나라로 돌려보내려고 시도하던 중에 졸했다. 아들 경공(景公) 두만(頭曼)이 세워졌다.

경공 16년에 노나라 양호(陽虎)가 도망쳐 왔다가 얼마 뒤에 다시 떠났다.

25년에 공자(孔子)가 송나라를 지나가는데 송나라 사마 환퇴(桓魋)가 그를 미워해 죽이려 하니 공자는 평범한 옷차림을 하고서 떠났다[1].

❖

30년에 조(曹)나라가 송나라를 배반하고 또 진(晉)나라를 배반했다. 송나라가 조나라를 쳤는데, 진나라가 구원하지 않는 바람에 드디어 조나라를 멸망하고 차지했다[2].

36년에 제나라 전상(田常)이 (자기 임금) 간공(簡公)을 시해했다.

1) 「공자세가(孔子世家)」에 이 장의 문맥이 실려 있다. "공자가 조(曹)나라를 떠나 송(宋)나라로 가서 제자들과 함께 큰 나무 아래에서 예(禮)를 강습하고 있었다. 송나라 사마(司馬) 환퇴(桓魋)가 공자를 죽이고자 하여 그 나무를 뽑아버리니, 공자가 거기를 떠났다. 제자들이 '빨리 가자'고 재촉하므로 공자가 이런 말을 하게 된 것이다." 이런 말이란 『논어(論語)』에 나오는 다음과 같은 공자의 말이다. "하늘이 나에게 다움을 내려주었으니, 환퇴(桓魋)라 한들 나를 어찌하겠는가?" 공자는 스스로 하늘의 명(命)을 받은 것이 있다고 믿었다. 여기서 덕(德)이란 그 하늘의 명을 말한다. 제자들에게 도리를 전하는 것(스승의 덕)도 그 명 중 하나일 것이다. 통상 환퇴가 공자를 죽이려 한 이유와 관련해서는 공자 세력이 커지는 것을 경계했기 때문이라고 본다.

2) 【정의(正義)】 송 경공이 조나라를 멸망시킨 것은 노나라 애공 8년이고 주나라 경왕(敬王) 33년이다.

37년에 초나라 혜왕(惠王)이 진(陳)나라를 멸망시켰다. 화성(火星)이 심수(心宿)를 침범했는데, 심수는 송나라의 분야다. 경공이 이를 근심하자 사성(司星-천문 담당) 자위(子韋)가 말했다.

"(재앙을) 재상한테로 돌릴 수 있습니다."

경공이 말했다.

"재상은 나의 고굉(股肱-팔다리)이다."

말했다.

"백성한테로 돌릴 수 있습니다."

경공이 말했다.

"임금이란 백성에 기대어 살아간다."

말했다.

"한 해의 수확 쪽으로 돌릴 수 있습니다."

경공이 말했다.

"수확이 나빠서 백성이 굶주리면 나는 누구를 위한 임금이란 말인가?"

자위가 말했다.

"하늘이 높긴 하지만 아래로 인간 세상의 일을 두루 듣습니다. 주군께서는 군주로서 해야 할 세 마디를 하셨으니, 화성은 마땅히 다른 곳으로 자리를 옮길 것입니다."

이에 다시 천문을 살폈더니[候(후)] (화성이) 과연 3도를 옮겼다.

64년에 경공이 졸했다. 송나라 공자 특(特)[1]이 태자를 죽이고 스스로를 세우니, 이 사람이 소공(昭公)이다[2]. 소공은 원공(元公)의 증서손이다. 소공의 아버지가 공손규(孔孫糾)[3]이고 규의 아버지가 공자 단진(褍秦)이니 단진은 바로 원공의 작은아들이다. 경공이 소공의 아버지 공손규를 죽였기 때문에 소공이 원한을 품어 태자를 죽이고 스스로를 세운 것이다.

1) 【색은(索隱)】『좌전(左傳)』에는 덕(德)으로 되어 있다.

2) 【색은(索隱)】『좌전(左傳)』을 살펴보건대, 경공은 자식이 없어 원공의 서증손인 공손주(公孫周)의 아들 덕(德)과 계(啓)를 공궁에서 길렀고, 경공이 졸하자 먼저 계가 세워졌다가 뒤에 덕이 세워졌으니 이 사람이 소공이다. 이곳의 글과는 차이가 크니, 태사공이 무엇을 근거로 이런 설을 기록했는지 알 수 없다.

3) 【색은(索隱)】『좌전(左傳)』에는 이름이 주(周)로 되어 있다.

소공이 47년에 졸하자 아들 도공(悼公) 구유(購由)가 세워졌다.

도공이 8년에 졸하자 아들 휴공(休公) 전(田)이 세워졌다.

휴공 전이 23년에 졸하자 아들 벽공(辟公) 벽병(辟兵)[1]이 세워졌다.

벽공이 3년에 졸하자 아들 척성(剔成)이 세워졌다.

척성 41년에 척성의 동생 언(偃)이 척성을 기습하니, 척성은 패해 제나라로 달아나고 언이 스스로를 세워 송군(宋君)이 되었다.

1) 【집해(集解)】 서광(徐廣)이 말했다. "판본에 따라 벽공 병(兵)으로 되어 있다."

군(君) 언이 11년에 스스로를 세워 왕(王)이라고 했다[1]. 동쪽으로는 제나라를 꺾어 5개 성을 차지했고, 남쪽으로는 초나라를 꺾어 300리 땅을 차지했으며, 서쪽으로는 위(魏)나라 군대를 꺾었으니 이에 제나라와 위나라의 적국이 되었다.

(언은) 가죽 주머니에 피를 가득 채워서 매달아 놓게 하고는 화살로 쏘면서 명하기를 "하늘을 쏘아 맞힌다[射天(사천)]"라고 말하게 했고, 술과 여자에 빠졌다. 신하 중에 간언하는 자가 있으면 곧바로[輒(첩)] 활을 쏘았다. 이에 제후들이 모두 '걸송(桀宋)'이라 부르며 이렇게 말했다.

"송나라가 은나라 주왕이 한 짓을 되풀이하니 죽이지 않을 수 없다."

제나라에 송나라를 토벌하라고 말했다.

왕 언이 세워진 지 47년[2]에 제나라 민왕(湣王)이 위(魏)나라, 초나라와 함께 송나라를 쳐서 왕 언을 죽였고 드디어 송나라를 멸망시키고는 그 땅을 셋으로 나누었다.

1) 【색은(索隱)】 『전국책(戰國策)』, 『여씨춘추(呂氏春秋)』에는 모두 언을 시호인 강왕(康王)으로 불렀다.

2) 【집해(集解)】 「연표(年表)」에 따르면 언이 세워진 지 43년이다.

태사공(太史公)이 말한다.

"공자가 말하기를 '미자(微子)는 떠나갔고 기자(箕子)는 종이 되고 비간(比干)은 간언하다가 죽었으니, 은(殷)나라에는 어진 사람 3명[三仁]이 있었다'라고 했다.[1)]

『춘추(春秋)』에서는 송나라의 어지러움[亂]은 선공이 태자를 폐하고 동생을 세우면서 비롯되었으며, 그로 인해 나라가 10세 동안 편치 못했다고 비판했다.

양공 때는 어짊과 마땅함[仁義]을 닦고 실행하며 맹주가 되고자 했으니, 그 대부 정고보(正考父)가 이를 찬미하고자 설(契) · 탕(湯) · 고종(高宗)을 추모하면서 은나라가 흥성한 이치를 담아 「상송(商頌)」을 지었다. 양공이 이미 홍수(泓水)에서 패하고 났을 때 그것을 좋게 본 군자도 있었는데, 이는 중국에 예의가 사라진 것을 마음 아파하면서 송나라 양공에게는 예양(禮讓)이 있었음을 기린 것이다[2)]."[3)]

1) 『논어(論語)』 「미자(微子)」편에 나오는 구절이다.

2) 【색은(索隱)】 양공이 대사(大事), 즉 전쟁에 임해 대례(大禮)를 잊지 않았기에 군자 중에서는 그것을 긍정적으로 평가한 이들이 많았으나 뒤에 중원이 어지러워지고 예의가 실종되면서 드디어 송나라 양공의 성대한 다움을 좋지 않게 여기게 되었다. 그래서 태사공이 그를 긍정적으로 서술하면서 "기린 것이다[襃之]"라고 말했다.

3) 【색은술찬(索隱述贊)】 은나라에 어진 이가 3명 있었으니[殷有三仁]/미자, 기자는 주왕의 친척이었다네[微箕紂親]/1명은 옥에 갇히고 1명은 떠나갔는데[一囚一去]/모두 자기 몸은 돌보지 않았네[不顧其身]/「주송(周頌)」에서는 유객(有客)이라는 시로 미자를 찬미했고[頌美有客]/서경에서는 그가 떠나감을 칭송했다네[書稱作賓]/마침내 집안을 이어받아 후사가 되니[卒傳家嗣]/때로는 마땅한 인륜을 펼쳤도다[或敍彝倫]/미중 이후로[微仲之後]/대대로 충근함을 받들었지[世載忠勤]/목공 또한 능히 양위를 했으니[穆亦能讓]/선공은 실로

사람을 살펴볼 줄 알았다네[實爲知人]/홍수 전투에서 부상을 입었을 때[傷泓之役]/임금은 있었어도 신하다운 신하는 없었지[有君無臣]/언이 걸송으로 불리게 되면서[偃號桀宋]/하늘이 은나라를 저버렸다네[天之棄殷]!

세가(世家)

권39 — 진세가(晉世家) 제9

권39 진세가(晉世家) 제9

당숙(唐叔) 우(虞)[1]는 주(周)나라 무왕(武王)의 아들이요 성왕(成王)의 동생이다. 애초에 무왕이 숙우 어머니와 결합할 때[2], 꿈에서 하늘이 무왕에게 이렇게 말했다.

"내가 너에게 아들 하나를 낳게 할 터이니, 이름을 우(虞)라고 하라. 내가 당(唐)을 그에게 주겠노라."

무왕이 아들을 낳았는데 그 손에 '우(虞)'라는 무늬가 있었다. 그래서 마침내 그로 인해 우(虞)라고 이름 지었다[命之(명지)=名之(명지)].

1) 【색은(索隱)】 살펴보건대, 태숙(太叔)은 꿈에 손에 무늬가 있어서 보니 우(虞)자였는데, 성왕(실은 주공)이 당(唐)의 후예들을 멸망시킨 뒤에 오동나무를 깎아서 장난삼아 봉해주었던 그곳에 태숙을 봉해주었다. 숙(叔)은 자(字)다. 그래서 당숙 우라고 했다. 그런데 당(唐)은 진수(晉水) 변에 있었기에 자섭(子燮-당숙의 아들)이 국호를 고치고 진후(晉侯)라고 했다. 그러나 진나라는 애초에 당에 봉해졌으므로 진 당숙 우라고 부르기도 했다.

2) 【집해(集解)】 『좌전(左傳)』에서 말했다. "읍강(邑姜)이 바야흐로 태숙을 임신했다." 복건(服虔)이 말했다. "읍강은 무왕의 후(后)로, 제나라 태공의 딸이다."

무왕이 붕하고 성왕이 세워졌을 때 당(唐)에 난이 일어나니[1], 주공(周公)이 당을 주멸했다.

성왕이 숙우(叔虞)와 놀다가 장난삼아 오동나무 잎을 깎아서 규(珪) 모

양을 만들고는 숙우에게 주면서 말했다.

"이것으로 너[若(약)]를 봉하노라."

사일(史佚)이 이 일로 말미암아, 날을 잡아서 숙우를 (제후로) 세울 것을 청했다. 성왕이 말했다.

"나는 그와 장난을 쳤을 뿐이다."

사일이 말했다.

"천자에게는 농담이란 없습니다. 일단 말씀하시면 사관이 그것을 기록하고 예(禮)로 그것을 이루며 악(樂)으로 그것을 노래합니다."

이에 드디어 숙우를 당(唐)에 봉했다. 당은 황하와 분수(汾水) 동쪽의 사방 100리 땅으로, 그래서 당숙 우라 불렀다. 성은 희씨(姬氏)요 자(字)는 자우(子于)다.

1) 【정의(正義)】『괄지지(括地志)』에서 말했다. "옛 당성(唐城)은 강주(絳州) 익성현(翼城縣) 서쪽으로 20리에 있는데, 곧 요임금의 후예들이 봉해진 곳이다."

당숙의 아들은 섭(燮)인데, 이 사람이 진후(晉侯)다.

진후의 아들은 영족(寧族)[1]인데, 이 사람이 무후(武侯)다.

무후의 아들은 복인(服人)인데. 이 사람이 성후(成侯)다.

성후의 아들은 복(福)[2]인데, 이 사람이 여후(厲侯)다.

여후의 아들은 의구(宜臼)인데, 이 사람이 정후(靖侯)다.

정후 이후부터는 연대[年紀(연기)]를 추산할 수 있으나 당숙에서 정후에 이르는 5대는 연수(年數)가 없다.

1) 【색은(索隱)】『계본(系本)』에는 만기(曼期)로 되어 있고, 초주(譙周)는 만기(曼旗)라고 했다.

2) 【색은(索隱)】『계본(系本)』에는 폭(輻)으로 되어 있다.

정후 17년에 주(周)나라 여왕(厲王)이 사리에 어두워 미혹되고 포학해서 나라 사람들이 난을 일으키니, 여왕은 체(彘) 땅으로 달아났고 대신들이 정치를 시행했으므로 '공화(共和)'[1]라고 했다.

1) 【정의(正義)】 여왕이 체 땅으로 달아나자, 주공(周公)과 소공(召公)이 함께 백성을 화합시키며 정사를 시행했기 때문에 공화라고 한 것이다.

18년에 정후가 졸하자 아들 희후(釐侯) 사도(司徒)가 세워졌다.

희후 14년에 주나라 선왕(宣王)이 처음으로 세워졌다.

18년에 희후가 졸하자 아들 헌후(獻侯) 적(籍)[1]이 세워졌다.

헌후가 11년에 졸하자 아들 목후(穆侯) 비왕(費王)[2]이 세워졌다.

1) 【색은(索隱)】 『계본(系本)』과 초주(譙周)는 소(蘇)라고 했다.

2) 【색은(索隱)】 추탄생(鄒誕生)의 책에는 비생(弗生)으로 되어 있는데, 또 비왕(潰王)으로 된 판본도 있다.

목후 4년에 제나라 여자 강씨(姜氏)를 취해 부인으로 삼았다.

7년에 조(條)[1]를 쳤다. 태자 구(仇)가 태어났다.

10년에 천무(千畝)를 쳐서 공로를 세웠다[2]. 작은아들을 얻자 이름을 성사(成師)[3]라고 했다. 진(晉)나라 (대부) 사복(師服)이 말했다.

"이상하구나, 임금께서 자식들 이름을 짓는 방법[命子(명자)]이여! 태자를 구(仇)라 했는데, 구란 원수라는 뜻이다. 작은아들은 성사라 했으니, 성사란 큰 이름[大號(대호)]인 데다 무엇을 이룬다는 것인가! 이름이란 스스로 명하는바[自命(자명)]이고, 일이란 스스로 정하는바[自定(자정)]가 있다. 그런데 지금 적자와 서자의 이름이 뒤바뀌었으니, 이것이 훗날 진나라를 아마도[其(기)] 혼란에 빠뜨리지 않겠는가!"

1) 【집해(集解)】 진(晉)나라 땅이다.

2) 【집해(集解)】 두예(杜預)가 말했다. "서하(西河) 개휴현(介休縣) 남쪽에 천무라는 지명이 있다."

3) 【집해(集解)】 두예(杜預)가 말했다. "그 뜻은 능히 '무리[師=衆]를 이룬다'라는 말이다."

27년에 목후가 졸하고 동생 상숙(殤叔)이 스스로를 세우니, 태자 구는 나라 밖으로 달아났다.

상숙 3년에 주나라 선왕이 붕했다.

4년에 목후의 태자 구가 그 무리를 이끌고 상숙을 습격해[襲] 세워지니, 이 사람이 문후(文侯)다.

문후 10년에 주나라 유왕(幽王)이 무도(無道)해 견융(犬戎)이 유왕을 죽이자[1] 주나라는 동쪽으로 천도했다. 진(秦)나라 양공(襄公)이 처음으로 반열에 올라 제후가 되었다.

1) 앞에서는 "爲~ 所~"라는 구문을 통해 "~에게 살해를 당하다"라는 수동태 문장을 쓰다가, 여기서는 유왕의 무도함을 더 드러내기 위해 그냥 견융이 유왕을 죽였다고 표현하고 있다.

35년에 문후 구(仇)가 졸하자 아들 소후(昭侯) 백(伯)이 세워졌다.

소후 원년에 문후의 동생 성사(成師)를 곡옥(曲沃)[1]에 봉했다. 곡옥의 읍이 익(翼)보다 커졌으니, 익은 진(晉)나라 임금의 도읍이다. 성사는 곡옥에 봉해져 환숙(桓叔)으로 불렸다. 정후(靖侯)의 서손 난빈(欒賓)이 환숙의 재상이 되었다. 환숙은 이때 58세였는데, 은덕 베풀기를 좋아하니 진나라 사람들 대부분이 그에게 기대 붙었다[附].

군자가 말했다.

"진의 난은 아마도[其(기)] 곡옥에서 일어나리라. 곁가지가 줄기보다 크고 민심까지 얻었으니 어지러워지지 않기를 어찌 바랄 수 있으랴!"

1) 【색은(索隱)】 하동(河東)의 현 이름이다. 한 무제 때 문희(聞喜)로 고쳤다.

7년에 진(晉)나라 대신 반보(潘父)가 자기 임금 소후를 시해하고 곡옥 환숙을 맞아들였다. 환숙이 진나라에 들어가려 하자 진나라 사람들이 군대를 일으켜 환숙을 공격했고, 환숙은 패해 곡옥으로 다시 돌아갔다. 진나라 사람들이 함께 소후의 아들 평(平)을 세워 임금으로 삼으니, 이 사람이 효후(孝侯)다. 반보를 주살했다.

효후 8년에 곡옥 환숙이 졸하고 아들 선(鱓)이 환숙을 대신하니, 이 사람이 곡옥 장백(曲沃莊伯)이다.

효후 15년에 곡옥장백이 자기 임금 진나라 효후를 익(翼)에서 시해했다. 진나라 사람들이 곡옥 장백을 공격하자 장백은 다시 곡옥으로 들어갔다. 진나라 사람들이 다시 효후의 아들 극(郄)[1]을 세워 임금으로 삼으니, 이 사람이 악후(鄂侯)다.

1) 【색은(索隱)】 도(都)라고 되어 있는 판본도 있다.

악후 2년에 노나라 은공(隱公)이 막 세워졌다.

악후가 6년에 졸했다. 곡옥 장백은 진나라 악후가 졸했다는 소식을 듣고는 마침내 군사를 일으켜서 진나라를 쳤다. 주나라 평왕이 괵공(虢公)에게 군사를 이끌고 가서 곡옥 장백을 토벌하게 하니, 장백이 달아나 곡옥을 지

켰다[保=守(보수)]. 진나라 사람들이 함께 악후의 아들 광(光)을 세우니, 이 사람이 애후(哀侯)다.

애후 2년에 곡옥 장백이 졸하자 아들 칭(稱)이 장백을 대신해 세워지니, 이 사람이 곡옥 무공(曲沃武公)이다.

애후 6년에 노나라가 자기 임금 은공(隱公)을 시해했다.

애후 8년에 진나라가 형정(陘廷)[1]을 침공하니, 형정 사람들이 곡옥 무공과 모의해 9년에 분수(汾水) 근처에서 진나라를 쳐 애후를 사로잡았다. 진나라 사람들이 마침내 애후의 아들 소자(小子)를 세워 임금으로 삼으니, 이 사람이 소자(小子) 후(侯)다[2].

1) 【집해(集解)】 가규(賈逵)가 말했다. "익(翼) 남쪽에 있는 변방의 읍 이름이다."

2) 【집해(集解)】 『예기(禮記)』에서 말했다. "천자가 아직 삼년상이 끝나지 않았을 때는 '나 소자'라고 해서, 살아 있어도 이름을 부르고 죽었어도 이름을 부른다." 정현(鄭玄)이 말했다. "진나라에 소자 후가 있었다는 것은 곧 천자의 예를 취한 것이다."

소자 원년에 곡옥 무공이 한만(韓萬)[1]을 시켜 사로잡았던 애후를 죽였다. 곡옥이 더욱 강대해졌지만, 진나라는 어떻게 하지를 못했다.

1) 【집해(集解)】 가규(賈逵)가 말했다. "곡옥 환숙의 아들이자 장백의 동생이다."

진(晉) 소자 4년에 곡옥 무공이 진나라 소자를 유인해 죽였다. 주나라 환왕(桓王)이 괵중(虢仲)을 보내 곡옥 무공을 치자 무공은 곡옥으로 들어갔고, (괵중은) 마침내 진나라 애후의 동생 민(緡)을 세워 진후(晉侯)로 삼았다.

진후 민 4년에 송나라가 정나라 대부 채중(祭仲)을 붙잡고서 돌(突)을 세워 정나라 임금으로 삼게 했다.

진후 19년에 제나라 사람 관지보(管至父)가 자기 임금 양공(襄公)을 시해했다.

진후 28년에 제나라 환공이 비로소[始][1] 패자(霸者)가 되었다. 곡옥 무공이 진후 민을 쳐서 멸망시키고 그 보물을 모조리 주나라 희왕(釐王)에게 뇌물로 바치니, 희왕은 곡옥 무공에게 명해 진나라 임금[晉君]으로 삼고 반열에 올려[列] 제후로 삼았다. 이에 (무공은) 진나라 땅 전부를 아울러 소유하게 되었다.

1) 초(初)는 옛날을 회상하면서 '애초에'라는 뜻으로, 시(始)는 '맨 처음으로' 혹은 '비로소'라는 뜻으로 쓰인다. 그러나 간혹 섞어서 쓰기도 한다.

곡옥 무공은 이미 자리에 나아간 지 37년이 되었을 때 호칭을 고쳐서 진(晉) 무공(武公)이라고 했다. 진 무공이 비로소 진나라에 도읍을 정하니, 이전에 곡옥에서 자리에 나아간 기간까지 모두 합해[通年] 38년이다. 무공 칭(稱)은 예전[先] 진나라 목후(穆侯)의 증손이자[1] 곡옥 환숙의 손자이니 환숙은 처음으로 곡옥에 봉해졌으며, 무공은 장백의 아들이다. 환숙이 처음 곡옥에 봉해진 이후부터 무공이 진나라를 멸망시킬 때까지 67년이 지나서 결국 진나라를 대신해 제후가 되었다. 무공은 진나라를 대신한 지 2년 만에 졸했으니, 곡옥에서의 햇수를 합치면 자리에 나아간 지 총 39년 만에 졸한 것이다. 아들 헌공(獻公) 궤제(詭諸)가 세워졌다.

1) 【색은(索隱)】 진나라에 목후가 2명 있었는데, 선(先)이라고 한 것은 뒤의 목후와 구별하기 위함이다.

❖

헌공 원년에 주나라 혜왕의 동생 퇴(穨)가 혜왕을 공격하니, 혜왕은 도망쳐 나와 정나라 역읍(櫟邑)에 머물렀다[1].

1) 【색은(索隱)】 지금의 남양군(南陽郡) 적현(翟縣)이 그곳이다.

5년에 (헌공이) 여융(驪戎)을 쳐서 여희(驪姬)[1]와 여희의 동생을 얻었는데, 둘 모두를 아끼고 총애했다.

1) 【집해(集解)】 위소(韋昭)가 말했다. "여융(驪戎)은 서융(西戎)의 별종으로, 여산(驪山)을 근거지로 삼았다."

8년에 (진나라 대부) 사위(士蔿)가 헌공에게 유세해 말했다.

"예로부터 진나라에는 공자들이 많았으므로 주살하지 않으면 난이 장차 일어날 것입니다."

마침내 사람을 시켜 공자들을 다 죽이게 하고는 취읍(聚邑)[1]에 성을 쌓아 도읍으로 삼고 강(絳)이라 명명하니, 비로소 강이 도읍이 되었다[2].

9년에 진나라의 여러 공자가 이미 괵(虢)나라로 망명하니, 괵나라가 이를 구실로 삼아 다시 진나라를 쳤으나 이기지 못했다.

10년에 진나라가 괵나라를 치려고 하자 사위가 말했다.

"장차 저들이 (스스로) 어지러워질 때까지 기다리십시오."

1) 【집해(集解)】 가규(賈逵)가 말했다. "취(聚)는 진나라 읍이다."

2) 【색은(索隱)】 『춘추(春秋)』 장공(莊公) 26년에 "사위가 강에 성을 쌓았다"라고 한 것이 이것이다.

12년에 여희가 해제(奚齊)를 낳으니, 헌공이 태자를 폐위시킬 생각이 있

어 마침내 이렇게 말했다.

"곡옥은 우리 선조의 종묘가 있는 곳이고, 포읍(蒲邑)은 진(秦)나라와 접해 있으며, 굴읍(屈邑)은 적(翟)나라와 접해 있다[1]. 아들들을 그곳에 머물게 하지 않으면 내가 두렵다."

이에 태자 신생(申生)을 곡옥에, 공자 중이(重耳)를 포읍에, 공자 이오(夷吾)를 굴읍에 머물게 하고 헌공은 여희의 아들 해제와 함께 강(絳)에 머물렀으니, 진나라 사람들은 이로써 태자가 세워지지 못하리라는 것을 알아차렸다. 태자 신생의 경우, 그 어머니는 제나라 환공 딸 제강(齊姜)으로 일찍 죽었고 신생과 어머니가 같은 여동생은 진(秦)나라 목공(穆公) 부인이 되었다. 중이의 어머니는 적(翟)나라 호씨(狐氏)의 딸이었고, 이오의 어머니는 중이 어머니의 여동생이었다. 헌공의 여덟 아들 중 태자 신생과 공자 중이, 이오가 모두 뛰어난 행실[賢行(현행)]이 있었으나 (헌공은) 여희를 얻게 되자 마침내 이 세 아들을 멀리했다.

1) 【집해(集解)】 위소(韋昭)가 말했다. "포는 지금의 포판(蒲阪)이고 굴은 북굴(北屈)인데, 둘 다 하동(河東)에 있다."

16년에 진나라 헌공은 이군(二軍)을 만든[1] 뒤 자신이 상군(上軍)을 거느리고 태자 신생으로 하여금 하군(下軍)을 거느리게 하고서 조숙(趙夙)을 어유(御戎-수레·전차 담당)로, 필만(畢萬)을 우거(右車)로 삼아 적(翟)나라를 쳐서 멸망시키고, 이어 위(魏)나라와 경(耿)나라를 멸망시켰다[2]. 돌아와 태자에게는 곡옥에 성을 쌓게 하고, 조숙과 필만은 각각 경나라와 위나라 땅을 내려주고 대부로 삼았다.

사위가 (태자에게) 말했다.

"태자께서는 세워지지 못할 것입니다. 도성을 나눠 받고 자리는 올라갈 데까지 갔으니 어찌 다시 세워질 수 있겠습니까? (차라리) 도망가서 죄에 이

르지 않는 것이 나을 것입니다. 오(吳)나라 태백(太伯)처럼 해도 실로 괜찮지 않겠습니까?[3] 그렇게라도 하면 그나마 아름다운 이름[令名]이라도 남길 수 있을 것입니다."

태자는 따르지 않았다.

복언(卜偃)이 말했다[4].

"필만의 후손들은 반드시 크게 될 것이다. 만(萬)은 꽉 찬 숫자[盈數]이고, 위(魏)는 큰 이름[大名]이다[5]. 이런 위나라 땅을 상으로 주었으니, 하늘이 (그에게 복을 위한) 길을 열어준 것이다. 천자의 경우 (그 백성을) 조민(兆民), 제후의 경우 만민(萬民)이라 하는데, 지금 이처럼 큰 뜻으로 상을 내려 수를 가득 채우게 했으니, 그는 반드시 큰 무리를 소유하게 될 것이다."

애초에 필만이 진나라에서 벼슬하는 것에 대해 점을 쳤더니, 둔괘(屯卦, ䷂)가 비괘(比卦, ䷇)로 달라지는[之=變] 점괘가 나왔다. (진나라 대부) 신료(辛廖)가 점괘를 풀어[占] 말했다.

"길하다. 둔은 단단하다[固]는 뜻이고 비는 들어간다[入]는 뜻이니, 이보다 더 길한 괘가 어디 있을까?[6] 그 후손들은 반드시 번창할 것이다."

1) 【집해(集解)】 『좌전(左傳)』에 이르기를, "왕(王-천자)이 괵공을 시켜서 곡옥 백(伯)에게 명해 일군(一軍)을 갖고서 진후(晉侯)로 삼게 했다"라고 했다. (그런데) 지금 비로소 이군이 된 것이다.

2) 【집해(集解)】 복건(服虔)이 말했다. "세 나라는 모두 희성(姬姓)이다."

3) 【집해(集解)】 왕숙(王肅)이 말했다. "태백은 천명이 왕계에게 있음을 알고서 오나라로 달아나 돌아오지 않았다."

4) 【집해(集解)】 가규(賈逵)가 말했다. "진나라에서 점을 담당하는 대부 곽언(郭偃)이다."

5) 【집해(集解)】 복건(服虔)이 말했다. "숫자는 일에서 만에 이르면 꽉 차게 된다. 위(魏)란 위(巍)이니, '높고 크다[高大]'는 뜻이다."

6) 【집해(集解)】 두예(杜預)가 말했다. "둔(屯)은 험난하다는 뜻이니 그래서 견고하고, 비(比)는 친밀하게 서로 가까이하는 것이니 그래서 들어갈 수 있다."

17년에 진후(晉侯-헌공)가 태자 신생에게 동산(東山)[1]을 치게 했는데, 이극(里克)[2]이 헌공에게 간언해 말했다.

"태자는 종묘와 사직에 바칠 제물[粢盛]을 받들고 아침저녁으로 임금의 음식 상태를 살피는 사람입니다. 그래서 총자(冢子-우두머리 아들)[3]라고 합니다. 임금이 행차하면 (태자는 도성) 안을 지키고, 임금이 도성 안을 지키면 (태자는 임금을) 따릅니다. 따르는 것을 무군(撫軍), 지키는 것을 감국(監國)이라 하는데 이것이 옛 제도[古之制]입니다.

무릇 군대를 이끄는[率師] 것은, 전략을 독자적으로 행하는[專行] 것이니 군대에 호령을 내리는 일은 임금이나 국정을 담당한 공경(公卿)만이 도모할 수 있는 일이지 태자의 일이 아닙니다. (그런데) 군대란 명(命)을 통제하는 데 달려 있을 뿐입니다[4]. 매번 임금이 내려주는 명을 받아서 한다면[稟命] 태자는 위엄을 잃게 되고[不威], 그렇다고 독자적으로 명을 내리면 불효가 되니, 그러므로 임금을 이을 적사(適嗣)는 군대를 이끌어서는 안 됩니다. 임금이 관직을 잃게 되고[失官][5] (태자가) 군대를 이끌면서도 위엄이 없다면 장차 어찌 태자를 쓸 수 있겠습니까?"

공이 말했다.

"과인에게 아들들이 있으니, 아직은 이에 태자로 누구를 세워야 할지 모르겠다."

이극이 아무런 대답도 하지 않고 물러 나와서 태자를 만났다. 태자가 말했다.

"나는 아마도[其] 폐출되겠지요?"

이극이 말했다.[6]

"태자께서는 힘쓰셔야 할 것이니, (임금께서) 군대의 일로써 가르치려 하

신 것입니다[7]. (태자께서) 제대로 받들지 못할까만 염려하신다면 어째서 폐출되겠습니까? 또 태자께서는 불효하면 어찌할까만 걱정하시고, 자기가 세워질 수 없는 것에 대해서는 걱정하지 마십시오. 자기를 닦고 남을 탓하지 않는다면 어려움에서 벗어날 수 있습니다."

태자가 군대를 이끌자[帥師(솔사)=率師(솔사)] 헌공은 태자에게 좌우의 색이 다른 옷[偏衣(편의)]을 입게 하고 금속 패옥[金玦(금결)-병권의 상징]을 차게 했다[8]. 이극은 병을 핑계로 태자를 따르지 않았고, 태자가 드디어 동산을 쳤다.

1) 【집해(集解)】 복건(服虔)이 말했다. "동산은 적적(赤狄)의 별종이다."

2) 【집해(集解)】 가규(賈逵)가 말했다. "이극은 진나라의 경 이계(里季)다."

3) 총(冢)에는 무덤이나 산꼭대기 외에 맏이, 우두머리, 거느리다 등의 뜻이 있다.

4) 【집해(集解)】 두예(杜預)가 말했다. "명(命)이란 장군이 통제하는 것이다."

5) 【집해(集解)】 두예(杜預)가 말했다. "태자에게 군대를 통솔하게 한 것은 곧 관직을 제대로 임명하지 못한 것이다."

6) 『좌씨전(左氏傳)』에 따르면, 이 말은 이극이 아니라 선우(先友)가 한 말이다.

7) 【집해(集解)】 가규(賈逵)가 말했다. "하군을 이끌게 한 것을 말한다."

8) 『좌씨전(左氏傳)』 민공(閔公) 2년에 나오는 이야기다.

선우(先友)가 말했다. "절반이 자신의 복색과 같은 옷을 입히고 손에는 병권을 쥐여주었으니, 앞으로의 성패가 이번 걸음에 달렸습니다. 그러니 태자께서는 매사 힘쓰셔야 할 것입니다. 절반이 공복의 색깔과 같은 옷을 입힌 것은 악의가 없다는 뜻이고, 병권을 쥐여준 것은 화를 멀리하게 한 것입니다. 임금님께서 태자를 이처럼 친애하고 또 화를 멀리하게 하셨는데 또 무엇을 걱정하십니까?" 그러자 호돌(狐突)이 탄식하며 말했다. "시령(時令)은 일의 조짐이고, 옷은 신분의 귀천을 드러내는 문장이며, 패식(佩飾)은 마음의 기치(旗幟)다. 그러므로 임금이 그 일을 중요하게 여기면 봄여름에 명령을 내리고, 그 몸에 옷을 입히면 순색의 옷을 입히며, 그 사람의 충심(衷心)을 신용하면 법도에 맞는 패식을 채우는 것이다. 그런데 지금 헌공은 한 해가 끝나가는 때 명령을 내렸으니 그 일을 막히게 한 것이고, 잡색 옷을 입혔으니, 태자를 멀리한 것이며 금결을 채웠으니, 태자의 충심을 버린 것이다. 잡색 옷을 입혀 멀리하는 뜻을 보이고, 한 해가 끝나가는 때 명을 내려 일을 막히게 했다. 잡색은 냉정을, 겨울은 숙살(肅殺)을, 금(金)은 한랭을, 결(玦)은 결별(訣別)을 뜻하니, 어찌 믿을 수가 있겠는가?"

19년에 헌공이 말했다.

"애초에 우리 선군이신 장백(莊伯)과 무공(武公)께서 진(晉)나라의 난을 평정하실 때 괵(虢)나라는 늘 진나라를 도와 우리를 쳤고[1], 또 진나라에서 달아난 공자들을 숨겨주더니 과연 환란을 일으키려 한다. (지금) 주벌하지 않으면 앞으로 자손들에게 근심을 남길 것이다."

마침내 순식(荀息)을 시켜 굴읍(屈邑)에서 나는 말 4마리[乘(승)][2]를 갖춰 타고 가서 우(虞)나라에 길을 빌리게 했다[假道(가도)]. 우나라가 길을 빌려주자 드디어 괵나라를 쳐서[3] 하양(下陽)[4]을 차지하고 돌아왔다.

1) 【정의(正義)】 괵나라가 진나라를 도와 곡옥을 쳤다는 말이다.

2) 【집해(集解)】 하휴(何休)가 말했다. "승(乘)이란 말 4마리[駟(사)]를 다 갖춘 것이다."

3) 【집해(集解)】 가규(賈逵)가 말했다. "우나라는 진나라 남쪽에, 괵나라는 우나라 남쪽에 있었다."

4) 【집해(集解)】 복건(服虔)이 말했다. "하양(下陽)은 괵나라의 읍으로, 대양(大陽) 동북쪽으로 30리에 있다."

헌공이 몰래 여희에게 말했다.

"나는 태자를 폐하고 해제로 하여금 그를 대신하게 하고 싶다."

여희가 울면서 말했다.

"태자가 세워질 것이라는 것을 제후들이 모두 이미 알고 있고 여러 차례 군대를 거느려 백성이 태자에게 기대고 있는데, 어떻게 천첩 때문에 적자를 폐하고 서자를 세울 수 있겠습니까[廢適立庶(폐적입서)]? 주군께서 꼭 그렇게 하시겠

다면 첩은 자살할 것입니다."

여희는 (이렇게) 겉으로는[詳=佯=陽] 태자를 치켜세우는 척했지만, 뒤로는[陰] 사람을 시켜 태자를 헐뜯고 태자에 대해 나쁜 말을 하게 하면서 자기가 낳은 아들을 세우고자 했다.

21년에 여희가 태자에게 말했다.

"임금께서 꿈에 제강(齊姜)을 보셨다 하니, 태자는 속히 곡옥(曲沃)[1]으로 가서 제사를 올려서 (돌아와) 임금께 제사 지낸 고기를 바치도록 하세요[歸釐]."

태자가 이에 곡옥에서 그 어머니 제강에게 제사를 지낸 뒤 헌공에게 제사 지낸 고기를 올렸다[薦胙=歸釐]. 헌공이 이때 사냥을 나갔기에 제사 지낸 고기를 궁중에 두게 했는데, 여희는 사람을 시켜 제사 지낸 고기 안에 독약을 넣었다. 이틀 뒤에[2] 헌공이 사냥에서 돌아오자, 임금의 요리사[宰人][3]가 헌공에게 제사 지낸 고기를 바치니, 헌공이 그것을 맛보려고 했다. 여희가 옆에서 제지하며 말했다.

"제사 지낸 고기가 먼 곳에서 왔으니, 마땅히 시험해보아야 합니다."

고기를 땅에 던지니 고기에 닿은 땅이 부풀어 올랐고[墳=起], 개에게 주니 개가 죽었으며, 환관[小臣][4]에게 먹였더니 환관도 죽었다. 여희가 울면서 말했다.

"태자는 어찌 이리 잔인한가! 자기 아버지를 죽이고 그 자리를 대신하려 하니, 하물며 다른 사람임에랴? 또 주군께서는 연로하시어 목숨이 아침저녁에 달린 분[旦暮之人]이시건만, 이에[曾=於是] 그걸 못 기다리고 시해하려 하는가!"

헌공에게 일러 말했다.

"태자가 이런 일을 저지른 까닭은 첩과 해제 때문임에 불과합니다. 첩이 바라건대, 어미와 아들이 다른 나라로 피해서 떠나고자 합니다. 그리고 만일 일찍 자살하더라도 우리 모자가 태자에게 한갓 어육이 되지 않게 해주십시오. 처음에 주군께서 태자를 폐위시키려고 하셨을 때 첩은 오히려 그것을 한스러워했는데, 지금에 이르고 보니 첩이 분명 스스로 이런 실수를 했습니다."

태자가 이 소식을 듣고 신성(新城)[5]으로 달아나니, 헌공이 노해 마침내 태자사부 두원관(杜原款)을 주살했다. 어떤 사람이 태자에게 말했다.

"독약을 만든 사람은 바로 여희인데, 태자께서는 어째서 스스로 해명하는 말을 하지 않으십니까?"

태자가 말했다.

"우리 임금께서는 연로하시어 여희가 없으면 잠도 편히 못 주무시고 음식을 드셔도 그 맛을 모르신다. 나아가서 해명한다면 군왕께서는 장차 여희에게 화를 낼 것이다. 그렇게 할 수는 없다."

어떤 사람이 태자에게 말했다.

"다른 나라로 달아나는 것이 좋겠습니다."

태자가 말했다.

"이런 악명을 뒤집어쓴 채 나라 밖으로 나간다면 나간다 한들 누가 날 받아들이겠는가[内(내)=納(납)]? 내가 자살하면 그만일 뿐이다."

12월 무신일에 신생은 신성(新城)에서 자살했다[6].

1) 【집해(集解)】 복건(服虔)이 말했다. "제강의 사당이 있는 곳이다."

2) 【색은(索隱)】 『좌전(左傳)』에는 "엿새 뒤에"라고 되어 있어, 같지가 않다.

3) 재(宰)는 원래 임금 전용의 요리사나 주방장을 뜻했으니, 재상(宰相)이란 임금의 요리사처럼 나랏일을 잘 다스리는 사람이라는 뜻이다.

4) 【집해(集解)】 위소(韋昭)가 말했다. "소인은 관직명으로 자잘한 일들을 담당했으니, 지금의 엄사(閹士-환관)에 해당한다."

5) 【집해(集解)】 위소(韋昭)가 말했다. "신성은 곡옥이다. 태자를 위해 새로 성을 쌓

❖

앖기 때문에 이렇게 불렸다."

6) 【색은(索隱)】『국어(國語)』에서 말했다. "신생은 마침내 신성(新城) 사당에서 목을 매어 죽었다[雉經(치경)=縊死(액사)]."

이때 중이와 이오가 와서 (헌공을) 조현했다. 어떤 사람이 여희에게 고해 말했다.

"두 공자는 여희께서 태자를 참소(譖訴-중상모략)해 죽인 것에 원망을 품고 있습니다."

여희가 두려워서 그 참에 두 공자를 참소했다.

"신생이 제사 지낸 고기에 약 넣은 것을 두 공자도 알고 있었습니다."

두 공자가 이를 듣고 두려워서 중이는 포(蒲)로, 이오는 굴(屈)로 달아나 그곳 성을 지키면서 스스로를 방비했다.

애초에[1] 헌공은 사위(士蔿)에게 두 공자를 위해 포성과 굴성을 쌓게 했으나 아직 완성하지 못했다. 이오가 이를 공에게 보고하자 공이 사위에게 화를 냈다. 사위는 사죄하며 말했다.

"변방 성읍에는 도적도 적은데, 어디다 쓰려고 성을 쌓으십니까?"

물러나 노래를 지어 불렀다.

"여우 가죽으로 만든 옷
털이 어지럽건만[蒙茸(몽용)]
한 나라에 공(公)이 셋 있으니
나는 누구를 따라야 할까![2]"

끝내 성을 완공했으니, 신생이 죽자 두 공자 또한 그들의 성으로 돌아가서 지켰던 것이다.

1) '이 일이 터지기에 앞서'라는 뜻이다.

2) 【집해(集解)】 복건(服虔)이 말했다. "몽용(蒙茸)이란 어지러운 모습이다. 삼공이란

헌공과 두 공자를 말하니, 장차 서로 적대하게 될 것이기 때문에 누구를 따라야 할지 모르겠다고 말한 것이다."

22년에 헌공은 두 아들이 하직 인사도 하지 않고[不辭] 가버린 것에 화를 내며, 과연 모반할 생각이 있다고 여겨서 군대를 보내 포성을 쳤다. 포성 사람인 환관 발제(勃鞮)가 중이에게 서둘러 자살할 것을 명했고[命][1], 중이가 담을 넘어 달아나자, 환관이 뒤쫓으며 옷소매를 벴다. 중이는 드디어 적(翟)나라로 달아났다. (헌공은) 굴성도 치게 했으나 굴성 사람들이 굳게 지키는 바람에 떨어뜨리지[下=降] 못했다.

1) 발제는 헌공의 명을 받고서 이렇게 자살을 재촉한 것인데, 뒤에서는 이제(履鞮)로 나온다.

이해에 진나라가 다시 괵나라를 치기 위해 우나라에 길을 빌려달라고 하니, 우나라 대부 궁지기(宮之奇)가 우나라 임금에게 간언해 말했다.

"진나라에 길을 빌려주어서는 안 됩니다. 저들은 장차 우나라를 멸망시킬 것입니다."

우나라 임금이 말했다.

"진나라와 나는 동성(同姓)이니, 마땅히 우리를 치지는 않을 것이다."

궁지기가 말했다.

"(우나라의 시조인) 태백(太伯)과 우중(虞仲)은 태왕의 아들인데, 태백이 도망갔기 때문에 임금 자리를 잇지 못했습니다. (괵나라의 시조인) 괵중(虢仲)과 괵숙(虢叔)은 왕계(王季-문왕의 아버지)의 아들이자 문왕의 경사(卿士)로서 그 공훈을 기록한 것이 왕실에 있고 맹부(盟府)[1]에 간직되어 있습니다. 괵나라조차도 장차 멸망시키려 하는데, 어찌 우나라를 아껴주겠습니까? 또 (진나라와) 우나라가 아무리 가깝다 한들 환숙과 장백의 종족만큼 가깝겠습니까만, 환숙과 장백의 종족은 무슨 죄가 있어 모두 멸망시킨 것

입니까? 우나라와 괵나라는 입술과 이(의 관계)와도 같아서, 입술이 없으면 이가 시리게 됩니다[脣亡則齒寒].”

우공(虞公)이 듣지 않고 드디어 진나라의 요구를 허락하자 궁지기는 자기 가족을 데리고 우나라를 떠났다. 그해 겨울에 진나라는 괵나라를 멸망시켰고, 괵공 추(醜)는 주(周)나라로 달아났다[2]. (진나라는) 돌아오는 길에 우나라를 습격해 멸망시키고 우공과 그 대부 정백(井伯)[3] 백리해(百里奚)를 포로로 잡아서는, 진(秦)나라 목희(穆姬)가 시집갈 때 데리고 가는 몸종[媵]으로 삼고 우나라 제사를 지내게 했다. 순식(荀息)이 예전에, 우나라에 주었던 굴읍의 명마(名馬)를 끌고 와서 헌공에게 바치니, 헌공이 웃으며 말했다.

“말은 (옛날의) 내 말이건만 이빨을 보니 많이 늙었구나[4].”

1) 【집해(集解)】 두예(杜預)가 말했다. “맹부는 맹세를 주관하는 관서다.”

2) 【집해(集解)】 『황람(皇覽)』에서 말했다. “괵공의 무덤은 하내군(河內郡) 온현(溫縣) 성곽 동쪽으로, 제수(濟水) 남쪽에 있는 큰 무덤이 그것이다. 그 성 남쪽에 괵공대(虢公臺)가 있다.”

3) 정백은 백리해의 자(字)다.

4) 【집해(集解)】 하휴(何休)가 말했다. “말의 이빨로 순식의 나이가 많음을 희롱하며 비유한 것이다.”

23년에 헌공이 드디어 가화(賈華)[1] 등을 시켜 군사를 일으켜 굴읍을 쳤고, 굴읍은 무너졌다[潰][2]. 이오가 장차 적나라로 달아나려 하자 (진나라 대부) 기예(冀芮)가 말했다.

“안 됩니다. 중이가 이미 거기에 있으니 지금 가더라도 진나라는 반드시 군대를 이동시켜 적나라를 칠 것이고, 적나라는 진나라를 두려워하기 때문에 그 화가 장차 (우리에게까지) 미칠 것입니다. 양(梁)나라로 도망가는 것만 못합니다. 양나라는 진(秦)나라와 가깝고 진나라는 강하니, 우리 임금이

돌아가시고 나면[百歲後(백세 후)] 귀국을 요청할 수 있습니다."

드디어 양나라로 달아났다.

25년에 진(晉)나라가 적나라를 쳤다. 적나라는 중이 때문이라고 여기고서 마찬가지로 설상(齧桑)[3]에서 진나라를 공격했고, (이에) 진나라 군대는 포위를 풀고 물러갔다.

1) 【집해(集解)】 가규(賈逵)가 말했다. "가화는 진나라 우행대부(右行大夫)다."

2) 【정의(正義)】 백성이 자기 임금을 버리고 도망가는 것을 궤(潰)라고 한다.

3) 【집해(集解)】 『좌전(左傳)』에서는 채상(采桑)이라고 했고, 복건(服虔)은 적나라 땅이라고 했다.

이런 때를 맞아 진(晉)나라는 (더욱) 강성해져서 서쪽으로 하서(河西)를 차지해 진(秦)나라와 국경을 접하게 되었고 북쪽으로는 적나라와 접경했으며 동쪽으로는 하예(河內)[1]에 이르렀다.

1) 【색은(索隱)】 하예는 하곡(河曲)이다. 內의 발음은 (내가 아니라) 예(汭-물굽이)다.

여희의 여동생[娣(제)=女弟(여제)]이 탁자(悼子)[1]를 낳았다.

1) 【색은(索隱)】 『좌전(左傳)』에서는 탁자(卓子)라고 했다. 발음은 (도가 아니라) 치(恥)와 각(角)의 반절음이다.[정확하게는 착이지만 앞서 탁자라고 했으므로 그냥 탁자라고 했다.]

26년 여름에 제나라 환공이 규구(葵丘)[1]에서 제후들과 큰 규모로 회동을 했다. 진(晉)나라 헌공(獻公)은 병이 나서 늦게 출발했는데, 아직 도착하지 않았을 때 (도중에서) 주나라 왕실의 재공(宰孔)을 만났다. 재공이 말

했다.

"제나라 환공이 더욱 교만해져서 다움에는 힘쓰지[務德] 않고 원방을 공략하는 데만 힘쓰니, 제후들이 불평하고 있습니다. 임금께서 그냥[弟=但] 회맹에 가지 않는다 해도 (제나라는) 진(晉)나라에 대해 어찌할 수 없을 것입니다."

헌공도 병이 낫지 않아 다시 돌아갔다. (헌공이) 병이 더 심해지자, 마침내 순식(荀息)에게 일러 말했다.

"나는 해제를 내 후사로 삼으려 하건만 나이가 어려서 여러 대신이 복종하지 않고 난을 일으킬까 두려운데, 그대가 해제를 능히 세울 수 있겠는가?"

순식이 말했다.

"할 수 있습니다."

헌공이 말했다.

"무엇으로 징험할 수 있는가?"

대답해 말했다.

"설사 거듭 죽음을 맞이하게 되더라도 살아 계실 때 내리신 명을 어기지 않을 것이니, 살아 있는 사람들은 제가 임금의 명을 어기지 않고 죽는 모습을 보게 되어 저에 대해 부끄러움을 느끼지 않을 것입니다[2]. 이것이 그 징험입니다."

이에 드디어 해제를 순식에게 맡겼고, 순식은 재상이 되어 국정을 주관했다.

가을 9월에 헌공이 졸했다. 이극(里克)과 비정(邳鄭)은 중이를 맞아들이고자[內=逆] 세 공자의 무리로써 난을 일으키고는[3] 순식에게 일러 말했다.

"세 무리의 원한에다가 진(秦)나라와 진(晉)나라가 돕고 있으니, 그대는 장차 어찌하려는가?"

순식이 말했다.

“나는 선군의 말씀을 어길 수 없다!”

10월에 이극이 상차(喪次-시신을 모시는 곳)에서 해제를 살해했는데, 헌공은 아직 안장하지도 않은 상태였다. 순식이 장차 (따라서) 죽으려 하는데, 어떤 사람이 말했다.

“해제의 동생 탁자를 세워서 그를 돕는 것만 못하다.”

순식이 탁자를 세우고 헌공을 안장했다.

11월에 이극이 조정에서 탁자를 시해하자[4] 순식도 (따라서) 죽었다. 군자가 말했다.

“『시경(詩經)』에 이르기를 ‘백옥의 반점은 오히려 갈아 없앨 수 있으나 말이 잘못되면 어쩔 수가 없다[5]’라고 하더니, 아마도 순식을 두고 한 말일 것이다. 자기가 한 말을 어기지 않았다.”

애초에 헌공이 장차 여융을 정벌하려 하면서 점을 쳤는데 ‘치아가 화근[6]’이라는 점괘가 나왔다. 여융을 깨뜨리고 여희를 얻어 사랑했으나, 결국 여희는 진나라를 어지럽히고 말았다.

1) 【정의(正義)】 조주(曹州) 고성현(考城縣) 동남쪽으로 1리에 있다.

2) 원문은 “使死者復生 生者不慙”인데, 【색은(索隱)】의 풀이에 입각해서 옮겼다.

3) 【집해(集解)】 가규(賈逵)가 말했다. “비정은 진나라 대부다. 세 공자란 신생·중이·이오를 가리킨다.”

4) 【집해(集解)】 『열녀전(列女傳)』에서 말했다. “시장에서 여희를 채찍질해서 죽였다.”

5) 【집해(集解)】 두예(杜預)가 말했다. “「대아(大雅)」에 실린 시로, 말이 잘못된 것은 백규의 반점보다 바로잡기가 어렵다는 것을 말한다.”

6) 【집해(集解)】 위소(韋昭)가 말했다. “거북점 등에서 조짐의 실마리가 좌우로 갈라지고 터진 모양이 치아와 비슷한데, 그 가운데에 가로지르는 모습까지 있으면 이는 참언(讒言)으로 인해 위해(危害)가 있을 수 있음을 상징한다.”

이극 등은 이미 해제와 탁자를 죽이고 나자 적나라에 사람을 보내 공자 중이를 맞아들여서[1] 그를 세우려 했는데, 중이가 사양하며 말했다.

"아버지의 명을 어기고[負=悖] 나라 밖으로 도망쳤고 아버지가 돌아가셨는데도 자식 된 예로 장례조차 모시지[侍喪] 못한 이 중이가 어찌 감히 들어간단 말이오? 대부들은 이에 다른 아들을 세우시오."

돌아와 이극에게 보고하자 이극은 사람을 시켜 양나라에 있는 이오를 맞이하려 했다. 이오가 가려 하자, 여생(呂省)[2]과 극예(郤芮)[3]가 말했다.

"안에 여전히 세울 만한 공자가 있는데도 밖에서 구한다는 것은 믿기 어렵습니다. 진(秦)나라로 가서 강한 나라의 위세를 빌리지 않고 들어갔다가는 아마 위험할 것입니다."

마침내 극예에게 두터운 뇌물을 가지고 진(秦)나라로 가게 해서는 "들어갈 수만 있다면 진(晉)나라 하서 땅을 진(秦)나라에 주겠습니다"라고 약속했고, 이극에게도 편지를 보내 "정말 세워질 수만 있다면 분양(汾陽-분수 북쪽) 성읍을 그대에게 봉해주겠다"라고 했다.

진(秦)나라 목공(穆公)이 마침내 군대를 내어 이오를 진(晉)나라까지 호송했다. 제나라 환공은 진나라에 난이 일어났다는 소식을 듣고는 역시 제후들을 이끌고 진나라로 갔다. 진(秦)나라 군대와 이오가 또한 진나라에 이르자, 제나라는 마침내 습붕(隰朋)으로 하여금 진(秦)나라와 합류해 함께 이오를 입국시키게 해서 그를 세워 진나라 임금으로 삼았다. 이 사람이 혜공(惠公)이다. 제나라 환공은 진(晉)나라 고량(高梁)까지 왔다가 돌아갔다.

1) 【정의(正義)】『국어(國語)』에서 이렇게 말했다. "이극과 비정은 도안이(屠岸夷)를 시켜 적나라에 있는 공자 중이에게 이렇게 말하게 했다. '나라가 어지럽고 백성이 동요하고 있습니다. 나라를 얻는 것은 어지러울 때 어떻게 하느냐에 달렸고, 백성을 잘 다스리는 것은 동요할 때 어떻게 하느냐에 달렸습니다. 공자께서는 어찌 진나라에 들어오시지 않습니까?'"

2) 【정의(正義)】 省의 발음은 생(眚)이다. 두예(杜預)가 말했다. "성은 하려(瑕呂)이고 이름은 이생(飴甥)이며 자는 자금(子金)이다."

3) 【정의(正義)】 극성자(郄成子), 즉 기예(冀芮)다.

혜공 이오 원년에 비정을 진(秦)나라에 사신으로 보내 사죄하며 말했다.

"처음에 이오가 하서(河西)를 임금께 드리기로 했는데, 지금 다행히 귀국해 자리에 오를 수 있었습니다. 대신들이 말하기를 '땅은 선군의 땅인데, 당신은 나라 밖에 망명하고 있으면서 어찌 마음대로 진(秦)나라에 땅을 주겠다고 약속하실 수 있단 말입니까'라고 하기에, 과인이 이들과 다투기까지 했으나 어쩔 수 없게 되어, 이렇게 진나라에 사죄합니다."

또 이극에게는 분양읍을 주지 않았고 그의 권력도 빼앗았다.

4월에 주나라 양왕(襄王)이 주공(周公) 기보(忌父)[1]를 보내 제나라와 진(秦)나라의 대부들과 만나서 함께 진나라 혜공을 예방하게 했다. 혜공은 중이가 국외에 있고 이극이 변란을 일으킬까 두려워서 이극에게 죽음을 내리기로 했다. 그리하여 일러 말했다.

"이자(里子)! 그대가 없었다면[微(미)] 과인은 세워지지 못했을 것이다. 그렇지만 그대는 실로 두 임금과 한 대부[2]를 죽였으니, 그대의 임금 된 사람으로서 실로 난처하지 않겠는가?"

이극이 대답해 말했다.

"기존 임금을 폐위시키지 않았다면 임금께서 어찌 일어날 수 있었겠습니까? 이미 주살하고자 하시는데, 이에 무슨 핑계[辭(사)]인들 없겠습니까만, 마침내 이리 말씀하시니 신은 명을 따를 뿐입니다."

드디어 칼에 엎어져[伏劍(복검)] 죽었다. 이때 비정은 진(秦)나라에 사과하러 갔다가 아직 돌아오지 않았으므로 화를 입지 않았다.

1) 【집해(集解)】 가규(賈逵)가 말했다. "주나라 경사(卿士)다."

2)) 【집해(集解)】 복건(服虔)이 말했다. "해제(奚齊)·탁자(悼子)·순식(荀息)을 말한다."

진나라 임금이 공(恭)태자 신생을 개장(改葬) 했다[1]. 가을에 호돌(狐突)이 곡옥으로 갔다가[下國(하국)][2] (꿈에) 신생을 만나니 신생이 수레를 함께 타고서 이렇게 말했다[3].

"이오가 무례하니, 내가 천제(天帝-상제)께 청해[4] 진(晉)나라를 진(秦)나라에 주게 해서 진(秦)나라로 하여금 내 제사를 지내게 할 것이다."

호돌이 말했다.

"신이 듣건대 신령은 그 종족이 아니면 제사음식을 먹지 않는다고 하는데, 그렇다면 당신의 제사가 끊어지는 것이 아닙니까? 당신께서는 이 점을 잘 살피십시오."

신생이 말했다.

"알겠다. 내가 장차 다시 천제께 청하겠다. 열흘 뒤에 신성(新城) 서쪽 편에 있는 무당을 통해 나를 드러나게 할 것이다[5]."

알겠다고 하자 드디어 신생이 보이지 않았다. 약속한 날이 되어 갔더니, 다시 모습을 나타낸 신생이 말했다.

"천제께서 죄 있는 자를 벌해도 된다고 허락하셨으니, 한(韓)[6]에서 패하게[弊(폐)=敗(패)] 될 것이다."

아이들이 마침내 노래를 지어 불렀다.

"공(恭) 태자 무덤을 개장했다네.
앞으로 14년 동안 진나라는 실로 번창하지 못한다네.
번창한다면 그건 마침내 형에게 달려 있겠네."

1) 【집해(集解)】 위소(韋昭)가 말했다. "헌공 때 신생의 장례는 예를 따르지 않았다. 그래서 (예에 맞춰) 개장한 것이다."

2) 【집해(集解)】 복건(服虔)이 말했다. "진나라는 멸망시킨 나라를 하읍(下邑)으로 삼았다. 일설에는 곡옥에 종묘가 있어 국(國)이라고 했다고 하고, 강(絳) 아래에 있어 하국(下國)이라고 했다고도 한다."

3) 【집해(集解)】 두예(杜預)가 말했다. "홀연히 꿈에서 서로 만나본 것이다. 호돌은 본래 신생의 경(卿)이었기 때문에, 그래서 다시 수레에 오르게 한 것이다."

4) 【집해(集解)】 복건(服虔)이 말했다. "죄가 있는 자에게 벌을 내릴 것을 청하겠다는 말이다."

5) 【집해(集解)】 두예(杜預)가 말했다. "장차 무당을 통해 자기 모습을 드러내겠다는 말이다."

6) 【집해(集解)】 두예(杜預)가 말했다. "한(韓)은 진(晉)나라 한원(韓原)이다."

비정이 진(秦)나라에 사신으로 가 있다가 이극이 죽었다는 소식을 듣고는, 마침내 진(秦)나라 목공에게 유세해 말했다.

"여생(呂省)·극칭(郤稱)·기예(冀芮)는 (당시에) 사실상 따르지 않았습니다[不從(부종)][1]. 만약에 두터운 뇌물로써 그들과 함께 모의해 (지금의) 진나라 임금을 내쫓고 중이를 들여보낸다면 일은 반드시 성취될 것입니다."

진나라 목공이 이를 허락하고서 사람을 시켜 비정과 함께 진(晉)나라에 가서 세 사람에게 두터운 뇌물을 주게 했다. 세 사람이 말했다.

"선물이 두텁고 말은 달콤하지만, 이는 반드시 비정이 우리를 진나라에 팔아넘기려는 것이다."

드디어 비정과 이극, 비정의 당여(黨輿)인 일곱 대부[2]를 죽였다. 비정의 아들 표(豹)가 진(秦)나라로 달아나서 진(晉)을 쳐야 한다고 말했으나 목공은 듣지 않았다.

1) 【집해(集解)】 두예(杜預)가 말했다. "세 사람은 진(晉)나라 대부다. 따르지 않았다는 것은 진나라 뇌물을 받지 않았다는 말이다."

2) 【집해(集解)】 위소(韋昭)가 말했다. "칠여(七輿)란 신생(申生)의 하군(下軍)에 속했던 여러 대부를 가리킨다."

혜공이 세워지고서 진(秦)나라와 이극과 한 약속을 어긴 데다가 일곱 대부를 죽이니, 나라 사람들이 따르지 않았다[不附=不從].

2년에 주나라가 소공(召公) 과(過)[1]를 보내, 진 혜공에게 예를 갖추었는데, 혜공이 거만하게 굴자[倨=傲][2] 소공이 그를 비판했다.

1) 【집해(集解)】 위소(韋昭)가 말했다. "소무공(召武公)으로, 천왕의 경사(卿士)다."

2) 【색은(索隱)】 옥을 받으면서 소홀한 태도[惰]를 보인 것이다. 이 일은 희공(僖公) 11년에 보인다.

4년에 진(晉)에 기근이 들자, 진(秦)에 식량 구매[糴]를 요청했다. 목공이 (대부) 백리해(百里奚)에게 묻자, 백리해가 말했다.

"천재(天災)가 일어나는 것은 나라마다 돌아가면서 생기는 것입니다. 재난을 당한 이웃 나라를 구휼하는 것이 나라의 도리[國之道]입니다. 주십시오."

비정의 아들 표가 말했다.

"쳐야 합니다!"

목공이 말했다.

"그 임금이 나쁘지, 백성이 무슨 죄인가?"

결국 식량을 주기로 하니, (운반 행렬이) (진(秦)의 수도인) 옹(雍)에서 (진(晉)의 수도인) 강(絳)에까지 이어졌다[屬=連].

5년에는 진(秦)에 기근이 들자, 진(晉)에 식량 구매를 요청했다. 진(晉)나라 임금이 신하들과 토의할 때, (진나라 대부) 경정(慶鄭)이 말했다.

"진나라 덕에 세워질 수 있으셨고, 그 후에 땅을 주기로 한 약속도 어긴 바 있으며, 우리 진(晉)에 기근이 들었을 때 진(秦)은 우리에게 식량을 대주었습니다. 지금 진(秦)에 기근이 들어서 식량 구매를 요청하니, 식량을 주는데 무슨 의심이 들어 토의한단 말입니까?"

괵석(虢射)[1]이 말했다.

"지난해 하늘이 진(晉)을 진(秦)에 주려고 했건만, 진(秦)은 그 기회를 붙잡을 줄 모르고 우리에게 식량을 팔았습니다. 지금은 하늘이 진(秦)을 진(晉)에 주려고 하니, 우리 진나라가 하늘을 거스를 수 있겠습니까? 꼭 쳐야 합니다."

혜공은 괵석의 모의를 써서 진(秦)에 식량을 내주지 않고 장차[且=將] 군대를 일으켜서 진(秦)을 치려고 했다. 진(秦)이 크게 노해 마찬가지로 군대를 일으켜 진(晉)을 쳤다.

1) 【집해(集解)】 복건(服虔)이 말했다. "괵석은 혜공의 외삼촌이다."

6년 봄에 진(秦)나라 목공이 군대를 거느리고 진(晉)나라를 쳤다. 진(晉)나라 혜공이 경정에게 말했다.

"진나라 군대가 국경 안으로 들어왔으니[深=入境] 어찌해야 하는가?"

경정이 말했다.

"진(秦)이 임금을 들여보내 주었으나 임금께서는 땅을 주기로 한 약속을 저버렸습니다. (또) 우리 진나라에 기근이 들었을 때 진나라는 식량을 보내주었으나 지금 저들 진에 기근이 들자, 우리 진나라는 이를 저버리고 마침내 저들의 기근을 틈타 저들을 치려고 했습니다. 저들이 국경 안으로 들어오는 것이 실로 마땅하지 않겠습니까!"

진(晉)에서 수레[御]의 호위[右]를 담당할 사람을 점쳤는데, 둘 다 경정이 길하다고 했다. 공이 말했다.

"정은 불손하다[不孫=不順]."

마침내 다시 명을 내려서, 보양(步陽)에게 수레와 전차[御戎]를 맡기고 가복도(家僕徒)에게 호위[右]를 맡겨[1] 진군하게 했다.

9월 임술일에 진(秦)나라 목공과 진(晉)나라 혜공이 한원(韓原)[2]에서 싸움을 벌였다[合戰]. 혜공의 말이 무거워서 진흙에 빠져[鷙] 나아가지 못하고 있던 차에 진(秦)나라 병사들이 다가오자, 다급해진[窘=窘塞] 혜공이 경정을 불러 수레를 맡으라고 했다. 정이 말했다.

"점괘를 쓰지 않았으니, 패하는 것이 실로 마땅하지 않겠습니까!"

드디어 떠나버렸다.

다시 명을 내려 양요미(梁繇靡)[3]에게 수레를 맡기고 괵석에게 호위를 맡겨서 진나라 목공에 맞섰다[輅=逆][4]. 목공의 용감한 군사들이 패배를 무릅쓰고[冒敗] 진(晉)의 군대와 싸우니, 진(晉)나라 군대는 패배하고 결국 진 목공을 놓쳤다. 도리어 (목공이) 진공(晉公)을 사로잡아 돌아갔다.

진(秦)나라 장수들이 장차 (혜공을 죽여) 상제(上帝)에게 제사를 지내려 했다. (그런데) 진(晉)나라 임금의 누이가 진 목공의 부인이었기에 (부인이) 상복[衰絰]을 입고서 눈물을 줄줄 흘렸다. 목공이 말했다.

"진(晉)나라 임금을 잡았으니 장차 재미 삼아 뭔가를 하려 한 것인데, 지금 마침내 그대가 이렇게 하는구나! 그리고 내가 듣건대 당숙(唐叔)이 처음에 봉해지는 것을 보고서 기자(箕子)가 말하기를 '그 후손은 반드시 크게 될 것이다'라고 했다고 하는데, 진나라를 어찌[庸=胡] 멸망시킬 수 있겠소?"

마침내 진후(晉侯-혜공)와 왕성(王城)[5]에서 회맹한 다음에 귀국을 허락했다. 진후(晉侯) 또한 여생(呂省) 등을 보내 나라 사람들에게 알려 말했다.

"고(孤-임금의 자칭)가 비록 돌아갈 수 있게 되었지만, 사직을 뵈올 면목이 없으니, 길일을 점쳐[卜日] 아들 어(圉)를 세우라."

진(晉)나라 사람들이 이를 듣고 모두 통곡했다. 진 목공이 여생에게 물었다.

"진(晉)나라는 화목한가?"

여생이 대답했다.

"화목하지 못합니다. 소인들은 임금과 부모를 잃을까 두려워해 아들 어를 세우는 것도 꺼리지 않고 '반드시 원수를 갚겠다. 차라리[寧] 융(戎)이나 적(狄)을 섬기는 한이 있어도!'라고 말합니다. 군자들은 임금을 사랑하지만 (자기들 임금이 지은) 죄를 아는 까닭에 진(秦)나라 명령만 기다리면서 '반드시 은혜에 보답할 것이다'라고 말합니다. 이렇듯 둘로 나뉘어 있어 화목하지 못합니다."

이에 진 목공은 진 혜공에게 별도의 숙소를 정해주고 7뢰(牢)[6]를 보내주었다[餽=饋].

11월에 진후(晉侯)를 돌려보냈다. 진후는 도성에 들어오자마자 경정을 주살하고 정치와 교화를 닦았다. 신하들과 모의해 말했다.

"중이가 나라 밖에 있는데, 제후들 다수가 그를 우리 진나라로 들여보내는 것을 이롭게 여긴다."

(이에 진후는) 사람을 보내 적(翟)나라에 있는 중이를 죽이려 했다. 중이가 이를 듣자, 제나라로 갔다.

1) 【집해(集解)】 복건(服虔)이 말했다. "두 사람 다 진나라 대부다."

2) 【색은(索隱)】 풍익(馮翊) 하양현(夏陽縣) 북쪽으로 20리이니, 지금의 한성현(韓城縣)이 그곳이다.

3) 【정의(正義)】 위소(韋昭)가 말했다. "양유미(梁由靡)로, 대부다."

4) 【집해(集解)】 복건(服虔)이 말했다. "아(輅)는 '맞이하다[迎=逆]'라는 뜻이다."
【색은(索隱)】 輅는 발음이 (로가 아니라) 오(五)와 가(稼)의 반절음이다.

5) 【집해(集解)】 두예(杜預)가 말했다. "풍익(馮翊) 임진현(臨晉縣) 동쪽에 왕성이 있다."

6) 【정의(正義)】 소 1마리, 양 1마리, 돼지 1마리가 1뢰다.

8년에 태자 어를 진(秦)나라에 인질로 보냈다[質(지)][1]. 애초에 혜공이 양(梁)나라에 망명하고 있을 때 양백(梁伯)이 딸을 혜공에게 시집보내 1남 1녀를 낳았다. 양백이 점을 쳐보니 사내아이는 남의 신하가 되고 여자아이는 남의 첩이 된다고 해서, 사내아이는 어(圉), 여자아이는 첩(妾)이라 이름 지었다[2].

1) 【정의(正義)】 質은 발음이 (질이 아니라) 치/지(致)다.

2) 【집해(集解)】 복건(服虔)이 말했다. "어인(圉人)은 말 기르는 일을 담당하니, 신하 중에서는 천한 자이다. 빙례(聘禮-혼례)를 하지 않으면 첩이라고 한다."

10년에 진(秦)나라가 양나라를 멸망시켰다. 양백(梁伯)이 토목공사를 좋아해 성벽을 쌓고 해자[溝(구)=塹(참)]를 파느라 백성 힘을 고갈시키자[罷(피)=疲(피)] 원성이 컸다. 그 무리가 여러 차례 서로 동요하면서 "진나라 도적놈들이 쳐들어온다!"라고 말하곤 하니 백성은 두려움과 당혹감에 떨었고[恐惑(공혹)], 진나라는 결국 양나라를 멸망시켰다.

13년에 진나라 혜공이 병이 났는데, 나라 안에 자식이 여럿 있었다. 태자 어가 말했다.

"내 어머니의 집이 양나라인데 양이 지금 진(秦)에 망했으니, 나는 밖으로는 진(秦)나라에서 무시당하고 있고 안에서의 후원도 바랄 수 없다. 주군께서 진실로 일어나지 못하신다면 대부들이 나를 무시하고 다른 공자로 바꿔서 임금으로 세울까 걱정이다[病(병)=患(환)]."

마침내 아내와 모의해 함께 도망쳐 귀국하려고 하니, (아내인) 진(秦)나라 여자가 말했다.

"그대는 한 나라의 태자인데도 이곳에서 욕을 당하고 있고, 진(秦)나라는 비자(婢子)[1]로 하여금 그대를 모시게 해서 그대의 마음을 다잡도록 했습니다. 그대가 달아나면 따라가지는 않겠지만, 또한 감히 이 일을 발설하지도 않겠습니다."

아들 어는 드디어 도망쳐 진(晉)나라로 돌아갔다. 14년 9월 혜공이 졸하자 태자 어가 세워지니, 이 사람이 회공(懷公)이다.

1) 【집해(集解)】 비자란 부인이 자기를 낮춰 부르는 칭호다.

태자 어가 달아나자, 진(秦)나라는 그를 원망해 마침내 공자 중이를 찾아내 그를 (진(晉)나라에) 들여보내고자 했다. 태자 어는 세워지고서 진(秦)나라가 쳐들어올 것을 두려워하더니, 마침내 나라 안에 영을 내려 중이를 따라 망명한 사람들에게 (돌아올) 기한을 정해주고서 기한이 다 되어도 돌아오지 않으면 그 집안을 몰살시키겠다고 했다. 호돌(狐突)은 아들 호모(狐毛)와 호언(狐偃)이 중이를 따라 진(秦)나라에 있었지만, 그들을 기꺼이 부르려고 하지 않았다. 회공이 노해 호돌을 가두었다.

호돌이 말했다.

"신의 아들들이 중이를 모신 지 벌써 여러 해이니, 지금 그들을 부르는 것은 주군을 배반하라고 가르치는 것입니다. 이런 것을 어찌 가르칠 수 있겠습니까?"

회공이 결국 호돌을 죽였다. 진 목공이 마침내 군사를 일으켜서 중이를 호송해 (진(晉)나라에) 들여보내는 한편, 사람을 보내 난지(欒枝)와 극곡(郤穀)의 무리에게 내응(內應)케 하여 고량(高粱)에서 회공을 죽였다. 중이가 들여보내져서 세워지니, 이 사람이 문공(文公)이다.

진(晉)나라 문공(文公) 중이(重耳)는 진 헌공(獻公)의 아들이다. 어려서

부터 장부와 선비들을 좋아해[好士] 17세에 (이미) 뛰어난 장부[賢士] 다섯을 두었으니, 조최(趙衰), (외삼촌인) 호언구범(狐偃咎犯), 가타(賈佗), 선진(先軫), 위무자(魏武子)가 그들이다. 헌공이 태자였을 때부터 중이는 실로 이미 다 큰 성인이었으니, 헌공이 자리에 나아갈 때 중이는 21세였다.

헌공 13년에 여희로 인해 중이는 포성(蒲城)을 방비하며 진(秦)나라에 대비했다.

헌공 21년에 헌공이 태자 신생을 죽일 때 여희가 중이를 참소하자, 중이는 두려워서 헌공에게 하직 인사도 없이 떠나서 포성을 지켰다.

헌공 22년에 헌공이 환관 이제(履鞮)[1]를 시켜 중이를 죽이라고 재촉하자[趣=促] 중이가 담을 넘어 달아났는데, 이 환관이 뒤쫓아 그 옷소매[袪=袂]를 베었고 중이는 드디어 적(狄)나라로 달아났다. 적나라는 중이 어머니의 나라다. 이때 중이의 나이 43세였으니, 그를 따르는 다섯 장부와 그 밖의 이름이 알려지지 않은 수십 명이 함께 적나라에 이르렀다.

1) 【색은(索隱)】 이 사람이 곧 『좌전(左傳)』에 나오는 발제(勃鞮)로, 또는 시인(寺人-환관) 피(披)라고도 한다.

적나라는 구여(咎如)[1]를 쳐서 (구여의) 두 딸을 얻었는데, 장녀는 중이에게 시집가서 백조(伯儵)와 숙류(叔劉)를 낳았고 작은딸은 조최에게 시집가서 순(盾)을 낳았다.

적나라에 머문 지 5년이 되어 진 헌공이 졸하자, 이극(里克)이 해제(奚齊)와 탁자(悼子)를 죽이고 나서 마침내 사람을 보내 중이를 맞아들여 세우려 해다. 중이는 피살될까 두려워 굳게 사양하며 감히 (진나라로) 들어가려 하지 않았다. 얼마 후에 진나라가 다시 그 동생 이오(夷吾)를 맞아들여 세웠으니, 이 사람이 혜공(惠公)이다.

혜공 7년에 (혜공은) 중이가 두려워서 환관 이제를 시켜 장사들과 함께 가서 중이를 죽이라고 했는데, 중이가 이를 듣고서 마침내 조최 등과 모의해 말했다.

"나는 애초에 적나라로 도망쳐올 때부터 적나라가 내가 일어나는 것을 도와줄 것이라고는 생각하지 않았다. 거리가 가까워서 쉽게 도달할 수 있었기 때문에 잠시 머문 것일 뿐이다. 이만하면 오래 머물렀으니, 진실로 큰 나라로 옮기고자 한다. 무릇 제나라 환공이 선행을 좋아하고 패왕이 되는 데 뜻을 두고서 제후들을 거둬 돕고 있다[收恤]라고 한다. 지금 듣건대 관중(管仲)과 습붕(隰朋)도 죽었으니, 지금이야말로 뛰어난 인재의 보좌를 받고자 할 것이다. 어찌 가지 않겠는가!?"

이에 드디어 떠났다. 중이가 아내에게 일러 말했다.

"나를 기다리다가 25년이 되어도 오지 않으면 마침내 재가하시오."

그 아내가 웃으며 말했다.

"25년쯤[犂=比]이면 제 무덤 위 측백나무도 많이 자랐겠습니다[2]. 설사 그렇더라도 첩은 당신을 기다릴 것입니다."

중이는 적나라에 모두 12년을 머무르다 떠났다.

1) 【집해(集解)】 가규(賈逵)가 말했다. "적적(赤狄)의 별종으로, 외성(隗姓)이다."

2) 【정의(正義)】 두예(杜預)가 말했다. "장차 죽어서 관에 들어갈 때까지 재혼하지 않겠다는 말이다."

위(衛)나라를 지날 때 위나라 문공(文公)이 예로 대하지 않았다[不禮]. 위나라 도성을 떠나 오록(五鹿)[1]을 지나는데, 배가 고파서 시골 사람에게 먹을 것을 구걸하자 그 사람은 그릇 안에 흙을 가득 담아[盛土] 내놓았다. 중이가 화를 내자, 조최가 말했다.

"흙은 땅을 갖는다[有土=有國]는 것이니, 주군께서는 이에[其] 절을 하고 받으셔야 합니다."

1) 【집해(集解)】 가규(賈逵)가 말했다. "위나라 땅이다."

제나라에 이르자 제 환공이 두터운 예로 대우하며 종실 여자를 아내로 삼게 하는 한편 말 20승(乘)을 내려주니, 중이가 이에 편안하게 지내게 되었다.

중이가 제나라에 온 지 2년이 되었을 때, 환공이 졸하자 때마침 수조(豎刁) 등이 내란을 일으켜서 제나라 효공(孝公)을 세우니 제후들의 군사가 여러 차례 쳐들어왔다.

제나라에 머문 지 5년째가 되었으나 중이는 제나라 여자를 사랑해 떠나갈 마음[去心(거심)]이 없었으니, 조최와 구범이 마침내 뽕나무 아래에서 떠날 것을 모의했다. 제나라 여자 시종이 뽕나무 위에서 이 말을 듣고는 주인인 제나라 여자에게 알렸는데, 주인은 마침내 시종을 죽이고서[1] 중이에게 서둘러 떠날 것을 권했다. 중이가 말했다.

"인생이 이렇게 편한데 다른 일들을 알아서 무엇 하겠소? 반드시 여기서 죽을 것이고, 결단코 떠나지 않을 것이오!"

제나라 여자가 말했다.

"당신은 일국의 공자로서 곤경에 처해 이곳에 오셨고, 저 장부들은 당신을 자기들 운명으로 삼고 있습니다. 당신이 서둘러 진나라로 돌아가서 신하들 노고에 보답할 생각은 않고 여색이나 마음에 품고 계시니, 남몰래 당신이 부끄러워집니다. 그리고 추구하지 않고서야[不求(불구)] 어찌 공을 이룰 수 있겠습니까?"

마침내 조최 등과 모의해 중이를 취하게 한 다음 수레에 실어 떠나보냈다. 일행이 멀리 갔을 무렵, 중이가 깨어나 크게 화를 내며 창을 들어 구범을 죽이려 했다. 구범이 말했다.

"신을 죽여 당신의 뜻을 이룬다면, 그것은 언(偃-구범)이 바라는 바입니다."

중이가 말했다.

"일이 이뤄지지 못한다면 내가 외삼촌의 살을 씹어 먹을 것이오."

구범이 말했다.

"일이 이뤄지지 못한다면 이 범의 살은 비리고 누린내가 날 텐데[腥臊(성조)] 어찌 드실 수 있겠습니까?"

마침내 (말싸움을) 그치고 드디어 길을 떠났다.

1) 【집해(集解)】 복건(服虔)이 말했다. "효공이 화낼 것을 두려워해서 그를 죽여 입을 막은 것이다[滅口(멸구)=杜口(두구)]."

조(曹)나라를 지날 때 조나라 공공(共公)이 무례하게도 (목욕 중이던) 중이의 갈비뼈[駢脅(병협)]를 구경하려 했다. 조나라 대부 희부기(釐負羈=僖負羈)가 말했다.

"진의 공자는 뛰어나고 또 동성입니다. 곤궁에 처해 우리나라에 들렀는데, 어찌 예우하지 않으십니까?"

공공이 이 모책을 따르지 않으니, 부기(負羈)는 마침내 사사로이 중이에게 먹을 것을 보내면서 그 속에 옥(玉)을 넣어두었다. 중이는 음식만 받고 옥은 돌려주었다.

조나라를 떠나 송(宋)나라를 지나갔다. 송나라 양공(襄公)은 최근에 초나라 군사로부터 어려움을 당했고 홍수(泓水)에서 부상까지 입은 차에 중이가 뛰어나다는 말을 들었던지라, 마침내 국례(國禮)로써 중이를 예우했다[1]. 송나라 사마 공손고(公孫固)가 구범과 친했기에 구범에게 말했다.

"송은 작은 나라이고 최근에[新(신)] 어려움을 겪었기에 공자를 들여보내줄 만한 힘이 없소. 그러니 큰 나라로 다시 가시오."

마침내 떠났다.

1) 【색은(索隱)】 국군(國君)을 대하는 예로 예우했다는 말이다.

정(鄭)나라를 지날 때 정 문공(文公)은 예우하지 않았다. 정나라 숙첨(叔瞻)이 자기 임금에게 간언해 말했다.

"진(晉)나라 공자가 뛰어나고 또 그를 따르는 자들은 모두 국상(國相)감입니다. 또 임금과는 동성이니, 정나라는 여왕(厲王)에게서 나왔고 진나라는 무왕(武王)에게서 나왔습니다."

정나라 임금이 말했다.

"제후들의 망명한 공자 중에서 우리나라를 지나가는 사람들이 많은데, 어찌 모두 다 예로 대우할 수 있겠는가?"

숙첨이 말했다.

"임금께서 예를 행하지 않으시는 것은 그를 죽이는 것만 못 합니다[1]. 장차 뒤에 나라의 우환이 될 것입니다."

정나라 임금은 따르지 않았다.

1) 예우를 다하지 않으려면 차라리 그를 죽이는 것이 낫다는 말이다.

중이가 정나라를 떠나 초(楚)나라로 갔다. 초나라 성왕(成王)이 제후를 맞이하는[적適=적敵] 예로써 그를 대우하려 하자 중이가 사양하며 감히 자기는 그런 예를 받아들일 수 없다고 했는데, 조최가 말했다.

"당신이 나라를 도망쳐 밖에서 지낸 10여 년 동안 작은 나라들도 그대를 가벼이 여겼고, 하물며 큰 나라야 어떠했습니까? (그런데) 지금 초나라는 대국이면서도 진심으로 당신을 예우하려 하니, 당신께서는 이에[기其] 사양하지 마십시오. 이는 하늘이 당신에게 길을 열어준 것입니다."

드디어 (성왕이) 빈객의 예로써 중이를 만나보았다. 성왕은 중이를 두텁게 예우했고, 중이는 더욱 낮추었다.

성왕이 말했다.

"그대가 곧 나라로 돌아간다면 무엇으로 과인(寡人)에게 보답하겠는가?"

중이가 말했다.

"각종 진귀한 털과 깃, 동물의 이빨과 뿔, 옥과 비단이 군왕께는 이미 넘칠 것이니, 무엇으로 보답해야 할지를 알지 못하겠습니다."

왕이 말했다.

"그럼에도 불구하고 무엇으로 불곡(不穀-임금의 자칭)에게 보답하겠는가?"

중이가 말했다.

"정 어쩔 수 없는 상황에서 군왕과 병거(兵車)로써 평원이나 넓은 늪지에서 맞붙게 될 경우 왕과 삼사(三舍)의 거리를 둘 것[1]을 청합니다."

초나라 장수 자옥(子玉)이 말했다.

"왕께서 진 공자를 대우함이 지극히 두터운데 지금 중이가 하는 말은 불손하니, 죽일 것을 청합니다."

성왕이 말했다.

"진 공자는 뛰어나고 또 밖에서 곤경을 겪은 지 오래되었으며 또 따르는 자들이 모두 나라의 그릇[國器]이니, 이는 하늘이 그렇게 정해준 것이다. 어찌 죽일 수 있겠는가? 또 말을 해놓고 어찌 그것을 바꾸겠는가[2]!"

초나라에 머문 지 여러 달이 되었을 때, 진(晉)의 태자 어(圉)가 진(秦)에서 달아나니 진나라가 그를 원망했고 또 중이가 초나라에 있다는 소식을 듣고서 마침내 그를 불렀다. 성왕이 말했다.

"초나라는 멀리 떨어져 있어 여러 나라를 거쳐야[更=經] 마침내 진(晉)에 이를 수 있지만 진(秦)나라는 진(晉)나라와 국경을 맞대고 있고 진군(秦君) 또한 뛰어나니, 그대는 이에 힘써 가야 할 것이다."

중이를 두터운 예로 보내주었다[厚送].

1) 옛날에 군대는 하루에 1사(舍), 즉 30리를 행군했으므로, 3사의 거리를 두겠다는 말은 90리를 물러나 일단 충돌을 피하겠다는 말이다. 퇴피삼사(退避三舍)라고도 한다.

2) 【색은(索隱)】 사람이 일단 말을 내뱉었으면 쉽게 그것을 바꿀 수 없다는 말이다.

중이가 진(秦)나라에 이르자 진 목공(繆公, 穆公)이 종실 여인 다섯을 중이의 아내로 삼게 했는데, 태자 어의 옛 아내도 포함되어 있었다. 중이가 그 여자를 받으려 하지 않았는데, (중이를 따르던) 사공계자(司空季子)[1]가 말했다.

"그의 나라도 장차 치려는 판에 하물며 그의 옛 아내야 신경 쓸 것이 있겠습니까? 또한 일단 그녀를 받아들임으로써 진(秦)나라와 화친을 맺어 나라로 복귀해야 합니다. 당신께서는 그런데 자잘한 예[小禮]에 얽매여 큰 치욕을 잊으시렵니까?"

드디어 그녀를 받아들이니, 목공이 크게 기뻐하며 중이와 술을 마셨다. 조최가 시 「서묘(黍苗)」[2]를 노래하자 목공이 말했다.

"그대가 서둘러 나라로 돌아가고 싶어 하는 마음을 알겠도다."

조최는 중이와 함께 아래로 내려가 두 번 절하고 말했다.

"외로운 신하[孤臣-임금의 신임을 잃은 신하]가 임금을 바라보는 것은 마치 백곡이 때에 맞는 비[時雨]를 기다리는 것과 같습니다."

이때가 진 혜공 14년 가을이었다. 혜공이 9월에 졸하자 아들 어(圉)가 세워졌고, 11월에 혜공의 장례를 지냈다. 12월에 진나라 대부 난(欒-난지)과 극(郤-극곡) 등은 중이가 진(秦)나라에 있다는 말을 듣고는 모두 몰래 가서 중이와 조최 등에게 나라로 돌아갈 것을 권했고, 내응(內應)하는 세력이 매우 많을 것이라고 했다. 이에 진 목공이 마침내 군대를 발동해 중이와 함께 진(晉)나라로 돌아갔다. 진(晉)에서는 진병(秦兵)이 온다는 소식을 듣고 마찬가지로 군대를 발동해 맞섰다. 그러나 모두 공자 중이가 들어오리라는 것을 은밀하게 알고 있었고, 오직 혜공의 옛 귀신(貴臣) 여생(呂甥)과 극예(郤芮)

의 무리만이 중이를 세우고 싶어 하지 않았다. 중이는 나라 밖으로 나가서 망명 생활을 한 지 19년 만에야 들어갈 수 있게 되었는데, 이때 나이 62세였다. 진나라 사람들 대다수가 그에게 기대어 붙었다[附(부)].

1) 【집해(集解)】 복건(服虔)이 말했다. "서신(胥臣) 구계(臼季)다."

2) 【집해(集解)】 위소(韋昭)가 말했다. "『시경(詩經)』「소아(小雅)」에 실린 시다. '수북한 기장 싹, 음우(陰雨)가 기름지게 해주도다.'"

문공 원년 봄에 진(秦)나라가 중이를 황하까지 호송해주었다. 구범이 말했다.

"신이 주군을 따라 천하를 주유하면서 잘못 또한 많았습니다. 신도 오히려 그것을 알고 있는데 하물며 주군께서 모르시겠습니까? 청컨대 이제는 떠나겠습니다."

중이가 말했다.

"만약에 나라로 돌아가서 자범(子犯)과 함께하지 않으려는 자들에 대해서는 하백(河伯-물의 신)이 살펴보실 것이다."

마침내 황하 가운데에 옥을 던져서 그것으로 자범과 맹세했다. 이때 개자추(介子推)가 따르고 있었는데, 배 안[舡中(강중)][1]에 있다가 마침내 웃으면서 말했다.

"하늘이 실로 공자에게 길을 열어주었건만 자범은 자기 공로라 여기고서 주군과 거래를 하려고 하니[要市(요시)], 참으로 부끄럽도다! 나는 차마 그런 자와 같은 자리에 있을 수 없다."

마침내 스스로를 숨기고서 황하를 건넜다. 진(秦)나라 군대가 영호(令狐)를 에워싸자, 진(晉)나라는 여류(廬柳)[2]에 군대를 주둔시켰다.

2월 신축일에 구범과 진(秦)나라, 진(晉)나라 대부들이 순(郇) 땅[3]에서 동맹을 맺었다. 임인일에 중이가 진(晉)나라 군영으로 들어갔고, 병오일에 곡옥(曲沃)에 들어갔으며, 정미일에 무궁(武宮)[4]에 조알하고 자리에 나아가 진(晉)나라 임금이 되었으니, 이 사람이 문공(文公)이다. 여러 신하가 모두 (곡옥으로) 갔고, 회공(懷公) 어(圉)는 고량(高粱)으로 달아났다. 무신일에 사람을 시켜 회공을 죽였다.

1) 오나라에서는 선(船)을 강(舡)이라고 했다.

2) 【집해(集解)】 위소(韋昭)가 말했다. "진(晉)나라 땅이다."

3) 【색은(索隱)】 곧 문왕의 아들이 봉해진 나라다.

4) 【집해(集解)】 가규(賈逵)가 말했다. "문공의 조상인 무공(武公)의 사당이다."

회공의 옛 대신 여생(呂省, 呂甥)과 극예는 본래 문공에 붙지 않았기에[不附] 문공이 세워지자 주살될까 두려워서, 마침내 그 무리와 함께 공궁(公宮)에 불을 질러 문공을 죽일 것을 모의했다. 문공은 알지 못했다. 애초에 일찍이 문공을 죽이려고 했던 환관 이제(履鞮)가 이 음모를 알고는 문공에게 알려서 지난 죄에서 벗어나고자 문공을 만나려 했다. 문공은 만나주지 않고 사람을 시켜서 꾸짖어 말했다.

"포성에서 너는 내 옷소매를 벤 일이 있었다. 그 뒤에 내가 적(狄, 翟)나라 임금을 따라 사냥을 나갔을 때, 너는 혜공을 위해 와서 나를 죽이려 했다. 혜공이 너에게 사흘 말미를 주었건만 너는 하루 만에 왔으니, 어찌 그리 서두를 수 있단 말이냐? 너는 이에 이런 일들을 잘 생각해보아라!"

환자(宦者)가 말했다.

"신이 궁형(宮刑)을 당한 몸[刀鋸之餘]으로 감히 두 마음을 품고 임금을 섬기지 않았고 주군을 배반하지 않았기에, 그래서 임금께 죄를 지었던 것입니다. 임금께서 이미 나라에 돌아오셨으니 (앞으로) 포성이나 적나라에서와 같은 일들은 없을 것입니다! 또한 관중(管仲)은 환공(桓公)의 허리띠를 쏘아 맞혔지만, 환공은 관중 덕에 패자가 되었습니다. 지금 궁형을 당한 이 사람[刑餘之人]이 일이 있어 아뢰려는데 임금께서 만나보지 않으려 하시니, 장차 화가 다시 이르게 될 것입니다."

이에 그를 만나보았다. 드디어 여생과 극예 등의 음모를 문공에게 고하니, 문공이 여생과 극예를 부르려 했으나 그들의 무리가 많았다. 애초에 나라에 들어올 때 문공은 나라 사람들이 자신을 다른 나라에 넘길까 두려워서 평민 복장으로 갈아입은 뒤에 왕성(王城)에서 진 목공을 만났기 때문에 나라 사람들은 그가 누구인지 알지 못했다.

3월 기축일에 여생과 극예 등이 과연 반란을 일으켜 공궁(公宮)에 불을 질렀으나, 문공을 (몰랐기에) 잡지 못하고 문공의 호위병들과 싸움이 붙었다. 여생과 극예 등이 병사들을 이끌고 도망치려 했으나 진 목공이 여생과 극예 등을 유인해 황하 변에서 죽였고, 이에 진(晉)나라는 회복되고 문공은 돌아올 수 있었다.

여름 진(秦)나라에 있던 부인(夫人)을 맞아들이니, 진나라가 문공에게 아내로 주었던 사람들은 결국 모두 부인이 되었다. 진(秦)나라는 3,000명을 보내 호위함으로써 진(晉)나라의 분란에 대비했다.

문공은 정사를 닦고[修政] 백성에게 은혜를 베풀었다. 망명 때 따라다닌 자들과 공신들에게 상을 내렸는데, 공이 큰 자에게는 봉읍을 주고 작은 자에게는 작위를 높여주었다. 아직 상을 다 내리기도 전이었는데, 주나라 양왕(襄王)의 동생 대(帶)가 난을 일으키니 양왕은 정나라로 도망쳐 머물면서 진(晉)나라에 위급함을 알려왔다. 진나라는 이제 막 안정을 찾아가는 참이라 군대를 일으킬 경우 (나라 안에서) 다른 난이 일어날까 두려웠다. 이 때문에 망명할 때 따랐던 사람들에 대한 상이 아직 은자(隱者) 개자추에게까지는 미치지 못했다. 개자추 또한 봉록을 말하지 않았기에 봉록도 내려지지 않았다. 개자추가 말했다.

"헌공의 아들이 아홉이었으나 오직 지금의 임금만이 계실 뿐이다. 혜공과 회공은 가까운 사람도 없었고, 나라 안팎에서 버림을 받았다. 하늘이 진나라를 아직 끊어버리지 않았고 앞으로도 반드시 주인이 있어야 진나라 제사를 주관할 수 있는데, 지금의 임금이 아니고서 누구란 말인가? 하늘이 실로 임금에게 길을 열어준 것이니, 이런저런 사람들이 자기들 공이라 하지만 실로 속임수가 아니겠는가? 남의 재물을 훔치는 것을 일러 도둑질이라 하는데, 하물며 하늘의 공을 탐내 자기 공으로 삼는 자들이야 어떻겠는가! 아랫사람은 자기 죄를 덮고[冒] 윗사람은 그 간사한 자들에게 상을 내리니, 위아래가 모두 서로 속이는[蒙=欺] 자들과 함께하는 것은 어렵겠구나!"

그의 어머니가 말했다.

"어찌 실로 노력해보지도 않고 죽음으로써 누구를 원망하려는 것이냐?"

추가 말했다.

"잘못이 있는데 그들을 본받는다면 죄가 심해집니다. 또 (임금을) 원망하는 말을 내뱉었으니, 그의 봉록을 먹을 수도 없습니다."

어머니가 말했다.

"그래도 네 생각을 알리는 것은 어떻겠느냐?"

대답해 말했다.

"말이란 자신을 드러내 꾸미는 것[文]이니, 몸은 숨으려 하면서 어찌 꾸밀 수 있겠습니까? 꾸미는 것은 곧 현달을 구하는 것[求顯]입니다."

그 어머니가 말했다.

"능히 이처럼 할 수 있겠느냐? 그렇다면 (나도) 너와 함께 숨겠다."

죽을 때까지 (두 사람을) 더는 볼 수 없었다.

개자추의 시종이 그들을 가슴 아프게 여겨, 마침내 궁문에 글을 매달았다.

'용이 하늘로 오르고자 하니 다섯 뱀이 보필했다[1]. 용이 이미 구름 위로 올라가자, 뱀 4마리는 각자 자기 집으로 들어갔건만 1마리만이 홀로 원망을 품었으니, 결국 그가 어디에 있는지 알 수가 없구나.'

문공이 궐 밖을 나왔다가 그 글을 보고서 말했다.

"이는 개자추다. 내가 바야흐로 왕실만 근심하다가 그의 공로를 미처 생각지[圖=思] 못했다."

사람을 시켜 그를 불렀으나 그가 떠난 다음이었다. 드디어 소재지를 찾다가 그가 면상(緜上)[2] 산속으로 들어갔다는 이야기를 들었다. 이에 문공은 면상 산속을 테두리로 삼아 그의 봉토로 줌으로써 개추의 밭으로 삼고 이름을 개산(介山)이라 하고서 말했다.

"나의 허물을 기록하고 또한 훌륭한 사람을 기리고자 한다[旌=表]."

1) 【색은(索隱)】 용은 중이를 비유한 것이고, 다섯 뱀은 곧 다섯 신하, 즉 호언·조최·위무자·사공계자·개자추다. 옛날에는 다섯 신하에 선진과 전힐을 포함했는데, 지금은 이 두 사람은 포함하지 않는다.

2) 【집해(集解)】 가규(賈逵)가 말했다. "면상은 진(晉)나라 땅이다."

망명 중에 따라다녔던 천한 신하 호숙(壺叔)이 말했다.

"임금께서 세 번이나 상을 내리셨는데도 상이 신에게는 미치지 않았으니, 감히 청컨대 신은 무슨 죄가 있는 것입니까?"

문공이 말했다.

"무릇 어짊과 마땅함[仁義]으로 나를 이끌고 다움과 은혜[德惠]로써 나를 지켜준 사람은 제일 높은 상을 받았고, 행실로써 나를 보필해 마침내 나를 자리에 오르게 한 사람은 그다음 상을 받았으며, (날아오는) 화살과 돌의 위험을 무릅쓰고 피땀을 흘린 공로[汗馬之勞]가 있는 사람은 그다음 상을 받았다. 힘으로써 나를 섬기되 나의 모자란 점까지 보완해주지는 못한 것과 같은 경우는 그다음 상을 받게 될 것이다. (이미) 세 가지 상을 모두 내려 주었으니, 이제 그대에게 상이 미칠 것이다."

진나라 사람들이 이를 듣고는 모두 기뻐했다.

2년 봄에 진(秦)나라 군대가 하상(河上)[1]에 주둔하고서 장차 (주나라 천자) 양왕을 (주나라로) 들여보내려 했다. 조최가 말했다.

"패자(霸者)가 되고자 하신다면 양왕을 들여보내 주나라를 높이는 것만 한 바가 없습니다. 주나라와 진(晉)나라는 동성(同姓)이니, 우리 진나라가 먼저 왕을 들여보내지 않고 진(秦)나라가 왕을 들여보내게 된다면 천하에 영을 내릴 수 없을 것입니다. 바야흐로 지금 왕을 높여주는 것은 우리 진나라의 밑천[資]이 되어줄 것입니다."

3월 갑진일에 진(晉)나라는 마침내 군대를 일으켜서 양번(陽樊)[2]에 이르렀고, 온(溫) 땅을 에워싸고서 양왕을 주나라에 들여보냈다.

4월에 양왕이 동생 대(帶)를 죽였다. 주나라 양왕은 하내(河內) 양번 땅을 진나라에 내려주었다.

1) 【색은(索隱)】 진(晉)나라 땅이다.

2) 【집해(集解)】 복건(服虔)이 말했다. "양번은 주나라 땅이다."

4년에 초(楚)나라 성왕(成王)과 제후들이 송나라를 에워싸자, 송나라 공손고(公孫固)가 진(晉)나라에 위급함을 알려왔다.

선진(先軫)이 말했다.

"(송나라 양공에게) 은혜를 갚고[1] 패업을 정하려면 바로 지금입니다."

호언(狐偃)이 말했다.

"초나라가 최근[新]에 조(曹)나라를 얻고 위(衛)나라와 혼인 관계를 맺었으니, 만약에 조나라와 위나라를 공격한다면 초나라는 반드시 구원코자

할 것입니다. 그렇게 되면 송나라는 포위에서 벗어날 수 있습니다."

이에 진(晉)나라는 삼군(三軍)을 만들었다[2]. 조최(趙衰)가 극곡(郤穀)을 천거하니, 중군을 이끌게 하고 극진(郤溱)으로 하여금 보좌하게 했다. (조최가) 호언(狐偃)을 천거하니, 상군을 이끌게 하고 호모(狐毛)로 하여금 보좌하게 했다. 조최를 명해 경(卿)으로 삼았으며, 난지(欒枝)[3]가 하군을 이끌고 선진(先軫)이 보좌하게 했다. 순임보(荀林父)가 어융(御戎)을 맡고 위주(魏犨)가 우거(右車)를 맡아서 정벌하러 떠났다.

겨울 12월에 진나라 군대가 먼저 산동(山東)을 떨어뜨리니, 조최에게 원읍(原邑)[4]을 봉해주었다.

1) 【집해(集解)】 두예(杜預)가 말했다. "송나라가 말을 내어준 시혜에 보답한다는 말이다."

2) 【집해(集解)】 왕숙(王肅)이 말했다. "비로소 성국(成國)의 예를 복원했으니, 주나라 군대의 절반이다."

3) 【집해(集解)】 가규(賈逵)가 말했다. "난지는 난빈(欒賓)의 손자다."

4) 【집해(集解)】 두예(杜預)가 말했다. "하내(河內) 심수현(沁水縣) 서북쪽에 원성(原城)이 있다."

5년 봄에 진나라 문공이 조(曹)나라를 치기 위해 위(衛)나라에 길을 빌려달라고 했으나 위나라 사람들이 허락하지 않았다. 방향을 바꿔 황하 남쪽에서 강을 건너 조나라를 침략했고, (돌아오는 길에) 위나라까지 쳤다.

정월에 오록(五鹿)을 차지했다.

2월에 진후(晉侯)와 제후(齊侯)가 염우(斂盂)[1]에서 회맹했다. 위후(衛侯)가 진나라와 동맹 맺기를 청해왔으나 진나라 사람들이 허락하지 않았다. (이에) 위후가 초나라와 동맹을 맺고자[與(여)=同盟(동맹)] 했으나 나라 사람들은 원치 않았기에 그 임금을 내쫓음으로써 진나라를 기쁘게 해주었다. 위후는

양우(襄牛)[2]에 머물렀고, 공자 매(買)가 위나라를 지켰다. 초나라가 위나라를 구원했으나 이기지 못했다[不卒=不勝].

진후(晉侯)가 조나라를 에워쌌다. 3월 병오일에 진나라 군대가 조나라 도성에 들어가서는 희부기(釐負羈)의 말을 쓰지 않고 미녀 300명을 화려한 수레에 태워 보낸 일을 꾸짖었다[數=責]. 이어 군대에 영을 내려 희부기 집안 사람들 집에는 들어가지 않도록 함으로써 그의 은덕에 보답했다.

초나라가 송나라를 에워싸자, 송나라는 다시 진(晉)나라에 위급함을 알렸다. 문공은 송나라를 구원해 초나라를 공격하고자 해도 일찍이 초나라에 은덕을 입었으므로 치고 싶지 않았고, (그렇다고) 송나라를 내버려두자니 송나라 또한 일찍이 과거 진나라에 은덕을 베푼 적이 있었다. 이런 일들을 근심하고 있는데[3], 선진이 말했다.

"조백(曹伯)을 붙잡고 조나라와 위나라 땅을 나눠 송나라에 주겠다고 하면 초나라는 다급하게 조나라와 위나라를 구원하려 할 것이고, 이렇게 되면 그 형세상 마땅히 송나라의 포위가 풀릴 것입니다."

이에 문공이 그것을 따르자, 초나라 성왕도 마침내 군대를 이끌고 돌아갔다.

1) 【집해(集解)】 가규(賈逵)가 말했다. "위(衛)나라 땅이다."

2) 【집해(集解)】 복건(服虔)이 말했다. "위나라 땅이다."

3) 【색은(索隱)】 진나라가 초나라를 공격하면 조나라 임금이 그를 호송해서 진(秦)나라에 들어가게 해준 은혜를 해치게 되고, 또 송나라를 그냥 내버려두고 구원하지 않으면 송나라 임금이 말을 주었던 은혜를 해치게 된다. 이처럼 진퇴양난이 되어버렸기 때문에 근심한 것이다.

초나라 장군 자옥(子玉)이 말했다.

"왕께서 진나라 임금을 지극히 두텁게 대우하셨는데, 지금 우리가 조나

라와 위나라를 급히 구원해야 한다는 것을 알면서도 일부러[故=故意] 그들을 친 것은 왕을 가벼이 여긴 것입니다."

왕이 말했다.

"진후(晉侯)는 망명해 나라 밖으로 19년을 떠돌아다녔다. 곤경에 처한 날들이 오래되었으나 결국 자기 나라로 돌아갔으니 각종 험난함에 대해 죄다 알고 있을 것이며, 그는 사람들을 제대로 쓸 줄 안다. 이는 하늘이 그에게 길을 열어준 것이니, 우리는 그를 감당할 수가 없다."

자옥이 청해 말했다.

"반드시 공을 세우리라고 감히 말씀드릴 수 없습니다만, 바라건대 이 틈에 저 참소나 일삼는 간특한 입[讒慝之口]을 막고자[執=塞] 합니다."

초왕이 화가 나서 그에게 소규모 병력만을 내주었다. 이에 자옥은 (초나라 대부) 원춘(宛春)을 진나라에 보내 말했다.

"위나라 임금을 복위시키고 조나라 땅을 돌려준다면 신 또한 송나라를 풀어줄 것입니다."

구범이 말했다.

"자옥은 무례하다. 임금은 하나를 얻는데 신하 된 자가 둘을 얻으려 하다니![1] 허락하지 마소서."

선진이 말했다.

"남의 나라를 안정시켜주는 것[定人]을 일러 예(禮)라고 하는데, 초나라는 한마디 말로써 세 나라를 안정시키려 하고 당신은 한마디 말로써 그들을 망하게 하려 하니 우리가 무례한 것입니다. 초나라 요구를 불허한다면 이는 송나라를 내버리는 것입니다. 조나라와 위나라를 회복시켜준다고 비밀리에 허락해 그들을 유인했다가, 완춘을 포로로 잡음으로써 초나라를 화나게 해[2] 일단 싸우게 한 뒤에 다시 도모하는 것[3]이 가장 좋습니다."

진후(晉侯)는 마침내 완춘을 위나라에 가두고, 또 조나라와 위나라를 회복시켜주겠노라고 은밀하게 허락했다. 조나라와 위나라가 초나라에 관계

❖

를 끊겠다고 알리자, 초나라 득신(得臣-자옥)이 화가 나서 진나라 군대를 공격했는데, 진나라 군대가 물러났다. (진나라 군대의) 군리(軍吏-장교)가 말했다.

"무엇 때문에 물러나십니까?"

문공이 말했다.

"옛날 초나라에 있을 때 (전투하게 될 경우) 삼사(三舍-90리)를 뒤로 물리겠다고 약속한 바 있으니, 어길 수 있겠는가?"

초나라 군대도 물러나려 했으나 득신이 받아들이지 않았다.

4월 무진일에 송공(宋公), 제나라 장군, 진(秦)나라 장군 등이 진나라 문공과 함께 성복(城濮)[4]에 주둔했다. 기사일에 초나라 군대가 맞붙어 싸웠는데, 초나라 군대가 패하자, 득신은 남은 병사들을 거둬 철수했다. 갑오일에 진나라 군대는 형옹(衡雍)[5]으로 돌아가서 천토(踐土)에 왕궁을 지었다[6].

1) 【집해(集解)】 위소(韋昭)가 말했다. "임금은 진 문공이고 신하 된 자는 자옥이다. 하나란 송나라의 포위를 푸는 것이고, 둘이란 조나라와 위나라를 회복시키는 것이다."

2) 【집해(集解)】 위소(韋昭)가 말했다. "초나라를 화나게 하면 반드시 싸우게 되어 있다."

3) 【집해(集解)】 두예(杜預)가 말했다. "승부가 나기를 기다려서, 그때 가서 계책을 정하자는 말이다."

4) 【집해(集解)】 가규(賈逵)가 말했다. "위(衛)나라 땅이다."

5) 【집해(集解)】 두예(杜預)가 말했다. "형옹은 정나라 땅이다."

6) 【집해(集解)】 복건(服虔)이 말했다. "이미 초나라 군대를 꺾고 나자, 양왕이 스스로 천토로 가서 진후에게 명을 내렸고, 진후는 이를 듣고서 양왕을 위해 궁을 지었다."

애초에 정나라는 초나라를 돕다가 초나라가 패배하자 두려워서 진후(晉侯)에게 사람을 보내 동맹을 청했고 이에 진후가 정나라와 동맹을 맺었다.

5월 정미일에 초나라 포로들을[俘=囚(부수)] 주나라에 바쳤는데, 사개(駟介)[1] 100승, 보병 1,000명이었다. 천자가 왕자(王子) 호(虎)[2]를 보내 명을 내려서 진후를 패주로 삼은 뒤 큰 수레, 붉은 화살 100개, 검은 화살 1,000개, 좋은 술[秬鬯(거창)] 한 항아리, 옥 주걱, 용맹한 병사[虎賁(호분)][3] 300명을 내려주었으니, 진후는 세 번 사양한 다음에 계수(稽首)[4]하고서 그것을 받았다. 주나라 천자가 다음과 같은 「진문후명(晉文侯命)」을 지었다.

"왕은 말하노라!
의화(義和-문공의 자) 숙부시여,
문왕과 무왕의 업적을 크게 빛나게 하시고
삼가 밝은 덕을 베푸시니
위로 하늘에까지 올라가 비추고
아래로 땅에 널리 퍼졌네.
이에 상제께서 문왕과 무왕에 명을 내리셨다네!
짐의 몸을 돌봐주시어
나 한 사람을 계속 도와주시고
그 자리에 영원히 있도록 해주소서!"

이에 진 문공은 패자로 일컬어졌다. 계해일에 왕자 호가 제후들과 왕정(王庭-천토)에서 회맹했다.

1) 【집해(集解)】 복건(服虔)이 말했다. "사개란 말 4마리가 끄는 마차에 갑옷을 입힌 것이다."
2) 【집해(集解)】 가규(賈逵)가 말했다. "왕자 호는 주나라 대부다."
3) 【집해(集解)】 가규(賈逵)가 말했다. "천자의 병사를 호분이라고 한다."

4) 【집해(集解)】 가규(賈逵)가 말했다. "계수란 머리가 땅에 닿는 절이다."

진나라가 초나라 군대에 불을 질렀는데, 불이 며칠이 지나도 꺼지지 않자, 문공이 탄식했다.

좌우에서 말했다.

"초나라를 이겼는데 군왕께서는 오히려 근심하시니, 어째서입니까?"

문공이 말했다.

"내가 듣건대 전쟁에서 이기고도 능히 편안해할 수 있는 사람은 오직 빼어난 이[聖人(성인)]뿐이라고 했으니, 이 때문에 두려운 것이다. 또 자옥이 여전히 그대로 있는데 어찌 기뻐할 수 있겠는가?"

자옥이 패해 돌아가자, 초나라 성왕은 그가 자신의 말을 듣지 않고 탐욕을 부려서 진나라와 싸웠다고 꾸짖었다. 자옥이 스스로 목숨을 끊으니, 진 문공이 말했다.

"우리는 그 밖을 공격했는데 초나라가 그 안에서 대신을 주살했으니, 안팎이 서로 호응했도다!"

이에 마침내 기뻐했다.

6월에 진(晉)나라 사람들이 위(衛)나라 임금을 다시 귀국하게 했다. 임오일에 진나라 문공이 황하를 건너 북쪽으로 귀국했다. 상을 내려주는데 호언이 으뜸이었으니, 어떤 사람이 말했다.

"성복의 일은 선진의 계책이었습니다."

문공이 말했다.

"성복의 일에 관해 말하자면, 호언은 내게 믿음을 잃지 말라고 유세했었다. 선진은 '군사는 승리가 으뜸입니다'라고 했고, 나는 그것으로 승리를 거두었다.

그러나 이 말은 한때의 말[一時之說(일시지설)]이고 호언은 만세의 공적[萬世之功(만세지공)]

을 말한 것이니, 어찌 한순간의 이로움이 만세의 공적보다 더하겠는가? 이 때문에 호언을 맨 앞에 둔 것이다."

겨울에 진후(晉侯)는 온(溫) 땅에서 제후들과 회맹한 뒤 이들을 거느리고 주나라에 조회하려고 했다. 그러나 힘이 모자랐기에 그중에 반기를 드는 자가 있을까 두려워서, 마침내 사람을 보내 주나라 양왕에게 하양(河陽)에서 사냥을 하자[狩]고 말했다. 임신일에 드디어 제후들을 거느리고 천토에 가서 양왕에게 조회했다. 공자(孔子)가 역사 기록을 읽다가 문공에 이르러 말했다.

"제후는 왕을 부를 수 없다."

공자가 "왕이 하양에서 사냥했다"라고 기록한 것은 『춘추(春秋)』가 이를 (제대로 기록하기를) 피했기[諱][1] 때문이다.

1) 진 문공의 참람됨을 에둘러 비판한 것이다.

정축일에 제후들이 허(許)나라를 에워쌌다. 조백(曹伯)의 신하 중 누군가가 진후에게 유세해 말했다.

"제나라 환공은 제후들을 규합한 뒤 이성(異姓)의 나라도 보존해주었는데, 지금 임금께서는 제후들을 모아놓고 동성(同姓)까지 멸망시키고 계십니다. 조나라는 숙진탁(叔振鐸)의 후손이고 진나라는 당숙(唐叔)의 후손입니다. 제후들을 규합해놓고 형제 나라를 멸망시키는 것은 예가 아닙니다[非禮]."

진후가 기뻐하며 조백(曹伯)을 회복시켜주었다.

이때 진나라가 비로소 삼행(三行-좌군·우군·중군)을 만들었는데, 순임보가 중행을, 선곡(先縠)이 우행을, 선멸(先蔑)이 좌행을 맡았다[1].

1) 【색은(索隱)】 각각에 보좌를 두지 않은 것은 천자의 군대와 대등해지는 것을 피하려는 것이다. 혹은 새롭게 삼행을 두다 보니 관직이 미비해서 그런 것일 뿐이기도 하다.

7년에 진(晉) 문공(文公)과 진(秦) 목공(穆公)이 함께 정나라를 에워쌌는데, 이는 문공이 망명하고 있을 때 무례하게 대했고 성복 전투 때 정나라가 초나라를 도왔기 때문이다. 정나라를 에워싸고 숙첨(叔瞻)을 사로잡고자 하니, 숙첨이 이를 듣고 스스로 목숨을 끊었다. 정나라가 숙첨의 시신을 갖고 가서 진(晉)나라에 고했는데, 진나라에서 말했다.

"반드시 정나라 임금을 붙잡아야 마음이 풀릴 것이다[甘心(감심)]!"

정나라는 두려워서, 마침내 틈을 보아 진(秦)나라 목공에게 사자[1]를 보내 말했다.

"정나라가 망해서 진(晉)나라가 강해지면, 진(晉)나라에는 득이 되겠지만 진(秦)나라에는 아무런 이로움이 없습니다. 임금께서는 어찌하여 정나라에 대한 포위를 풀어 동쪽 길의 우방[交(교)]으로 삼지 않으십니까?"

진백(秦伯)이 기뻐하며 군대를 철수시키니, 진(晉)나라 또한 군대를 철수했다.

1) 【색은(索隱)】 사자는 촉지무(燭之武)다.

9년 겨울에 진나라 문공이 졸하자 아들 양공(襄公) 환(歡)이 세워졌다. 이해에 정백(鄭伯) 또한 졸했다.

정나라 사람 중에 누군가가 진(秦)나라에 나라를 팔아넘겼으니[賣(매)][1], 진 목공이 군대를 일으켜 정나라를 습격했다. 12월에 진(秦)나라 병사가 우리(진나라) 교외를 지나갔다. 양공(襄公) 원년 봄에 진(秦)나라 군대가 주나라

를 지나면서 무례하게 굴었기에 왕손(王孫) 만(滿)이 그것을 비판했다. 군대가 활(滑)나라에 이르렀을 때 (주나라로 장사를 하러 가던) 정나라 상인 현고(弦高)는 진나라 군대와 마주치자, 소 12마리로 진나라 병사들을 위로했고, 진나라 군대는 놀라서[2] 돌아가는 길에 활나라를 멸망시키고 떠나갔다.

1) 【정의(正義)】『좌전(左傳)』에서 이렇게 말했다. "진(秦)나라와 진(晉)나라가 정나라를 치자 촉지무가 진(秦)나라에 유세해서 군대를 철수시켰다. 이때 기자(杞子)·봉손(逢孫)·양손(楊孫) 세 대부가 정나라를 지키고 있었다. 기자는 직접 정나라의 사자를 보내 진(秦)나라에 고했다. '정나라 사람이 우리에게 북문의 열쇠를 맡겼으니, 은밀하게 군사를 이끌고 온다면 정나라를 얻을 수 있습니다.'"

2) 정나라 상인도 자신들이 정나라를 치러 가는 것을 알고 있다는 사실에 놀란 것이다.

진(晉)나라 선진(先軫)이 말했다.

"진백(秦伯)은 건숙(蹇叔)의 말을 쓰지 않고 많은 사람의 마음과 어긋나고 있으니, 이때야말로 공격할 수 있습니다."

난지(欒枝)가 말했다.

"선군께서 진(秦)나라로부터 받은 은혜를 아직 다 갚지도 못했으니 공격해서는 안 됩니다."

선진이 말했다.

"진(秦)나라가 우리 임금[吾孤(오고)]을 업신여기고 우리와 성이 같은 나라를 정벌했는데, 무슨 은덕을 갚는다는 말이오!"

드디어 진(秦)나라를 공격했다. 양공은 검은 상복을 입었다.

4월에 효산(殽山)에서 진(秦)나라 군대를 물리치고 진(秦)나라의 세 장수 맹명시(孟明視), 서걸출(西乞秫), 백을병(白乙丙)을 포로로 잡아 돌아왔다. 드디어 검은 상복을 입고 문공을 안장했다[1].

❖

문공의 부인은 진(秦)나라 여자였는데, 양공에게 일러 말했다.

"진(秦)나라에서 그 세 장수를 얻으면 (패전의 책임을 물어) 죽일 것입니다."

양공이 그들을 돌려보내는 것을 허락했다. 선진이 이를 듣고는 양공에게 말했다.

"걱정거리가 될 것입니다."

선진이 마침내 진나라의 세 장수를 뒤쫓았으나 진나라 장수들은 장차 황하를 건너기 위해 이미 배[舡(강)=船(선)] 안에 있었고, 고개 숙여 인사만 하니 결국 돌아오게 할 수 없었다.

1) 【집해(集解)】 복건(服虔)이 말했다. "예가 아니다."

3년 뒤에 진(秦)나라는 과연 맹명시를 보내, 진(晉)나라를 쳐서 효산에서 당한 패배를 되갚는 한편, 진(晉)나라 왕(汪) 땅을 차지하고 돌아갔다[1].

4년에 진 목공이 군사를 크게 일으켜 우리를 쳤다. 황하를 건너 왕관(王官)을 차지한 다음 효산에 병사들 시신을 묻은 봉분을 만들어주고서 돌아갔으나, 진(晉)나라는 두려워서 감히 나오지 못한 채 줄곧 성을 지켰다.

5년에 진(晉)나라가 진(秦)나라를 쳐서 신성(新城)[2]을 차지함으로써 왕관에서 벌인 전투를 복수했다.

6년에 조최성자(趙衰成子-조최), 난정자(欒貞子-난지), 구계자범(咎季子犯-구범), 곽백(霍白), 선차거(先且居)가 모두 졸했다. 조순(趙盾-혹은 조돈)이 조최를 이어 정권을 잡았다.

1) 【색은(索隱)】 살펴보건대, 『좌전(左傳)』 문공(文公) 2년에 진(秦)나라 맹명시가 진(晉)나라를 쳐서 효산 전투를 보복했다고는 했지만, 진(晉)나라 왕의 땅을 차지했다는 기록은 없다.

2) 【집해(集解)】 복건(服虔)이 말했다. "진(秦)나라 읍이며 새로 성을 쌓은 곳이다."

7년 8월에 양공이 졸했는데 태자 이고(夷皐)는 어렸다. 진나라 사람들이 난(難) 때문에[1] 나이가 있는 임금을 세우고 싶어 하니, 조순이 말했다.

"양공의 동생 옹(雍)을 세웁시다. 그는 선한 일을 좋아하고 나이도 있으며 선군께서 아꼈습니다. 또 진(秦)나라와 가까운데, 진나라는 옛날부터 우리와 사이가 좋았습니다. 선한 사람을 세우면 굳건해지고, 나이 든 사람을 섬기면 순조로우며, 총애받던 사람을 받들면 효성스러워지고, 오랫동안 잘 지내던 나라와 손잡으면 안정될 것입니다."

가계(賈季)가 말했다.

"동생 악(樂)만 못합니다. (어머니) 신영(辰嬴)이 두 임금에게 총애를 받았으니[2], 아들을 세우면 백성이 반드시 편안히 여길 것입니다."

조순이 말했다.

"신영은 비천하고 차례가 아홉 번째로 아래에 있으니 그 아들에게 무슨 위엄[震=威]이 있겠소? 두 선군의 총애를 받았다는 것은 음란한 일이요, 선군의 아들이 되어[3] 큰 나라의 보호를 구하지 못한 채 작은 나라에 나가 있으니 비루하기 짝이 없소. 어머니는 음란하고 아들은 비루하니, 위엄이 없소이다! 또 진(陳)나라는 작고 멀어서 아무런 도움을 받을 수도 없으니[4] 장차 어찌 가능하겠소?"

사회(士會)를 진(秦)나라에 보내 공자 옹을 맞아들이려 했다. 가계 역시 진(陳)나라로 사람을 보내 공자 악을 부르니, 조순은 양처보(陽處父)를 살해했다는 이유로 가계를 폐출시켰다. 10월에 양공을 안장했다. 11월에 가계가 적(翟)나라로 달아났다. 이해에 진나라 목공도 졸했다.

1) 【집해(集解)】 복건(服虔)이 말했다. "진나라는 여러 차례 환난(患難)을 겪었다."

2) 【집해(集解)】 복건(服虔)이 말했다. "신영은 회영(懷嬴)이고, 두 임금이란 회공과

문공이다."

3) 【정의(正義)】 악은 문공의 아들이다.

4) 【정의(正義)】 악은 비루해 진나라에 숨어 지내고 있으며 거리가 멀어서 아무런 도움도 받을 수 없다는 말이다.

영공(靈公) 원년 4월에 진(秦)나라 강공(康公)이 말했다.

"예전에 문공이 나라로 들어갈 때 호위가 없었기 때문에 여생과 극예의 환난이 있었다."

마침내 공자 옹에게 호위병을 많이 붙여주었다.

태자의 어머니 목영(穆嬴)이 밤낮으로 태자를 껴안고 조정에서 울부짖으며 말했다.

"선군께서 무슨 죄를 지었는가? 그 후사에게 무슨 죄가 있는가? 적자를 버리고 밖에서 임금을 구하니, 장차 이 아이를 어디에다 둘 것인가!"

조정을 나와 태자를 안고 조순의 처소로 가서 머리를 조아리며 말했다.

"선군께서 이 아이를 그대에게 맡기시며 '이 아이가 재목이 되면 내가 그대에게 감사하겠지만, 재목으로 크지 못하면 그대를 원망할 것이오[1]'라고 하셨소. 지금 임금께서 돌아가셨지만, 그 말씀이 아직 귓가에 그대로 남아 있는데, 그대가 그 당부를 저버리려 하시다니 어찌 이럴 수가 있소?"

조순과 대부들이 모두 목영(穆嬴)을 근심했고 또 주살당할까 두려워서 마침내 맞이하려던 옹을 배반하고 태자 이고를 세웠다. 이 사람이 영공(靈公)이다.

군대를 출동시켜 공자 옹을 호송하던 진(秦)나라를 막고는 조순이 장군이 되어, 진나라를 공격해 영호(令狐)에서 물리쳤다. 선멸(先蔑)과 사회(士會)는 진(秦)나라로 달아났다.

가을에 제·송·위(衛)·정·조(曹)·허 나라 임금들이 모두 조순과 회동해 호읍(扈邑)[2]에서 동맹을 맺었으니, 영공이 막 세워졌기 때문이다.

1) 【집해(集解)】 왕숙(王肅)이 말했다. "그의 교도가 제대로 되지 못했음을 원망한 것이다."

2) 【집해(集解)】 두예(杜預)가 말했다. "호읍은 정나라 땅이다."

4년에 진(秦)나라를 쳐서 소량(少梁)을 차지했고, 진(秦)나라 역시 진(晉)나라 효읍(郩邑)을 차지했다[1].

6년에 진(秦)나라 강공이 진(晉)나라를 쳐서 기마(羈馬)를 차지했다. 진후(晉侯-영공)가 노해 조순·조천(趙穿)·극결(郤缺)로 하여금 진나라를 공격하게 하여 하곡(河曲)에서 크게 싸웠다. 조천이 가장 큰 공을 세웠다.

7년에 진(晉)나라 육경(六卿)은 수회(隨會-사회)가 진(秦)나라에 있으면서 계속 진(晉)나라를 어지럽힐까 걱정되어, 마침내 위수여(魏壽餘)에게 거짓으로 진(晉)나라를 배반하고 진(秦)나라에 항복하게 했다. 진(秦)나라가 수회를 위읍(魏邑)에 보내자 (위수여가) 그 참에 잡아서 진(晉)나라로 돌아왔다.

1) 【집해(集解)】 서광(徐廣)이 말했다. "「연표」에 이르기를 (효읍이 아니라) 징(徵)이라고 했다." 【색은(索隱)】 『좌전』을 살펴보건대, 문공 10년 봄에 진인(晉人)이 진(秦)을 쳐서 소량을 차지했고 여름에 진백(秦伯)이 진(晉)을 쳐서 북징을 차지했다고 했다. 북징이란 연표에서 말한 징이니, 지금 효라고 한 것은 잘못이다. 징은 풍익(馮翊)의 현 이름이다.

8년에 주나라 경왕(頃王)이 붕(崩)했는데, 공경들이 권력을 다투느라 상을 알리지 못했다[不赴(불부)][1]. 진나라는 조순에게 전차 800승을 몰고 가게 해서 주나라의 난을 평정하고 광왕(匡王)을 세웠다. 이해에 초나라 장왕(莊王)이 막 자리에 나아갔다.

12년에 제나라 사람들이 자기 임금 의공(懿公)을 시해했다.

1) 【색은(索隱)】 살펴보건대, 『춘추(春秋)』 노나라 문왕 12년에 "경왕이 붕했는데, 주공(周公) 열(閱)과 왕손 소(蘇)가 정권을 다투느라 부고를 하지 못했다"라고 한 것이 이것이다.

14년 영공이 장성해서 사치했으니, 세금을 두텁게 물리고 담장에는 조각으로 그림을 그려 넣었다. 누대 위에서 사람들을 향해 탄환을 쏘게 하고는 사람들이 탄환을 피하는 모습을 구경했다. 궁중 요리사[宰夫]가 곰 발바닥을 삶았는데[胹] 덜 익힌 채로 내오자, 영공이 화가 나서 요리사를 죽이고 그 부인으로 하여금 시신을 들고 나가서 버리고 조정을 지나가게 했다. 조순과 수회가 전부터 몇 차례 간언했으나 영공은 듣지 않았다. 그러다가 또 죽은 사람의 손을 보게 되자 (다시) 두 사람이 나아가 간언했다. 수회가 먼저 간언했으나 듣지 않았다. 영공이 이들을 근심거리로 생각해 서미(鉏麑)[1]를 시켜 조순을 찔러 죽이게 했는데, (서미가 조순 집에 가서 보았더니) 조순의 내실 문은 열려 있었고 거처함에 절제가 있었다. 서미가 물러 나와 탄식하며 말했다.

"충신을 죽이는 것과 주군의 명령을 어기는 것, 이 둘은 모두 같은 죄로구나!"

그러고는 나무[2]에 (머리를) 찧고서[觸=衝] 죽었다.

1) 【집해(集解)】 가규(賈逵)가 말했다. "서미는 진(晉)나라 역사다. 【정의(正義)】 麑는 발음이 (예가 아니라) 미(迷)다.

2) 【집해(集解)】 두예(杜預)가 말했다. "조순의 집 뜰에 있는 나무다."

애초에 조순은 늘 수산(首山)[1]으로 사냥을 갔는데, 한 번은 뽕나무 아래에 굶주린 사람이 있는 것을 보았다. 굶주린 사람은 시미명(示眯明)[2]이었는데, 조순이 먹을 것을 주자 반만 먹었다. 그 까닭을 물어보자, 그가 말했다.

"(타향에서) 벼슬살이한[宦] 지 3년이 흘러 어머니가 살아 계신 지 돌아가셨는지 알지 못하지만, 어머니를 위해 남겨두고자 합니다."

조순이 그를 의롭게 여겨 그에게 먹을 것과 고기를 더 주었다. 얼마 뒤에 그가 진나라 (영공의) 주방장이 되었지만, 조순은 다시 알아보지 못했다.

9월에 진나라 영공이 조순을 술자리에 부르고서 술을 먹인 뒤에 매복시킨 병사로 하여금 장차 조순을 공격하려 했다. 영공의 주방장 시미명이 이를 알아차리고는 조순이 취해 일어나지 못할까 봐 걱정해 앞으로 나아가 말했다.

"임금께서 제게 말씀하시기를, 내려주신 술 석 잔을 마시면 자리를 파해도 좋다고 하셨습니다."

이렇게 해서 조순으로 하여금 먼저 떠나게 하여 화가 미치지 않게 했다. 조순이 이미 떠나갔기에 영공이 매복시킨 병사들은 그를 만나지 못하자 먼저 오(敖)[3]라는 사나운 개[齧狗]를 풀어서 쫓았다. 시미명은 조순을 위해 개를 쳐서 죽였다. 조순이 말했다.

"사람을 죽이고자 개를 쓰다니! 개가 아무리 사나운들 무슨 소용인가?"

그러나 조순은 시미명이 은덕을 베푼 사실을 몰랐다. 이윽고 영공이 매복시킨 병사들을 풀어 조순을 쫓게 했으나 시미명이 영공의 매복한 병사들에게 반격을 가하니 병사들은 더는 나아갈 수 없었고, 결국 조순은 벗어날 수 있었다. 조순이 (자신을 구해준) 까닭을 묻자 (시미명이) 말했다.

"제가 바로 뽕나무 아래에서 굶주리던 그 사람입니다."

조순이 이름을 물었으나 말하지 않았다[4]. 시미명도 그 참에 도망쳐 떠나갔다.

1) 【집해(集解)】 서광(徐廣)이 말했다. "포판현(蒲阪縣)에 뇌수산(雷首山)이 있다."

2) 【색은(索隱)】 추탄(鄒誕)이 말하기를 시미는 시미(祁彌)니, 곧 『좌전(左傳)』에 나오는 시미명(提彌明)이다. 提는 발음이 (제가 아니라) 시이고, 祁 또한 (기가 아니

라) 시다.

3) 【집해(集解)】 하휴(何休)가 말했다. "길이가 4척이 되는 개를 오(獒)라고 한다."

4) 【집해(集解)】 복건(服虔)이 말했다. "보답을 바라지 않은 것이다."

조순은 드디어 달아났지만, 아직 진나라 국경을 나가지 못하고 있었다. 을축일에 조순의 동생 장군 조천이 도원(桃園)에서 영공을 습격해 죽이고는 조순을 맞이했다. 조순은 평소 존귀하게 처신해 민심을 얻은 반면, 영공은 젊은 나이에 사치스러워서 백성이 믿고 의지하지 않았기 때문에 시해하는 일은 쉬웠다. 조순은 원래 자리로 복귀했다.

진나라 태사(太史-사관) 동호(董狐)가 이렇게 기록했다.

"조순이 자기 임금을 시해했다."

그러고 나서 이를 조정에 보여주었다.

조순이 말했다.

"시해한 사람은 조천이고, 나는 죄가 없다."

태사가 말했다.

"그대는 정경(正卿)으로 있으면서 도망쳤으나 국경을 벗어나지 않았고, 돌아와서도 나라를 어지럽힌 자를 주살하지 않았으니, (임금을 시해한 자가) 그대가 아니면 누구이겠소?"

공자가 이 일을 듣고 말했다.

"동호는 옛날의 훌륭한 사관[良史(양사)]으로, 일을 기록하면서 숨기지 않았다[不隱(불은)][1]. 조선자(趙宣子)는 훌륭한 대부[良大夫(양대부)]로서 원칙을 지키다가 오명을 썼다. 안타깝구나, 국경을 벗어났더라면 오명을 면했을 터인데[2]!"

1) 【집해(集解)】 두예(杜預)가 말했다. "조순의 죄를 숨기지 않은 것이다."

2) 【집해(集解)】 두예(杜預)가 말했다. "국경을 넘어갔으면 임금과 신하의 의리가 끊어져서 (글로써) 토죄를 당하는 일이 없었을 것이다."

조순은 조천을 시켜 주나라에 있던 양공의 동생 흑둔(黑臀)을 맞이해 오게 해서 그를 세웠으니, 이 사람이 성공(成公)이다. 성공은 문공의 작은아들로 그 어머니는 주나라 여자다. 임신일에 무궁(武宮)에 조알했다.

성공 원년에 (조순에게) 조씨(趙氏) 성을 내려주어 공족(公族)으로 삼았다. 정나라를 쳤으니, 정나라가 진나라를 배반했기 때문이다.

3년에 정백(鄭伯)이 처음 세워져 진(晉)나라에 붙으면서 초나라를 버렸는데, 초나라가 노하여 정나라를 치자 진나라가 가서 구원했다.

6년에 진(秦)나라를 쳐서 진나라 장수 적(赤)[1]을 사로잡았다.

1) 【색은(索隱)】 적(赤)은 곧 척(斥)이니, 척후(斥候)를 가리킨다. 살펴보건대, 『좌전(左傳)』 선공(宣公) 8년에 "진(晉)나라가 진(秦)나라를 쳤으니, 진나라 첩자[諜(첩)]를 붙잡아 강시(絳市)에서 죽였다"라고 했다. 아마도 그 첩자가 바로 이 적(赤)일 것이다. 진나라 성공 6년은 노나라 선공 8년과 정확히 같으므로 이런 사실을 알 수 있다.

7년에 성공이 초나라 장왕과 강대함을 다투며 호(扈)읍에서 제후들과 회맹했다. 진(陳)나라가 초나라를 두려워해 회맹에 오지 않았기에 진(晉)나라는 중항환자(中行桓子-순임보)를 시켜 진(陳)나라를 쳤고, 그 참에 정나라를 구원하려고 초나라와 싸워서 초나라 군대를 패배시켰다. 이해에 성공이 졸하자 아들 경공(景公) 거(據)가 세워졌다.

경공 원년 봄에 진(陳)나라 대부 하징서(夏徵舒)가 자기 임금 영공(靈公)을 시해했다.

2년에 초나라 장왕이 진(陳)나라를 치고 징서를 주살했다.

3년에 초나라 장왕이 정나라를 에워싸자, 정나라가 진(晉)나라에 다급함을 알려왔다. 진나라는 순임보(荀林父)에게 중군을, 수회(隨會)에게 상군을, 조삭(趙朔)에게 하군을 이끌게 하고 극극(郤克)·난서(欒書)·선곡(先穀)·한궐(韓厥)·공삭(鞏朔)이 보좌하게 했다.

6월에 황하에 이르렀는데, 초나라가 이미 정나라를 항복시켜 정나라 임금이 어깨를 드러내고[肉袒] 초나라와 동맹을 맺으러 갔다는 소식을 들었다. 순임보가 회군하려 하자 선곡이 말했다.

"무릇 정나라를 구원하러 왔으니 가지 않으면 안 됩니다. 장병들이 딴마음을 품게 될 것입니다."

결국 황하를 건넜다. 초나라는 이미 정나라를 항복시켰으니, 황하에서 말에게 물을 먹이고는 이름을 떨치고서 돌아가려 했다. 초나라와 진나라 군대가 크게 싸웠다. 정나라는 이제 막 초나라에 붙었기 때문에 초나라를 두려워해 도리어 초나라를 도와 진나라를 공격했다. 진나라 군대는 패해 황하로 달아나 서로 건너려고 다투니 배 안에는 사람들의 잘린 손가락이 아주 많았다. 초나라는 우리 진나라 장수 지앵(智罃)을 사로잡았다. 돌아와서 순임보가 말했다.

"신(臣)은 감독하는 장수[督將]로서 군대를 패하게 했으니, 죄가 주살에 해당합니다. 청컨대 죽여주십시오."

경공이 허락하려 하자, 수회가 말했다.

"예전에 문공께서 초나라와 성복에서 싸웠을 때, 초나라 성왕이 돌아가서 자옥을 죽이자, 문공께서 기뻐하셨습니다. 지금 이미 초나라가 우리 군대를 패배시켰는데 다시 장수를 죽인다면, 이는 초나라가 자기 원수를 죽이는 일을 돕는 꼴입니다."

마침내 그만두었다.

4년에 선곡(先穀)은 자신이 가장 먼저 계책을 내어 황하 강가에서 진나라 군대가 패하게 되었기 때문에, 주살될 것을 두려워해 마침내 적(翟)나라로 달아났다가 적나라와 모의해 진나라를 치려고 했다. 진나라가 이를 알아채고는 마침내 선곡의 집안을 족멸 했다. 선곡은 선진(先軫)의 아들이다.

5년에 정나라를 쳤는데, 초나라를 도왔기 때문이다. 이때 초나라 장왕이 강성해진 것은 황하 변에서 진나라 군대를 꺾고부터였다.

6년에 초나라가 송나라를 치자 송나라는 진(晉)나라에 위급함을 알렸다. 진나라가 송나라를 구원하려 하자 백종(伯宗)[1]이 말했다.

"초나라는 하늘이 바야흐로 길을 열어주고 있으므로 감당할 수 없습니다."

1) 【집해(集解)】 가규(賈逵)가 말했다. "백종은 진나라 대부다."

이에 해양(解揚)[1]을 시켜 송나라를 구원하려 한다고 거짓으로[紿(태)] 답변하게 했다. 정나라 사람들이 그를 붙잡아 초나라로 보내니, 초나라는 재물을 두텁게 주며 그 말을 반대로 하게 해서 송나라를 빨리 항복시키려 했다. 해양이 거짓으로 허락하고는 끝내 진나라 임금이 했던 말을 전했다. 초나라에서 그를 죽이려 했으나, 누군가가 간언해 마침내 해양을 돌려보냈다.

1) 【집해(集解)】 복건(服虔)이 말했다. "해양은 진나라 대부다."

7년에 진나라가 수회를 시켜 적적(赤狄)을 멸망시켰다.

8년에 극극(郤克)을 제나라에 사신으로 보냈다. 제나라 경공(頃公)의 어머니가 누각 위에서 (각국 사신단을 보고는) 웃었으니, 이유는 극극은 곱사등이[僂=佝]요 노나라 사신은 절름발이[蹇=躄], 위(衛)나라 사신은 애꾸[眇=瞜]였기 때문이다. 그래서 제나라도 이들과 같은 장애인들로 하여금 빈객들을 인도하게 했다. 극극이 화가 나서 돌아가는 길에 황하 변에 이르러 이렇게 말했다.

"제나라에 보복하지 못하면 하백(河伯)이 그것을 지켜볼 것이다."

나라에 도착해 임금에게 제나라를 칠 것을 청했다. 경공(景公)이 그 까닭을 물어본 다음에 말했다.

"그대의 원한 때문에 어찌 나라를 번거롭게 할 수 있겠는가?"

들어주지 않았다. 위문자(魏文子)가 나이가 들어 은퇴할 것을 청하며 극극을 불러들이자[辟=招] 극극이 정권을 잡았다.

9년에 초나라 장왕이 졸했다. 진(晉)나라가 제나라를 치자 제나라는 태자 강(彊)을 진나라에 인질로 보냈고, 진나라 군대는 철수했다.

11년 봄에 제나라가 노나라를 쳐서 융읍(隆邑)을 차지했다[1]. 노나라가 위(衛)나라에 위급함을 알렸고, 위나라는 노나라와 함께 모두 극극을 통해 진나라에 위급함을 알렸다. 진나라는 마침내 극극·난서·한궐로 하여금 병거 800승을 몰고 가서 노나라·위나라와 함께 공동으로 제나라를 치게 했다.

여름에 (이들 세 나라는) 안(鞍) 땅에서 (제나라) 경공(頃公)과 싸워 경공에게 상처를 입히고 곤경에 처하게 했다. 경공은 마침내 그 호위병과 자리를 바꾸고 말에서 내려 물만 마셔가며 겨우 탈출할 수 있었다. 제나라 군대가 패해 달아나자, 진나라는 북쪽으로 제나라 땅까지 뒤쫓아 갔다. 경공이 보기(寶器) 등을 바치며 강화를 청했으나 들어주지 않았다.

극극이 말했다.

"소동(蕭桐)의 질녀를 붙잡아 인질로 삼아야 할 것이다."

제나라 사신이 말했다.

"소동의 질녀라면 경공의 어머니입니다. 경공의 어머니라면 진나라 임금의 어머니와도 같거늘 어찌 반드시 인질로 요구한단 말입니까? 이는 마땅하지 못하니 다시 싸웁시다."

진나라가 마침내 화평을 허락하고 떠났다.

1) 【색은(索隱)】 유씨(劉氏)가 말했다. "융(隆)은 곧 용(龍)이니, 노나라 북쪽에 용산(龍山)이 있었다." 또 이해는 노나라 성공(成公) 2년에 해당하는데 『춘추(春秋)』는 "제후(齊侯)가 우리의 북쪽 변방을 쳤다"라고 했고 『좌씨전(左氏傳)』은 "용 땅을 포위했다"라고 했다.

초나라 신공 무신(申公巫臣)이 하희(夏姬)를 훔쳐 진(晉)나라로 도망쳐 오자, 진나라는 무신을 형(邢)읍 대부(大夫)로 삼았다.

12년 겨울에 제나라 경공이 진나라에 와서 진나라 경공을 높여 왕으로 받들려고 했으나 경공은 감당할 수 없다며 사양했다. 진나라가 처음으로 육경(六卿)을 두고[1] 한궐·공삭·조천·순가(荀騅)[2]·조괄(趙括)·조전(趙旃)을 경(卿)으로 삼았다. 지앵(智罃)이 초나라에서 돌아왔다.

1) 【집해(集解)】 가규(賈逵)가 말했다. "처음으로 육경을 두었다는 것은 왕을 참칭하겠다는 뜻이다."

2) 【색은(索隱)】 騅는 발음이 (추가 아니라) 가(佳)다.

13년에 노나라 성공이 진나라에 조회했으나 진나라가 그를 존중하지 않자, 노나라 성공이 화가 나서 가버리고는 진나라를 배반했다. 진나라가 정나라를 쳐서 범(氾) 땅을 차지했다.

14년에 양산(梁山)이 무너지니 (진나라 임금이) 백종(伯宗)에게 물어보자, 백종은 괴이하게 여길 것이 없다고 했다.

16년에 초나라 장수 자반(子反)이 신공 무신에 대해 원망을 품고서 그 가족을 모두 죽였다.

무신이 화가 나서 자반에게 글을 보내 말했다.

"반드시 그대를 쫓겨 다니다가 죽게 할 것이다!"

마침내 오(吳)나라에 가는 사신이 되길 청했고, 그 아들로 하여금 오나라 행인(行人)이 되어, 오나라 군사에게 병거 모는 법과 용병을 가르치게 했다. 오나라와 진나라가 처음으로 우호를 맺고 초나라를 치기로 약속했다.

17년에 (진나라는) 조동(趙同)과 조괄(趙括)을 주살하고 그 집안을 족멸했다. 한궐이 말했다.

"조최와 조순의 공로를 어찌 잊을 수 있는가? 어찌 제사를 끊을 수 있는가?"

마침내 조씨의 서자 조무(趙武)를 조씨의 후계자로 삼고 다시 봉읍을 주었다.

19년 여름에 경공이 병들어 태자 수만(壽曼)을 임금으로 세우니, 이 사람이 여공(厲公)이다. 한 달여 뒤에 경공이 졸했다.

여공 원년이다. (여공이) 이제 막 세워진 때라 제후들과 잘 지내려고 진(秦)나라 환공(桓公)과 황하를 사이에 두고 회맹했는데, 돌아오니 진(秦)나라가 동맹을 깨고 적나라와 함께 진(晉)나라를 치려고 모의했다.

3년에 (진나라 대부) 여상(呂相)을 진(秦)나라에 보내 꾸짖게 하고, 그 참에 제후들과 함께 진나라를 쳤다. 경하(涇河-위수(渭水)의 지류)에 이르러 마수(麻隧)에서 진나라를 물리치고 그 장수 성차(成差)를 사로잡았다.

5년에 삼극(三郤)[1]이 백종을 참소해 죽게 했으니, 백종은 직간(直諫)을 좋아하다가 이런 화를 당한 것이다. 나라 사람들이 이 때문에 여공을 따르지 않게 되었다.

1) 【집해(集解)】 가규(賈逵)가 말했다. "삼극은 극기(郤錡)·극주(郤犨)·극지(郤至)다."

6년 봄에 정나라가 진나라를 배신하고 초나라와 동맹하자 진나라는 화가 났다. 난서(欒書)가 말했다.

"우리들 세대에 제후들을 잃어버릴 수는 없습니다."

마침내 군대를 일으켜서, 여공이 스스로 군대를 이끌고 5월에 황하를 건넜다. 초나라 군대가 구원하러 온다는 소식을 듣고 범문자(范文子)가 여공에게 군대를 돌리자고 청했다. 이에 극지(郤至)가 말했다.

"군사를 일으켜 역적들을 주살하려고 하다가 강자를 만났다고 피한다면 제후들을 호령할 수 없습니다."

드디어 초나라와 싸웠다. 계사일에 초나라 공왕(共王)의 눈을 쏘아 맞히자, 초나라 군대가 언릉(鄢陵)에서 패배했으나 자반(子反)이 남은 병사들을 어루만지고 추슬러서 다시 싸우고자 하니 진나라가 근심했다. 공왕이 자반을 불렀으나 자반의 시종 수양곡(豎陽穀)이 올린 술에 자반이 취하는 바람에 공왕을 만나러 가지 못했다. 공왕이 화가 나서 자반을 꾸짖으니, 자반은 자살했다. 공왕은 결국 군대를 이끌고 돌아갔다. 진나라는 이때부터 제후들에게 위엄을 떨쳤고, 천하에 호령을 내리며 패주로 군림하고자 했다.

여공에게는 아껴주는 첩들이 많았는데, 귀국한 뒤로 모든 대부를 자리에서 몰아내고 여러 첩의 형제를 자리에 기용하고자 했다. 총애하는 첩의 오빠로 서동(胥童)이란 자가 있었는데 일찍이 극지와 원한이 있었고, 난서도 극지가 자신의 계책을 쓰지 않고 초나라를 패배시키자 이에 원망을 품고는 몰래 초나라에 사람을 보내 틈을 타서 초나라 왕에게 사과했다. 이에 초나라 왕이 사람을 보내 여공을 속이며 말했다.

"언릉의 전투는 실은 극지가 초나라 군대를 불러들여 난을 일으키려 한 것이니, 그는 공자 주(周-진나라 도공)를 안에서 맞아들여 임금으로 세우려 했습니다. (다만) 마침 동맹을 맺은 다른 나라가 오지 않아서, 이 때문에 일이 성사되지 않았을 뿐입니다."

여공이 (이 말을) 난서에게 이를 알려주자 난서가 말했다.

"어쩌면 그럴 수도 있습니다. 바라건대 공께서 사람을 주나라로 보내 몰래[微(미)=竊(절)] 살펴보십시오."

과연 극지를 주나라로 보내고는 난서가 다시 공자 주(周)와 극지가 만나도록 일을 꾸몄으나 극지는 속임을 당했다[見賣(견매)=見欺(견기)]는 사실조차 알지 못했다. 여공이 그를 검증해보고는 사실이라고 여겨서 드디어 극지를 원망하며 그를 죽이려 했다.

8년에 여공이 사냥을 나가서 첩과 함께 술을 마시는데, 극지가 산돼지를 잡아 바쳤으나 환자(宦者)[1]가 그것을 빼앗았다. 극지가 환자를 쏘아 죽이자, 여공이 노해 말했다.

"계자(季子-극지)가 나를 속였도다![2]"

장차 삼극(三郤)을 주살하려 했다. 아직 실행에 옮기지 못하고 있던 차에 극의(郤錡)가 여공을 공격하려고 하면서 말했다.

"비록 나는 죽게 되겠지만 여공 또한 환난을 당할 것이다!"

극지가 말했다.

"신의[信(신)]란 임금을 배반하지 않는 것이고, 지혜[智(지)]란 백성을 해치지 않는 것이며, 용맹[勇(용)]이란 난을 일으키지 않는 것입니다. 이 세 가지를 잃는다면 누가 나와 함께하겠습니까? 나에게는 죽음뿐입니다!"

12월 임오일에 여공은 서동에게 병사 800명을 주며 삼극을 습격해 죽이게 했다. 서동이 그 참에 조정의 난서와 중항언(中行偃)까지 언급하면서 겁박해 말했다.

"이 두 사람을 죽이지 않으면 우환이 반드시 공께 미칠 것입니다."

여공이 말했다.

"(이미) 하루아침에 세 경을 죽였으니, 과인은 차마 더 죽일 수 없다!"

서동이 말했다.

"사람들이 장차 임금을 잔인하게 죽일 것입니다[3]."

공은 들어주지 않고, 난서 등에게 감사하고 극씨의 죄만 물으면서 말했다.

"대부들을 원래 자리로 복귀시키라!"

두 사람은 머리를 조아리며 말했다.

"참으로 다행입니다! 참으로 다행입니다!"

공은 서동을 경(卿)으로 삼았다. 윤달 을묘일에 여공이 (총애하는 대부) 장려씨(匠驪氏)의 집에 놀러 갔는데, 난서와 중항언이 그 무리로 하여금 여공을 습격해 잡아 가두게 한 뒤 서동을 죽이고 사람을 보내 공자 주(周)[4]를 맞이해 세웠으니 이 사람이 도공(悼公)이다.

1) 【색은(索隱)】 환자는 맹장(孟張)이다.

2) 【집해(集解)】 두예(杜預)가 말했다. "공은 도리어 극지가 산돼지를 빼앗았다고 생각했다."

3) 【집해(集解)】 두예(杜預)가 말했다. "사람들이란 난서와 중항언이다."

4) 【집해(集解)】 서광(徐廣)이 말했다. "판본에 따라 규(糾)로 되어 있다."

도공 원년 정월 경신일에 난서와 중항언이 여공을 시해해 수레 1승(乘)만 써서 매장했으니[1], 여공은 갇힌 지 엿새 만에 죽었다. 죽은 지 열흘이 지난

경오일에 지앵(智罃)이 공자 주를 맞아들여 강성(絳城-수도)에 이르렀다. 닭을 잡아 대부들과 맹약하고는 그를 세웠으니, 이 사람이 도공이다. 신사일에 무궁(武宮)으로 가서 조알 했다. 2월 을유일에 자리에 나아갔다.

1) 【집해(集解)】 두예(杜預)가 말했다. "임금의 예로 매장하지 않았다는 말이다. 제후를 매장할 때는 수레 7승을 쓴다."

도공 주(周)는 할아버지[大父]가 희첩(姬捷)으로 진(晉)나라 양공(襄公)의 작은아들이다. 왕위에 오르지 못해 환숙(桓叔)이라 불렸는데, 환숙이 (양공으로부터) 가장 큰 총애를 받았다. 환숙이 혜백(惠伯) 담(談)을 낳고 담이 도공 주를 낳았는데, 주가 세워졌을 때의 나이 열넷이었다. 도공이 말했다.

"할아버지와 아버지 두 분은 모두 자리에 오를 수 없어서 난을 피해 주나라로 가셨다가 객사하셨고, 과인 또한 스스로 진나라와는 너무 소원했으므로 임금이 될 것이라는 기대를 하지 않았다. (그런데) 지금 대부들께서 문공과 양공의 뜻을 잊지 않고 은혜롭게 환숙의 후손을 세움으로써 조종과 대부들의 위령에 기대어 진나라 제사를 받들게 되었으니, 어찌 삼가 조심하지 않겠는가? 대부들도 과인을 잘 보필해달라."

이에 신하 노릇 제대로 못 하는 신하 7명을 내쫓은 뒤 (조상들의) 옛 공업을 닦고 덕과 은혜[德惠]를 베푸는 한편, 문공이 귀국할 당시 공신들의 후손을 거두었다.

가을에 정나라를 쳐서 정나라 군대를 패퇴시키고, 드디어 진(陳)나라까지 쳐들어갔다.

3년에 진나라가 (계택(鷄澤)에서) 제후들과 회동하기로 했는데, 도공이 여러 신하에게 기용할 만한 사람을 물으니 기해(祁傒)가 해호(解狐)를 천거

했다. 해호는 기해의 원수였다. 다시 물으니 기해는 자기 아들 기오(祁午)를 천거했다. 군자가 말했다.

"기해는 당파를 짓지 않았다고[不黨(부당)] 말할 수 있다! 밖에서 사람을 천거하되 원수라 해서 숨기지 않았고, 안에서 사람을 천거하되 자식이라 해서 숨기지 않았구나!"

바야흐로 제후들과 회동하는데, 도공의 동생 양간(楊干)이 소란을 피워 대열[行(행)=陳(진)]을 어지럽히자, 위강(魏絳)이 그 마부[僕(복)=御(어)]를 죽였다. 도공이 노하자, 누군가가 도공에게 간언했고, 공은 결국 위강이 뛰어나다고 여겨 정치를 맡겼다. (위강을) 융(戎)과 화해를 맺는 사신으로 보내니, 융이 크게 가까이하며 기대고 따랐다[親附(친부)].

11년에 도공이 말했다.

"내가 위강을 쓰고부터 제후들을 아홉 번 화합시키고[九合(구합)=糾合(규합)] 융적과 잘 지내게 되었다. 이는 모두 위자(魏子)의 힘이다."

음악을 내려주니 위강이 세 번 사양하고서야 마침내 받았다. 겨울에 진(秦)나라가 우리 역(櫟) 땅을 차지했다.

14년에 진나라가 육경(六卿)을 시켜 제후들을 이끌고 진(秦)나라를 치게 했다. 경수(涇水)를 건너서 진(秦)나라 군대를 크게 물리치고 역림(棫林)에 이르렀다가 돌아왔다.

15년에 도공이 사광(師廣)에게 나라를 다스리는 일을 물었다. 사광이 말했다.

"오직 어짊과 마땅함[仁義(인의)]을 근본으로 삼아야 합니다."

겨울에 도공이 졸하자 아들 평공(平公) 표(彪)가 세워졌다.

평공 원년에 제나라를 치니, 제나라 영공(靈公)이 (제나라 땅) 미하(靡下)

에서 맞서 싸웠다. 제나라 군대가 패해 달아나자 안영(晏嬰)이 말했다.

"임금께서는 실로 용기가 없으십니다. 어째서 싸움을 멈추지 않으시는 것입니까?"

드디어 제나라 군대가 떠나가는데, 진나라가 추격해 드디어 임치(臨淄)를 에워싸고는 그 외성을 불태우고 성안 사람들을 모조리 도륙했다. 동쪽으로 교수(膠水)부터 남쪽으로 기수(沂水)까지 제나라가 모든 성을 닫고 수비에 들어가자, 진나라는 마침내 병사를 이끌고 돌아왔다.

6년에 노나라 양공(襄公)이 (와서) 진나라에 조회했다. 진나라 난영(欒逞, 欒盈)이 죄를 지어 제나라로 달아났다.

8년에 제나라 장공(莊公)이 몰래 난영을 곡옥으로 보내 병사들을 거느리게 했다. 제나라 군사들이 태항산(太行山)에 오르자, 난영은 곡옥에서 돌아와 모반하고 강성을 습격했다. 강성은 경계하지 않고 있었고, 평공이 자살하려 했다. 그러나 범헌자(范獻子)가 평공을 만류한 다음 자신의 무리로 난영을 공격하자 난영은 패해 곡옥으로 달아났다. 곡옥 사람들이 난영을 공격하니, 결국 난영은 죽고 난영 일족은 족멸되었다. 난영은 난서의 손자로, 강성에 들어갔을 때는 위씨(魏氏)와 모의했다. 제나라 장공은 난영이 패했다는 소식을 듣고는 마침내 돌아와 진나라 땅 조가(朝歌)를 차지하고 돌아감으로써 임치 전투(패배)를 되갚았다.

10년에 제나라 대부 최저(崔杼)가 자기 임금 장공을 시해했다. 진나라는 제나라가 난리에 휩싸인 틈을 타고 고당(高唐)에서 제나라 군대를 패배시키고 떠남으로써 태항의 전투(패배)를 되갚았다.

14년에 오나라 연릉계자(延陵季子)가 사신으로 와서는 조문자(趙文子)·한선자(韓宣子)·위헌자(魏獻子)와 이야기를 나눠본 뒤 이렇게 말했다.

"진나라 정권은 결국 이 세 집안에 돌아가겠구나!"

19년에 제나라 안영이 진나라에 사신으로 와서 숙향(叔向, 叔嚮)과 이야기를 나누었다. 숙향이 말했다.

"진나라는 망해가는 때입니다. 임금은 세금을 잔뜩 거둬 누대와 연못을 만들 뿐 정사는 돌보지 않아 정사가 사사로운 집안[私門(사문)]에서 나오니 어찌 오래갈 수 있겠습니까?"

안자(晏子-안영)도 그렇다고 생각했다.

22년에 연나라를 쳤다.

26년에 평공이 졸하자 아들 소공(昭公) 이(夷)가 세워졌다.

소공은 세워진 지 6년 만에 졸했다. 육경(六卿)[1]이 강대해지고 공실(公室)은 쇠미해졌다. 아들 경공(頃公) 거질(去疾)이 세워졌다.

1) 【색은(索隱)】 한(韓)·조(趙)·위(魏)·범(范)·중항(中行)·지씨(智氏)가 육경이다. 뒤에 한·조·위가 삼경이 되어, 진나라 정사를 나눠 가짐으로써 삼진(三晉)이라 불렸다.

경공 6년에 주나라 경왕(景王)이 붕(崩)하자 왕자들이 다퉈 세워지고자 하니[爭立(쟁립)], 진나라 육경이 왕실의 어지러움을 평정하고 경왕(敬王)을 세웠다.

9년에 노나라 계씨(季氏)가 임금 소공(昭公)을 내쫓으니, 소공은 간후(乾侯)에 머물렀다.

11년에 위(衛)나라와 송나라 두 나라가 사신을 보내와 진나라에 노나라 임금을 들여보내게 해달라고 청하자, (그것을 막기 위해) 계평자(季平子)가 몰래 범헌자에게 뇌물을 주었다. 헌자가 이를 받고는 마침내 진나라 임금에게 말했다.

"계씨는 죄가 없습니다."

과연 노나라 임금을 자기 나라로 들여보내지 않았다.

12년에 진나라 종실인 기해의 손자와 숙향의 아들이 임금 앞에서 서로를 험담했다. 육경은 종실을 약화하고자 했기에 드디어 법으로 그 일족을 족멸하고는 그 봉읍을 10개 현으로 나눠 각자 자기 아들들을 그곳 대부로 삼았다. (이로 인해) 진나라 종실은 더욱 약해지고 육경은 모두 강대해졌다.

14년에 경공이 졸하자 아들 정공(定公) 오(午)가 세워졌다.

정공 11년에 노나라 양호(陽虎)가 진나라로 도망쳐 오자 조앙(趙鞅) 간자(簡子)가 그를 머물게 해주었다.

12년에 공자가 노나라 재상이 되었다.

15년에 조앙(趙鞅)이 한단(邯鄲)의 대부 오(午)를 사신으로 보내놓고는 믿지 못해 그를 죽이려 했다. 오는 중항인(中行寅)[1], 범길역(范吉射)[2]과 함께 직접 조앙을 공격했고, 조앙은 달아나 진양(晉陽)을 지켰다. 정공이 진양을 에워쌌는데, 순력(荀櫟) · 한불신(韓不信) · 위치(魏侈)가 범길역, 중항인과 원수지간이라 마침내 군대를 이동시켜 범길역, 중항인을 쳤다. 범길역과 중항인이 반란을 일으키자, 진나라 임금이 그들을 쳐서 패퇴시켰다. 범길역과 중항인은 조가(朝家)로 달아나서 그곳을 지켰다. 한불신과 위치가 조앙을 위해 진나라 임금에게 사죄하니, 마침내 조앙을 사면하고 복위시켰다.

22년에 진나라가 범길역과 중항인을 패배시키자 두 사람은 제나라로 달아났다.

1) 【색은(索隱)】 인은 순언(荀偃)의 손자다.

2) 【색은(索隱)】 射는 발음이 (사가 아니라) 역(亦)이다.

30년에 정공이 오왕 부차(夫差)와 황지(黃池)에서 회맹하면서 (동맹의) 우두머리 자리를 다투었다[爭長(쟁장)]. 이때 조앙이 수행했는데, 결국 오나라를 우두머리로 삼았다.

31년에 제나라 전상(田常)이 자기 임금 간공(簡公)을 시해한 뒤 간공의 동생 오(驁)를 세워 평공(平公)으로 삼았다.

33년에 공자가 졸했다.

37년에 정공이 졸하자 아들 출공(出公) 착(鑿)이 세워졌다.

출공 17년에 지백(知伯)이 조씨 · 한씨 · 위씨와 함께 범씨, 중항씨의 땅을 나눠 (자신들의) 봉읍으로 삼았다. 출공이 화가 나서 제나라와 노나라에 통보해 이들 사경(四卿)을 치고자 했다. 사경이 겁이 나서 마침내 도리어 출공을 공격했다. 출공이 제나라로 달아나다가 길에서 죽으니, 지백은 마침내 소공의 증손자 교(驕)를 세워 진나라 임금으로 삼았다. 이 사람이 애공(哀公)이다.

애공의 할아버지 옹(雍)은 진나라 소공의 작은아들로 대자(戴子)라고 불렸고, 대자는 기(忌)를 낳았다. 기(忌)는 지백과 잘 지냈으나 일찍 죽어버렸다. 그래서 지백은 진나라를 완전히 삼키려 했으나 감히 그렇게 하지 못했

고, 마침내 기의 아들 교를 세워 임금으로 삼게 된 것이다.

이 당시 진나라 국정은 모두 지백이 결정했고, 진나라 애공은 통제할 수가 없었다. 지백은 드디어 범씨와 중항씨 땅까지 차지해 세력이 가장 강성해졌다.

애공 4년에 조양자(趙襄子)·한강자(韓康子)·위환자(魏桓子)가 함께 지백을 죽이고 그 땅을 모두 차지했다.[1)]

1) 【색은(索隱)】『기년(紀年)』의 설에 따르면 이는 곧 출공(出公) 22년의 일이다.

18년에 애공이 졸하고 아들 유공(幽公) 유(柳)가 세워졌다.

유공 시대에는 임금이 두려움 때문에 도리어 한씨·조씨·위씨 주군에게 조회를 했다. 단지 강(絳)과 곡옥(曲沃)만 남기고 나머지는 모두 삼진(三晉)에 귀속되었다.

15년에 위(魏)나라 문후(文侯)가 막 세워졌다.

18년에 유공(幽公)이 부녀자를 간음하려고 밤에 몰래 성읍을 나섰다가 자객[도盜]에게 살해당했다. 위나라 문후가 군대를 동원해서 진나라의 난을 평정한 뒤 유공의 아들 지(止)를 세우니[1)], 이 사람이 열공(烈公)이다.

1) 【색은(索隱)】『계본(系本)』에 이르기를 유공은 열공 지를 낳았다고 했고, 「연표(年表)」는 위나라가 유공을 주살하고 그 동생 지를 세웠다고 했다.

열공 19년에 주나라 위열왕(威烈王)이 한(韓)·조(趙)·위(魏) 모두에게 명해 제후로 삼았다.

27년에 열공이 졸하자 아들 효공(孝公) 기(頎)가 세워졌다.

효공 9년에 위나라 무후(武侯)가 막 세워져서 (조나라) 한단(邯鄲)을 기습했으나 이기지 못하고 돌아갔다.

17년에 효공이 졸하자 아들 정공(靜公) 구주(俱酒)[1]가 세워졌다. 이해는 제나라 위왕(威王) 원년이다.

1) 【색은(索隱)】『계본(系本)』에는 정공(靜公) 구(俱)로 되어 있다.

정공 2년에 위나라 무후, 한나라 애후(哀侯), 조나라 경후(敬侯)가 진(晉)나라를 멸망시킨 다음에 그 땅을 셋으로 나누었다. 정공은 폐위되어 평민[家人]이 되었고 진나라 제사는 끊어졌다.

태사공(太史公)이 말한다.

"진나라 문공은 옛날의 이른바 눈 밝은 임금[明君]으로, 나라 밖에서 살기를 19년이나 하면서 곤궁한 처지에 놓였으나 자리에 나아갈 수 있었다. 그런데도 (공신들에게) 상을 내리면서 오히려 개자추(介子推)를 잊어버렸으니, 하물며 교만한 임금[驕主]이야 어떻겠는가?

영공(靈公)이 이미 시해되고 나자, 그의 후에 성공(成公)과 경공(景公)은 지나치게 엄격했고 여공(厲公)에 이르러서는 너무 각박했으니[大刻], 대부들이 주살될까 두려워해 재앙이 시작되었다. 도공(悼公) 이후로는 날로 쇠퇴해져서 육경(六卿)이 권력을 제 마음대로 휘둘렀다. 그러므로 임금의 도리로 신하를 제어하는 일[御臣=禦臣][1]이란 진실로 쉽지 않도다!"[2]

1) 유향(劉向)은 『설원(說苑)』(이한우 옮김, 21세기북스)에서 이를 어신지술(禦臣之術)이라고 불렀다. 신하를 제어하는 것임과 동시에 신하를 막아내는 것이다.

2) 【색은술찬(索隱述贊)】 천명이 숙우(叔虞)에게 있어[天命叔虞]/결국 당 땅에 봉해졌

다네[卒封於唐]/오동나무 잎 규(圭)가 이미 깎여 나가자[桐圭旣削]/황하와 분수의 동쪽(-당나라)이 이에 황량해졌도다[河汾是荒]/문후가 비록 뒤를 이었지만[文侯雖嗣]/곡옥은 날로 강대해졌지[曲沃日彊]/뿌리와 곁가지 알지 못해[未知本末]/나라의 운명이 환숙과 장백에게 기울었다네[祚傾桓莊]/헌공은 어둡고 미혹한 자라[獻公昏惑]/태자가 재앙을 당했도다[太子罹殃]/중이는 패자가 되자[重耳致霸]/하양에서 주나라 천자를 조회했지[朝周河陽]/영공은 이미 임금다움을 잃었고[靈公喪德]/여공도 자기를 지켜내지 못했도다[厲亦無防]/네 경이 침해하고 깔보자[四卿侵侮]/진나라 명은 급작스레 망해버렸구나[晉祚遽亡]!

세가(世家)

권40 초세가(楚世家) 제10

권40 초세가(楚世家) 제10

초(楚)나라 선조는 제(帝) 전욱 고양씨(顓頊高陽氏)에게서 나왔다. 고양은 황제(黃帝)의 손자이자 (황제의 둘째 아들인) 창의(昌意)의 아들이다. 고양은 칭(稱)을 낳았고, 칭은 권장(卷章)을 낳았고, 권장은 중려(重黎)를 낳았다[1]. 중려는 제곡 고신씨(帝嚳高辛氏)의 화정(火正-불을 관장하는 관직)으로, 큰 공을 세워 능히 천하를 밝게 비추었으므로 제곡이 그에게 명해 축융(祝融)[2]이라고 불렀다.

공공씨(共工氏)가 난을 일으키자, 제곡이 중려를 시켜 주살하게 했지만 다 없애지 못했다. 제(帝)가 마침내 경인일에 중려를 주살했고, 동생 오회(吳回)로 하여금 중려의 뒤를 잇게 한 뒤 다시 화정을 맡게 하고[居(거)] 축융이라고 불렀다.

1) 【집해(集解)】 서광(徐廣)이 말했다. "『세본(世本)』에 이르기를 노동(老童)이 중려와 오회(吳回)를 낳았다고 했다." 초주(譙周)가 말했다. "노동은 곧 권장이다." 【색은(索隱)】 권장의 이름이 노동이다. 그래서 『계본(系本)』에서 노동이 중려를 낳았다고 한 것이다. 중씨(重氏)와 여씨(黎氏)는 대대로 하늘과 땅을 살피는 관직을 맡았는데, 중씨는 목정(木正)이 되었고 여씨는 화정(火正)이 되었다.

2) 【집해(集解)】 우번(虞翻)이 말했다. "축(祝)은 '크다'라는 뜻이고 융(融)은 '밝다'라는 뜻이다." 위소(韋昭)가 말했다. "축(祝)이란 처음이나 시작이라는 뜻이다."

오회는 육종(陸終)을 낳았다. 육종은 아들 여섯을 낳았는데, 배를 째서 [坼剖(탁부)] 낳았다. 장남이 곤오(昆吾), 둘째가 참호(參胡), 셋째가 팽조(彭祖), 넷째가 회인(會人), 다섯째가 조성(曹姓)이다. 여섯째가 계련(季連)인데, 성을 미씨(芈氏)라고 했고 초나라가 그의 후손이다. 곤오씨는 하(夏)나라 때 일찍이 후백(侯伯)이 되었는데, 걸왕(桀王) 때 탕왕(湯王)이 멸망시켰다. 팽조씨는 은(殷)나라 때 일찍이 후백이 되었는데, 은나라 말기에 멸망했다.

계련은 부저(附沮)를 낳았고, 부저는 혈웅(穴熊)을 낳았다. 그 뒤 중간에 점점 미미해져서 중국(中國-화하족이 살던 중원)에 살기도 하고 만이(蠻夷)에 살기도 했는데, 그 세계(世系)의 계통을 잡을 수 없다.

주나라 문왕 때 계련의 먼 후예[苗裔(묘예)]로 죽웅(鬻熊)이 있었다. 죽웅은 아들의 예로 문왕을 섬겼으나 일찍 졸했고, 아들이 웅려(熊麗)다. 웅려는 웅광(熊狂)을 낳았고, 웅광은 웅역(熊繹)을 낳았다.

웅역은 주(周)나라 성왕(成王) 때를 당해 문왕과 무왕을 위해 애썼던 이의 후손을 천거할 때 초만(楚蠻)에 봉해지고 자남(子南)의 땅을 내려받았는데, 성은 미씨(芈氏)이고 단양(丹陽)[1]에 살았다.

초자(楚子-초나라 임금) 웅역은 노공(魯公) 백금(伯禽), 위(衛)나라 강숙(康叔)의 아들 모(牟), 진후(晉侯) 섭(燮), 제(齊)나라 태공(太公)의 아들 여급(呂伋)과 함께 성왕을 섬겼다.

웅역은 웅애(熊艾)를, 웅애는 웅단(熊䵣)[2]을, 웅단은 웅승(熊勝)을 낳았고, 웅승은 동생 웅양(熊楊)으로 하여금 자기 뒤를 잇게 했다. 웅양은 웅거(熊渠)를 낳았다.

1) 【집해(集解)】 서광(徐廣)이 말했다. "남군(南郡) 지강현(枝江縣)에 있다."

2) 【색은(索隱)】 䵣은 단(亶)과 같은 글자다.

웅거는 아들 셋을 낳았다[1]. 주나라 이왕(夷王) 때 왕실이 쇠미해지자 제후들이 혹 조회하러 오지 않고 서로 쳤다[相伐][2]. 웅거는 장강(長江)과 한수(漢水) 일대 백성의 마음을 얻고서 마침내 군사를 일으켜 용(庸)[3]과 양월(楊粵)을 치고 악(鄂)[4] 땅에 이르렀다. 웅거가 말했다.

"나는 만이(蠻夷)이니 중국과 같은 칭호와 시호[號謚]를 쓰지 않겠다."

마침내 맏아들 강(康)을 세워 구단왕(句亶王)으로 삼고 둘째 아들 홍(紅)을 세워 악왕(鄂王)으로 삼고 막내아들 집자(執疵)를 세워 월장왕(越章王)으로 삼았는데, 모두 장강 변 초만(楚蠻) 땅에 있었다. 주나라 여왕(厲王) 때 이르러 여왕이 포악하게 굴자, 웅거는 초나라를 칠까 두려워서 당장 그 왕(王)이라는 칭호를 폐지했다.

1) 원문에는 삼년(三年)이라고 되어 있는데, 년(年)은 실수인 듯하다.

2) 정벌권은 주왕에게 있지만 제후들이 왕의 명도 없이 자기들끼리 정벌을 행했다는 말이다.

3) 【집해(集解)】 두예(杜預)가 말했다. "용은 지금의 상용현(上庸縣)이다."

4) 【정의(正義)】 유백장(劉伯莊)이 말했다. "땅 이름이며, 지금의 동악주(東鄂州)이다."

(웅거의) 후계자는 웅무강(熊毋康)[1]이었지만 무강이 일찍 죽었다. 웅거가 졸하자 아들 웅지홍(熊摯紅)이 세워졌다. 지홍이 졸하자 그 동생이 (지홍의 아들을) 시해하고[弑][2] 대신 자기를 세워 웅연(熊延)이라고 했다. 웅연은 웅용(熊勇)을 낳았다.

1) 【집해(集解)】 서광(徐廣)이 말했다. "곧 웅거의 맏아들이다."

2) 【정의(正義)】 시해라고 했는데, 분명치 않다.

웅용 6년에 주나라 사람들이 난을 일으켜 여왕(厲王)을 공격하니, 여왕

은 체(彘) 땅으로 달아났다.

웅용이 10년에 졸하자 동생 웅엄(熊嚴)이 뒤를 이었다.

웅엄은 10년에 졸했다. 아들 4명이 있었는데, 맏아들은 백상(伯霜), 둘째는 중설(仲雪), 셋째는 숙감(叔堪), 막내는 계순(季徇)이었다. 웅엄이 졸하자 맏아들 백상이 뒤를 이어 세워졌으니, 이 사람이 웅상(熊霜)이다.

웅상 원년에 주나라 선왕(宣王)이 막 세워졌다.

웅상이 6년에 졸하자 세 동생이 서로 자리를 두고 다투었다. 중설이 죽고 숙감은 복(濮)[1] 땅으로 피난했으며 막내 계순이 세워지니, 이 사람이 웅순(熊徇)이다.

웅순 16년에 정(鄭)나라 환공(桓公)이 처음으로 정 땅에 봉해졌다.

웅순이 22년에 졸하자 아들 웅악(熊咢)이 세워졌다.

웅악이 9년에 졸하자 아들 웅의(熊儀)가 세워지니, 이 사람이 약오(若敖)다.

1) 【정의(正義)】 공안국(孔安國)이 말했다. "용(庸)과 복(濮)은 한수(漢水) 남쪽이다."

약오 20년에 주나라 유왕(幽王)이 견융(犬戎)에게 시해되자 주나라는 수도를 동쪽으로 옮겼다[東徙=東遷]. 이때 진(秦)나라 양공(襄公)이 비로소 반열에 올라 제후가 되었다.

27년에 약오가 졸하자 아들 웅감(熊坎)[1]이 세워지니 이 사람이 소오(霄敖)다.

6년에 소오가 졸하자 아들 웅순(熊眴)이 세워지니 이 사람이 분모(蚡冒)[2]다.

분모 13년에 진(晉)나라에 난이 시작되었는데, 곡옥(曲沃)의 일 때문

이다.

17년에 분모가 졸했다. 분모의 동생 웅통(熊通)이 분모의 아들을 시해하고 대신 세워졌으니, 이 사람이 초나라 무왕(武王)이다.

1) 【색은(索隱)】 감(坎)은 판본에 따라 균(菌)으로 또는 흠(欽)으로 되어 있기도 하다.

2) 【색은(索隱)】 고본(古本)에는 분(蚡)이 분(粉)으로 되어 있다.

무왕 17년에 진(晉)나라 곡옥장백(曲沃莊白)이 자기 임금 진(晉) 효후(孝侯)를 시해했다.

19년에 정백(鄭伯)의 동생 단(段)이 난을 일으켰다.

21년에 정나라가 천자의 논밭을 침범했다.

23년에 위(衛)나라가 자기 임금 환공(桓公)을 시해했다.

29년에 노(魯)나라가 자기 임금 은공(隱公)을 시해했다.

31년에 송(宋)나라 태재(太宰) 화독(華督)이 자기 임금 상공(殤公)을 시해했다.

35년에 초나라가 수(隨)나라를 쳤다[1].

수나라가 말했다.

"우리는 아무 죄가 없습니다."

초왕이 말했다.

"나는 만이(蠻夷)이지만, 지금 제후들이 모두 주나라를 배반해 서로 침략하고 혹 서로 죽이기까지 하고 있으니 내가 갑옷을 걸치고 중국의 정사를 살피고자 한다. 주나라 왕실에 청해 내 칭호를 높여달라고 하라."

수나라 사람들이 그를 위해 주나라로 가서 초나라를 높여줄 것을 청했으나 왕실은 듣지 않았고, 그들은 돌아와서 초나라에 그대로 보고했다.

1) 【집해(集解)】 가규(賈逵)가 말했다. "수나라는 희성(姬姓)이다."

37년에 초나라 웅통은 화가 나서 말했다.

"우리 선조 죽웅은 문왕 스승인데 일찍 돌아가셨다. 성왕이 내 선조를 천거해 마침내 자남(子男)의 작위와 봉토를 주고 초나라에 살게 하니, 만이(蠻夷)가 모두 와서 복종했다. 그런데도 왕이 작위를 높여주지 않으니, 내가 스스로 높일 뿐이다."

마침내 스스로를 세워 무왕(武王)이라 하고 수나라 사람들과 동맹을 맺고 돌아갔다. 이때부터 비로소 복(濮) 땅을 개척해 소유했다.

51년에 주나라가 수후(隨侯)를 불러 초나라가 왕을 자칭한 일을 꾸짖었다. 초나라는 노해 수나라가 자기를 배반했다고 여겼다. 수나라를 쳤으나 무왕이 병영에서 졸하자 군대를 철수했다. 아들 문왕(文王) 웅자(熊貲)가 세워져 처음으로 영(郢)에 도읍했다.

문왕 2년에 신(申)나라를 치고 등(鄧)나라를 지나는데, 등나라 사람들이 말했다.

"초왕은 쉽게 붙잡을 수 있습니다."

등후(鄧侯)[1]가 허락하지 않았다.

6년에 채(蔡)나라를 쳐서 채나라 애후(哀侯)를 사로잡아 돌아왔다가 얼마 뒤 풀어주었다. 초나라가 강대해져서 장강과 한수 사이의 작은 나라들을 못살게 구니 작은 나라들은 모두 초나라를 두려워했다.

11년에 제(齊)나라 환공(桓公)이 비로소 패자(霸者)가 되었고, 초나라 역시 비로소 강대해졌다.

1) 【집해(集解)】 복건(服虔)이 말했다. "등나라는 만성(曼姓)이다."

12년에 등나라를 쳐서 멸망시켰다.

13년에 (문왕이) 졸하자 아들 웅간(熊囏)[1]이 세워지니 이 사람이 두오(杜敖)[2]다.

두오 5년에 그 동생 웅운(熊惲)[3]을 죽이려 하니, 운이 수나라로 달아나서 수나라와 함께 두오를 습격해 시해하고 대신 세워졌다. 이 사람이 성왕(成王)이다.

1) 【집해(集解)】『사기음은(史記音隱)』에서 말했다. "囏은 간(艱)의 옛글자다."

2) 【색은(索隱)】 두(杜)는 장(壯)으로 되어 있기도 하다.

3) 【색은(索隱)】『좌전(左傳)』에는 군(頵)으로 되어 있다.

성왕 운(惲) 원년이다. 막 자리에 나아간 때라 덕과 은혜를 베풀며 제후들과 옛 우호 관계를 다시 맺었다. 천자에게 사람을 보내 예물을 올리자, 천자가 제사 지낸 고기를 내려주며 말했다.

"너희는 남방 이월(夷越)의 난을 잘 진압하고 중국을 침범해서는 안 될 것이다."

이때 초나라 땅은 사방 1,000리였다.

16년에 제나라 환공이 군대를 거느리고 초나라를 쳐서 (초나라 땅) 형산(陘山)에 이르렀다. 초나라 성왕은 장군 굴완(屈完)에게 군사를 이끌고 가서 막게 하고 환공과 맹약을 맺었다. 환공은 초나라가 마땅히 바쳐야 할 공물을 주나라 왕실에 보내지 않았음을 꾸짖었고[數(수)=責(책)], 초나라가 이를 받아들이자 마침내 떠나갔다.

18년에 성왕이 군대를 거느리고 북쪽으로 허(許)나라를 쳤는데, 허나라 임금이 윗옷을 벗고[肉袒(육단)] 사죄하니 마침내 풀어주었다.

22년에 황(黃)나라를 쳤다[1].

26년에 영(英)나라를 멸망시켰다[2].

1) 【색은(索隱)】 황나라는 여남군(汝南郡) 익양현(弋陽縣)으로, 옛 황국(黃國)이다.

2) 【정의(正義)】 영나라는 회남(淮南)에 있었는데, 요국(蓼國)이 그것이다. 언제 이름을 고쳤는지는 알 수 없다.

33년에 송나라 양공(襄公)이 회맹을 하고 싶어 초나라를 부르자 초왕이 화가 나서 말했다.

"나를 부르다니! 내 장차 기꺼이 가서 그자를 습격해 모욕을 주리라!"

드디어 가서, 우(盂)[1]에 이르러 결국 송나라 양공을 붙잡아 모욕주고 얼마 뒤에 그를 돌려보냈다.

34년에 정나라 문공(文公)이 남쪽으로 초나라에 조회했다. 초나라 성왕이 북쪽으로 송나라를 쳤으니, 홍수(泓水) 변에서 송나라 군대를 패배시키고 송나라 양공에게 활을 쏘아 부상을 입혔다. 송 양공은 결국 병이 도져[創(창)] 죽었다.

1) 【정의(正義)】 송나라 땅이다.

35년에 진(晉)나라 공자 중이(重耳)가 초나라를 지나가자, 성왕이 제후를 맞이하는 객례로 대접하고 두터운 예물을 내려준 뒤 진(秦)나라로 보냈다[厚送(후송)].

39년에 노나라 희공(僖公)이 와서 군대를 내어 제나라를 칠 것을 청했다. 초나라는 신후(申侯)에게 군대를 거느리고 가서 제나라를 치게 하여 곡(穀)읍을 차지했고, 제 환공의 아들 강옹(姜雍)을 그곳에 두었다. 제 환공의 일

곱 아들이 모두 초나라로 도망쳐 오자, 초나라는 그들 모두를 상대부로 삼았다. 기(夔)나라를 멸망시켰으니, 이는 기나라가 (초나라 선조) 축융(祝融)과 죽웅(鬻熊)의 제사를 모시지 않았기 때문이다[1].

여름에 송나라를 치자 송나라가 진(晉)나라에 위급함을 알렸고, 진나라가 송나라를 구원하자 성왕은 군사를 물려 돌아왔다. 장군 자옥(子玉)이 싸울 것을 청하자, 성왕이 말했다.

"중이는 외지에서 망명한 기간이 아주 오래인데도 끝내 진나라로 돌아갈 수 있었으니, 이는 하늘이 길을 열어준 것이라 우리가 감당할 수 없다."

자옥이 굳게 청하자 마침내 약간의 군사만 주어 보냈다. 진나라가 과연 성복(城濮)에서 자옥을 물리치니 성왕이 노해 자옥을 주살했다.

1) 【집해(集解)】 복건(服虔)이 말했다. "기나라는 초나라 웅거의 손자 웅지의 후손이다."

46년이다. 애초에 성왕은 장차 상신(商臣)을 태자로 삼고 싶어서 영윤(令尹) 자상(子上)에게 이를 말했는데, 자상이 말했다.

"임금께서는 연세[齒=年]가 아직 젊고 또 총애하는 첩도 많으시니, (태자를 세웠다가) 폐하면 마침내 난이 일어날 것입니다. 초나라는 늘 어린 사람을 세웠습니다[擧=立]. 게다가 상신은 벌 같은 눈[蜂目]에 승냥이 같은 목소리[豺聲]를 갖고 있어 잔인한 사람이므로 (태자로) 세워서는 안 됩니다."

왕이 들어주지 않고 상신을 태자로 세웠다. 그 뒤에 다시 자직(子職)[1]을 태자로 세우고 싶어서 태자 상신을 폐출하려 했다. 상신이 이를 들었는데, 그 실상을 알 수가 없어 사부 반숭(潘崇)에게 알리며 말했다.

"어떻게 하면 실상을 알 수 있겠습니까?"

반숭이 말했다.

"왕께서 총애하는 첩 강미(江芈)[2]를 접대하면서 불경스럽게 대하십시오."

상신이 그것을 따랐다. 강미는 화를 내며 말했다.

"왕께서 너를 죽이고 직을 세우려 하시는 것이 마땅하구나!"

상신이 반숭에게 말했다.

"사실입니다."

반숭이 말했다.

"자직을 섬길 수 있겠습니까?[3]"

"할 수 없습니다."

"망명하실 수는 있겠습니까?"

"할 수 없습니다."

"능히 대사[4]를 행할 수는 있겠습니까?"

"할 수 있습니다."

겨울 10월에 상신이 궁중의 호위병들을 거느리고 성왕을 에워쌌다. 성왕이 곰 발바닥[熊蹯(웅번)=熊掌(웅장)] 요리를 먹은 뒤 죽고 싶다고 청했으나[5] 들어주지 않았다. 정미일에 성왕이 목을 매어 자살했고, 상신이 대신 세워지니 이 사람이 목왕(穆王)이다.

1) 【집해(集解)】 가규(賈逵)가 말했다. "직은 상신의 이복동생이다."

2) 【정의(正義)】 芊의 발음은 (천이 아니라) 미다.

3) 【집해(集解)】 복건(服虔)이 말했다. "만약에 자직이 세워질 경우 그를 섬길 수 있겠느냐는 말이다."

4) 【집해(集解)】 복건(服虔)이 말했다. "임금을 시해하는 것을 말한다."

5) 【집해(集解)】 두예(杜預)가 말했다. "곰 발바닥은 익히기가 어려우니, 장차 시간을 끌어 외부의 구원을 기대한 것이다."

목왕은 세워지고 나서 태자궁을 반숭에게 주고 태사(太師)로 삼아 국정

을 담당하게 했다.

목왕 3년에 강(江)나라를 멸망시켰다[1].

4년에 육(六)나라와 요(蓼)나라를 멸망시켰다. 육과 요는 고요(皐陶)의 후예다.

8년에 진(陳)나라를 쳤다.

12년에 목왕이 졸하니 아들 장왕(莊王) 웅려(熊侶)가 세워졌다.

1) 【집해(集解)】 두예(杜預)가 말했다. "강나라는 여남군(汝南郡) 안양현(安陽縣)에 있다."

장왕이 자리에 나아간 지 3년 동안, 호령(號令)은 내지 않고 밤낮으로 향락을 일삼으며 나라 안 사람들에게 말했다.

"감히 간언하는 자가 있으며 용서하지 않고 죽음에 처하겠다!"

오거(伍擧)가 들어와 간언했는데, 장왕은 왼팔에 정희(鄭姬)를, 오른팔에 월녀(越女)를 껴안은 채로 악대[鍾鼓] 사이에 앉아 있었다.

오거가 말했다.

"수수께끼[隱][1]를 내고자 합니다."

그러고는 말했다.

"새 1마리가 언덕에 앉아 있는데 3년 동안 날지도 울지도 않으니, 이는 무슨 새입니까?"

장왕이 말했다.

"3년 동안 날지 않았으나 한 번 날았다 하면 하늘을 찌를 것이고, 3년 동안 울지 않았으나 한 번 울었다 하면 사람들을 깜짝 놀라게 할 것이다. 오거는 물러가라. 내가 무슨 뜻인지 알았다."[2]

여러 달이 지났지만 음란함은 더욱 심해졌다. 대부 소종(蘇從)이 마침내 들어와서 간언했다. 왕이 말했다.

"너[若]는 (간언하지 말라는) 내 명령을 듣지 못했는가?"

대답해 말했다.

"제 몸을 죽여 임금을 밝게 깨우치는 것, 이것이 신의 바람입니다!"

이에 마침내 음란과 쾌락을 물리치고 정사를 들으니[聽政], 주살당한 자가 수백 명이요 (새롭게) 나아온 자도 수백 명이었다. 오거와 소종을 써서 국정을 맡기자 나라 사람들이 크게 기뻐했다. 이해에 용(庸)나라를 멸망시켰다[3].

6년에 송나라를 쳐서 전차 500승을 얻었다.

1) 【집해(集解)】 은(隱)이란 그 뜻을 은밀하게 숨기고 있는 것을 말한다.

2) 똑같은 수수께끼가 「골계열전(滑稽列傳)」의 제나라 위왕(威王)과 순우곤(淳于髡) 사이에 나온다.

3) 【정의(正義)】 지금의 방주(房州) 죽산현(竹山縣)이다.

8년에 육혼(陸渾)의 융(戎)[1]을 쳤고, 낙읍(洛邑)에 이르러 주(周)나라 교외에서 열병했다[觀兵=閱兵]. 주나라 정왕(定王)이 왕손(王孫) 만(滿)을 보내 초나라 왕을 위로했다. 초나라 왕이 구정(九鼎)의 크고 작음과 가볍고 무거움을 묻자[2] (만이) 대답해 말했다.

"(천하를 차지하는 것은) 다움에 달려 있지 솥에 달려 있지 않습니다."

장왕이 말했다.

"그대가 구정의 귀중함을 막을 수는 없다. 초나라는 창의 예봉을 꺾는다면 얼마든지 구정을 주조할 수 있다[3]."

"아! 군왕께서는 혹시 그것을 잊으셨습니까?

옛날에 순임금과 우왕이 흥성했을 때 먼 나라에서 모두 이르러 구주에서 나는 쇠를 바치자, 쇠솥을 주조해 온갖 사물의 형상을 새기고 온갖 물건을 그를 위해 준비했으니, 백성으로 하여금 맞이해야 할 것과 피해야 할 것

을 알게 해주었습니다. (그러나) 걸왕이 다움을 어지럽히자[亂德(난덕)] 구정은 은나라로 옮겨가서 600년 동안 제사가 이어졌습니다. 은나라 주왕이 포악하게 굴자, 구정은 주나라로 옮겨갔습니다. 다움이 아름답고 밝으면 (구정이) 비록 작아도 반드시 무겁지만[4], 간사하고 사악하면 비록 아무리 커도 반드시 가볍습니다[5].

옛날에 (주나라) 성왕께서 겹욕(郟鄏)에 구정을 가져다 두고 점을 쳤더니 30대에 걸쳐 700년 동안 이어질 것이라는 점괘가 나왔으며 이는 하늘이 명한 바라고 했습니다. 비록 주나라의 다움[周德(주덕)]이 쇠퇴하긴 했습니다만 천명은 아직 바뀌지 않았습니다. 구정의 가볍고 무거움에 대해서는 물을 필요가 없습니다."

초나라 왕이 마침내 돌아갔다.

1) 【집해(集解)】 복건(服虔)이 말했다. "육혼의 융은 낙읍 서남쪽에 있었다." 【정의(正義)】 윤성(允姓)의 융이 육혼으로 옮겨가서 살았다.

2) 【집해(集解)】 두예(杜預)가 말했다. "주나라를 핍박함으로써 천하를 차지하려 함을 보여준 것이다."

3) 【정의(正義)】 초나라가 마음만 먹으면 쉽게 구정을 얻을 수 있다는 말이다.

4) 【집해(集解)】 두예(杜預)가 말했다. "다른 데로 옮겨갈 수 없다는 말이다."

5) 【집해(集解)】 두예(杜預)가 말했다. "다른 데로 옮겨갈 수 있다는 말이다."

9년에 약오씨(若敖氏)[1]를 재상으로 삼았다. 어떤 사람이 왕에게 그를 참소하자 (약오씨는) 주살될까 두려워서 도리어 왕을 공격했다. 왕이 약오씨의 족속을 쳐서 족멸시켰다.

13년에 서(舒)나라를 멸망시켰다[2].

1) 【집해(集解)】 『좌전(左傳)』에는 자월초(子越椒)라고 되어 있다.

2) 【집해(集解)】 두예(杜預)가 말했다. "여강(廬江) 육현(六縣) 동쪽에 서성(舒城)이 있다."

16년에 진(陳)나라를 쳐서 하징서(夏徵舒)를 죽였으니, 징서가 자기 임금을 시해했기 때문에 주살한 것이다. 진(陳)나라를 다 깨뜨리고 나서 곧바로 현으로 삼았다. 여러 신하가 모두 축하했는데, 이때 제나라에 사신으로 갔다가 막 돌아와 있던 신숙시(申叔時)만 (홀로) 축하하지 않았다. 왕이 물으니 대답했다.

"속담에 이르기를 '소를 끌고 남의 밭을 지나가자, 밭 주인이 그 소를 빼앗았다'라는 말이 있습니다. 밭을 지나간 것은 잘못이지만, 그렇다고 소를 빼앗은 것은 실로 심하지 않습니까? 지금 왕께서 진나라의 난리 때문에 제후들을 이끌고 토벌한 것은 대의로 토벌한 것인데, 그 땅을 탐내신다면 실로 어떻게 다시 천하에 호령할 수 있겠습니까?"

장왕이 마침내 진나라 후손에게 나라를 돌려주었다.

17년 봄에 초나라 장왕이 정나라를 에워싸서 석 달 만에 무너뜨렸다. (정나라 성문) 황문(皇門)을 통해 들어가니, 정백(鄭伯)이 웃옷을 벗은 채 양을 끌고[1] 맞이하며 말했다.

"고(孤-제후의 자칭)가 하늘의 도리를 따르지 못해서[不天(불천)] 임금을 제대로 섬기지 못하는 바람에 임금께서 노여움을 품어 우리나라[敝邑(폐읍)]에 오시게 했으니, 고의 죄입니다. (어찌) 감히 명을 따르지 않을 수 있겠습니까! 남해(南海)로 내쫓거나 신첩을 제후에게 (노비로) 주신다 해도 실로 오직 명을 따를 뿐입니다. 만약에 임금께서 여왕(厲王)·선왕(宣王)·환공(桓公)·무공(武公)[2]을 잊지 않으시어 그 사직에 제사 지내는 것을 끊지 않으신다면 계속 임금을 모실 수 있게 될 것이니, 이것이 고의 바람입니다. 감히 바랄 수는 없겠지만 속마음을 겉으로 드러내 보입니다."

초나라 신하들이 말했다.

"왕께서는 허락하지 마십시오."

장왕이 말했다.

"그 임금이 능히 남들에게 자신을 낮출 수 있으면[下人(하인)] 반드시 그 백성을 믿고 쓸 수 있으니, 어찌 제사를 끊어지게 할 수 있겠는가?"

장왕이 몸소 군기를 들고 좌우로 군대를 지휘해 병사들을 30리 떨어진 곳으로 물려서[3] 주둔시키고는, 드디어 강화를 허락했다. (초나라 대부) 반왕(潘尪)이 맹약하러 들어갔고, (정백은 동생) 자량(子良)을 인질로 보냈다. 여름 6월에 진(晉)나라가 정나라를 구원하러 와서 초나라와 싸웠으나, 진나라 군대가 황하 변에서 크게 패하자 드디어 형옹(衡雍)에 이르렀다가 돌아갔다.

1) 【집해(集解)】 가규(賈逵)가 말했다. "옷을 벗은 채 양을 끈다[肉袒(육단)牽羊(견양)]는 것은 신하로서 복종하겠다는 뜻을 보이는 것이다."

2) 【집해(集解)】 두예(杜預)가 말했다. "주나라 여왕과 선왕은 정나라의 뿌리이고, 정나라 환공과 무공은 처음으로 봉해진 뛰어난 임금들이다."

3) 【집해(集解)】 두예(杜預)가 말했다. "30리를 물렸다는 것은 정나라를 예우한 것이다."

20년에 송나라를 에워쌌는데 초나라의 사신을 죽인 때문이다[1]. 송나라를 에워싼 지 다섯 달이 지나자, 성안의 식량이 떨어졌으니, 자식을 바꿔 잡아먹고 뼈를 쪼개 밥하는 땔감으로 삼는 지경이었다.

송나라 (대부) 화원(華元)이 성 밖으로 나와 이런 실상을 알리자, 장왕이 말했다.

"군자로구나!"

드디어 군대를 철수해 떠났다.

❖

1) **【색은(索隱)】**『좌전(左傳)』 선공(宣公) 13년 기록에 '초자(楚子)가 신주(申舟)를 제나라에 빙문사(聘問使)로 보내면서 말했다. "(굳이) 송나라에 길을 빌려달라고 청하지 말라." 화원(華元)이 말했다. "우리나라를 지나면서 우리에게 길을 빌려달라고 청하지 않으니, 이는 우리나라를 자기 나라의 변읍으로 여기는 것이다. 우리나라를 자기 나라 변읍으로 여긴다면 우리나라는 망한 것이나 마찬가지다." 마침내 신주를 죽였다. 초자가 이를 듣고서 소맷자락을 휘날리며 일어났다. 9월에 송나라를 에워쌌다'라고 한 것이 이것이다.

23년에 장왕이 졸하자 아들 공왕(共王) 심(審-웅심)이 세워졌다.

공왕 16년에 진(晉)나라가 정나라를 쳤다. 정나라가 위급함을 알려오자, 공왕이 정나라를 구원해 진나라 군대와 언릉(鄢陵)에서 싸웠는데, 진나라가 초나라를 패배시키고 화살로 공왕의 눈을 맞추었다. 공왕이 장군 자반(子反)을 불렀는데, 자반은 술을 좋아해 시종 수양곡(豎陽穀)이 올린 술을 마시고 취해 있었다. 왕은 노해 자반을 쏘아 죽이고는 드디어 군대를 철수시켜 돌아왔다.

31년에 공왕이 졸하자 아들 강왕(康王) 초(招)가 세워졌다.

강왕이 세워진 지 15년에 졸하자 아들 원(員)[1]이 세워지니, 이 사람이 겹오(郟敖)다.

1) **【색은(索隱)】**『좌전(左傳)』에는 균(麇)으로 되어 있다.

강왕은 동생들인 공자 위(子圍)[1], 자비(子比), 자석(子晳), 기질(棄疾)을 총애했으니, 겹오 3년에 숙부이자 강왕의 동생인 공자 위(圍)를 영윤(令尹-초나라 재상)으로 삼아 군사의 일을 주관하게 했다.

4년에 위가 정나라에 사신으로 가다가 도중에 왕이 병이 들었다는 소식을 듣고는 돌아왔다. 12월 기유일에 위가 궁에 들어와서 왕의 병을 위문하는 척하다가는 목을 졸라[2] 시해하고, 드디어 그 아들 막(莫)과 평하(平夏)도 죽였다. 정나라에 사신을 보내 부고 하려는데, 오거(伍擧)가 (사신에게) "누가 뒤를 잇게 됩니까?"라고 물었다. 사신이 "저희[寡(과)] 대부 위(圍)이시지요"라고 답하자, 오거는 "공왕의 아들 위가 맏이였다고 하시오"라고 고쳐서 일러주었다[3]. 자비는 진(晉)나라로 달아났고, 위가 세워지니 이 사람이 영왕(靈王)이다.

1) 【집해(集解)】 서광(徐廣)이 말했다. "역사 기록에는 대부분 회(回)라고 되어 있다."

2) 【집해(集解)】 순경(荀卿)이 말했다. "갓끈으로 목 졸라 죽였다." 『좌전(左傳)』에서 말했다. "왕을 겹(郟)에 매장했기에 그를 겹오(郟敖)라고 불렀다."

3) 【집해(集解)】 두예(杜預)가 말했다. "오거가 부고 하러 가는 사자의 말을 고쳐서 일러준 이유는 예에 따르면 임금의 죽음을 알리러 와서는 후사를 말하는데 찬시(簒弑)한 경우에는 다른 제후들에게 부고해서는 안 되기 때문이다."

영왕 3년 6월에 초나라가 진(晉)나라에 사신을 보내 제후들과 회맹하려 한다고 알렸다. 제후들은 모두 초나라 신(申) 땅에서 회맹했다. 오거가 말했다.

"옛날에 하계(夏啓)는 균대(鈞臺)에서 향연을 베풀었고, 상탕(商湯)은 경박(景亳)에서 책명을 내렸고, 주나라 무왕은 맹진(盟津)에서 맹약했고, 성왕은 기양(岐陽-기산 남쪽)에서 사냥모임을 했고, 강왕(康王)은 풍궁(豐宮)에서 조회를 받았고, 목왕(穆王)은 도산(塗山)에서 회합했고, 제나라 환공은 소릉(召陵)에서 군사 회맹을 했고, 진(晉)나라 문공(文公)은 천토(踐土)에서 회맹했습니다. 임금께서는 이에 어떤 것을 쓰시겠습니까?"

영왕이 말했다.

"환공의 예를 쓰겠다."

당시 정나라 자산(子産)이 그 자리에 있었고 진(晉)나라, 송나라, 노나라, 위(衛)나라는 가지 않았다. 영왕이 이미 회맹을 끝내고 나자 교만한 기색을 드러내니, 오거가 말했다.

"걸왕이 유잉(有仍)에서 회맹을 주도했지만 유민(有緡)이라는 나라가 배반했고, 주왕이 여산(黎山)에서 회맹을 주도했지만, 동이(東夷)가 배반했으며 유왕(幽王)이 태실(太室)[1]에서 회맹을 주도했을 때는 융(戎)과 적(翟)이 배반했습니다. 임금께서는 이에 신중하게 마무리하십시오[愼終(신종)]."

1) 【집해(集解)】 두예(杜預)가 말했다. "태실은 중악(中嶽)이다."

7월에 초나라가 제후의 군대를 이끌고 오나라를 쳐서 주방(朱方)을 에워쌌다. 8월에 주방을 쳐부수고 경봉(慶封)[1]을 가둔 뒤에 그의 친족들을 멸족시켰다. 경봉을 조리돌리면서[徇(순)] 말했다.

"제나라 경봉처럼 자기 임금을 시해하고 어린 군주를 약하게 하여 여러 대부에게 맹세하게 한 일을 본받아서는 안 될 것이다."[2]

경봉이 반박하며 말했다.

"초나라 공왕의 서자인 위가 자기 임금인 형의 아들 원을 시해하고 그를 대신해서 세워진 일만 하겠습니까?"

이에 영왕이 기질을 시켜 그를 죽였다.

1) 제나라 신하로, 최저(崔杼)와 공모해서 제나라 장공을 시해했고 그 후에 최저 가문도 멸망시켰다. 뒤에 쫓겨나서 노나라로 도망쳤다가 오나라로 도망쳐 오니, 오나라에서는 주방 땅을 주어 살게 했다.

2) 【집해(集解)】 두예(杜預)가 말했다. "제나라 최저(崔杼)가 임금을 시해했는데, 경봉은 그 당여였다. 그래서 임금을 시해한 죄를 갖고서 그를 꾸짖은 것이다."

7년에 장화대(章華臺)를 세우려고 영을 내려 도망쳐 온 사람들이 그 일을 하도록 채워 넣었다[實之=充之].

8년에 공자 기질(棄疾)에게 군대를 이끌고 가서 진(陳)나라를 멸하게 했다.

10년에 채후(蔡侯)를 불러 술에 취하게 하여 죽였다. 기질에게 채나라를 평정하게 한 뒤 기질을 진(陳) 채공(蔡公)으로 삼았다.

11년에 서(徐)나라를 쳐서[1] 오(吳)나라를 두려움에 떨게 했다. 영왕은 건계(乾谿)에 주둔한 채 서나라 토벌 소식을 기다렸다. 왕이 말했다.

"제나라, 진(晉)나라, 노나라, 위(衛)나라는 이에[其] 제후로 봉해질 때 모두 보기(寶器)를 받았으나 나 홀로 받지 못했다[2]. 지금 내가 주나라에 사신을 보내 구정(九鼎)을 요구해 제후의 보물로 삼고자 하는데, 아마도 나에게 주겠지?"

(대부) 석보(析父)가 말했다[3].

"아마도 군왕께 줄 것입니다. 옛날에 우리 선왕 웅역(熊繹)께서 형산(荊山)에 떨어져 계실 때, 가리개도 없는 나무 수레[篳露]를 타고 다 떨어진 옷차림[藍蔞=襤褸]으로 수풀 우거진 곳에 살면서도 산을 넘고 숲을 지나 천자를 섬겼고, 오직 복숭아나무로 만든 활과 가시나무로 만든 화살[桃弧棘矢][4]을 왕실에 바치셨습니다. 제나라는 성왕의 큰아버지와 같은 나라이고 진(晉)나라와 노나라, 위(衛)나라의 제후는 왕실의 같은 어머니에게서 난 동생과도 같아서, 초나라가 나눠 받지 못한 보기들을 저들은 모두 갖고 있습니다. 주나라가 지금은 (쇠퇴해) 네 나라와 더불어 군왕을 섬기고 있으니, 오로지 군왕의 명에 따라야 하거늘 어찌 감히 구정을 아까워하겠습니까?"

영왕이 말했다.

"옛날에 나의 먼 조상 백부(伯父) 곤오(昆吾)[5]께서는 허(許) 땅에 오랫동안 사셨는데, 지금 정나라 사람들이 그 땅을 탐해 나한테 주지 않고 있다.

지금 내가 그것을 요구하면 그들이 내게 주겠는가?"

(석보가) 대답해 말했다.

"주나라가 구정을 아까워하지 않는 판에 정나라가 어찌 감히 허 땅을 아까워하겠습니까?"

영왕이 말했다.

"옛날에 제후들은 나를 멀리하고 진(晉)나라를 두려워했다. 그러나 지금은 내가 진(陳)나라, 채(蔡)나라, 불갱(不羹)에 성을 크게 짓고 그곳에 천승의 병거를 갖춰놓았으니, 제후들이 나를 두려워하겠는가?"

대답하여 말했다.

"두려워하겠지요."

영왕이 기뻐하며 말했다.

"석보는 옛일을 말하는 데 탁월하도다."[6)]

1) 【집해(集解)】『좌전(左傳)』에 이르기를 "탕후(蕩侯) 등에게 서나라를 에워싸게 했다"라고 했다.

2) 【집해(集解)】 복건(服虔)이 말했다. "공로와 다움[功德(공덕)]이 있으면 보기를 내려주었다."

3) 【색은(索隱)】『좌씨(左氏)』에 따르면 이는 우윤 자혁(子革)이 한 말이다. 아마도 잘못인 듯하다.

4) 【집해(集解)】 복건(服虔)이 말했다. "복숭아나무 활과 가시나무 화살은 재앙을 막아주는 것이다. 초나라 땅이나 산림에서는 나지 않는다."

5) 【집해(集解)】 복건(服虔)이 말했다. "육종씨(陸終氏)에게는 아들 여섯이 있었는데. 장남이 곤오이고 막내가 계련(季連)이다. 계련이 초나라 조상이므로, 그래서 곤오를 백부라고 불렀다."

6) 【집해(集解)】 두예(杜預)가 말했다. "왕의 마음을 따르는 것이 마치 메아리가 소리에 응하는 것과 같음을 기롱한 것이다."

12년 봄에 초나라 영왕은 건계(乾谿)에서 지내는 것을 좋아해 그곳을 떠나지 않았고, 나라 사람들은 요역을 힘들어했다. 애초에 영왕이 신읍(申邑)에서 병사들을 모아 월(越)나라 대부 상수과(常壽過)를 욕보이고[僇=辱] 채나라 대부 관기(觀起)를 죽였는데, 관기의 아들 관종(觀從)은 오나라로 도망쳤다. (관종이) 마침내 오왕에게 초나라를 칠 것을 권하고, 또 틈을 타서 월나라 대부 상수과에게 난을 일으키라고 권하면서 오나라의 간첩이 되었다. 사람을 보내 공자 기질의 명을 사칭해서 진(晉)나라에 있는 (초나라) 공자 비(比)를 불러들였다. (비가) 채(蔡)읍에 이르렀을 때 오·월의 군대와 함께 채읍을 습격하려고 했다가, 공자 비로 하여금 기질을 만나보도록 해서 등(鄧)읍에서 맹약을 맺었다. 드디어 (초나라 수도 영으로) 들어가서 영왕의 태자 록(祿)을 죽이고 공자 비를 세워 왕으로 삼았으며, 공자 자석(子晳)을 영윤(令尹)으로, 기질을 사마(司馬)로 삼았다. 관종은 먼저 왕궁을 깨끗하게 정리한 뒤 군대를 이끌고 건계로 가서 초나라 군사들에게 영을 내려 말했다.

"나라에 새로 왕이 생겼다. 먼저 돌아가는 자에게는 원래 갖고 있던 자리와 땅과 집을 되돌려주겠지만, 늦게 가는 자는 추방될 것이다."

초나라 군사들이 모두 흩어져[潰] 영왕을 떠나 돌아갔다.

영왕은 태자 록이 죽었다는 소식을 듣고는 수레 아래로 몸을 던지면서 말했다.

"사람들이 자식을 아끼는 것이 실로 이와 같은가?"

시종이 말했다.

"이보다 심합니다."

왕이 말했다.

"내가 남의 자식들을 많이 죽였으니, 어찌 이런 지경에 이르지 않을 수 있겠는가!"

우윤(右尹)[1]이 말했다.

"청컨대, 교외로 나가시어 나라 사람들의 결정을 기다리십시오[2]."

왕이 말했다.

"사람들의 분노를 감당할 수가 없다."

우윤이 말했다.

"일단 큰 현으로 들어가서 제후들에게 군사를 청하십시오."

왕이 말했다.

"모두가 배반할 것이다."

우윤이 또 말했다.

"그러면 잠시 제후국으로 달아났다가 큰 나라의 생각을 들으십시오."

왕이 말했다.

"큰 복은 두 번 찾아오지 않는다. 단지[祗=弟] 치욕을 받아들이는 수밖에."

왕은 배를 타고 장차 (초나라 읍) 언성(鄢城)[3]으로 들어가려 했다. 우윤은 왕이 자신의 계책을 받아들이지 않는 것을 보고는 함께 죽게 될까 두려워서 왕을 버리고 도망갔다.

1) 【집해(集解)】 『좌전(左傳)』에 따르면 우윤 자혁(子革)이다.

2) 【집해(集解)】 복건(服虔)이 말했다. "나라 사람들이 누가 왕이 되기를 원하는지를 들으라는 말이다."

3) 【집해(集解)】 복건(服虔)이 말했다. "언성은 초나라 별도(別都)다."

영왕이 이에 혼자 산속을 헤맸지만[徬徨=彷徨] 야인(野人)들은 감히 왕을 받아들이지 못했다. 왕이 길을 가다가 옛날에 궁궐을 청소하던 사람[涓人][1]을 만나자, 말했다.

"나에게 먹을 것을 달라. 내가 이미 사흘 동안 아무것도 먹지 못했다."

청소부가 말했다.

"새 왕께서 법을 내려, 감히 왕에게 음식을 제공하거나 왕을 따르는 사람은 그 죄가 삼족에 미칠 것이라고 했습니다. 게다가 음식을 찾을 곳도 없습니다."

왕이 그러다가 그의 허벅지를 베고는 잠이 들자, 청소부는 다시 흙더미를 가져다 자기 허벅지를 대신하게 한 뒤 달아났다. 왕이 잠에서 깨었을 때는 아무도 보이지 않았고, 배가 고파서 몸을 일으킬 수 없었다. 천(芋) 땅의 관리 신무우(申無宇)의 아들 신해(申亥)가 말했다.

"나의 아버지가 왕명을 두 번이나 어겼으나 왕께서는 처벌하지 않으셨으니, 이보다 더 큰 은혜가 어디 있겠는가?"

마침내 왕을 찾아다닌 끝에 이택(釐澤-희택)에서 굶주리고 있던 왕을 만나서는 모시고 돌아왔다. 여름 5월 계축일에 왕이 신해의 집에서 죽으니, 신해는 두 딸을 따라 죽게 한[從死(종사)] 뒤 함께 매장했다.

1) 【집해(集解)】 위소(韋昭)가 말했다. "지금의 중연(中涓)이다."

이때 초나라는 비록 이미 비(比)를 세워 왕으로 삼기는 했으나 영왕이 다시 올까 두려워하고 있었다. 또한 영왕이 죽었다는 소식도 없자, 관종(觀從)은 막 즉위한 비에게 일러 말했다.

"기질을 죽이지 않으면 설사 나라를 얻어도 오히려 화를 당할 것입니다."

왕이 말했다.

"나는 차마 그럴 수 없다."

종이 말했다.

"다른 사람들이 장차 왕께 그렇게 할 것입니다."

왕이 들어주지 않자 마침내 (관종은) 떠났다.

기질이 돌아왔는데, 나라 사람들이 밤마다 놀라 말했다.

"영왕이 들어온 것이야!"

을묘일 밤에 기질은 뱃사람을 시켜 강가에서 달려오며 "영왕이 돌아왔다!"라고 고함을 지르게 했다. 나라 사람들이 더욱더 놀랐다. 또 만성연(曼成然)을 시켜 새 왕 비와 영윤 자석(子晳)에게 말하게 했다.

"왕이 돌아왔습니다! 나라 사람들이 새 왕을 죽이려 할 것이고, 사마(司馬-기질)도 장차 올 것입니다. 왕께서는 일찌감치 도모해 치욕을 당하지 않게 하십시오. 군중의 분노는 물불과 같아서 구해드릴 수 없습니다."

새 왕과 자석은 결국 자살했다. 병진일에 기질이 자리에 나아가 왕이 되고 이름을 웅거(熊居)로 바꾸니, 이 사람이 평왕(平王)이다.

평왕은 속임수를 써서 두 왕을 시해하고 스스로를 세웠기 때문에 나라 사람들과 제후들이 자신을 배반할까 두려워서, 마침내 백성에게 은혜를 베풀고 진(陳)나라와 채(蔡)나라의 땅을 회복시켜 그 후손들을 예전처럼 임금으로 세워주었으며 정나라에 빼앗았던 땅도 돌려주었다. 나라 안을 잘 위로하고 구휼하면서[存恤(존휼)] 정치와 교화를 닦았다. 오나라는 초나라에 혼란이 있자, 그 틈에 (초나라 장수) 5명[五率(오솔)=五將(오장)][1]을 붙잡아 돌아갔다.

평왕이 관종에게 말했다.

"네가 원하는 것은 다 해주겠다[恣(자)]."

복윤(卜尹)[2]이 되고 싶다고 하자 왕이 허락했다.

1) 【집해(集解)】 복건(服虔)이 말했다. "오솔은 탕후(蕩侯)·반자(潘子)·사마독(司馬督)·효윤오(囂尹午)·능윤희(陵尹喜)다."

2) 【집해(集解)】 가규(賈逵)가 말했다. "복윤은 복사(卜師-점을 주관함)로, 대부의 관직이다."

애초에 공왕(共王)에게는 총애하는 아들 다섯이 있었는데, 적자를 세우지 않고 마침내 여러 귀신에게 망(望)제사를 올려서 신령이 결정해주기를 청한 뒤에 신이 정해주는 아들에게 사직을 맡기려 했다. 그리하여 몰래 첩 파희(巴姬)와 함께 실내(室內)[1]에다 벽옥을 묻어두고는 다섯 공자를 불러 재계하고서 안으로 들어가게 했다. 강왕은 벽옥을 뛰어넘었고 영왕은 팔로 벽옥을 눌렀으며 자비와 자석은 둘 다 벽옥을 멀리했는데, 평왕은 어려서 안긴 채로 들어가 두 번 절했으며 벽옥의 가운데[紐]를 눌렀다. 그래서 강왕은 장자로서 세워졌으나 그 아들에 이르러 자리를 잃었고, 위는 영왕이 되었으나 시해당했고, 자비는 열흘 남짓 왕 노릇을 했고, 자석은 왕위에 오르지도 못한 채 죽임을 당했다. 네 아들이 모두 후손이 끊어졌고 유독 기질만이 훗날 자리에 올라서 평왕이 되어 결국 초나라 제사를 이어갔으니, 마치 신령스러운 부적처럼 딱 들어맞았다.

1) 【정의(正義)】 『좌전(左傳)』에서 이렇게 말했다. "태실(太室) 뜰에 벽옥을 묻었다." 두예(杜預)가 말했다. "태실이란 조상의 사당[祖廟]이다."

애초에 공자 비(比)가 진(晉)나라에서 돌아오자 (진나라 사람) 한선자(韓宣子-한기(韓起))가 숙향(叔向)에게 물었다.

"자비는 아마도 성공하겠지요[濟=成]?"

숙향이 말했다.

"성공하지 못할 것입니다."

선자가 말했다.

"(초나라 사람들이) 한결같이 (초 영왕을) 미워해 새 임금을 세우려는 것이 마치 시장의 장사치처럼 하는데[1], 어째서 성공하지 못하겠습니까?"

숙향이 대답했다.

"더불어 잘 지내는 사람도 없는데, 누가 함께 미워하겠습니까?[2]

나라를 차지하는 데는 다섯 가지 어려움[五難]이 있습니다. 사사로이 총애하는 자는 있는데 뛰어난 사람이 없는 것[有寵無人][3]이 첫째요, 뛰어난 사람은 있는데 안에서 주도하는 사람이 없는 것[有人無主][4]이 둘째요, 안에서 주도하는 사람은 있는데 모책이 없는 것[有主無謀]이 셋째요, 모책은 있는데 따르는 백성이 없는 것[有謀無民]이 넷째요, 따르는 백성은 있는데 임금다움이 없는 것[有民無德]이 다섯째입니다[5].

자비는 진나라에 13년 동안 있었는데 진나라와 초나라에서 그를 따랐던 자 중에 두루 통달한 자가 있다는 말은 듣지 못했으니, 뛰어난 사람이 없다고 말할 수 있습니다[6]. 가족은 없고 친척들은 배반했으니, 안에서 주도하는 사람이 없다고 말할 수 있습니다[7]. 틈이 보이지 않는데도[無釁] 난을 일으키려 하니, 모책이 없다고 말할 수 있습니다[8]. 평생을 나라 밖에서 떠돌았으니, 따르는 백성이 없다고 말할 수 있습니다[9]. 나라 밖에서 망명하고 있는데 아무도 그의 자취를 안타깝게 여기지 않으니[無愛徵], 다움이 없다고 말할 수 있습니다.

영왕이 포학해 거리끼는 바가 없기는 하지만[10], 자비는 이 다섯 가지 어려움을 뛰어넘어 군주를 시해하려 하니 누가 능히 그를 도울 수 있겠습니까? 초나라를 차지할 사람은 아마도 기질(棄疾)일 것입니다. 진(陳)나라와 채나라에서 임금 노릇을 했고 방성(方城) 이외의 지역도 그에게 속했는데, 가혹하고 사특한 일이 일어나지 않았고 도적들은 몸을 엎드려 숨었으며 사사로운 욕심 때문에 민심을 거스르지 않았기에 백성도 원망하는 마음이 없었습니다.

조상의 신령이 그에게 명했으니, 나라 백성은 그를 믿습니다. 또 미성(羋姓-초나라 성)은 난이 발생하면 반드시 가장 어린 자식으로 하여금 그 자리를 채우게 하는 것이 초나라의 일정한 도리입니다. 자비의 관직은 우윤(右尹)이고, 그 귀함과 총애를 따져보면 서자입니다. 신령이 명한 바로써 봐도 그를 멀리해야 하고 백성은 누구도 그를 마음에 두지 않고 있으니, 장차 어찌 그를 세우겠습니까?"

1) 【집해(集解)】 복건(服虔)이 말했다. "나라 사람들이 모두 영왕을 미워하는 것이 마치 시장 장사치들이 이익을 추구하는 것과 같다는 말이다."

2) 【집해(集解)】 복건(服虔)이 말했다. "내부에 함께할 당여(黨與)가 없는데 누구와 더불어 좋아하고 싫어함을 함께할 수 있겠는가라는 말이다."

3) 【집해(集解)】 두예(杜預)가 말했다. "총애하는 자가 있다 하더라도 뛰어난 이를 기다려서 마침내 든든해질 수 있다는 말이다."

4) 【집해(集解)】 두예(杜預)가 말했다. "비록 뛰어난 이가 있다 하더라도 마땅히 안에서 주도하는 사람이 호응하기를 기다려야 한다는 말이다."

5) 【집해(集解)】 두예(杜預)가 말했다. "앞의 네 가지가 갖춰졌다고 해도 마땅히 다움으로써 그것을 이뤄내어야 한다는 말이다."

6) 【집해(集解)】 두예(杜預)가 말했다. "진나라와 초나라 선비 중에서 자비를 따라 교유했던 사람들은 모두 두루 통달한 자가 아니었다."

7) 【집해(集解)】 두예(杜預)가 말했다. "초나라에 있을 때 함께할 친족들이 없었다는 말이다."

8) 【집해(集解)】 복건(服虔)이 말했다. "아직 영왕이 있는데도 망령되이 움직여서 나라를 차지하려고 하니, 그래서 모책이 없다고 말한 것이다."

9) 【집해(集解)】 두예(杜預)가 말했다. "종신토록 진나라에서 기객(羈客)으로 있었으니, 이 때문에 따르는 백성이 있을 수 없었다."

10) 【집해(集解)】 두예(杜預)가 말했다. "영왕은 포학하고 꺼리거나 두려워하는 바가 없으므로 장차 스스로 망하게 될 것이라는 말이다."

선자가 말했다.

"제나라 환공[齊桓(제환)]과 진나라 문공[晉文(진문)][1]도 실로 그렇지 않았습니까?"

숙향이 말했다.

"제나라 환공은 위희(衛姬)의 아들로 희공(釐公-환공 아버지)의 총애를 받았고 포숙아(鮑叔牙), 빈수무(賓須無), 습붕(隰朋)이 있어 보좌했습니다.

거(莒)나라와 위(衛)나라가 있어 밖에서 주도적으로 도왔고[外主][2], 고씨(高氏)와 국씨(國氏)[3]가 안에서 주도적으로 도왔습니다[內主]. 좋은 말을 따르는 것이 흐르는 물과 같았고[如流][4], 시혜를 베푸는 데 조금도 게을리하지 않았습니다[不倦]. (그러니 그가) 나라를 차지한 것은 실로 마땅하지 않겠습니까?

예전 우리 문공은 호계희(狐季姬) 아들로 헌공(獻公-문공 아버지)의 총애가 있었고 배우기를 좋아해 조금도 게을리하지 않았습니다[不倦]. 태어난 지 17년 만에 인재 5명이 있었으니, 선대부 자여(子餘-조최)와 자범(子犯-호언자)이 있어 복심(腹心)으로 삼았고 위주(魏犨)와 가타(賈佗)가 있어 팔다리[股肱]로 삼았습니다. 제·송·진(秦)·초 나라가 있어 밖에서 지지했고, 난(欒)·극(郤)·호(狐)·선(先) 네 집안이 있어 안에서 도왔습니다[5]. 망명한 19년 동안 뜻을 지키는 것은 더욱 돈독했으니, 혜공(惠公)과 회공(懷公)이 백성을 버리자, 백성은 그를 따르면서 함께했습니다. 그러니 문공이 나라를 차지한 것은 실로 마땅하지 않겠습니까?

자비는 백성에게 베푼 것이 없고 밖의 도움도 없습니다. 진나라를 떠날 때 진나라는 호송하지 않았고, 초나라로 돌아올 때 초나라에서는 맞이하는 사람이 없었습니다. (이래서야) 어떻게 나라를 차지할 수 있겠습니까?"

자비는 과연 제명에 죽지 못했고[不終] 결국 기질이 세워졌으니[6], 숙향이 말한 대로였다.

1) 【집해(集解)】 복건(服虔)이 말했다. "두 사람 모두 서자로서 나라 밖에 나가 살았다."

2) 【집해(集解)】 가규(賈逵)가 말했다. "제 환공은 거나라로 달아났으니, 거나라에서 먼저 들어올 때 위나라 사람이 도왔다."

3) 【집해(集解)】 복건(服虔)이 말했다. "고씨와 국씨는 모두 제나라 정경(正卿)이다."

4) 【집해(集解)】 복건(服虔)이 말했다. "그만큼 빨랐다는 말이다."

5) 【집해(集解)】 가규(賈逵)가 말했다. "네 성은 (모두) 진나라 대부다." 【정의(正義)】 두예(杜預)가 말했다. "난지(欒枝)·극곡(郤穀)·호돌(狐突)·선진(先軫)이다."

6) 【정의(正義)】 『좌전(左傳)』에서 말했다. "신의 도움을 받는 것이 하나요, 지지하는 백성이 있는 것이 둘이요, 아름다운 다움을 가진 것이 셋이요, 총애를 받아 존귀한 자리에 오르는 것이 넷이요, 상규에 맞는 것이 다섯이다. 이런 다섯 가지 이점으로 다섯 가지 어려움을 제거한다면 누가 그를 방해할 수 있겠는가!"

평왕 2년에 비무기(費無忌)[1]를 진(秦)나라에 보내 태자 건(建)[2]을 위해 신부를 데려오게 했는데, 신부가 아름다운 것을 보고 무기는 (그녀가) 도착하기도 전에 먼저 돌아와서 평왕에게 말했다.

"진나라 여자가 아름다우니 왕께서 아내로 맞으시고, 태자를 위해서는 다시 다른 여자를 구해주십시오."

평왕이 그 말을 듣고는 결국 자기가 진나라 여자를 아내로 맞이해 웅진(熊珍)을 낳았다. 태자를 위해서는 다시 아내를 얻게 했다.

이때 오사(伍奢)는 태자태부(太子太傅)였고 비무기는 소부(少傅)였는데, 무기는 태자에게 총애를 얻지 못하자 늘 태자 건(建)을 참소하고 미워했다. 건은 이때 나이 15세였다. 어머니는 채나라 여자였는데, 왕에게 총애를 받지 못했고 왕은 점점 더 건을 멀리했다.

1) 【집해(集解)】 복건(服虔)이 말했다. "초나라 대부다." 【색은(索隱)】 『좌씨(左氏)』에는 무극(無極)으로 되어 있는데, 극(極)과 기(忌)는 소리가 비슷하다.

2) 【정의(正義)】 『좌전(左傳)』에서 말했다. "초나라 임금이 채나라에 있을 때 패양(郥陽) 여자와 사통해서[奔(분)] 태자 건을 낳았다."

6년에 태자 건으로 하여금 성보(城父)[1]에 머물며 변방을 지키게 했다. 비

무기는 다시 밤낮으로 평왕 앞에서 태자 건을 참소했다.

"제가 진나라 여자를 데려온 이후로 태자는 저를 원망하고 있으니, 또한 왕에 대한 원망도 없을 수 없습니다. 왕께서는 조금 더 대비를 하셔야 할 것입니다. 게다가 태자는 성보에 있으면서 병권을 쥐고 있으니, 밖으로 제후들과 결탁해 장차 쳐들어오려 할 것입니다."

평왕이 태자태부 오사를 불러들여 이 문제를 질타하니, 오사는 비무기가 (태자를) 참소했다는 것을 알아차리고는 마침내 이렇게 말했다.

"왕께서는 어찌 하찮은 신하[小臣(소신)]의 말만 듣고서 골육을 멀리하십니까?"

무기가 말했다.

"지금 제재하지 않으면 후회하실 것입니다!"

이에 평왕이 드디어 오사를 가두고는 두 아들을 부르면서, 그들이 올 경우라야 아버지를 죽음에서 면하게 해주겠다고 일렀다. 마침내 사마(司馬) 분양(奮揚)에게 태자 건을 불러오게 해서 주살하려 하니, 태자가 이를 듣고 송나라로 달아났다.

1) 【집해(集解)】 복건(服虔)이 말했다. "성보는 초나라 북쪽 국경에 있는 읍이다."

무기가 말했다.

"오사에게 아들이 둘 있는데, 죽이지 않으면 초나라의 근심거리가 될 것입니다. 아버지의 죄를 용서해준다고 하여 부르면 반드시 올 것입니다."

이에 왕은 사람을 보내 오사에게 말했다.

"두 아들을 오게 하면 살려주겠지만 그렇지 않으면 장차 죽일 것이다."

오사가 말했다.

"상(尙)은 오겠지만 서(胥)는 오지 않을 것입니다."

왕이 물었다.

"어째서인가?"

오사가 말했다.

"상은 사람됨이 깐깐해서[廉] 절개를 위해 죽을 수 있는 데다 효성스럽고 어질어서 부름을 받고 아버지 죄를 용서해준다는 말을 들으면 반드시 올 것이며 자기 죽음은 걱정하지도 않을 것입니다. 서는 사람됨이 지혜로워서[智] 계책을 잘 꾸미고 또 용감해 공로를 내세우기 좋아하니, 오면 반드시 죽는다는 것을 알기에 오지 않을 것입니다. 그러나 초나라에 근심거리가 될 사람은 분명 이 아들일 것입니다."

이에 왕이 사람을 보내 두 아들에게 오라고 하면서 말했다.

"오면 내가 너희 아버지를 용서해줄 것이다."

오상이 오서에게 말했다.

"아버지의 죄를 용서해준다는 말을 듣고도 달려가지 않는 것은 불효이고, 아버지가 죽임을 당했는데 복수하지 않는다면 지모가 없는 것이다. 능력을 헤아려 일을 맡는 것이 지혜로운 것이니, 너는 달아나거라! 나는 이에 돌아가서 죽음을 맞겠다!"

오상은 결국 돌아갔다. 오서가 활을 당겨 화살을 대고는 밖으로 나가 사신에게 말했다.

"아버지에게 죄가 있는데 어째서 그 자식들을 부르는가?"

활을 쏘려 하자 사신은 몸을 돌려 달아났고, 오서 또한 탈출해 오나라로 달아났다. 오사가 이 소식을 듣고는 말했다.

"오서가 도망쳤으니, 초나라는 위태로워지겠구나!"

초나라는 결국 오사와 오상을 죽였다.

10년에 초나라 태자 건의 어머니가 거소(居巢)[1]에 있으면서 오나라와 통했고[開=通], 오나라는 공자 광(光)으로 하여금 초나라를 치게 했다. 드디어 진(陳)나라와 채나라를 물리친 뒤에 태자 건의 어머니를 데리고 오나라로 돌아가니 초나라는 두려워서 도성 영(郢)[2]에 성을 쌓았다.

애초에 오나라의 변경 마을 비량(卑梁)과 초나라의 변경 마을 종리(鍾離)의 어린아이들이 뽕나무를 두고 다투다가 두 집안이 서로 화가 나서 상대를 공격한 끝에 비량 사람들이 죽었다. 비량 대부가 노해 읍의 병사들을 내어 종리를 공격하니, 초나라 왕이 이를 듣고 화가 나서 나라의 군대를 일으켜 비량을 멸했다. 오왕도 이를 듣고는 크게 화가 나서 역시 군대를 일으켜, 공자 광으로 하여금 태자 건의 어머니 집안일을 구실로 초나라를 공격하게 해서 드디어 종리와 거소를 멸했다. 그래서 초나라는 두려워서 마침내 도성 영에 성을 쌓게 된 것이다[3].

1) 【정의(正義)】 여주(廬州) 소현(巢縣)이 이곳이다.

2) 【정의(正義)】 강릉현(江陵縣) 동북쪽으로 6리에 있다.

3) 【색은(索隱)】 지난해에 이미 영에 성을 쌓았다고 했고 지금 또 거듭해서 말했는데, 『좌씨(左氏)』를 근거로 하자면 소공(昭公) 23년에 영에 성을 쌓았다고는 했지만 24년에 거듭해서 성을 쌓았다는 글은 없는 것을 볼 때 『사기』의 기록은 잘못이다.

13년에 평왕이 졸했다. 장군 자상(子常)이 말했다.

"태자 진(珍)은 어린 데다 어머니는 원래 태자 건이 아내로 맞이하려 했던 사람입니다."

그는 영윤(令尹) 자서(子西)를 세우고 싶어 했으나, 자서는 평왕의 이복동생으로 의리가 있었다[有義(유의)].

자서가 말했다.

"나라에는 일정한 법도가 있습니다. 다시 추대하면 혼란이 생기니 그런 말을 하는 자는 죽여야 합니다."

마침내 태자 진을 세우니 이 사람이 소왕(昭王)이다.

소왕 원년에 초나라 사람들은 비무기를 좋아하지 않았는데, 이는 그가 태자 건을 참소해 도망치게 했고 오사(伍奢) 부자와 극완(郤宛)을 죽게 했기 때문이다. 극완과 같은 백씨(伯氏) 집안의 아들 비(嚭)가 오나라로 달아나서 오서와 함께 오나라 군대를 이끌고 여러 차례 초나라를 침공하자 초나라 사람들은 비무기를 더욱 원망했다. 초나라 영윤 자상(子常)[1]이 비무기를 죽여서 사람들을 기쁘게 하니, 사람들은 마침내 정말로 좋아했다.

1) 【정의(正義)】 이름은 와(瓦)다. 『좌전(左傳)』에서 말했다. "낭와(囊瓦)가 오나라를 쳤다."

4년에 오나라의 세 공자가 초나라로 달아나니[1], 초나라는 그들을 봉해 주고서 오나라에 맞서게 했다.

5년에 오나라가 초나라의 육(六)읍과 잠(潛)읍을 쳐서 차지했다.

7년에 초나라가 자상으로 하여금 오나라를 치게 했으나, 오나라는 예장(豫章)[2]에서 초나라를 크게 꺾었다.

1) 【색은(索隱)】 (노나라) 소공(昭公) 30년에 두 공자가 초나라로 달아났고 공자 엄여(掩餘)는 서(徐)로 달아났으며 공자 촉용(燭庸)은 종리(鍾離)로 달아났으니, 여기서 세 공자라고 한 것은 잘못이다.

2) 【정의(正義)】 지금의 홍주(洪州)다.

10년 겨울에 오왕 합려(闔閭), 오자서(伍子胥), 백비(伯嚭)가 당(唐)나라, 채나라와 함께 초나라를 치니 초나라가 대패했다. 오나라 군대는 드디어 영(郢)에 들어와 평왕의 무덤을 파헤쳐 욕을 보였으니, 이는 오자서 때문이다.

오나라 군대가 쳐들어올 때 초나라는 자상으로 하여금 군대를 거느리고 맞아 싸우게 했고, (자상이) 한수(漢水)를 끼고 진을 치자 오나라가 자상을

쳐서 꺾으니, 자상은 정나라로 달아났다. 초나라 군대가 달아나자 오나라는 승세를 타고 추격해 다섯 번 싸운 끝에 영(郢)에 이르렀다. 기묘일에 소왕이 도성을 나가 달아났고, 경진일에[1] 오나라 사람들이 영에 들어왔다.

1) 【집해(集解)】『춘추(春秋)』에 따르면 11월 경진일이다.

소왕은 달아나 운몽(雲夢)에 이르렀다. 운몽 사람들은 그가 왕인 줄 모르고 활을 쏘아 상처를 입혔다. 왕은 운(鄖)읍으로 도망쳤다. 운공(鄖公)의 동생 회(懷)가 말했다.

"평왕이 내 아버지[1]를 죽였으니, 지금 내가 그의 아들을 죽여도 실로 괜찮지 않은가?"

운공이 그를 말렸으나, 아무래도 그가 소왕을 시해할까 두려워서 마침내 왕과 함께 수(隨)나라로 달아났다.

오왕은 소왕이 도망쳤다는 말을 듣고는 즉시 수나라로 진격해 수나라 사람들에게 일러 말했다.

"주나라 자손이 장강(長江)과 한수(漢水) 사이에 제후로 봉해졌으나 초나라가 그들을 전부 없앴다."

그러고는 소왕을 죽이려 했다. 소왕을 따르던 신하 자기(子綦)가 이에 소왕을 깊이 숨겨놓고는, 자신이 왕인 것처럼 꾸민 다음 수나라 사람들에게 말했다.

"나를 오나라에 넘기시오."

수나라 사람들이 점을 쳐보니 오나라에 넘겨주는 것이 길하지 않아서, 이에 오왕에게 거절하며 말했다.

"소왕은 달아나 수나라에 없습니다."

오나라 왕이 직접 들어가서 찾겠다고 했으나 수나라는 들어주지 않았고, 오나라도 군대를 거둬 물러갔다.

1) 【집해(集解)】 복건(服虔)이 말했다. "아버지는 만성연(曼成然)이다."

소왕은 영을 벗어나자, 신포서(申包胥)[1]로 하여금 진(秦)나라에 가서 구원을 청하게 했다. 진나라는 전차 500승을 보내 초나라를 구원했고, 초나라도 뿔뿔이 흩어진 병력을 모아 진나라와 함께 오나라를 공격했다.

11년 6월에 (초나라 땅) 직(稷)에서 오나라를 물리쳤다. 때마침 오왕의 동생 부개(夫概)가 오왕의 군대가 사상자를 내고 패하는 것을 보고는 마침내 도망쳐 돌아와서 스스로를 세워 왕이 되었으니, 합려가 이 소식을 듣고는 병사를 이끌고 초나라를 떠나 오나라로 돌아와서 부개를 쳤다. 부개는 패해 초나라로 달아났고, 초나라는 그를 당계(堂谿)에 봉하고 칭호를 당계씨(堂谿氏)라고 했다.

1) 【집해(集解)】 복건(服虔)이 말했다. "초나라 대부 왕손 포서(包胥)다."

초나라 소왕이 당(唐)나라를 멸망시키고[1] 9월에 영으로 돌아왔다.

12년에 오나라가 다시 초나라를 쳐서 판(番)읍[2]을 차지하니, 초나라는 두려워 영을 떠나 북쪽으로 가서 약(鄀)에 도읍했다.

1) 【정의(正義)】 당나라는 희성(姬姓)의 나라다.
2) 【정의(正義)】 番의 발음은 (반이 아니라) 편(片)과 한(寒)의 반절음이다. 또 발음은 파(婆)다.

16년에 공자(孔子)가 노(魯)나라 재상이 되었다.

20년에 초나라가 돈(頓)나라[1]와 호(胡)나라[2]를 멸망시켰다.

21년에 오왕 합려가 월나라를 쳤다. 월왕 구천(句踐)이 오왕을 활로 쏘아 부상 입히니 결국 오왕은 죽고 말았다. 오나라는 이 일로 월나라에 원한을

품어 (그 바람에 한동안) 서쪽으로 초나라를 치지 않았다.

1) 【집해(集解)】「지리지(地理志)」에서 말했다. "여남군(汝南郡) 남돈현(南頓縣)으로, 옛 돈자국(頓子國)이다."

2) 【집해(集解)】 두예(杜預)가 말했다. "여남현(汝南縣) 서북호성(西北胡城)이다."

27년 봄에 오나라가 진(陳)나라를 치자 초나라 소왕이 구원에 나서서 성보(城父)에 주둔했다. 10월에 소왕이 군중에서 병이 났는데, 붉은색 구름이 새 모양을 하고서 해를 끼고 흘러갔다. 소왕이 주나라 태사(太史)에게 물으니, 태사가 말했다.

"이는 왕께 해로운 징조입니다만, 장수와 재상들에게 옮겨가게 할 수 있습니다."

장수와 재상들은 이 말을 듣고는 마침내 자신들이 귀신에게 기도해서 왕의 재난을 대신하겠노라고 청하니, 소왕이 말했다.

"장수와 재상은 나의 팔다리[股肱]니, 지금 재앙을 옮긴다고 한들 병이 내 몸을 떠나는 것이 되겠는가?"

들어주지 않았다. 점을 쳐보니 황하의 신 때문이라 해서 대부들이 황하에 제사 지내기를 청하니, 소왕이 말했다.

"우리 선왕께서 제후에 봉해진 이래로 제사를 드린 강은 장강과 한수밖에 없고, 황하의 신께는 지은 죄가 없다[1]."

그만두게 하고서 허락하지 않았다. 공자가 진(陳)나라에서 이 말을 듣고 말했다.

"초나라 소왕은 큰 도리에 통달했으니[通大道], 그가 나라를 잃지 않은 것이 실로 마땅하다 할 것이다!"

1) 【정의(正義)】 장강과 한수는 초나라 영토 내에 있지만, 황하는 초나라 경내가 아

니다.

소왕의 병이 깊어지자 여러 공자와 대부를 불러 말했다.

"고(孤)가 똑똑하지 못해[不佞=不敏] 두 번이나 초나라 군대에 치욕을 안겨주었으나, 지금 마침내 천수를 누리고 떠나니 고(孤)의 행운이다."

동생인 공자 신(申)에게 선양(禪讓)해 왕으로 삼으려 했으나 신은 안 된다고 했다. 이어 다음 동생 공자 결(結)에게 선양하려고 했으나 그 역시 안 된다고 했다. 다시 다음 동생 공자 려(閭)에게 선양하려 하자, 다섯 번 사양한 다음에 마침내 허락하므로 그를 왕으로 삼기로 했다. 장차 전투를 시작하려던 경인일에 소왕이 군중에서 졸했다. 공자 려가 말했다.

"왕께서 병이 심해 그 아들을 놓아두고 신하들에게 양위하셨습니다. 신이 왕이 되기를 허락한 것은 그로써 왕의 마음을 널리 위로하고자[廣] 해서일 뿐입니다. 이제 군왕께서 세상을 뜨셨으니[卒], 신이 어찌 감히 군왕의 마음을 잊을 수 있겠습니까?"

마침내 자서 · 자기(子綦)와 모의해 군대를 매복시키고 길을 터서[閉塗] 월나라 여자가 낳은 아들 장(章)을 맞이해 세우니[1], 이 사람이 혜왕(惠王)이다. 그런 다음에 군대를 철수시키고 돌아와 소왕을 안장했다.

1) 【집해(集解)】 복건(服虔)이 말했다. "폐도(閉塗)란 외국 사신들이 오가는 것을 막는 것이다. 월나라 여자는 소왕의 첩이다." 【색은(索隱)】 폐도란 길을 터주는 것[攢塗]이다. 그래서 아래에서 혜왕이 곧바로 군대를 철수시키고 돌아와서 안장했다고 했다. 복건의 설은 틀렸다.

혜왕 2년에 자서가 죽은 평왕의 태자 건의 아들 승(勝)을 오나라로부터 불러서 소(巢)읍의 대부로 삼고 칭호를 백공(白公)이라고 했다[1]. 백공은 용병에 능했고, 선비들에게 자기를 낮추면서[下士] 아버지의 원수를 갚고자

했다.

6년에 백공은 영윤 자서에게 정나라를 치자며 군사를 청했다. 애초에 백공의 아버지 건이 정나라로 도망갔을 때 정나라가 그를 죽이고 백공으로 하여금 오나라로 도망치게 했기 때문에, 자서가 그를 다시 부르자 정나라에 원한을 품고 치려고 했던 것이다. 자서가 허락했지만, 아직 군대를 일으키지는 않았다.

8년에 진(晉)나라가 정나라를 치자 정나라는 초나라에 위급함을 알렸고, 초나라는 자서를 시켜 서쪽으로 정나라를 구원하게 했다. 그러나 (자서가) 뇌물을 받고 그냥 돌아오자, 백공 승이 노해 마침내 용력을 갖추고 죽음도 불사하는 장부 석걸(石乞) 등과 함께 영윤 자서와 자기(子綦)를 조정에서 습격해 죽였다. 그 참에 혜왕을 겁박해 고부(高府-나라 창고)에 가둔 다음 시해하려 하자 혜왕의 시종 굴고(屈固)가 왕을 업고 소왕(昭王)의 부인[2]이 있는 궁으로 달아났고, 백공이 스스로를 세워 왕이 되었다. 한 달 남짓 지나, 마침 섭공(葉公)이 초나라를 구원하러 왔다. 초나라 혜왕의 무리는 섭공과 함께 백공을 공격해 그를 죽게 했고, 혜왕이 이에 다시 자리에 올랐다. 이 해[3]에 진(陳)나라를 멸망시키고 현(縣)으로 삼았다.

1) 【집해(集解)】 초나라는 읍대부를 모두 공이라고 불렀다.

2) 【집해(集解)】 복건(服虔)이 말했다. "소왕의 부인은 혜왕의 어머니로, 월나라 여자다."

3) 【집해(集解)】 서광(徐廣)이 말했다. "혜왕 10년이다."

13년에 오왕 부차(夫差)가 강대해지자 제나라 · 진(晉)나라를 능멸하더니, 초나라를 치러 왔다.

16년에 월나라가 오나라를 멸망시켰다[1].

42년에 초나라가 채나라를 멸망시켰다[2].

44년에 초나라가 기(杞)나라를 멸망시키고[3] 진(秦)나라와 강화했다. 이때 월나라는 이미 오나라를 멸망시켰지만, 장강과 회수 북쪽까지는 뻗어가지[正=長] 못하고 있었는데, 초나라는 동쪽으로 침략해 땅을 사수(泗水) 변까지 넓혔다.

1) 【정의(正義)】「표(表)」에 따르면, 월나라가 오나라를 멸망한 것은 원왕(元王) 4년이다.

2) 【정의(正義)】 주나라 정왕(定王) 22년이다.

3) 【정의(正義)】 주나라 정왕(定王) 24년이다.

57년에 혜왕이 졸하자 아들 간왕(簡王) 중(中)이 세워졌다.

간왕 원년에 북쪽으로 거(莒)나라를 쳐서 멸망시켰다.

8년에 위(魏)나라 문후(文侯), 한(韓)나라 무자(武子), 조(趙)나라 환자(桓子)가 비로소 반열에 올라 제후가 되었다.

24년에 간왕이 졸하자 아들 성왕(聲王)[1] 당(當)이 세워졌다.

성왕 6년에 자객[盜]이 성왕을 죽이니 아들 도왕(悼王) 웅의(熊疑)가 세워졌다.

도왕 2년에 삼진(三晋)이 와서 초나라를 쳤으니, 승구(乘丘)에까지 이르렀다가 돌아갔다.

4년에 초나라가 주나라를 쳤다. 정나라는 (재상) 자양(子陽)을 죽였다.

9년에 한나라를 쳐서 부서(負黍)를 차지했다.

11년에 삼진(三晉)이 초나라를 쳐서 대량(大梁)과 유관(榆關)에서 우리를 패배시켰다. 초나라가 진(秦)나라에 두터운 뇌물을 주고 화친을 맺었다.

21년 도왕이 졸하자 아들 숙왕(肅王) 장(臧)이 세워졌다.

1) 【정의(正義)】 시호법에 따르면, 그 나라를 살려내지 못하면 시호를 성(聲)이라 한다고 했다.

숙왕 4년에 촉(蜀)나라가 초나라를 쳐서 자방(玆方)을 차지했다. 이에 초나라는 한관(扞關-초나라 관문)을 거점으로 촉나라에 맞섰다.

10년에 위(魏)나라가 우리의 노양(魯陽)을 차지했다.

11년에 숙왕이 졸했는데, 아들이 없어서 그 동생 웅양부(熊良夫)를 세우니 이 사람이 선왕(宣王)이다.

선왕 6년에 주나라 천자가 진(秦)나라 헌공(獻公)을 축하했다. 진나라가 비로소 다시 강대해졌고, 삼진도 더욱 강대해졌는데 (그중에서도) 위나라 혜왕(惠王)과 제나라 위왕(威王)이 더욱 강했다.

30년에 진(秦)나라가 위앙(衛鞅)을 상(商) 땅에 봉하고 남쪽으로 초나라를 침공했다. 이해에 선왕이 졸하고 아들 위왕(威王) 웅상(熊商)이 세워졌다.

위왕 6년에 주나라 현왕(顯王)이 진(秦)나라 혜왕(惠王)에게 문왕과 무왕에게 올린 제사 고기[文武胙]를 보냈다.

7년에 제나라 맹상군(孟嘗君)의 아버지 전영(田嬰)이 초나라를 속이는 바람에 초나라 위왕이 제나라를 쳤다.

서주(徐州)에서 제나라를 패배시키고[1] 제나라에 전영을 반드시 내쫓으라고 하니 전영이 두려워했는데, 장축(張丑)이 거짓으로 초나라 왕에게 말했다.

"왕께서 서주에서 승리할 수 있었던 것은 (제나라가 전영의 동족인) 전반자(田盼子)를 쓰지 않아서입니다. 반자는 나라에 공이 있어 백성이 그를 믿고

따르는데, 영자(嬰子-전영)가 그를 좋아하지 않아서 신기(申紀)를 쓴 것입니다. 신기라는 자는 대신들도 따르지 않고 백성도 그를 위해 애쓰지 않기 때문에 왕께서 승리하실 수 있었습니다. 지금 왕께서 영자를 내쫓으라고 해서 영자가 쫓겨난다면 반자가 기용될 것이 분명합니다. 그가 다시 병사들을 수습해 왕께 맞선다면 반드시 왕께 불리해질 것입니다."

초왕이 이로 인해 전영을 내쫓으라고 하지 않았다.

11년에 위왕이 졸하자 아들 회왕(懷王) 웅괴(熊槐)가 세워졌다. 위(魏)나라가 초나라에 상이 났다는 소식을 듣고는 초나라를 쳐서 우리 형산(陘山)을 차지했다[2].

1) 【집해(集解)】 서광(徐廣)이 말했다. "이때 초나라가 이미 월나라를 멸하고서 제나라를 쳤는데, 제나라는 월나라를 설득해 초나라를 치게 했다. 그래서 제나라가 초나라를 속였다고 한 것이다."

2) 【정의(正義)】 『괄지지(括地志)』에서 말했다. "형산은 정주(鄭州) 신정현(新鄭縣) 서남쪽 30리에 있다."

회왕 원년에 장의(張儀, ?~기원전 309년)[1]가 비로소 진나라 혜왕의 재상이 되었다.

4년에 진나라 혜왕이 처음으로 왕을 칭했다.

1) 합종책(合從策)을 제창한 소진(蘇秦)과 더불어 귀곡선생(鬼谷先生)에게 사사했다. 처음에 초(楚)나라에 가서 벽(璧)을 훔친 혐의로 태형(笞刑)을 받고 추방되었으나 제후에 대한 유세(遊說)를 계속했다. 소진의 주선으로 진(秦)나라에서 벼슬살이를 하게 되어 혜왕(惠王) 때 재상이 되었다. 연횡책(連衡策)을 주창하면서 위(魏)·조(趙)·한(韓)나라 등 동서로 잇닿은 6국을 설득, 진(秦)나라를 중심으로 하는 동맹관계를 맺게 했다. 혜왕이 죽은 뒤 실각해서 위나라로 피신했으며, 재상이 된 지 1년 만에 죽었다.

❖

6년에 초나라가 주국(柱國) 소양(昭陽)으로 하여금 군대를 이끌고 가서 위(魏)나라를 공격하게 하니, 양릉(襄陵)[1]에서 위나라를 격파하고 8읍[2]을 얻었다. 다시 군대[和=軍門]를 이동시켜 제나라를 공격하니 제왕이 근심했는데, (유세객) 진진(陳軫)이 마침 진나라 사신이 되어 제나라에 왔다. 제왕이 말했다.

"어떻게 하면 좋겠는가?"

진진이 말했다.

"왕께서는 염려하지 마십시오. 청컨대 제가 초나라에 가서 진군을 멈춰 달라고 하겠습니다."

곧장 초나라 군영으로 가서 소양을 만나 말했다.

"초나라의 군공법(軍功法)에 대해 듣고 싶습니다. 적군을 물리치거나 장수를 죽이는 사람에 대해서는 어떻게 높여줍니까?"

소양이 말했다.

"그 관직은 상주국(上柱國)으로 삼고 상급의 작위에 봉해져 집규(執珪-최고 작위)를 하게 되지요."

진진이 말했다.

"그보다 더 귀한 것이 있습니까?"

소양이 말했다.

"영윤(令尹-초나라 재상)이지요."

진진이 말했다.

"지금 당신은 이미 영윤이십니다. 이는 나라에서 가장 높은 자리지요. 신이 비유를 들어보겠습니다.

어떤 사람이 자신의 사인(舍人-시종)에게 술 1병을 내렸습니다. 사인들이 서로에게 말하기를 '사람이 많으므로 이 술을 마셔봤자 모두 다 마시지는 못한다. 땅에 뱀을 그려서 맨 먼저 그리는 사람이 혼자 이 술을 마시기로 하자'라고 했습니다. 한 사람이 '내가 뱀을 맨 먼저 그렸다'라며 술을 들고 일어서더니, '나는 뱀의 발까지 그릴 수 있다'라고 했습니다. 그 사람이 급기야 발까지 그리고 있는데, 그다음으로 뱀을 그린 사람이 술을 빼앗아 마시고는 '뱀에는 발이 없거늘 지금 발을 그렸으니 뱀이 아니지'라고 했답니다.[3)]

지금 당신께서는 초나라 재상으로 있으면서 위나라를 공격해 군대를 부수고 장수를 죽였습니다. 공이 막대하건만 이미 가장 높은 관직이라 더 오를 곳이 없는데, 지금 또 병사를 옮겨 제나라를 공격하려 하십니다. 제나라를 공격해 이겨도 관작은 더는 올라갈 수 없고, 공격해 이기지 못하면 몸이 죽거나 관작을 빼앗길 터이니 초나라로서는 손실입니다. 이것이 바로 뱀에다 다리를 붙여준다는 의미입니다. 병사를 이끌고 철수해 제나라에 은덕을 베푸는 것만 못합니다. 이것이야말로 만족함을 유지하는 방법[持滿之術(지만지술)]입니다."

소양이 말했다.

"좋소!"

병사를 이끌고 떠나갔다.

1) 【색은(索隱)】 하동(河東)의 현 이름이다.

2) 【색은(索隱)】 8개 성으로 되어 있는 판본도 있다.

3) 사족(蛇足)의 어원이다.

연(燕)나라와 한(韓)나라의 군주가 처음으로 왕을 칭했다. 진나라가 장의(張儀)로 하여금 초·제·위 나라의 재상들과 만나 설상(齧桑)[1)]에서 맹약을 맺게 했다.

11년에 소진(蘇秦)은 산동(山東)의 여섯 나라가 함께 합종(合縱)을 맺어 진나라를 공격하도록 했고, 초나라 회왕이 합종의 우두머리[從長(종장)]가 되었다. (합종군이) 함곡관(函谷關-진나라 관문)에 이르자 진나라가 군대를 내어 여섯 나라를 공격했고, 여섯 나라의 병사들이 모두 돌아가고 제나라만 홀로 뒤에 남았다.

12년에 제나라 민왕(湣王)이 조나라와 위나라의 군대를 물리쳤고, 진나라도 한나라를 물리치고 제나라와 패권을 다투었다[爭長(쟁장)].

1) 【정의(正義)】 서광(徐廣)이 말했다. "양여(梁與)와 팽성(彭城) 사이에 있다."

16년에 진나라가 제나라를 치려고 하자 초나라가 제나라와 합종으로 화친하니, 진나라 혜왕이 이를 우려해 마침내 장의를 재상에서 물러나게 한다고 선언하고는 장의를 남쪽으로 보내 초왕을 만나보게 했다. (장의가 말했다.)

"우리나라[敝邑(폐읍)] 왕께서 가장 좋아하는 사람으로 대왕보다 우선하는 분은 없을 것이요, 만약 이 장의가 누군가의 문지기가 되길 간절히 바란다면 역시 대왕보다 우선하는 분은 없을 것입니다. 우리나라 왕께서 미워하는 사람으로 제왕보다 우선하는 사람은 없을 것이요, 이 장의가 미워하는 사람 역시 제왕보다 우선하는 사람은 없을 것입니다. 그런데 대왕께서 제나라와 화친하신다면 우리나라 왕은 대왕을 모실 수 없고 이 장의 또한 대왕의 문지기가 될 수 없습니다.

왕께서 이 장의를 위해 (동쪽) 관문을 폐쇄해 제나라와 절교하신다면 지금, 이 장의가 사신을 데리고 서쪽으로 가서 과거 진나라가 빼앗았던 사방 600리의 초나라 상(商) 땅과 오(於) 땅을 되돌려 받도록 하겠으니, 그렇게 되면 제나라는 약해질 것입니다. 이는 북쪽으로는 제나라를 약화하고 서쪽으로는 진나라에 은덕을 베풀게 되며 초나라는 상과 오 땅을 소유함으로써 부유해질 것이니, 하나의 계책으로 세 가지 이익을 온전히 얻는 것입니다."

회왕(懷王)이 크게 기뻐하면서 마침내 재상의 인장[相璽(상새)]을 장의에게 주고는 날마다 술자리를 베풀며 선언해 말했다.

"내가 우리 상과 오 땅을 되찾게 되었다!"

여러 신하가 모두 축하를 했는데, 유독 진진(陳軫)만 애도를 표했다[弔]. 회왕이 말했다.

"왜 그러는가?"

진진이 대답해 말했다.

"진나라가 왕을 중시하는 까닭은 왕께 제나라가 있기 때문입니다. 지금 땅을 아직 얻지 않았는데도 제나라와의 교류를 먼저 끊어버리시면 초나라는 고립되는데, 무릇 진나라가 또한 어찌 고립된 나라를 중시하겠습니까? 반드시 초나라를 하찮게 볼 것입니다. 그러니 먼저 진나라에서 땅을 떼어 달라고 하고 나서 제나라와의 관계를 끊어버린다면 진나라의 계책은 허사가 되겠지만, 먼저 제나라와의 관계를 끊어버리고 나서 진나라에 땅을 내놓으라 하면 분명 장의에게 속게 될 것입니다. 장의에게 속게 되면 왕께서는 틀림없이 그를 원망하게 될 것이고, 그를 원망하게 되면 서쪽으로는 진나라가 근심거리가 되고 북쪽으로는 제나라와의 관계가 끊어지게 됩니다. 서쪽으로 진나라가 근심거리가 되고 북쪽으로 제나라와의 관계가 끊어지게 되면 틀림없이 (한나라와 위나라) 두 나라의 군대가 쳐들어올 것이니, 그래서 신은 애도를 표한 것입니다."

초나라 왕은 듣지 않고 장군 1명을 서쪽으로 보내 봉지를 받아오게 했다.

(그러나) 장의는 진나라에 도착하자마자 거짓으로 술에 취해 수레에서 떨어져 병이 난 척하면서 석 달 동안 나오지 않으니, (초나라로서는) 땅을 얻을 수가 없었다. 초나라 왕이 말했다.

"장의는 우리가 제나라와의 관계를 끊는 것만으로는 오히려 박하다고 여기는 것인가?"

마침내 용사 송유(宋遺)를 북쪽으로 보내 제나라 왕을 욕보였으니, 제왕이 크게 화가 나서 초나라의 부절을 끊고 진나라와 연합했다. 진나라와 제나라가 연합하자 장의는 그때서야 일어나서 조정에 나와 초나라 장군에게 말했다.

"그대는 어째서 땅을 받지 않습니까? 여기서 여기까지 사방[廣袤(광무)] 6리입니다."

초나라 장군이 말했다.

"신이 받은 명에 따르면 600리이지, 6리라는 말은 못 들었소."

곧바로 귀국해 회왕에게 보고했다. 회왕이 크게 성을 내며 군사를 일으켜서 장차 진나라를 정벌하려고 했다.

진진이 또 말했다.

"진나라를 치는 것은 계책도 아닙니다. 진나라에 성읍 하나를 뇌물로 준 다음 진나라와 함께 제나라를 공격하느니만 못합니다. 진나라에 우리 땅을 잃긴 하겠지만[1], 제나라로부터 보상을 받을 수 있고 우리나라도 안전할 수 있습니다. 지금 왕께서 이미 제나라와 절교해놓고는 진나라에 속았다고 책임을 따지는 것은, 우리가 진나라와 제나라의 관계를 더 좋게 하고서 나아가 천하의 군대를 끌어들이게 되는 것이니 나라에 큰 손해를 입히게 될 것입니다."

초나라 왕은 듣지 않고 진나라와의 화친을 끊은 뒤 군대를 일으켜 서쪽으로 진나라를 공격했다. 진나라 역시 군대를 내어 초나라를 공격했다.

1) 【색은(索隱)】 상과 오 땅을 잃는 것을 말한다.

17년 봄에 진나라와 단양(丹陽)[1]에서 싸웠는데, 진나라가 우리 초나라 군을 대패시켜 갑사 8만을 베고 우리 대장군 굴개(屈匄), 비장군 봉후축(逢侯丑) 등 70여 명을 포로로 잡음으로써 드디어 한중(漢中)의 군들을 차지했다. 초나라 왕이 크게 화가 나서 나라 안의 병사들을 모두 끌어모아 다시 진나라를 습격해 남전(藍田)[2]에서 싸웠으나, 초나라 군대는 대패했다. 한나라

와 위나라는 초나라가 곤경에 빠졌다는 소식을 듣고 마침내 남쪽으로 초나라를 기습해 등(鄧)읍에 이르렀다. 초나라가 이 소식을 듣고는 마침내 병사를 이끌고 돌아갔다.

1) 【색은(索隱)】 이 단양은 한중(漢中)에 있다.

2) 【정의(正義)】 남전은 옹주(雍州) 동남쪽 80리에 있다.

18년에 진나라가 사신을 보내 다시 초나라와 화친하고자 했다. 한중(漢中)을 절반으로 나눠 초나라와 화친하자고 하니, 초나라 왕이 말했다.

"장의를 얻고자 할 뿐 땅은 원하지 않는다!"

장의가 이를 듣고는 초나라로 갈 것을 청했다. 진나라 왕이 말했다.

"초왕은 그대를 잡아야만 마음이 풀릴 텐데[甘心(감심)], 어쩌면 좋겠는가?"

장의가 말했다.

"신은 초나라 왕의 측근 근상(靳尙)과 잘 알고 지냅니다. 근상은 또한 초나라 왕이 그녀의 말이라면 안 들어주는 것이 없을 정도로 총애하는 정수(鄭袖)를 섬기고 있습니다. 게다가 이 장의가 지난번에 초나라에 가서 상과 오를 주기로 한 약속을 어겼기 때문에 지금 진나라와 초나라가 크게 싸우며 미워하고 있으니, 신이 직접 대면해 초나라 왕에게 사죄하지 않으면 풀리지 않을 것입니다. 대왕이 계시기 때문에 초나라가 감히 이 장의를 어찌하지 못할 것이요, 정말로 이 장의를 죽여서 나라에 이로움이 있다면 그것은 곧 신의 바람입니다."

장의가 드디어 초나라에 사신으로 갔다.

(장의가 초나라에) 이르렀으나 회왕은 만나보지도 않고 그 참에 장의를 가두고서 죽이려 했다. 장의가 몰래 근상에게 연락하니, 근상이 그를 위해 회왕에게 청해 말했다.

"장의를 가두었으니 진왕이 반드시 분노할 터인데, 천하가 초나라가 진나라와 아무런 교류가 없다는 것을 알게 되면 반드시 왕을 경시할 것입니다."

또 부인 정수에게 말했다.

"진나라 왕은 장의를 몹시 아끼는데, 왕께서는 그를 죽이려 하십니다. 지금 진나라는 장차 상용(上庸)의 여섯 현을 초나라에 뇌물로 주고 미인을 초왕에게 보내는 한편으로 궁중에서 춤과 노래에 뛰어난 사람을 잉첩으로 보내려고 합니다. (그리하여) 초왕께서는 땅을 늘리게 되고 진나라 여자는 반드시 귀하게 될 터인데, 그렇게 되면 부인께서는 반드시 배척당하게 될 것입니다. 부인께서 말씀하시어 장의를 내보내는 것이 낫습니다."

정수는 결국 초나라 왕에게 잘 말해서 장의를 풀려나게 했다. 장의가 풀려나자, 회왕은 장의를 잘 대접했고, 장의는 그 틈에 초왕에게 합종의 맹약을 버리고 진나라와 화친하라고 유세하면서 혼인을 약속했다. 장의가 이미 떠난 뒤 제나라에 사신으로 갔던 굴원(屈原)이 돌아와서 초왕에게 말했다.

"어째서 장의를 죽이지 않으셨습니까?"

회왕이 후회하며 사람을 보내 장의를 뒤쫓게 했으나 따라잡지 못했다. 이해에 진나라 혜왕(惠王)이 졸했다.

20년에 제나라 민왕(湣王)이 합종의 우두머리가 되고 싶고 초나라가 진나라와 맺은 연합을 마땅치 않게 생각해서, 마침내 사신을 통해 초나라 왕에게 편지를 보내 말했다.

"과인은 초나라가 존엄한 명성을 살피지 않는 것을 걱정합니다. 지금 진나라는 혜왕이 죽어 무왕이 세워졌고 장의는 위나라로 달아났으며 저리질(樗里疾)과 공손연(公孫衍)이 기용되었는데도 초나라는 진나라를 섬기고 있습니다. 무릇 저리질은 한나라와 사이가 좋고, 공손연은 위나라와 사이가 좋습니다. 초나라가 반드시 진나라를 섬기려 한다면 한나라와 위나라는 두려움에 필시 두 사람을 통해 진나라와의 연합을 추구할 것이고, 연나라와 조나라도 마땅히 진나라를 섬길 것입니다. (이렇게 해서) 네 나라가 진나라를 섬기게 되면 초나라는 진나라의 군현 정도밖에 되지 않습니다.

왕께서는 어째서 과인과 힘을 합쳐서 한·위·연·조를 거둬 함께 합종해 주나라 왕실을 받듦으로써 군대를 쉬게 하고 백성을 편안케 하면서 천하에 호령을 내리시려 하지 않습니까? (이렇게 되면 세상에는) 기꺼이 명을 듣지 않으려는 사람이 없을 것이니 왕의 명성이 이뤄질 것입니다. (그런 다음에) 왕께서 제후들을 이끌고 함께 친다면 진나라를 깨뜨리는 것은 필연입니다.

왕께서 무관(武關)·촉(蜀)·한중(漢中)의 땅을 차지하고 오와 월의 풍부한 물산을 갖고서 강과 바다의 이로운을 마음껏 누리신다면 한나라와 위나라가 상당(上黨)을 떼어주고 서쪽으로 함곡관(函谷關-진나라)을 압박하시어 초나라의 강대함이 100만 배가 될 것입니다. 그렇건만 왕께서는 장의에게 속아서 한중 땅을 잃고 남전에서 패했으니, 천하에 왕을 대신해 분노하지 않는 사람이 없습니다. 그런데도 지금 진나라를 먼저 섬기려 하시니, 바라건대 대왕께서는 이 일을 심사숙고하십시오[孰計(숙계)=熟計(숙계)]."

초나라 왕은 이미[業已(업이)=已(이)] 진나라와 화친하려다가, 제나라 왕이 보낸 편지를 보고는 머뭇거리면서[猶豫(유예)] 결단하지 못하고 신하들과 그 문제를 토의했다. 신하 중의 누구는 진나라와 화친하자고 했고, 누구는 제나라 제안을 듣자고 했다.

소저(昭雎)가 말했다.

"왕께서는 설사 동쪽으로 월나라 땅을 차지한다 해도 치욕을 씻기에는[刷耻(쇄치)=雪辱(설욕)] 모자라고, 반드시 진나라로부터 땅을 돌려받은 다음이라야 제후들 앞에서 치욕을 씻을 수 있습니다. 왕께서는 제나라와 한나라와 깊이 관계를 맺어 저리질의 지위를 무겁게 하는 쪽이 낫습니다. 그럴 경우, 왕

❖

께서는 한나라와 제나라의 지원을 얻어 (빼앗긴) 땅을 요구할 수 있습니다. 진나라가 한나라 의양(宜陽)을 깨뜨렸음에도 한나라가 여전히 진나라를 섬기는 까닭은 자기네 선왕의 무덤이 평양(平陽)에 있기 때문입니다. 진나라 무수(武遂)에서 평양까지의 거리가 70리밖에 되지 않기 때문에, 그래서 더욱 진나라를 두려워하는 것입니다. 그렇지 않을 경우, 진나라가 삼천(三川)을 공격하고 조나라가 상당(上黨)을 공격하며 초나라가 하외(河外)를 공격해 한나라는 틀림없이 망할 것입니다.

초나라가 한나라를 구원한다 해도 한나라가 멸망하지 않는다는 보장은 없지만, 그래도 한나라를 보존시킬 수 있는 나라는 초나라뿐입니다. 한나라가 이미 진나라로부터 무수를 얻고 나서 강과 산을 요새로 삼게 된다면, 갚아야 할 은덕으로 따지자면 초나라보다 큰 나라가 없습니다. 그러므로 신은 한나라가 반드시 서둘러 왕을 섬길 것이라 생각합니다.

제나라가 한나라를 믿는 것은 한나라 공자 매(眛)가 제나라 재상으로 있기 때문입니다. 한나라가 진나라로부터 무수를 얻은 것을 왕께서 심히 축하해주신다면 제나라와 한나라의 지원으로 저리질을 높이게 되고, 저리질이 제나라와 한나라의 지원을 얻으면 그 왕이 감히 저리질을 버리지 못할 것입니다. 지금 또다시 초나라의 지원까지 얻고 나면 저리질이 분명 진나라 왕에게 잘 말해서 빼앗긴 초나라 땅을 돌려받을 수 있게 될 것입니다."

이에 회왕이 이 말을 받아들여서, 결국 진나라와 연합하지 않고 제나라와 연합함으로써 한나라와 친선을 맺었다.[1]

1) 【집해(集解)】 서광(徐廣)이 말했다. "회왕 22년에 진나라가 의양(宜陽)을 뽑아버리고 무수(武遂)를 차지했으며 23년에 진나라가 다시 한나라에 무수를 돌려주었으니, 그렇다면 이미 20년의 일은 아니다."

24년에 제나라를 배반하고 진나라와 연합했다. 이해는 진나라 소왕(昭

王)이 세워진 초기라 마침내 초나라에 두터운 뇌물을 보내왔다. 초나라도 사람을 보내 신부를 맞아왔다.

25년에 회왕이 진나라에 들어가서 소왕과 황극(黃棘)에서 맹약했다. 진나라는 다시 초나라에 상용(上庸) 땅을 돌려주었다.

26년에 초나라가 합종을 저버리고 진나라와 연횡하자 제·한·위 삼국이 함께 초나라를 쳤다. 초나라는 태자를 진나라에 인질로 들여보내 구원을 청했다. 진나라가 마침내 객경 통(通)을 시켜 군사를 이끌고 가서 초나라를 구원하게 하자 삼국은 군대를 이끌고 돌아갔다.

27년에 진나라 대부가 사사로이 (인질로 와 있던) 초나라 태자와 다투었는데, 초나라 태자가 그를 죽이고 도망쳐 돌아왔다.

28년에 진나라가 마침내 제·한·위 나라와 함께 초나라를 공격해 초나라 장수 당말(唐眛)을 죽이고 우리 중구(重丘)를 차지하고서 물러갔다.

29년에 진나라가 다시 초나라를 공격해 대파하니 초나라 군사 중에서 죽은 자가 2만 명이었고 우리 장군 경결(景缺)도 죽었다. 회왕이 두려워서 마침내 태자를 제나라에 인질로 보내 화평을 청했다.

30년에 진나라가 다시 초나라를 쳐서 성 8개를 차지했다. 진나라 소왕이 초왕에게 편지를 보내 이렇게 말했다.

"당초 과인은 왕과 형제 관계를 약속해 황극에서 맹약을 맺었고 태자를 인질로 보내는 등 아주 좋았습니다. (그런데) 태자가 과인의 중신을 능멸해 죽이고 사죄도 없이 도망가니, 과인은 정말로 분노를 누를 길이 없어 군대를 내어 왕의 변경을 침공한 것입니다.

지금 듣건대 왕께서 태자를 제나라에 인질로 보내 강화를 청한다고 합니다. 과인과 초나라는 국경을 접하고 있는 데다가 혼인 관계까지 맺은 사이라, 서로 친하게 지낸 지가 오래입니다. 그런데 지금 진나라와 초나라는 사이가 나빠 제후들을 호령할 수 없게 되었습니다. 과인이 군왕과 무관(武關)

에서 회동해 얼굴을 맞대고 맹약을 맺은 뒤 물러가는 것이 과인의 바람입니다. 감히 과인의 생각을 집사(執事)에게 전하는 바입니다."

초나라 회왕은 진왕이 보낸 편지를 보고는 근심했다. 가자니 속을까 두렵고, 안 가자니 진나라가 노할까 두려웠다.

소저가 말했다.

"왕께서는 가지 마시고 군대를 내어 스스로를 지키면 됩니다. 진나라는 호랑이나 이리와 같아서 믿을 수 없을뿐더러 제후들을 집어삼키려는 마음을 품고 있습니다."

회왕의 아들 자란(子蘭)이 왕에게 가라고 권하면서 말했다.

"진나라 호의를 어찌 거절할 수 있겠습니까?"

이에 진나라 소왕을 만나러 갔다. 소왕은 회왕을 속이기 위해 한 장군으로 하여금 무관(武關)에 군사를 매복시켜놓고 그가 진왕 자신인 것처럼 꾸미도록 했다. 초나라 왕이 도착하자 무관을 폐쇄해버렸다. 드디어 함께 서쪽 함양(咸陽)으로 가서 장대(章臺)에서 조회하는데, 번신(藩臣)처럼 대하며 대등한 예[亢禮(항례)]를 갖추지 않았다. 초나라 회왕이 크게 화를 내면서 소저의 말을 따르지 않은 것을 후회했다. 진나라가 초나라 왕을 억류해놓고 무군(巫郡)과 검중군(黔中郡)을 떼어달라고 요구했다. 초나라 왕이 맹세를 하겠다고 했지만, 진나라가 먼저 땅부터 얻으려 하니, 초나라 왕이 성을 내며 말했다.

"진나라가 나를 속이고, 또 나에게 땅까지 내놓을 것을 강요하는구나!"

더는 진나라 요구를 들어주지 않았다. 진나라는 그래서 그를 (계속) 붙잡아두었다.

초나라 대신들이 걱정하다가 마침내 서로 모의해 말했다.

"우리 왕이 진나라에 계시면서 돌아올 수가 없는데 진나라는 땅을 떼어달라고 요구하고 태자는 제나라에 인질로 가 있으니, 만약 제나라와 진나라가 함께 모의한다면 초나라는 나라를 잃게 될 것입니다."

마침내 회왕의 아들 중에 도성 안에 있는 사람을 세우려고 했다. 소저가 말했다.

"왕과 태자가 모두 제후들에게 곤욕을 치르고 있는데, 지금 또 왕명을 어기고 그 서자를 세우는 것은 마땅하지 않소."

마침내 제나라에 거짓으로 부고를 하니, 제나라 민왕이 자기 재상에게 말했다.

"태자를 억류하고서 초나라 회북(淮北) 땅을 요구하는 것이 더 낫겠다."

재상이 말했다.

"안 됩니다. 초나라가 다른 왕을 세운다면 우리는 빈껍데기 인질을 끌어안은 채 천하에 의롭지 못한 행동만 보이게 됩니다."

누군가가 말했다.

"그렇지 않습니다. 초나라가 새로운 왕을 세우게 되면 그 새 왕과 더불어 '우리에게 하동국(下東國)을 준다면 우리가 초나라를 위해 태자를 죽이겠지만, 그렇지 않으면 삼국(한·조·위)과 함께 태자를 세울 것이다'라는 식으로 거래하면 틀림없이 하동국을 얻게 될 것입니다."

제나라 왕이 결국 그 재상의 계책을 써서 초나라 태자를 돌려보냈다. 태자 횡(橫)이 초나라에 이르러서 세워져 왕이 되니, 이 사람이 경양왕(頃襄王)이다.

마침내 진나라에 고했다.

"사직의 신령에 힘입어 나라에 왕이 있게 되었다."

경양왕 횡 원년에 진나라가 회왕에게 요구한 땅을 얻지 못했는데도 초나라가 왕을 세워 진나라에 대응하자 진나라 소왕은 화를 내며 군대를 일으켜 무관(武關)에서 출진해 초나라를 공격했고, 초나라 군대를 크게 쳐부수고서 5만 명의 목을 베고 석(析)읍과 주변 성 15개를 차지한 뒤에 물러갔다.

2년에 초나라 회왕이 도망쳐 귀국하려 했지만, 진나라가 이를 알아차리고 초나라로 가는 길을 차단하니, 회왕은 두려워 마침내 샛길을 통해 조나라로 달아나서 귀국하려 했다. 그러나 조나라 주보(主父)[1]는 대(代) 땅에 있었고 아들 혜왕(惠王)은 막 세워져 왕의 일을 행하고 있던 차라 겁을 먹고는 초나라 왕을 감히 받아들이지 못했다. 초나라 왕이 위(魏)나라로 도망치려 했으나 진나라가 추격해 오자, 결국 진나라 사신을 따라서 다시 진나라로 돌아갔다. 회나라 왕이 드디어 병이 났다.

경양왕 3년에 회왕이 진나라에서 졸하니 진나라는 그 시신[喪(상)]을 초나라로 돌려보냈다. 초나라 사람들은 모두 친척을 잃은 듯 슬퍼하며 가엾게 여겼다. 제후들은 이 일로 말미암아 진나라를 곧지 않다고 여겼고, 진나라와 초나라는 관계가 끊어졌다.

1) 【색은(索隱)】 판본에 따라 주(主)는 왕(王)으로 되어 있다.

6년에 진나라는 백기(白起)를 보내 이궐(伊闕)[1]에서 한나라를 쳐 대승을 거두고 24만 명의 목을 베었다. 진나라가 마침내 초나라 왕에게 편지를 보내 말했다.

"초나라가 진나라를 배신했으니, 진나라는 장차 제후들을 이끌고 초나라를 쳐서 하루아침의 운명을 결정짓고자 한다. 바라건대 왕은 병사들을 정돈해 한번 통쾌하게 싸우기를 바란다[一樂戰(일 낙전)]."

초나라 경양왕이 이를 걱정하더니, 마침내 진나라와 다시 강화를 꾀했다.

7년에 초나라가 진나라에서 신부를 맞이함으로써 진나라와 초나라는 다시 화평을 맺었다.

1) 【정의(正義)】 『괄지지(括地志)』에서 말했다. "이궐산은 낙주(洛州) 남쪽으로 19리

에 있다."

11년에 제나라와 진나라가 각각 제(帝)를 칭했으나 한 달 남짓 지나 다시 제(帝)에서 왕(王)으로 돌아갔다.

14년에 초나라 경양왕과 진나라 소왕이 원(宛) 땅에서 우호적인 만남을 하고[好會] 화친을 맺었다.

15년에 초나라 왕이 진나라, 삼진(三晉), 연나라와 함께 제나라를 쳐서 회북(淮北)을 차지했다.

16년에 진나라 소왕과 언(鄢) 땅에서 우호적인 만남을 했다. 그해 가을에 다시 진나라 왕과 양(穰) 땅에서 만났다.

18년에 초나라 사람 중에 약한 활[弱弓]과 아주 가느다란 실[微繳]로써 봄철에 북쪽으로 돌아가는 기러기[歸雁]를 잘 맞히는 자가 있었는데, (초(楚)나라) 경양왕이 이를 듣고서 그를 불러 (요령을) 묻자 이렇게 대답했다.

"소신이 잘 쏘는 것은 작은 기러기[鵙鴈=小鴈]나 들새[羅鸗=野鳥]를 작은 화살로 맞히는 것인데, 어찌 대왕께 그런 사소한 요령을 말씀드릴 수 있겠습니까? 또한 장차 초나라의 크기에 기대고 대왕의 뛰어남에 의지한다면 낚을[弋] 수 있는 것은 단지 이런 작은 것에 그치는 것이 아닙니다. 옛날에 삼왕(三王)께서는 도리와 다움[道德]을 낚았으며, 오패(五霸)는 여러 나라를 낚았습니다. 그러므로 진(秦)·위(魏)·연(燕)·조(趙) 나라 따위[者]는 작은 기러기이고, 제(齊)·노(魯)·한(韓)·위(衛) 나라는 작은 오리이며, 추(騶)·비(費)·담(郯)·비(邳) 나라는 들새입니다. 그 밖의 나머지는 쏠 가치조차 없습니다. 이 새 6쌍[1]을 보면 임금께서는 어떻게 잡으시겠습니까? 임금께서는 어찌하여 빼어난 이[聖人]를 활로 삼고 용맹한 장부[勇士]를 실로 삼아서 때를 당겨[時張][2] 활을 쏘지 않으십니까? 이 6쌍은 얼마든지 (쏘아 맞혀) 자루에 담을 수 있습니다[囊載(낭재)]. 그 즐거움은 단지 아침저녁의 즐거움이 아니고, 그 수확은 단지 오리나 기러기 같은 물건이 아닙니다.

임금께서 아침에 활을 당겨 위나라 대량(大梁-도읍) 땅 남쪽을 쏘면 오른팔[右臂(우비)]에 상처를 입혀서, 그대로 한나라에 영향을 미쳐 (위나라가) 중원의 나라들로 통하는 길이 끊어지고 상채(上蔡)의 군(郡)들은 무너질 것입니다. 몸을 돌려[還(환)=繞(요)] 어(圉) 땅[3]의 동쪽을 쏘면 위나라의 왼쪽 팔꿈치[左肘(좌주)]를 끊게 됩니다. 밖으로 정도(定陶) 땅을 치면 곧장 위나라는 동쪽의 바깥을 압박받아 포기하게 될 것이고, 그러면 대송(大宋)과 방여(方與) 두 군(郡)을 얻을 수 있습니다.[4] 또한 위나라의 두 팔이 끊어져서 무너져 내리면[顚越(전월)=顚落(전락)] 담나라를 정면에서 칠[膺擊(응격)] 수 있으니, 대량을 차지할 수 있습니다. (그리하면) 임금께서는 난대(蘭臺)[5]에서 활과 화살을 거둬들이고 황하 서쪽에서 말에 물을 먹이면서 위나라 대량을 평정하시게 됩니다. 이것이 바로 첫 번째 화살을 쏘는 즐거움입니다.

만약 임금께서 새 사냥[弋(익)]을 진실로 좋아하시어 싫증을 내지 않으신다면, 보궁(寶弓)을 꺼내고 돌화살촉[碆(파)]과 새로운 주살 줄[新繳(신격)]을 준비하시어 동해로 가서 갈고리 모양의 부리가 있는 새[噣鳥(주조)]를 쏘실 수도 있습니다. 몸을 돌려 개현(蓋縣)의 장성(長城)을 방어막으로 삼아서[6] 아침에 동거(東莒)를 쏘고[7] 저녁에는 패구(浿丘)에 발사하며[8] 밤에는 즉묵(卽墨)을 공격하고 돌아오면서 오도(午道)를 점거하신다면[9], 장성의 동쪽을 거둬들이고 태산(太山)의 북쪽을 차지할 수 있습니다[10]. 서쪽으로 조나라와 국경이 연결되고 북쪽으로는 연나라에 도달하니[11], 세 나라(-제 · 조 · 연)가 새가 날개를 펼친 모양이 되어 합종의 맹약을 기다릴 필요도 없이 일이 이뤄질 것입니다. (이렇게 되면) 북쪽으로 연나라 요동(遼東) 땅을 유람하실 수 있고 남쪽으로 월나라 회계(會稽)에 올라 멀리 바라볼 수도 있으니, 이것이 바로 두 번째 화살을 쏘는 즐거움입니다.

(그렇게 되면) 저 사수(泗水) 유역의 제후 12명은 왼손으로 휘감고[縈(영)] 오

른손으로 흔들어대기만 해도[拂] 하루아침에 모두 없애버릴 수 있을 것입니다. 지금 진(秦)나라는 한나라를 깨뜨린 것이 (오히려) 장구한 근심거리가 되어, 한나라의 많은 성을 얻기는 했으나 감히 제대로 지킬 수 없고 위나라를 쳤으나 아무런 공로도 없으며 조나라를 공격했으나 도리어[顧=反] 피해만 입었습니다.

그렇다면 진나라와 위나라의 용맹함과 군사력은 그 힘이 다해갈 수밖에 없으니, 초나라의 옛 땅인 한중(漢中) · 석(析) · 역(酈)을 얼마든지 다시 차지할 수 있습니다. 임금께서는 보궁을 꺼내고 돌화살촉과 새로운 줄을 갖추시어 맹(鄳) 요새[12]로 건너가서 진나라가 지치기를 기다리면 산동(山東)과 하내(河內)[13]를 얻어 통일하게 되고, 그러고 나서 백성을 위로하고 병사들을 쉬게 하시면 남면(南面)해서 왕(王)을 칭할 수 있을 것입니다.

그러므로 말하기를, 진나라는 큰 새와 같습니다. 대륙을 등에 업고 얼굴은 동쪽을 향해 있으며 왼팔로는 조나라의 서남쪽을 제어하고 오른팔로는 초나라의 언(鄢)과 영(郢)에 기댄 채 가슴(-정면)으로는 한나라와 위나라를 마주해서 중원의 나라를 향해 머리를 드리우고 있습니다. 그들이 살고 있는 곳은 형세가 편리하고 지세가 이로우며 날개를 떨치고 높이 날면 사방 3,000리를 갈 수 있으니, 진나라는 (초나라가) 하룻밤 사이에 한 번의 발사로는 얻을 수 없습니다."

양왕을 격노시킬 목적으로 이렇게 말한 것인데, 양왕이 이를 계기로 그를 불러 함께 이야기를 나누게 되자 드디어 이렇게 말했다.

"무릇 선왕께서 진나라에 속아 나라 밖에서 객사하셨으니, 원망이 이보다 더 클 수 없습니다. 지금 필부로서 원망을 품었다 하여 얼마든지 큰 나라에 보복할 수 있는 사람은 (옛날의) 백공(白公)과 오자서(伍子胥)뿐이지만, 지금 초나라는 사방 5,000리 땅에 100만의 무장 병력이 있습니다. 그러므로 얼마든지 전쟁터에서 위세를 떨칠 수 있는데도 그냥 앉아서 시달림만 받고 계시니, 신이 남몰래 대왕께서는 그래서는 안 된다고 말씀드리는 것입

니다."

이에 경양왕은 제후들에게 사신을 보내 다시 합종을 맺고 진나라를 치려고 했고, 진나라는 이를 듣고 군대를 일으켜 초나라를 치러 왔다.

1) 【색은(索隱)】 위에서 열거한 12개 나라가 바로 6쌍이다.

2) 때를 당긴다는 말은 유리한 상황에 올라타거나 유리한 상황을 만들어낸다는 뜻이다.

3) 【정의(正義)】 어성은 변주(卞州) 옹구현(雍丘縣) 동쪽에 있다.

4) 【정의(正義)】 이는 왕이 아침에 활을 당겨 위나라 대량과 변주 남쪽을 쏘면 곧바로 대량 오른팔을 치는 것이 되니, 한나라·담나라와 연합하게 되면 하북(河北) 중원에서 동남쪽으로 향하는 길이 끊어져서 한나라 상채의 군들이 저절로 파괴될 것이며, 이어서 다시 옹구 어성 동쪽을 돌아서 위나라 왼쪽 팔꿈치인 송주를 해산시키면서 밖으로 조(曹)나라 정도(定陶)를 치고 위나라 동쪽 외곽을 압박해서 포기하게 하면 송과 방여 두 군까지도 차지할 수 있다는 말이다.

5) 【정의(正義)】 항산(恒山)의 별명이다.

6) 【집해(集解)】 서광(徐廣)이 말했다. "판본에 따라 개(蓋)는 익(益)으로 되어 있다. 익현(益縣)은 안락군(安樂郡)에, 개현은 태산(泰山)에 있다. 제북군(濟北郡) 노현(盧縣)에 장성(長城)이 있는데, 동쪽으로 바다에 이른다."

7) 【정의(正義)】 『괄지지(括地志)』에서 말했다. "밀주(密州) 거현(莒縣)은 옛 거자(莒子)의 나라다. 「지리지(地理志)」에 이르기를, 주나라 무왕이 소호(少昊)의 후손 영씨(嬴氏)를 거 땅에 봉해주었으니 원래 계근(計斤)에 도읍했다가 춘추시대 때 거(莒)로 옮겼다고 한다."

8) 【집해(集解)】 서광(徐廣)이 말했다. "청하(淸河)에 있다." 【정의(正義)】 『괄지지(括地志)』에서 말했다. "패구는 언덕 이름이다. 청주(靑州) 임치현(臨淄縣) 서북쪽으로 25리에 있다."

9) 【색은(索隱)】 제나라의 서쪽 경계다. 종횡으로 교차하는 큰길을 오도라고 하는

데, 그곳이 어디인지는 정확히 알 수 없다.

10) 【정의(正義)】 제주(濟州) 장성부터 동쪽으로 바다에 이르기까지 태산의 북쪽과 황하의 남쪽을 모두 초나라가 거둬들일 수 있다는 말이다.

11) 【색은(索隱)】 제나라와 진(晉)나라가 이미 항복했으니, 연나라를 거둬들이는 것은 어렵지 않을 것이라는 말이다.

12) 【집해(集解)】 서광(徐廣)이 말했다. "지금의 강하(江夏)다." 【정의(正義)】 『괄지지(括地志)』에서 말했다. "옛 명성(鄍城)은 섬주(陝州) 하북현(河北縣) 동쪽으로 10리에 있는데, 우읍(虞邑)이다. 두예(杜預)는 말하기를 하동(河東) 대양(大陽)에 명성(鄍城)이 있다고 했다." 서광은 강하에 있다고 했으니 잘못이다.

13) 【정의(正義)】 화산(華山) 동쪽과 회주(懷州) 하내(河內)의 군(郡)이다.

초나라가 제나라·한나라와 강화를 맺고 진나라를 친 뒤 그 참에 주나라까지 도모하려고 했다.

주나라 난왕(赧王)이 무공(武公)[1]을 사신으로 보내 초나라 재상 소자(昭子)에게 말했다.

"세 나라(-제·초·한)가 군대를 동원해서 주나라 교외 땅을 나눠 물자 수송을 편리하게 하고 주나라 보물을 남쪽으로 옮겨 초나라를 받들고자 하는 모양인데, 신은 옳지 않다고 생각합니다. 무릇 천하가 받드는 공주(共主)를 시해하고 세군(世君)을 신하로 삼는다면[2] 큰 나라가 가까이하지 않을 것이요, 수가 많다고 적은 수를 협박하면 작은 나라들이 따르지 않을 것입니다. 큰 나라가 가까이하지 않고 작은 나라가 따르지 않으면 명분과 실리를 얻을 수 없고, 명분과 실리를 얻지 못하면 일반 백성조차도 다치게 할 수 없습니다. 주나라를 도모한다는 오명을 듣고서는 제후들을 호령할 방법은 없습니다."

소자가 말했다.

"우리가 곧 주나라를 도모할 일은 없을 것입니다. 비록 그렇다 하더라도,

주나라를 왜 도모해서는 안 된다는 것이오?"

대답해 말했다.

"군사력이 적의 5배가 안 되면 공격하지 않고, 성의 10배가 넘지 않으면 성을 에워싸지 않습니다. 무릇 주나라 하나가 진(晉)나라 20개에 해당한다는 것[3]은, 공께서도 잘 아시는 바입니다. 한나라는 일찍이 20만 병력으로도 진(晉)나라 성 아래에서 굴욕을 당해 정예병은 죽고 일반 병사들도 부상을 당했건만 (끝내) 진나라를 뽑아버리지 못했습니다. 공이 한나라 병력 100개를 가지고도 주나라를 도모할 수 없다는 것은 천하가 다 아는 바입니다.

서주와 동주 두 나라와 원한을 맺는다면 추(鄒)나라와 노(魯)나라 백성의 마음을 막히게 하고[4] 제나라와의 교류를 끊어버리며 천하에 명성을 잃게 되어 하는 일마다 위험에 처할 것입니다. 서주와 동주를 위험에 빠뜨리게 되면 삼천(三川-한나라)을 강하게 해서 방성(方城) 밖은 분명 한나라에 의해 약해질 것입니다[5]. 그렇게 되리라는 것을 어떻게 알겠습니까? 서주 땅은 긴 곳을 자르고 짧은 곳을 보탠다 해도 사방 100리에 지나지 않습니다. 이름이 천하의 공주(共主)이지, 그 땅을 찢어 가져도 그 나라가 부유해질 수 없고 그 군사 무리를 얻어도 그 나라를 강한 군대로 만들지 못합니다.

공격하지 않아도 군주를 시해했다는 오명을 얻게 되겠지만, 그런데도 일 벌이기를 좋아하는 군주와 전쟁을 좋아하는 신하들은 호령을 내려 군대를 지휘해 지금까지 시종 주나라를 겨냥하지 않은 적이 없었습니다. 왜이겠습니까? 제기가 주나라에 있는 것을 보고 그것을 가지고 와서는 군주를 시해하는 난을 잊어보려는 것입니다. 지금 한나라가 제기를 초나라로 옮기려 하지만, 신은 천하가 이 제기 때문에 초나라를 원수로 삼을까 두렵습니다.

신이 비유를 들어보겠습니다. 무릇 호랑이는 고기에 누린내[臊]가 나고 날카로운 손발톱으로 자신을 지키는데도 사람들은 굳이 호랑이를 잡으려 합니다. 그런데 만약 호수에 사는 큰 사슴[麋]에게 호랑이 가죽을 씌워놓는다면, 사슴을 사냥하는 사람이 호랑이를 잡는 사람보다 1만 배는 될 것입니

다. 초나라 땅을 찢으면 자기 나라를 비옥하게 할 수 있고, 초나라 명성을 꺾으면 자기 군주를 높일 수 있기 때문입니다. 지금 당신은 천하가 높이는 공주(共主)를 시해해 (하·은·주) 삼대에 걸쳐 전해오는 보물을 차지하고 구정(九鼎)[三翮六翼(삼핵육익)]을 삼킴으로써[6] 세주(世主)보다 더 높아지려고 하는데, 이것이 탐욕이 아니라면 무엇이란 말입니까? (『서경(書經)』) 「주서(周書)」에 이르기를 '(집안을) 일으키려고 한다면 먼저 난이 없도록 하라'라고 했으니, 만약에 보기를 남쪽으로 옮긴다면 (초나라를 치려는) 군대가 이르게 될 것입니다."

이에 초나라는 계획을 접고 가지 않았다.

1) 【집해(集解)】 서광(徐廣)이 말했다. "정왕(定王)의 증손이자 서주(西周) 혜공(惠公)의 아들이다."

2) 【색은(索隱)】 공주와 세군은 둘 다 주나라가 스스로를 칭하는 말이다. 공주란 주나라는 천하가 함께 종주로 받드는 나라라는 뜻이고, 세군은 주나라 왕실이 대대로 천하에 임금 노릇을 했다는 뜻이다.

3) 【정의(正義)】 주나라 왕이 다스리는 나라는 비록 그 땅은 작지만, 제후들이 높이기 때문에 진나라 20개에 해당한다고 말한 것이다.

4) 【색은(索隱)】 추나라와 노나라는 예의의 나라인데, 지금 초나라가 두 주나라에 원한을 맺히게 하고 구정을 빼앗는다면 이는 추나라와 노나라 백성의 마음을 틀어막게 될 것이라는 뜻이다.

5) 【정의(正義)】 방성 밖은 허주(許州) 섭현(葉縣) 동북쪽이다. 초나라가 두 주나라를 차지하면 한나라가 강해져서 반드시 초나라 방성 밖을 약화할 것이라는 말이다.

6) 【색은(索隱)】 전해오는 보물이나 삼핵육익은 모두 구정을 가리킨다. 삼핵이란 가운데가 비어 있는 솥의 세 다리이고, 육익은 쇠솥의 여섯 고리[六耳(육이)]를 말한다.

❖

19년에 진나라가 초나라를 쳤는데, 초나라 군대가 패해 상용(上庸)과 한북(漢北) 땅을 진나라에 내주었다[1].

20년에 진나라 장수 백기가 우리 서릉(西陵)[2]을 뽑아버렸다[拔].

21년에 진나라 장수 백기가 드디어 우리 영(郢)을 뽑아버리고 선왕의 무덤 이릉(夷陵)에 불을 질렀다. 초나라 양왕은 군대가 흩어져서 결국 더는 싸울 수가 없어 동북으로 물러나 진성(陳城)을 지켰다.

22년에 진나라가 다시 우리 무군(巫郡)과 검중군(黔中郡)을 뽑아버렸다.

1) 【정의(正義)】 방(房)·금(金)·균(均) 세 주와 한수 북쪽을 떼어내 진나라에 주었다.

2) 【집해(集解)】 서광(徐廣)이 말했다. "강하(江夏)에 속한다."

23년에 양왕이 마침내 동쪽 지역 병사들을 거둬 10만 이상을 얻은 다음 다시 서쪽으로 가서 진나라에 뽑혔던 장강 변 15읍을 차지해 군(郡)으로 삼고서 진나라에 맞섰다[距].

27년에 3만 명으로 삼진(三晉)을 도와 연나라를 쳤다. 다시 진나라와 화평을 맺고 태자를 진나라에 인질로 보냈다. 초나라는 좌도(左徒-춘신군)로 하여금 진나라에 인질로 가는 태자를 모시게 했다.

36년에 경양왕이 병이 들자, 태자가 도망쳐 돌아왔다. 가을에 경양왕이 졸하자 태자 웅원(熊元)이 대신 세워지니, 이 사람이 고열왕(考烈王)이다. 고열왕은 좌도를 영윤으로 삼고 오(吳) 땅을 봉해주면서 칭호를 춘신군(春申君)이라고 했다.

고열왕 원년에 주(州)[1]를 진나라에 바치고 화평을 맺었다. 이때 초나라는 더욱 약해졌다.

1) 【집해(集解)】 서광(徐廣)이 말했다. "남군(南郡)에 주릉현(州陵縣)이 있다."

6년에 진나라가 한단(邯鄲)을 에워싸니 조나라가 초나라에 위급함을 알려왔다. 초나라는 장군 경양(景陽)을 보내 조나라를 구원하게 했다.

7년에 (초나라의 구원병이) 신중(新中)1)에 이르자 진나라 군대가 물러갔다.

12년에 진나라 소왕이 졸하니, 초나라 왕이 춘신군을 진나라에 조문 사절로 보냈다.

16년에 진나라 장양왕(莊襄王)이 졸하고 진왕 조정(趙政-진시황)이 세워졌다.

22년에 제후들과 함께 진나라를 쳤으나 불리해 물러났다. 초나라가 동쪽 수춘(壽春)2)으로 도읍을 옮기고 영(郢)이라고 불렀다.

1) 【색은(索隱)】 살펴보건대, 조나라에는 신중(新中)이란 곳이 없으니, 중(中)은 잘못인 듯하다. 거록(鉅鹿)에 신시(新市)가 있으니, 신중은 마땅히 신시가 되어야 한다.

2) 【정의(正義)】 수춘은 남수주(南壽州) 수춘현(壽春縣)이다.

25년 고열왕이 졸하자 아들 유왕(幽王) 한(悍)이 세워졌다. 이원(李園)이 춘신군을 죽였다.

유왕 3년에 진나라와 위나라가 초나라를 쳤다. 진나라 승상 여불위(呂不韋)가 졸했다.

9년에 진나라가 한나라를 멸망시켰다.

10년에 유왕이 졸하자 동모제 유(猶)가 대신 세워지니, 이 사람이 애왕(哀王)이다. 애왕이 세워진 지 두 달 남짓 지났는데, 애왕의 서형 부추(負芻)의 무리가 애왕을 습격해 죽인 뒤 부추를 세워 왕으로 삼았다. 이해에 진나

라가 조나라 왕 천(遷)을 사로잡았다.

왕 부추 원년에 연나라 태자 단(丹)이 형가(荊軻)를 시켜 진나라 왕을 찔러 죽이려 했다.

2년에 진나라가 장군을 보내 초나라를 쳐서 초나라 군대를 대파하니, 성 10여 개를 잃었다.

3년에 진나라가 위나라를 멸망시켰다.

4년에 진나라 장군 왕전(王翦)이 기(蘄)에서 우리 군대를 깨뜨리고 장군 항연(項燕)을 죽였다.

5년에 진나라 장군 왕전과 몽무(蒙武)가 드디어 초나라를 깨뜨리고 초왕 부추를 포로로 사로잡았으며, 초나라라는 이름을 없애고 초군(楚郡)이라고 했다[1].

1) 【집해(集解)】 손검(孫檢)이 말했다. "진나라가 초왕 부추를 붙잡은 뒤 초(楚)라는 이름을 없애고 초나라 땅을 3개 군(郡)으로 삼았다." 【색은(索隱)】 배인(裴駰)은 손검을 종종 인용했지만, 그 사람의 본말에 대해서는 알지 못했는데, 아마도 제나라 사람인 듯하다.

태사공(太史公)이 말한다.

"초나라 영왕(靈王)이 바야흐로 신(申)읍에서 제후들과 회맹해 제나라 경봉(慶封)을 주살하고 장화대를 만들고서 주나라 구정을 얻고자 할 때만 해도 그 마음은 천하를 하찮게 보았다. 그러나 신해(申亥)의 집에서 굶어 죽게 되었을 때는 천하의 웃음거리가 되었으니, 지조와 행실[操行(조행)]을 닦지 못한 탓이라, 슬프도다! 사람이 권세가 있을 때 조심하지 않을 수 있겠는가?

기질(棄疾)은 난리통을 이용해 임금으로 세워졌으나 진나라 여인을 총

애하고 음란한 짓을 일삼은 것이 너무도 심해 거의[幾] 다시 나라를 망하게 할 뻔했다."1)

1) 【색은술찬(索隱述贊)】 죽웅의 후사를[鬻熊之嗣]/주나라는 초 땅에 봉해주었지[周封於楚]/선왕 웅역은 형만의 외진 곳에 있으면서[僻在荊蠻]/가리개도 없는 수레를 타고 다 떨어진 옷차림으로 지냈다네[篳露藍縷]/세력을 넓혀 패자가 되었고[及通而霸]/무왕에 이르러 왕을 참칭 했도다[僭號曰武]/문왕은 이미 신나라를 쳤고[文旣伐申]/성왕은 실로 허나라 군주를 용서해주었지[成亦赦許]/자어는 적자의 자리를 찬탈했고[子圉篡嫡]/상신은 아비를 죽였도다[商臣殺父]/하늘의 재앙 미처 깨닫지 못한 채[天禍未悔]/간사함에 기대어 자신만만해했었지[憑姦自怙]/결국 소왕은 곤경에 빠져 달아났고[昭困奔亡]/회왕은 진나라에 압박을 받다가 붙잡히는 신세가 되었네[懷迫囚虜]/경양왕, 고열왕에 이르러[頃襄考烈]/남쪽 땅 천명은 쇠하고 말았도다[祚衰南土]!

권41 — 월왕구천세가(越王句踐世家) 제11

권41 월왕구천세가(越王句踐世家) 제11

월왕(越王) 구천(句踐)은 그 선조가 우왕(禹王)의 후예[1]로 하후(夏后) 제 소강(帝少康)의 서자였으니, 회계(會稽)에 봉해져서 우왕의 제사를 받들게 되자 문신을 하고 머리카락을 잘랐으며 황무지를 개척해 읍을 만들었다. 그 후 20여 세(世)가 지나서 윤상(允常)에 이르러[2] 윤상은 오왕(吳王) 합려(闔廬)와 싸우면서 서로 원한을 품고 상대를 쳤다. 윤상이 졸하자 아들 구천(句踐)이 세워지니, 이 사람이 월왕이다.

1) 【정의(正義)】『오월춘추(吳越春秋)』에서 이렇게 말했다. "우왕이 천하를 주유한 뒤 대월(大越)로 돌아가서는 모산(茅山)에 올라 사방 신하들의 조회를 받았다. 공로가 있는 자는 봉해주고 다움이 있는 자에게는 벼슬을 내려주었으며, 그곳에서 붕해 안장되었다. 소강(少康)에 이르러 우왕의 행적과 종묘 제사가 끊어질 것을 우려해, 마침내 월에 그 서자를 봉하고서 칭호를 무여(無餘)라고 했다."

2) 【정의(正義)】『여지지(輿地志)』에서 말했다. "월나라는 나라를 30여 대에 걸쳐 전했는데, 은나라를 지나 주나라 경왕(敬王) 때 이르러 월후(越侯) 부담(夫譚)이 있었다. 그 아들이 윤상인데, 땅을 개척하고 비로소 강대해져서 왕(王)이라 칭했으나 『춘추(春秋)』에서는 깎아서 자(子)라고 했다."

원년에 오왕 합려는 윤상이 죽었다는 소식을 듣고 마침내 군대를 일으켜 월나라를 쳤다. 월왕 구천은 결사대[死士(사사)]로 맞서 싸웠다. 그들은 세 줄로

❖

행군해, 오나라 진영에 이르게 되자 크게 고함을 지르면서 스스로 목을 칼로 찔렀는데, 오나라 군사들이 이를 구경하는 사이에 월나라는 그 틈을 타고 오나라 군대를 습격했다. 오나라 군대는 취리(檇李)에서 패배했고[1], 또 오왕 합려는 화살에 맞고 부상을 입었다. 합려가 장차 죽게 되자 그 아들 부차(夫差)에게 일러 말했다.

"결단코 월나라를 잊지 마라!"

1) 【집해(集解)】 두예(杜預)가 말했다. "오군(吳郡) 가흥현(嘉興縣) 남쪽에 취리성이 있다." 【색은(索隱)】 이 일은 『좌전(左傳)』 노나라 정공(定公) 14년에 실려 있다.

3년에 구천은 오왕 부차가 밤낮으로 병사를 훈련해서[勒兵(늑병)] 다시 월나라에 보복하려 한다는 소식을 듣고는, 오나라가 미처 군사를 일으키기 전에 먼저 월나라가 오나라를 치고자 했다.

범려(范蠡)[1]가 간언해 말했다.

"안 됩니다. 신이 듣건대, 군대는 흉기이며 전쟁은 다움을 거스르는 일[逆德(역덕)]이니 싸움이란 일 중에서 맨 말단입니다. 음모로써 다움을 거스르고 흉기를 즐겨 사용해 자기 몸을 말단에다 들이대는 것[試(시)]은 상제께서 금하는 것으로, 실행에 옮긴다 한들 이로울 게 없습니다."

월왕이 말했다.

"나는 이미 결심이 섰다."

드디어 군대를 일으켰다. 오나라 왕이 이를 듣고는 정예병을 모두 징발해서 월나라를 공격해 부초(夫椒)에서 패배시켰다[2]. 월나라 왕은 마침내 남은 병사 5,000명을 거느리고 회계산(會稽山)을 지키며 머물렀고[棲(서)][3], 오나라 왕이 추격해 그곳을 에워쌌다.

1) 【정의(正義)】 『회계전록(會稽典錄)』에서 말했다. "범려는 자(字)가 소백(少伯)으로,

월나라 상장군이다. 본래는 초나라 원(宛) 삼호(三戶) 사람이다. 기개가 높고 컸으나 겉으로 미친 척하며 세속을 등지고 살았다. 문종(文種)이 원 현령이 되어 관리를 보내 범려를 찾아뵙게 했는데, 관리가 돌아와서 말했다. '범려는 원래 이 땅에서 미친 사람이고, 날 때부터 그 병이 있었습니다.' 문종이 웃으며 말했다. '내가 듣건대, 장부란 현준(賢俊)한 자질이 있으면 반드시 겉으로 미친 듯이 한다고 하네. 안으로 현명한 견해를 숨기고서 밖으로 남들이 알 수 없게 속이니, 이는 자네 같은 사람이 알 수 있는 바가 아니네.' 수레를 타고 가서 만나려 했으나 범려가 피했다."

2) 【집해(集解)】 두예(杜預)가 말했다. "부초는 오군(吳郡) 오현(吳縣)의 태호(太湖) 가운데 있는 초산(椒山)이다." 【색은(索隱)】 『국어(國語)』에 이르기를 오호(五湖)에서 패배시켰다고 했으니, 그렇다면 두예가 초산이라고 한 것은 틀렸다. 일은 『좌전(左傳)』 애공(哀公) 원년에 자세히 나온다.

3) 【집해(集解)】 두예(杜預)가 말했다. "회계산 위로 올라간 것이다." 【색은(索隱)】 추탄(鄒誕)이 말했다. "산에 몸을 숨기는 것을 서(棲)라고 한다. 마치 새가 높은 나무에 머물러 해악을 피하는 것과 같다. 그래서 『육도(六韜)』에서도 '군대가 산의 높은 곳에 군진을 베푸는 것을 일러, 서(棲)라고 한다'라고 했다."

월나라 왕이 범려에게 말했다.

"그대 말을 듣지 않은 까닭에 이 지경에 이르렀으니, 어찌하면 좋겠는가?"

범려가 대답해 말했다.

"가득 찬 것을 잘 지속하려면[持滿者] **하늘과 함께해야 하고**[與天][1]**, 기울어진 것을 바로 세우려면**[定傾者] **사람과 함께해야 하며**[與人][2]**, 절도에 맞게 일을 하려면**[節事者] **땅의 도리로써 해야 합니다**[以地][3]**. 겸손한 말과 넉넉한 예물을 갖춰 그에게 보내고, 만일 (화친을) 허락하지 않는다면 왕께서 스스로 볼모가 되어 그를 섬기십시오**[市][4]**."**

구천이 말했다.

"알겠다."

곧바로 대부 문종(文種)을 오나라로 보내 화친[成=平]을 맺게 했다.

(문종이) 무릎으로 기어서 머리를 조아리며 말했다.

"군왕의 망신(亡臣) 구천이 배신(陪臣)[5] 문종을 보내 감히 아래 집사(執事)에게 고합니다. 구천이 신하가 되고 그의 처는 군왕의 첩이 되기를 청합니다."

오나라 왕이 장차 이를 허락하려 하자, 자서(子胥)가 오왕에게 말했다.

"하늘이 월나라를 오나라에 내려주시는 것이니 허락하지 마소서."

문종이 돌아와 구천에게 보고했다. 구천이 처자식을 죽이고 보물을 불태우고서 죽음으로 맞서 싸우려고 했는데[觸戰], 문종이 구천을 만류하며 말했다.

"저 오나라 태재(太宰) 백비(伯嚭)는 탐욕스러워서 뇌물로 그를 유인할 수 있으니, 몰래 가서 이런 내용을 저쪽에 알릴 것을 청합니다."

이에 구천은 문종을 시켜 미녀와 보물을 갖고 가서 몰래 오나라 태재 백비에게 바쳤다. 백비가 이를 받고는, 마침내 대부 문종이 오나라 왕을 만나보게 했다. 문종이 머리를 조아리며 말했다.

"바라건대 대왕께서는 구천의 죄를 용서하시고 그의 보물을 다 받아주십시오. 불행하게도 용서해주지 않으신다면 구천은 장차 처자식을 다 죽이고 보물을 불태운 다음 5,000명을 모두 거둬 맞서 싸울 것이니, (대왕께서도) 반드시 그에 상응하는 대가를 치르게 될 것입니다."

백비가 틈을 타고 오나라 왕에게 유세해 말했다.

"월나라가 항복해 신하가 되었으니, 장차 용서하시면 이는 나라의 이익이 될 것입니다."

오나라 왕이 장차 이를 허락하려 하자, 자서가 나아와 간언해 말했다.

"지금 월나라를 멸망시키지 않으면 훗날 반드시 후회할 것입니다. 구천

은 뛰어난 임금[賢君]이고 문종과 범려는 훌륭한 신하[良臣]이니, 만약에 저들을 월나라로 돌려보낸다면 장차 난을 일으킬 것입니다."

오나라 왕은 들어주지 않았고, 결국 월나라를 용서하고 군대를 철수시켜 돌아갔다.

1) 【집해(集解)】 위소(韋昭)가 말했다. "여천(與天)이란 하늘을 본받는다는 말이다. 하늘의 도리는 가득 차도 넘치지 않는다."

2) 【집해(集解)】 우번(虞翻)이 말했다. "사람의 도리는 늘 겸손으로 자기를 기른다."

3) 【집해(集解)】 위소(韋昭)가 말했다. "때가 이르지 않았다면 억지로 빚어내려 해서는 안 되고, 일이 제대로 규명되지 않았다면 억지로 일을 이루려 해서는 안 된다." 【색은(索隱)】 『국어(國語)』에는 이(以)가 여(與)로 되어 있는데, 같은 뜻이다. 이는 땅이란 만물 만사를 이뤄주므로 임금은 마땅히 재용을 절제함으로써 땅을 본받아야 한다는 말이다. 위소 등의 풀이는 잘못인 듯하다.

4) 【정의(正義)】 화친을 허락하지 않는다면 월왕이 몸소 가서 그를 섬기기를, 마치 시장 상인이 물건을 교역해 이익을 얻고자 하듯이 (애써서) 하라는 것이다. 이것이 바로 기울어진 나라를 바로 세우는 것이다.

5) 제후의 신하가 천자에게 자기를 칭할 때 쓰는 말로, 이중의 신하라는 뜻이 담겨 있다. 가신이라는 뜻도 있다.

구천이 회계산에서 곤경에 처했을 때 크게 탄식하며 말했다.

"나는 여기서 끝나는 것인가?"

문종이 말했다.

"탕왕(湯王)은 하대(夏臺)에 억류된 적이 있고 문왕(文王)은 유리(羑里)에 갇혔으며 진나라 중이(重耳-문공)는 적(翟)나라로 달아났고 제나라 소백(小白-환공)은 거(莒)나라로 달아났지만, 그들은 끝내 왕자(王者)가 되고 패자(霸者)가 되었습니다. 이로 말미암아 보건대, 어찌 그렇게 성급하게 (지금

처지가) 복이 될 수 없다고 하십니까?"

오나라가 이미 월나라를 용서하자 월왕 구천은 자기 나라로 돌아가서, 마침내 몸을 고통스럽게 하고 마음 또한 늘 애태웠다[苦身焦思(고신 초사)]. 앉는 자리에 곰쓸개를 두고서 앉으나 누우나 쓸개를 올려다보았으며, 먹고 마실 때도 먼저 쓸개를 맛보았다. 그러면서 스스로에게 말했다.

"너는 회계산에서 입은 치욕을 잊었느냐?"

몸소 농사를 짓고 부인은 직접 옷감을 짰으며 음식에 고기반찬을 더하지 않았고 화려한 옷을 입지 않았다. 몸을 굽혀 뛰어난 인재에게 자기를 낮추고[下賢人(하 현인)] 빈객들을 두텁게 접대했으며, 가난한 사람을 돕고 죽은 자를 조문하면서 백성과 수고로움을 함께했다. 범려에게 국정을 맡기려 하자 범려가 말했다.

"군대의 일이라면 문종이 범려만 못합니다만, 나라를 어루만져 안정시키고[塡撫(전무)] 백성을 몸처럼 여겨 따르게 하는 일은 범려가 문종만 못합니다."

이에 국정을 대부 문종에게 맡기고, 범려에게는 대부 자계(柘稽)[1]와 함께 오나라에 가서 강화를 맺고[行成(행성)][2] 오나라에 인질로 남게 했다. 2년 뒤에 오나라는 범려를 돌려보냈다.

1) 【색은(索隱)】 월나라 대부다. 『국어(國語)』에는 제계영(諸稽郢)으로 되어 있다.

2) 성(成)은 강화(講和)가 이뤄졌다는 뜻이다.

구천이 회계에서 돌아온 때로부터 7년 동안 군사와 백성을 잘 어루만져 주니[拊循(부순)], 군사와 백성도 스스로를 오나라에 보복하는 데 쓰이고자 했다. 대부 봉동(逢同)[1]이 간언해 말했다.

"나라가 최근에 이리저리 흔들리며 망할 뻔하다가 이제야 마침내 다시 넉넉해지려 하고 있습니다. 이 시점에 군비를 정비하고 무기를 가다듬으면 오나라는 반드시 두려워할 것이고, 저들이 두려워하면 어려움이 반드시 찾아올 것입니다. 무릇 사나운 새[鷙鳥(지조)]가 공격을 하려 할 때는 그 모습을 숨기는 법입니다. 지금 저 오나라는 제나라와 진(晉)나라를 공격하고 있고[加(가)], 초나라와 월나라에 깊은 원한을 맺고 있으며, 명성은 천하에 높지만 실제로는 주나라 왕실을 해치고 있습니다. 덕은 적은데 공은 많으니, 분명 크게 자만에 빠져 있을 것입니다. 월나라를 위한 계책을 내자면, 제나라와 결탁하고 초나라와 친하게 지내며 진(晉)나라에 기댐으로써 오나라를 두텁게 받드는 것만 한 바가 없습니다. 오나라의 야심이 커지면 반드시 전쟁을 하찮게 볼 것이니, 이럴 때 우리는 그 세력들을 연결해 세 나라(-제·초·진)로 하여금 오나라를 치게 해서 오나라가 피폐해진 틈을 이용하면 이길 수 있습니다."

구천이 말했다.

"좋다!"

1) 【색은(索隱)】 봉은 성이고 동은 이름이다. 예전에 초나라에 봉백(逢伯)이 있었다.

2년이 지나서 오나라 왕은 장차 제나라를 치려고 하니, 자서가 간언해 말했다.

"안 됩니다. 신이 듣건대, 구천은 두 가지 이상 맛있는 음식을 먹지 않고 백성과 더불어 고락을 같이하고 있다고 합니다. 이 사람이 죽지 않으면 반드시 우리에게 근심거리가 됩니다. 오나라에 월나라가 있는 것은 뱃속의 큰 병이지만, 오나라에 제나라는 옴이나 부스럼 정도입니다. 바라건대 왕께서는 제나라는 놔두시고 월나라를 우선해야 합니다."

오나라 왕이 듣지 않고 드디어 제나라를 쳐서 애릉(艾陵)에서 쳐부수고[1] (제나라 대부) 고소자(高昭子)와 국혜자(國惠子)를 포로로 잡아 돌아왔다. 자서를 꾸짖자[讓(양)=責(책)] 자서가 말했다.

"왕께서는 기뻐하지 마십시오."

왕이 화를 내자 자서는 자살하려고 했는데, 왕이 이를 듣고서는 말렸다.

월나라 대부 문종이 말했다.

"신이 살펴보건대 오왕의 정치가 교만하니, 시험 삼아 식량을 빌려달라고 해서 그 일이 어찌 되는지 헤아려보십시오[卜(복)=知來(지래)]."

식량을 청하자, 오나라 왕이 주려고 하는데, 자서가 간언해 주어서는 안 된다고 했다. 그러나 오왕은 끝내 빌려주었고, 월나라에서는 몰래 기뻐했다. 자서가 말했다.

"왕이 간언을 듣지 않으니, 3년 후면 오나라는 아마도 폐허가 될 것이다!"

태재 비가 이를 듣고는 마침내 월나라와 다투는 문제에 대해 자서와 여러 차례 토의한 다음 자서를 (오왕에게) 참소해 말했다.

"오원(伍員-자서)은 겉모습은 충성스럽지만 실제로는 잔인한 사람입니다. 아버지와 형도 돌아보지 않았는데 어찌 왕을 돌아보겠습니까? 왕께서 이전에 제나라를 치려고 하셨을 때 오원이 강력하게 간언했는데, 얼마 뒤에 공을 세우자, 이 때문에 도리어 왕을 원망하고 있습니다. 왕께서 오원에 대비하지 않으면 오원은 반드시 난을 일으킬 것입니다."

봉동과 함께 모의해 왕에게 오자서를 참소했다. 왕이 처음에는 들어주지 않고 드디어 자서를 제나라에 사신으로 보냈는데, 자서가 제나라 대부 포씨(鮑氏)에게 자기 아들을 맡겼다는 말을 듣고는 마침내 크게 화를 내며 말했다.

"오원이 과연 과인을 속였구나!"

사신 임무[役(역)]를 마치고 돌아오자, 사람을 시켜서 자서에게 촉루검(屬鏤劍)을 내려주어 자살하게 하니, 자서가 크게 웃으며 말했다.

"내가 네[而(이)=汝(여)=爾(이)] 아비(-합려)를 패주로 만들었고 나는 또한 너[若(약)=

汝]를 세웠다. 네가 처음에 오나라를 나눠 그 반을 내게 주겠다고 했으나 나는 받지 않았건만, 얼마 지난 지금 너는 도리어 참소하는 말을 듣고 나를 죽이는구나. 아, 아! 너는 결코 혼자서 설 수 없으리라!"

사자에게 말을 전했다.

"반드시 내 눈알을 파내 오나라 동문에 매달아 놓고서 월나라 군대가 들어오는 것을 보게 하라!"[2)]

이윽고 오왕은 비에게 정치를 맡겼다.

1) 【색은(索隱)】 노나라 애공(哀公) 11년이다.

2) 【색은(索隱)】 『국어(國語)』에 이르기를, 오왕이 화가 나서 "나는 대부가 그것을 볼 수 없게 하리라!"라고 하면서 자서의 시신을 술 자루[鴟夷]에 넣어 강물에 던져버렸다고 한다.

3년이 지나자, 구천이 범려를 불러 말했다.

"오나라가 이미 자서를 죽였고 지금 그 주위에는 아부만 일삼는 자들만 많으니 (공격하면) 괜찮겠는가?"

대답해 말했다.

"아직 안 됩니다."

이듬해 봄에 오나라 왕이 북쪽으로 가서 황지(黃池)에서 제후들과 회맹했는데[1)], 오나라 정예병은 왕을 따라갔고 오로지 노약자와 태자[2)]만 남아서 수도를 지켰다. 구천이 범려에게 다시 묻자, 범려는 "가능합니다"라고 하니, 마침내 유배형을 받은 죄수 출신의 병사[習流] 2,000명, 제대로 훈련받은 병사 4만 명, 뜻이 굳센 군자(君子)[3)] 6,000명, 그 밖의 관리 1,000명을 뽑아 오나라를 쳤다. 오나라 군대는 패했고, 드디어 오나라 태자를 죽였다. 오나라에서 왕에게 급히 이를 알렸는데, 때마침 오나라 왕은 황지에서 제후

들과 회맹 중이었기 때문에 천하가 이 일을 알까 두려워 마침내 비밀에 부쳤다. 오나라 왕은 황지 회맹을 다 마친 뒤 사람을 보내 두터운 예물로써 월나라에 강화[成(성)]를 청했고, 월나라는 아직 오나라를 멸망시킬 능력이 없음을 스스로 헤아렸기에 일단은 오나라와 강화를 맺었다.

1) 【색은(索隱)】 애공(哀公) 13년에 있었던 일이다.

2) 【색은(索隱)】 『좌씨전(左氏傳)』에 따르면, 태자의 이름은 우(友)다.

3) 【집해(集解)】 우번(虞翻)이 말했다. "임금이 자식처럼 기른 병사를 말한다."

그 후 4년이 지나 월나라가 다시 오나라를 쳤다. 오나라 군사와 백성은 피폐해 있었으니, 정예병은 모두 제나라 · 진(晉)나라와 벌인 전쟁에서 죽었다. 그리하여 월나라는 오나라를 크게 깨뜨리고 그 참에 머무르며 3년 동안 에워싸니, 오나라 군대는 패했고 월나라는 드디어 오나라 왕을 고소산(姑蘇山)에 몰아넣었다[棲(서)].

오나라 왕이 (대부) 공손웅(公孫雄)을 사자로 보내, 웃통을 벗고 무릎으로 기어서[肉袒膝行(육단슬행)] 앞으로 나아가 월나라 왕에게 강화를 청하면서[請成(청성)] 말했다.

"고신(孤臣) 부차가 감히 속마음을 털어놓겠습니다. 지난날 일찍이 회계산에서 죄를 지었을 때, 이 부차는 감히 명을 어기지 못하고 왕의 강화 요청을 받아들여 귀국하도록 했습니다. 지금 왕께서 몸소 옥지(玉趾-임금의 발)를 움직여 고신을 주토(誅討) 하시니, 고신은 오직 명을 따를 뿐입니다. 다만 혹시라도[意者(의자)] 실로 회계산에서 고신이 했던 것처럼 고신의 죄를 용서해 줄 수 있으신지요?"

구천이 차마 모질게 할 수가 없어[不忍(불인)] 허락하려 했는데, 범려가 말했다.

"회계의 일은 하늘이 월나라를 오나라에 내려준 것인데 오나라가 취하

지 않았습니다. 지금은 오나라를 월나라에 내려주려는 것인데, 월나라가 어찌 하늘을 거스를 수 있겠습니까? 그리고 무릇 왕께서 아침 일찍 조회하고 저녁 늦게 파한 것은 오나라를 (도모하기) 위한 것이 아니었습니까? 22년을 계획한 것을 하루아침에 버린다니 될 말입니까? 하늘이 주시는데도 받지 않으면 도리어 그 허물을 받는다고 했습니다. '도끼 자루로 쓸 나무를 벨 때는 그 기준이 멀지 않거늘[1]'이라고 했는데, 왕께서는 회계산에서 겪은 횡액을 잊으셨습니까?"

구천이 말했다.

"내가 그대 말을 따르고 싶지만, 나는 사자에게 차마 그렇게 할 수 없다."

범려가 마침내 북을 울려 병사들을 진격하게 하면서 말했다.

"왕께서 이미 이 집사에게 정사를 맡겼으니, 사자는 가시오. 그렇지 않으면[不者(부자)] 장차 죄를 얻게 될 것이오!"

오나라 사신이 눈물을 흘리면서 돌아갔다. 구천은 오나라 왕을 가엾게 여겨 마침내 사람을 보내 오왕에게 말했다.

"내가 왕을 용동(甬東)[2]으로 두고 100호의 군장이 되도록 하겠소."

오나라 왕이 사양하며 말했다.

"나는 늙어서 군왕을 섬길 수 없습니다."

드디어 자살하려 하면서, 마침내 자기 얼굴을 가리게 하고는 말했다.

"내가 자서를 볼 면목이 없다!"

월나라 왕은 마침내 오왕을 장사 지내주고 태재 비를 주살했다.

1) 『시경(詩經)』 「빈풍(豳風)·벌가(伐柯)」편에 나오는 구절이다. 도끼 자루로 쓸 나무를 벨 때는 손에 들고 있는 도끼 자루를 기준으로 삼아서 그만한 나무를 벤다는 뜻으로, 본받아야 할 준칙은 멀리 있지 않고 눈앞에 있음을 말한다.

2) 【집해(集解)】 두예(杜預)가 말했다. "용동은 회계 구장현(句章縣)에 있는 동해(東海)의 섬이다."

구천은 오나라를 평정하고 난 뒤 마침내 바로 군대를 거느리고 북쪽으로 회수(淮水)를 건너서 제나라, 진(晉)나라 제후와 서주(徐州)에서 회맹하고 주나라에 공물을 바쳤다. 주(周) 원왕(元王)은 사람을 시켜 구천에게 제사 지낸 고기[천조 踐胙]를 내려주고 명해 패(伯)로 삼았다. 구천이 이미 떠나고 나서 회수를 건너 남쪽으로 내려가서는, 회수 주변 땅을 초나라에 주고 오나라가 빼앗은 송나라 땅을 돌려주었으며 노나라에는 사수(泗水) 동쪽의 사방 100리 땅을 주었다. 이런 때를 맞아 월나라 군대가 장강과 회수 동쪽을 주름잡으니[횡행 橫行] 제후들이 모두 축하하며 구천을 패왕(覇王)이라고 일컬었다[1].

1) 【색은(索隱)】 이 글을 근거로 볼 때 구천은 오나라를 평정한 후에 비로소 주나라 원왕으로부터 패(伯)라는 이름을 받았는데 뒤에 왕(王)을 참칭 했다.

범려가 드디어 (월나라를) 떠나 제나라에 가서 문종에게 편지를 보내 말했다.

"나는 새가 다 잡히면 좋은 활은 창고에 들어가고, 교활한 토끼가 다 잡히면 사냥개는 삶아지는 법이오[토사구팽 兎死狗烹]. 월왕이라는 사람은 목이 길고 입이 새처럼 뾰족해, 근심과 어려움은 함께할 수 있어도 즐거움은 함께할 수 없소. 그대는 어째서 (월나라를) 떠나지 않소?"

문종이 편지를 읽고서 병을 핑계로 조회하지 않았는데, 사람 중에 누군가가 문종이 장차 난을 일으키려 한다고 참소하니 월나라 왕이 마침내 문종에게 검을 내리며 말했다.

"그대는 과인에게 오나라를 칠 수 있는 일곱 가지 방법을 가르쳐주었는데, 과인이 그중 세 가지만 써서 오나라를 물리쳤다. 나머지 넷은 그대에게 있으니, 그대는 나를 위해 선왕을 따라가서 그것을 시험하도록 하라."

종이 드디어 자살했다.

구천이 졸하자[1] 아들 석여(鼫與)가 왕으로 세워졌다.

왕 석여가 졸하자 아들 불수(不壽)가 왕으로 세워졌다.

왕 불수가 졸하자 아들 옹(翁)이 왕으로 세워졌다.

왕 옹이 졸하자 아들 예(翳)가 왕으로 세워졌다.

왕 예가 졸하자 아들 지후(之侯)가 왕으로 세워졌다.

왕 지후가 졸하자 아들 무강(無彊)이 왕으로 세워졌다.

1) 【색은(索隱)】『기년(紀年)』에서 말했다. "진(晉)나라 출공 10년 11월에 월자(粵子) 구천이 졸했으니, 이 사람이 담집(菼執)이다."

왕 무강 때 월나라는 군사를 일으켜 북쪽으로는 제나라를 치고 서쪽으로는 초나라를 치면서 중원의 나라들과 강대함을 다투었다. 초나라 위왕(威王) 때를 맞아 월나라가 북쪽으로 제나라를 치려 하자, 제나라 위왕(威王)이 사신을 보내 월나라 왕을 설득하며 말했다.

"월나라는 초나라를 치지 않으면 크게는 왕자(王者)가 될 수 없고 작게는 패자(霸者)도 될 수 없습니다. 월나라가 초나라를 치지 않는 까닭을 헤아려보면 (아직) 진(晉)나라의 지지를 얻지 못하고 있기 때문입니다. (그러나) 한(韓)나라나 위(魏)나라는 결단코 초나라를 공격할 수 없습니다. 한나라가 초나라를 공격하면 (초나라가) 그 군대를 엎어버리고 그 장수를 죽일 것이니, 그렇게 되면 섭(葉)과 양적(陽翟) 두 읍이 위험해집니다[1]. 위나라 또한 그 군대를 엎어버리고 그 장수를 죽일 것이니, 그렇게 되면 (위나라의) 진(陳)과 상채(上蔡) 두 읍이 불안해집니다. 그러므로 두 진(晉)나라(-한나라와 위나라)가 월나라를 섬기는 이유는, 그 군대를 엎어버리고 그 장수를 죽이지 않기 때문이지 전공을 세우기 위해 땀을 흘리는 것이 아닙니다. 이런데도 두 진나라의 지원만을 중시하는 것은 어째서입니까?"

월나라 왕이 말했다.

"(내가) 진(晉)나라에 바라는 것은 (초나라와) 서로 성채를 쌓고서[頓刃=營壘] 싸우라는 것에도 이르지 못하니, 하물며 성을 공격하고 읍을 에워싸는 것이겠는가? 내가 바라는 것은 위나라가 대량(大梁) 아래에 군대를 집결시키고 이에 제나라가 남양(南陽)과 거(莒) 땅에서 병사들을 훈련함으로써 상(常)과 담(郯) 두 읍[2] 국경에 모이게 하는 것이다. 이렇게 되면 (초나라는) 방성(方城) 밖으로 남하하지 못하고, 회수와 사수 사이에서 동쪽으로 진격하지 못하며, 상(商) · 오(於) · 석(析) · 역(酈) · 종호(宗胡)의 땅과 하로(夏路)에서는 왼쪽으로 나가지 못해 진(秦)나라를 방비하기에 부족하고, 강남과 사수 일대에서는 월나라를 상대하기에 부족할 것이다. 그렇다면 제 · 진 · 한 · 위 나라는 초나라에서 뜻을 얻을 수 있게 되며, 이에 한나라와 위나라는 싸우지 않고도 땅을 나눠 가질 수 있고 밭을 갈지 않고도 수확할 수 있게 된다. 이렇게 하지 않으면 황하와 화산(華山) 사이에 성채를 쌓는다 해도 제나라와 진나라에 이용당할 것이니, 기대하는 바가 이와 같이 그들(-한나라와 위나라)이 실책을 범하기 기다리는 것이라면 이래서야 어찌 왕자(王者)가 될 수 있겠는가?"

제나라 사자가 말했다.

"(이러고도) 월나라가 아직 망하지 않은 것이 요행입니다! 저는 지략을 눈[目]처럼 쓰는 것을 귀하게 여기지 않습니다. 눈은 아주 작은 솜털까지 보면서도 정작 자기 속눈썹[睫]은 보지 못합니다. 지금 왕께서는 한나라와 위나라의 실책은 아시면서도 월나라의 잘못을 스스로 알지 못하시니, 이것이 바로 눈의 이치[目論]입니다. 왕께서 한나라와 위나라에 기대하는 것은 힘들여 노력해서 공을 세우는 것[馬汗之力]도 아니고 또 연합해 강화를 맺자는 것도 아니라 초나라 병사들을 분산시키는 것 정도입니다. (그런데) 지금 초나라 병사들이 이미 분산되어 있는데 다시 한나라와 위나라에 무엇을 더 바란단 말입니까?"

월나라 왕이 말했다.

"무슨 말인가?"

말했다.

"(지금) 초나라는 세 대부가 아홉 군[九軍(구군)-모든 군대]을 펼쳐놓았으니, 북쪽으로 곡옥(曲沃)과 오중(於中)을 에워싸서[3] 무가관(無假關)[4]까지 3,700리 길에 걸쳐 배치되어 있고[5], (초나라 대부) 경취(景翠)의 군대는 북쪽의 노나라, 제나라와 남양(南陽) 일대에 배치되어 있습니다. 분산으로 보자면 이보다 더 크게 분산된 적이 있습니까? 또 왕께서 바라시는 것은 진나라와 초나라가 싸우는 것이니, 진나라와 초나라와 싸우지 않으면 월나라 군대를 일으킬 수 없다고 하십니다. 그러나 이는 5가 2개 있는 것만 알고 10이 하나 있다는 것을 모르는 것입니다. 이런 때 초나라를 공격하지 않으시겠다니, 이 때문에 신은 월나라가 크게는 왕자가 될 수 없고 작게는 패자도 될 수 없다는 것을 알겠습니다. 또 수(讎)·방(龐)·장사(長沙)는 초나라의 곡창지대이고 경택릉(竟澤陵)은 초나라의 목재가 나는 곳이니[6], 월나라가 군대를 내보내 무가관을 통하게 하면 이 네 읍은 수도 영(郢)으로 공물을 보낼 수 없게 될 것입니다.

신이 듣건대 왕자가 되려다 되지 못하면 그나마 패자라도 될 수 있다고 했지만, 패자도 되지 못하는 것은 왕도(王道)를 잃어버렸기 때문입니다. 그러니 바라건대 대왕께서는 마음을 바꾸시어 초나라를 공격하십시오."

1) 【정의(正義)】 葉은 식(式)과 섭(涉)의 반절음으로 지금의 허주(許州) 섭현(葉縣)이고, 양적(陽翟)은 하남(河南) 양적현이다. 두 읍은 이때 한나라에 속해 있었고, 초나라와는 개의 어금니처럼 국경을 맞대고 있었다. 그래서 한나라가 만일 초나라를 치면 두 읍은 초나라로부터 위협을 당할 것이라는 말이다.

2) 【색은(索隱)】 (상은) 전문(田文)의 봉읍이고 담은 옛 담나라이니, 두 읍은 다 제나라 남쪽 땅이다.

3) 【정의(正義)】 이때 곡옥은 위(魏)나라에, 오중은 진(秦)나라에 속해 있었는데, 두

땅이 서로 가까워 초나라가 두 곳을 에워싼 것이다.

4) 【집해(集解)】 판본에 따라 서가관(西假關)으로 되어 있다.

5) 【정의(正義)】 살펴보건대, 무가관은 강남 장사현(長沙縣) 서북쪽에 있다. 즉 곡옥, 오중부터 서쪽으로 한중·파(巴)·무(巫)·검중(黔中)에까지 이르는 거리가 1,000여 리이니, 모두 진(秦)나라와 진(晉)나라를 대비한 것이다.

6) 【색은(索隱)】 수(讎)는 마땅히 주(犨)라야 하니, 주는 읍 이름이다. 경택릉(竟澤陵)은 경릉택(竟陵澤)이어야 하니, 경릉의 산택에서 목재가 난다. 초나라에는 택 7개 있는데, 경릉의 택이 그중 하나다.

이에 월나라가 드디어 제나라를 그냥 두고[釋 석] 초나라를 쳤으나, 초나라 위왕은 군대를 일으켜서 월나라를 대파하고 왕 무강을 죽인 다음 옛 오나라 땅에서 절강(浙江)에 이르는 땅을 모두 차지했으며 북쪽으로는 서주에서 제나라를 깨뜨렸다. 월나라는 이 때문에 뿔뿔이 흩어져서 여러 왕족의 아들이 자리를 다투게 되니, 어떤 자는 왕이 되고 어떤 자는 군(君)이 되어 강남 바닷가[1)]에 흩어져 살거나 초나라에 복속되어 조공을 바쳤다.

1) 【정의(正義)】 지금의 태주(台州) 임해현(臨海縣)이 그곳이다.

일곱 세대가 지나 민군(閩君) 요(搖)에 이르러 (요는) 제후들을 도와 진(秦)나라를 평정했으니, 한나라 고제(高帝-유방)는 다시 요를 월왕으로 삼아 월나라 뒤를 잇도록 했다. 동월(東越)과 민군(閩君)은 모두 월나라의 후예다.

범려는 월왕 구천을 섬기면서 이미 온갖 고생 속에서 온 힘을 다한 끝에 구천과 20년 넘게 깊이 모의해 끝내 오나라를 멸망시키고 회계산에서 당한 치욕을 갚아주었다. 그 후에 북쪽으로 군대를 거느리고 회수(淮水)를 건너

제나라와 진(晉)나라에 이르렀으니, 중원을 호령하며 주나라 왕실을 높임으로써 구천은 패자(霸者)가 되고 범려는 상장군으로 일컬어졌다. (그러나) 월나라로 돌아온 범려는 큰 명성 아래서는 오래 머물기 어렵다고 생각했고, 또 구천의 사람됨이 환난은 함께할 수 있어도 편안함을 함께하기는 어렵다고 판단해 구천에게 사직하겠다는 글을 썼다.

"신이 듣건대, 군주가 근심이 있으면 신하는 수고로움을 떠맡아야 하고 군주가 치욕을 당하면 신하는 죽어야 한다고 했습니다. 예전에 군왕께서 회계에서 치욕을 당하셨는데도 신이 죽지 않은 것은 이 복수를 위해서였습니다. 이제 설욕했으니 신은 회계에서 치욕을 당한 죄를 청합니다."

구천이 말했다.

"고(孤-제후의 자칭)는 장차 그대와 나라를 나눠 가지려 한다. 받지 않으면 장차 그대를 주벌할 것이다."

범려가 말했다.

"군주는 명령을 행하고, 신하는 자기 뜻을 행합니다."

마침내 가벼운 보물과 구슬 등을 꾸려서 가까운 자기 무리와 함께 배를 타고 바다로 나갔고, 끝내 돌아오지 않았다. 이에 구천은 회계산을 범려의 봉읍(奉邑)으로 삼겠다고 공표했다[1].

범려는 바닷길로 제나라에 이르자 성과 이름을 바꾸고 스스로를 치이자피(鴟夷子皮)[2]라고 했다. 해변에서 농사를 지으면서 온갖 고생을 했으니, 온 힘을 다해 아버지와 아들이 재산을 일군 끝에 얼마 안 가서 재산이 수십만에 달했다. 제나라 사람들은 그가 뛰어나다는 말을 듣고서 재상으로 삼으려 했는데, 범려가 크게 탄식하며 말했다.

"집에서 천금의 재산을 이뤄 벼슬이 경상(卿相)에까지 이르렀으니, 이는 포의(布衣)로서는 극에 이른 것이다. 존귀한 명성을 오랫동안 갖고 있으면 상서롭지 못하다."

마침내 재상의 인장을 돌려보내고 재물을 모두 친구와 마을 사람들에게

나눠준 뒤, 그중에서 귀한 보물만을 가지고 몰래 길을 나서서 도(陶)[3] 땅에 이르렀다. 그가 볼 때 이곳은 천하의 가운데[天下之中]에 있어서 교역을 하면 온갖 곳과 통할 수 있기에 장사만 잘하면 부자가 될 수 있는 곳이었다. 이에 스스로를 도주공(陶朱公)이라고 부르면서 다시 부자가 함께 농사와 목축을 하는 동시에 물건을 사두었다가 때를 살펴[候時] 내다 팔았다. 10분의 1의 이익을 추구했는데[逐=求], 얼마 안 가서 거만의 재산[4]을 모았으니 천하 사람들이 도주공을 칭송했다.

1) 【색은(索隱)】 『국어(國語)』에서 말했다. "마침내 회계산 300리를 빙 둘러서 범려 땅으로 삼았다."

2) 【색은(索隱)】 범려가 스스로 지은 것이니, 대개 오왕이 자서(子胥)를 죽이고서 치이(鴟夷-가죽 주머니)에 담았기 때문이다. 지금 범려는 스스로 죄가 있다고 여겨서 이렇게 이름 지은 것이다.

3) 【집해(集解)】 서광(徐廣)이 말했다. "지금의 제음(濟陰) 정도(定陶)다."

4) 【집해(集解)】 서광(徐廣)이 말했다. "억[萬萬]이다."

주공은 도 땅에 살면서 막내아들을 낳았는데, 막내아들이 장성했을 무렵 주공의 둘째 아들이 사람을 죽여 초나라에 갇혔다. 주공이 말했다.

"사람을 죽였으니 죽는 것은 마땅하다[職=當]. 그러나 내가 듣건대, 천금을 가진 집 자식이라면 저잣거리에서 죽지는 않는다고 했다."

막내아들에게 가서 형을 살펴보게 했다. 그래서 황금 1,000일(鎰)을 가져가게 했는데 갈색 그릇에 담아 소가 끄는 수레에 실었다. 장차 막내아들을 막 보내려는데 주공 큰아들이 한사코 자신이 가겠다고 청했으나 주공은 (처음에는) 들어주지 않았다. 큰아들이 말했다.

"집안에 큰아들이 있으면 집안일을 살핀다 해서 가독(家督)이라 합니다. 지금 동생이 죄를 지었는데도 아버님[大人]께서 저를 보내지 않고 막내를

보내는 것은 제가 불초해서입니다."

그러면서 그는 자살하려고 했고, 어머니도 그를 편들며 말했다.

"지금 막내를 보낸다고 해서 둘째를 꼭 살릴 수 있는 것도 아닐 텐데, 그에 앞서서 부질없이[空] 큰아들을 잃게 된다면 어떻게 되겠습니까?"

주공이 어쩔 수 없이 큰아들을 보내면서, 편지 1통을 써서 오랜 친구인 장생(莊生)에게 건네주라 하고 말했다.

"도착하거든 장생에게 천금을 드리고 그가 하자는 대로 따라야 하며, 그와 다투는 일이 있어서는 안 될 것이니 조심하도록 해라."

큰아들은 길을 나서면서 자기도 따로 수백 금을 챙겼다.

초나라에 도착해서 보니 장생의 집은 성곽 밖에 있었는데, 명아주 풀숲을 헤치고 문에 이르렀더니 집안이 몹시 가난했다. 큰아들은 아버지가 말한 대로 편지와 금 1,000일(鎰)을 건넸다. 장생이 말했다.

"서둘러 떠나는 것이 좋을 것이다. 절대 머물러 있지 마라. 얼마 후에 동생이 나오거든 그 연유를 물어서는 안 된다."

큰아들은 장생의 집을 떠나서는 더는 장생을 찾아오거나 사사로이 머물지 않았으며, 자기가 따로 챙겨온 금을 초나라 귀인(貴人) 중 용사자(用事者-실권자)에게 바쳤다.

장생이 비록 누추한 마을에 살고 있었지만, 그의 청렴함과 곧음[廉直]은 온 나라에 알려져 있었기에 초나라 왕으로부터 그 이하까지 모두가 그를 스승처럼 높였다. 주공이 금을 보내왔을 때도 그의 뜻은 그것을 받으려는 것이 아니라 일이 이뤄진 뒤에 다시 돌려주어 신의를 보이고자 한 것일 뿐이었다. 따라서 금이 도착하자 그는 부인에게 이렇게 말했다.

"이것은 주공의 금이오. 이는 마치 갑자기 병이 나서 숙계(宿誡)[1]하지 못한 것과 같아서 뒤에 돌려줄 것이니 손대지 마시오."

그런데 큰아들은 장생의 이런 뜻은 알지 못하고, 그에게는 이렇다 할 특별한 방법이 없을 것이라고만 생각했다.

1) 숙계(宿戒)라고도 하는데, 기일에 앞서 하는 재계를 가리킨다. 병이 나면 불길하다고 여겨서 재계에 참여하지 못했다.

장생이 틈을 타서[間時(간시)] 입궐해 초나라 왕을 뵙고서 말했다.

"아무개 별이 아무개 장소에 머물렀으니, 이는 초나라에 해가 됩니다."

왕이 평소 장생을 신뢰했기에 말했다.

"지금 어떻게 하면 되겠는가?"

장생이 말했다.

"오직 임금다움만이 그것을 없앨 수 있습니다."

초나라 왕이 말했다.

"그대는 가만있으라. 과인이 장차 덕정(德政)을 베풀겠다."

왕이 마침내 사자를 시켜 삼전(三錢)의 창고[1]를 봉쇄하자, 초나라 귀인이 깜짝 놀라 주공의 큰아들에게 알려주며 말했다.

"왕께서 장차 사면령을 내릴 것이오."

큰아들이 물었다.

"어떻게 그것을 아십니까?"

말했다.

"매번 왕께서 사면령을 내리실 때마다 늘 삼전의 창고를 봉쇄시켰는데, 어제저녁 왕께서 사자를 보내 봉쇄했다고 하오."[2]

주공의 큰아들이 생각하기를, 사면령으로 동생이 당연히 나올 수 있을 것이라면 1,000금이 장생에게 헛되이 버려져서 별 의미가 없다고 여기고서 마침내 다시 장생을 만나러 갔다. 장생이 놀라며 말했다.

"그대[若(약)]는 아직 안 떠났는가?"

큰아들이 말했다.

"원래부터 떠나지 않았습니다. 애초에 동생 일로 찾아뵈었는데, 동생이 지금 스스로 사면될 수 있다는 의견이 있으니 그래서 선생님께 하직 인사를 드리고 떠나려고 합니다."

장생은 그가 속으로 금을 다시 가져가고 싶어 한다는 것을 알아차리고는 말했다.

"자네가 직접 방에 들어가서 금을 가져가게."

큰아들은 곧장 스스로 방에 들어가 금을 가지고 떠나면서 홀로 기뻐하고 다행스럽게 생각했다.

1) 【집해(集解)】 『국어(國語)』에서 말했다. "주나라 경왕(景王) 때 대전(大錢)을 주조했다." 가규(賈逵)의 설은 이렇다. "우(虞-순임금의 나라)·하(夏)·상(商)·주 나라는 금속 화폐에 3등급을 두었다. 붉은색, 흰색, 황색이 그것인데, 황색이 상등이고 구리와 철이 맨 아래였다." 위소(韋昭)가 말했다. "전(錢)이란 금속 화폐의 명칭으로, 물건을 사고팔아 재용을 통하게 한다." 배인(裴駰)이 볼 때, 초나라에 삼전(三錢)이 있었으니, 가규와 위소의 설은 실상에 가깝다.

2) 【집해(集解)】 어떤 사람이 말했다. "'왕께서 사면령을 내리실 때마다 늘 삼전의 창고를 봉쇄시켰소'라는 것은, 화폐란 너무도 귀중하므로 혹시라도 사람들이 미리 사면령이 있으리라는 것을 알고서 그것을 도둑질할 것을 걱정해 창고를 봉쇄함으로써 도둑질에 미리 대비한 것이다." 후한 영제(靈帝) 때 하내(河內) 출신 장성(張成)이 시세의 흐름을 읽는 데 능했는데, 장차 사면령이 있으리라는 것을 알아차리고는 아들을 교사해서 살인하게 했고, 체포된 지 7일 만에 사면되어 나올 수 있었으니, 이것이 바로 그와 같은 부류다.

장생은 어린아이에게 농락당한 것이 수치스러워, 마침내 입궐해 초나라 왕을 만나서 말했다.

"신이 일전에 아무개별 이야기를 말씀드렸더니 왕께서는 다움을 베풀어 보답하고자 하셨습니다. (그런데) 지금 신이 밖에 나가 길에서 들으니, 도 땅의 부자 주공의 아들이 사람을 죽여 초나라에 갇혔는데 그 집에서 금전을 많이 가지고 와서 왕의 측근에게 뇌물을 주었다고 합니다. 그러므로 왕께서 초나라 백성을 아껴서 사면을 내린 것이 아니라 주공의 아들 때문이라고 했습니다."

왕은 크게 노해 말했다.

"과인이 아무리 부덕하다고 해도 어찌 주공의 아들 때문에 은혜를 베푼단 말인가!"

논죄(論罪)케 하여 주공의 아들을 죽이고, 다음 날 드디어 사면령을 내렸다. 주공의 큰아들은 결국 동생의 시신을 가지고 돌아갔다.

집에 도착하니 어머니와 마을 사람들까지 모두 슬퍼하는데, 오직 주공만이 홀로 웃으면서 말했다.

"나는 원래부터 저 아이가 반드시 동생을 죽게 할 줄 알았다! 저 녀석이 동생을 사랑하지 않아서가 아니라 단지[顧(고)=但(단)] 돈을 아껴서 차마 버릴 수가 없었기 때문이다. 큰아이는 어릴 때부터 나와 함께 고생하고 생활의 곤란을 겪어 재물을 버릴 줄 모른다. 막내 놈은 태어나면서부터 내가 잘사는 것만 보았고 좋은 마차와 말을 타고 다니면서 토끼나 사냥하고 다녔으니, 그 재물이 어디서 오는 줄 어찌 알았겠는가? 그래서 가볍게 버리기만 할 뿐 아까워할 줄 모른다. 일전에 내가 막내를 보내려 했던 것은 그놈이 재물을 버릴 줄을 알았기 때문이었다. 그러나 큰놈은 그렇게 하지 못해 결국 동생을 죽게 했으니, 일의 이치로 볼 때 슬퍼할 필요가 없다. 나는 밤낮으로 둘째의 시신이 오기만 기다리고 있었다."

범려는 세 번이나 옮겨 다니면서 천하에 이름을 이루었는데[成名(성명)][1], 단

지 떠나기만 했던 것이 아니라 가는 곳마다 반드시 이름을 이루었다. 결국 도 땅에서 늙어 죽었기 때문에 대대로 전해지기를 도주공(陶朱公)이라고 했다[2].

1) 세상에 이름을 떨쳤다는 말이다.

2) 【집해(集解)】 장화(張華)가 말했다. "도주공의 무덤은 남군(南郡) 화용현(華容縣) 서쪽에 있는데, 묘비에 월나라 범려의 무덤이라고 되어 있다."

태사공(太史公)이 말한다.

"우왕(禹王)의 공로는 크도다! 구천(九川) 물길을 터서 서로 통하게 하고[漸][1] 구주(九州)를 획정했기에 지금까지 중원[諸夏]이 다스려지고 평안하다. 먼 후예인 구천(句踐)에 이르러서는 온갖 고생을 하고 노심초사한 끝에 결국은 강한 오나라를 멸망시키고 북쪽으로 중원 나라들에서 열병식을 거행하고 주나라 왕실을 높였기에 패왕(霸王)[2]으로 일컬어졌다. 구천을 뛰어나다고 하지 않을 수 있으랴! 이는 대개 우왕이 남긴 공렬(功烈) 때문이리라.

범려는 세 번 옮겨 다니면서도 그때마다 모두 영예로운 명성이 있었고, 그 명성이 후세에 드리워져 있다.

임금과 신하가 이와 같다면 훤히 드러나지 않으려 해도 그럴 수 있겠는가!"[3]

1) 【집해(集解)】 서광(徐廣)이 말했다. "점(漸)이란 끌어당기거나 나아가게 해서 통할 수 있도록 인도한다는 뜻이다."

2) 【집해(集解)】 서광(徐廣)이 말했다. "판본에 따라 패주(霸主)라고 되어 있다."

3) 【색은술찬(索隱述贊)】 월나라 선조 소강부터[越祖少康]/윤상에 이르더니[至于允常]/그 아들 구천이 비로소 패자가 되어[其子始霸]/오나라와 강대함을 다투었네

[與吳爭彊]/취리 전투에서[檇李之役]/합려는 부상을 당했지[闔閭見傷]/회계산에서 당한 치욕으로[會稽之恥]/구천은 나라를 부강하게 하고자 했도다[句踐欲富]/문공은 이익으로 상대를 유인했고[種誘以利]/범려는 자기의 훌륭한 재주 다 바쳤네[蠡悉其良]/절개를 굽혀 선비들에게 자기를 낮추었고[折節下士]/쓸개를 가져다 두고서 늘 맛보았지[致膽思嘗]/결국 원수에게 복수했고[卒復讎寇]/드디어 오나라 강토를 쓸어버렸도다[遂殄吳疆]/훗날 자기 역량을 헤아리지 못해[後不量力]/무강(無彊)에 이르러 멸망해버렸구나[滅於無彊]!

권42 — 정세가(鄭世家) 제12

권42 정세가(鄭世家) 제12

정(鄭)나라 환공(桓公) 우(友)는 주나라 여왕(厲王)의 막내아들이자 주나라 선왕(宣王)의 배다른 동생[庶弟]이다[1]. 선왕이 세워진 지 22년에 우가 처음으로 정(鄭)[2]에 봉해졌는데, 봉해지고 33년 동안 모든 백성이 그를 매우 좋아했다. (주나라) 유왕(幽王)이 사도(司徒)로 삼자[3] 주(周)나라 백성을 화합시키고 한마음으로 단결시켰으니[和集], 백성이 모두 기뻐했고 황하(黃河)와 낙수(洛水) 일대의 백성도 그를 매우 사모했다.

1) 【집해(集解)】 서광(徐廣)이 말했다. "「연표(年表)」에는 동모제로 되어 있다."

2) 【색은(索隱)】 정은 현(縣) 이름으로, 경조(京兆-수도)에 속한다. 진(秦)나라 무공(武公) 11년에 "처음으로 두(杜)와 정을 현으로 삼았다"라고 한 것이 이것이다.

3) 【집해(集解)】 위소(韋昭)가 말했다. "유왕 8년에 사도가 되었다."

사도가 된 지 1년이 지나, 유왕이 포사(褒姒)를 총애하는 바람에 왕실의 정치는 잘못되었고 이에 제후 중 어떤 이들은 반기를 들었다. 이에 환공이 (주나라) 태사(太史) 백(伯)에게 물었다.

"왕실에 변고가 많은데, 내가 어디로 가야 죽음을 피할 수 있겠는가?"

태사 백이 대답해 말했다.

"오로지 낙수 동쪽 땅과 황하와 제수의 남쪽만이 살 만합니다."

공이 물었다.

❖

"어째서인가?"

"그곳은 괵(虢)나라, 회(鄶)나라와 가까운데[1], 괵과 회 두 나라 임금은 탐욕스럽고 이익을 밝혀서[2] 백성이 귀부(歸附)하지 않습니다. 지금 공께서는 사도로서 백성 모두가 공을 사랑하니, 공께서 정말로 그곳에 가서 살기를 청하기만 하신다면 괵나라와 회나라의 임금들은 공께서 바야흐로 권력을 장악하고서 일을 하고 있다는 것을 보고는 쉽게 공에게 땅을 나눠주게 될 것이며, 공께서 정말로 그곳에 가서 살게 된다면 괵과 회의 백성이 모두 공의 백성으로 될 것입니다."

공이 말했다.

"나는 남쪽의 장강(長江) 가로 가고자 하는데, 어떤가?"

대답해 말했다.

"옛날에 축융(祝融)이 고신씨(高辛氏)의 화정(火正-불을 주관하는 관리)이 되어 그 공로가 컸으니, 주나라에서 흥성한 후손들은 없고 초나라는 그 후예들입니다. 주나라가 쇠퇴하면 초나라가 반드시 일어날 것인데, 초나라가 일어난다면 정나라에 이로울 게 없습니다."

공이 말했다.

"내가 서쪽에 가서 살고 싶은데, 어떤가?[3]

대답해 말했다.

"그곳 백성은 탐욕스럽고 이익을 밝히니 오래 머물기는 힘듭니다."

공이 말했다.

"주나라가 쇠퇴하면 어느 나라가 일어나겠는가?"

"제(齊)·진(秦)·진(晉)·초(楚) 나라일 것입니다. 저 제나라는 강씨(姜氏) 성으로 백이(伯夷)의 후예인데, 백이는 요(堯)임금을 보좌해 예(禮)를 주관했습니다. 진(秦)나라는 영씨(嬴氏) 성으로 백예(伯翳)의 후예인데, 백예는 순(舜)임금을 보좌해 만물 만사를 잘 인도했습니다. 그리고 초나라의 선조들도 모두 일찍이 천하에 공로가 있습니다. 또한 주나라 무왕(武王)이

상나라 주왕(紂王)을 꺾은 뒤 성왕(成王)은 숙우(叔虞)를 당(唐)에 봉해주었는데[4], 그 땅이 험준하므로 덕이 있는 자손과 주나라가 쇠락하는 것이 나란히 갈 수밖에 없으니 실로 (진(晉)나라도) 반드시 틀림없이 일어날 것입니다."

환공이 말했다.

"좋도다."

이에 서둘러[卒=猝] 유왕에게 말해 자기 백성을 동쪽으로 옮겨서 낙수 동쪽에 살게 하니, 과연 괵나라와 회나라가 10읍을 바쳤고[5] (이를 기반으로) 결국 나라를 세워주었다.

1) 【집해(集解)】 서광(徐廣)이 말했다. "괵은 성고(成皐)에 있었고, 회는 밀현(密縣)에 있었다." 우번(虞翻)이 말했다. "괵은 희성(姬姓)이니 동괵이다. 회는 운성(妘姓)이다."

2) 【색은(索隱)】 『국어(國語)』 「정어(鄭語)」에서 "괵숙(虢叔)은 형세에 기대고 회중(鄶仲)은 지형의 험준함에 기대어, 둘 다 교만하고 사치스러웠으며 게다가 탐욕스럽기까지 했다"라고 한 것이 이것이다. 괵숙은 문왕의 동생이고, 회는 운성(妘姓)의 나라다.

3) 【색은(索隱)】 『국어(國語)』에 이르기를 "공이 말했다. '사국(謝國) 서쪽의 구주는 어떤가?'"라고 했는데, 위소(韋昭)가 말했다. "사(謝)는 신백(申伯)의 나라다. 사국 서쪽에 구주가 있다. 2,500가구가 주(州)다."

4) 【집해(集解)】 서광(徐廣)이 말했다. "「진세가(晉世家)」에서 말하기를 '당숙(唐叔) 우(虞)는 성이 희씨(姬氏)이고 자는 자우(子于)'라고 했다."

5) 【집해(集解)】 우번(虞翻)이 말했다. "10읍이란 괵·회·언(鄢)·폐(蔽), 보(補)·단(丹)·의(依)·유(𨛭)·역(歷)·신(莘)을 말한다."

2년 뒤에 견융(犬戎)이 여산(驪山) 아래에서 유왕을 죽이고 아울러 (정나

라) 환공도 죽였다. 정나라 사람들이 함께 그 아들 굴돌(掘突)을 세우니, 이 사람이 무공(武公)[1]이다.

1) 【색은(索隱)】 초주(譙周)는 "이름은 돌활(突滑)"이라고 했는데, 둘 다 아니다. 대부분 옛 역사 기록에는 그 이름이 없는데 태사공이 옛 잘못을 이어받아 망령되게 이름을 기록한 것일 뿐이다. 그러하다는 것을 어떻게 아는가? 이어지는 글을 살펴보건대 손자인 소공(昭公)의 이름이 홀(忽)이고 여공(厲公)의 이름이 돌(突)인데, 어찌 손자들이 할아버지와 이름이 같을 수 있겠는가?

무공 10년에 신후(申侯)의 딸을 취해 부인으로 삼으니, 이 사람이 무강(武姜)이다. (무강이) 태자 오생(寤生)을 낳았는데, 낳는 과정이 너무 힘들어서 낳고 나서는 부인이 오생을 좋아하지 않았다. 그 뒤에 작은아들 숙단(叔段)을 낳았는데, 단은 쉽게 낳아 부인이 그를 좋아했다[1].

27년에 무공이 큰 병이 들었다. 부인이 무공에게 숙단을 태자로 세우고자 청했으나 공이 들어주지 않았다. 그해에 무공이 졸하자 오생이 세워지니, 이 사람이 장공(莊公)이다.

1) 【집해(集解)】 서광(徐廣)이 말했다. "「연표(年表)」에 따르면 14년에 오생을, 17년에 숙단을 낳았다고 했다."

장공 원년에 동생 단을 경(京)[1]에 봉하고 칭호를 태숙(太叔)이라고 했다. 채중(祭仲)이 말했다.

"경이 국도[國(국)=國都(국도)]보다 크니 그곳에 동생을 봉해서는 안 됩니다."

장공이 말했다.

"무강께서 그렇게 바라니, 내가 감히 그 뜻을 빼앗을 수 없다."

단이 경에 가서 무기를 손질하고 군대를 훈련해가면서 어머니 무강과 함

께 정나라를 습격하기로 모의했다.

22년에 과연 단은 정나라를 습격했고 무강은 성안에서 호응했다[內應(내응)]. 장공이 군대를 출동시켜 단을 치니, 단은 달아났다. 경(京)읍을 치니 경읍 사람들이 단을 배반했고, 단은 언(鄢) 땅으로 달아났다. 언이 무너지자, 단은 공(共)나라로 달아났다[2]. 이에 장공은 어머니 무강을 성영(城潁)으로 옮겨 살게 하고서 맹세해 말했다.

"황천(黃泉)[3]에 가기 전에는 다시 서로 보지 않겠습니다."

1년여가 흐르자 이미 후회가 밀려와 어머니가 그리웠다. 영곡(潁谷) 사람 고숙(考叔)이 장공에게 예물을 바치자, 공이 음식을 내려주니 고숙이 말했다.

"신에게 어머니가 계신데, 군왕의 음식을 신의 어머니에게 내려주실 것을 청하옵니다."

장공이 말했다.

"나는 어머니가 너무나도 그리운데 맹세를 저버릴까 두려우니 어찌하면 되겠는가?"

고숙이 말했다.

"황천까지 땅을 파면 만나보실 수 있을 것입니다."

이에 드디어 그 말을 따라 어머니를 만나보았다.

1) 【집해(集解)】 가규(賈逵)가 말했다. "경은 정나라의 큰 읍이다." 두예(杜預)가 말했다. "지금의 형양(滎陽) 경현(京縣)이다."

2) 【집해(集解)】 가규(賈逵)가 말했다. "공(共)은 나라 이름이다."

3) 【집해(集解)】 복건(服虔)이 말했다. "천현지황(天玄地黃)이니, 천(泉)은 땅속에 있어 황천(黃泉)이라고 한 것이다."

24년에 송나라 목공(繆公)이 졸하자 공자 풍(馮)[1]이 정나라로 도망쳐 왔다. 정나라는 주나라 땅을 침범해 벼를 빼앗았다[2].

25년에 위(衛)나라 주우(州吁)가 자기 임금 환공(桓公)을 시해하고 스스로를 세운 뒤 송나라와 함께 정나라를 쳤는데, (정나라로 달아난) 공자 풍 때문이다.

27년에 비로소 주나라 환왕(桓王)을 조회했다. 환왕은 벼를 빼앗아 간 것에 화가 나서 예우하지 않았다[3].

29년에 장공은 주나라가 무례했던 일에 화가 나서 팽읍(祊邑)을 노나라의 허전(許田)과 맞바꾸었다[4].

33년에 송나라가 공보(孔父)를 죽였다.

37년 장공이 주나라에 조회하지 않자 주나라 환왕이 진(陳)·채(蔡)·괵(虢)·위(衛) 나라를 거느리고 정나라를 쳤다. 장공이 채중(祭仲)·고거미(高渠彌)[5]와 함께 군대를 일으켜 스스로를 구원하니, 왕의 군대가 대패했다. 축담(祝聸)[6]이 왕의 팔을 쏘아 맞혔다. 축담이 뒤쫓겠다고 청하자, 장공이 만류하며 말했다.

"윗사람을 범하면 장차 난이 빚어질 수도 있는데, 하물며 감히 천자를 능욕할 수 있겠는가?"

마침내 그만두었다.

밤에 채중에게 명해 왕의 병을 문안하게 했다.

1) 목공의 아들로 훗날 송나라 장공이다.

2) 【색은(索隱)】『좌전(左傳)』 은공(隱公) 2년에 "정나라 무공, 장공은 평왕(平王)의 경사(卿士)였는데, 왕이 괵(虢)나라에도 마음을 주었다. 왕이 붕하자 주나라 사람들이 장차 괵공에게 정사를 넘기려 했는데, 여름 4월에 정나라 채족(祭足)이 군사를 이끌고 가서 온(溫) 땅의 보리를 빼앗았고 가을에 다시 성주(成周)의 벼를 빼앗았다"라고 한 것이 이것이다.

3) 【색은(索隱)】 두예(杜預)가 말했다. "환왕이 즉위했는데, 주나라와 정나라가 서로

미워해 이때에야 비로소 조회했다. 그래서 '비로소[始(시)]'라고 말한 것이다."

4) 【색은(索隱)】 허전은 허(許) 읍 근처의 밭인데, 노나라가 조회할 때 묵는 읍이다. 팽은 정나라가 태산에 제사를 지내라고 해서 주나라로부터 받은 탕목읍인데, 천자가 더는 순수(巡守)를 할 수 없게 되자 정나라는 팽을 가지고 허전과 바꾸었다. 그래서 각자 서로 가까운 읍을 소유하게 되었다.

5) 【색은(索隱)】 판본에 따라 미(彌) 또는 미(眯)로 되어 있기도 하다.

6) 【색은(索隱)】 『좌전(左傳)』에는 축담(祝聃)으로 되어 있다.

38년에 북융(北戎)이 제나라를 치자 제나라가 사신을 보내 구원을 청하니, 정나라는 태자 홀(忽)을 보내서 군사를 거느리고 제나라를 구원했다. 제나라 희공(釐公)이 그를 사위 삼고 싶어 하자 홀이 사양하며 말했다.

"우리는 작은 나라여서 제나라와 어울리지 않습니다."

이때 채중이 함께 있었는데, 제안을 받아들일 것을 권하며 말했다.

"우리 임금께는 안으로 총애하는 아들들이 많아서 태자께서는 큰 나라의 후원이 없으면 장차 임금으로 세워질 수 없습니다. 나머지 세 공자도 모두 임금이 될 수 있습니다."

이른바 세 공자란 태자 홀, 동생 돌(突), 그다음 동생 자미(子亹)[1]다.

1) 【색은(索隱)】 여기서는 태자 홀을 포함해 돌과 자미라고 했지만, 두예(杜預)는 태자를 꼽지 않은 채 돌·자미·자의(子儀)의 세 공자라고 했는데, 두예가 맞는 듯하다.

43년에 정나라 장공이 졸했다. 애초에 채중이 장공에게 큰 총애를 받아서, 장공이 그를 경(卿)으로 삼았다. 공이 채중을 사자로 보내 등(鄧)나라 여자를 취해서 아내로 삼았고, 태자 홀을 낳으니, 채중이 (여러 공자 중에서) 태자 홀을 세웠다. 이 사람이 소공(昭公)이다.

장공은 또 송나라 옹씨(雍氏)[1]의 딸을 취해 여공(厲公) 돌(突)을 낳았다. 옹씨는 송나라의 총애를 받았다. 송나라 장공(莊公)은 채중이 홀을 세웠다는 소식을 듣고는 마침내 사람을 보내 채중을 유인해서 그를 구금 한 뒤 말했다.

"돌을 세우지 않으면 장차 죽일 것이다."

또 돌을 붙잡고는 뇌물을 요구했다. 채중은 송나라 요구를 받아들여 송나라와 맹세했고, 돌을 데리고 돌아와서 그를 세웠다. 소공 홀은 채중이 송나라의 요구로 동생 돌을 세웠다는 소식을 듣고는 9월 신해일에 위(衛)나라로 달아났다. 기해일에 왕자 돌이 정나라에 이르러 세워지니, 이 사람이 여공(厲公)이다.

1) 【집해(集解)】 가규(賈逵)가 말했다. "옹씨는 황제(黃帝)의 후손으로, 길성(姞姓)의 후예이며 송나라 대부가 되었다."

여공 4년에 채중이 국정을 장악했다. 여공은 이를 걱정하다가, 몰래 채중의 사위 옹규(雍糾)[1]를 시켜 채중을 죽이려고 했다. 채중의 딸인 옹규 처가 이를 알고는 어머니에게 일러 말했다.

"아버지와 남편 중에 어느 쪽이 더 가깝습니까?"

어머니가 말했다.

"아버지는 한 사람뿐이지만, 남자라면 누구나 남편이 될 수 있겠지[2]."

딸이 마침내 채중에게 이 일을 알려주자, 채중이 도리어 옹규를 죽이고 저잣거리에 시신을 내걸었다. 여공은 채중에 대해서는 어찌할 수가 없어, (죽은) 옹규에게 화를 내며 말했다.

"부인과 모의했으니 죽어도 실로 당연하다!"

여름에 여공은 쫓겨나 변방 읍인 역(櫟)에 거주했다. 채중이 소공 홀을 맞아들이니, 6월 을해일에 다시 정나라에 들어와 자리에 나아갔다.

가을에 정나라 여공 돌이 역 땅 사람들을 시켜서 대부 선백(單伯)[3]을 죽이고 드디어 그곳에서 살았다. 제후들은 여공이 달아났다는 소식을 듣고 정나라를 쳤으나 이기지 못하고 돌아갔다. 송나라가 여공에게 군사를 자못 많이[頗(파)] 주어 스스로 역을 지키게 하니, 정나라는 실로 이 때문에 역을 치지 못했다.

1) 【집해(集解)】 가규(賈逵)가 말했다. "옹규는 정나라 대부다."

2) 【집해(集解)】 두예(杜預)가 말했다. "여인은 집에 있으면 아버지를 하늘로 여기고 출가하면 지아비를 하늘로 여긴다. 딸이 의혹을 품자, 어머니는 낳아준 사람이 근본임을 들어서 의혹을 풀어준 것이다."

3) 【집해(集解)】 두예(杜預)가 말했다. "정나라 역읍을 지키던 대부다." 【색은(索隱)】 『좌전(左傳)』에는 단백(檀伯)으로 되어 있다.

소공 2년이다. 소공이 태자였을 때 아버지 장공은 고거미(高渠彌)를 경(卿)으로 삼고자 했다. 태자 홀이 그를 미워했으나, 장공은 듣지 않고 끝내 고거미를 경으로 삼았다. 소공이 즉위하자 고거미는 (소공이) 자신을 죽일까 두려워서 겨울 10월 신묘일에 함께 사냥을 나갔다가 들판에서 소공을 쏘아 죽였다. 채중과 고거미는 감히 여공을 맞아들일 수 없었고, 마침내 소공의 동생 자미(子亹)를 세워 임금으로 삼았다. 이 사람이 자미인데, 시호는 없다.

자미 원년 7월에 제나라 양공(襄公)이 수지(首止)[1]에서 제후들과 회맹했다. 정나라 자미도 회맹에 갔는데, 고거미는 보좌해 따라갔지만, 채중은 병을 핑계 대고 가지 않았다. 일찍이 제나라 양공이 공자였을 때 자미와 싸워서 서로 원수가 되었기 때문에 제후들이 회맹하게 되자 채중은 자미에게 가지 말 것을 청했는데, 자미가 이렇게 말했다.

"제나라는 강하고 여공이 역에 있으니, 만일[卽=若] 가지 않으면 이에 제후들을 이끌고서 나를 쳐서 여공을 들일 것이다. 그러니 내가 가는 것이 낫고, 또 간다고 해서 꼭 모욕을 당한다고 할 수도 없을 것이다. 어찌 (그대가 생각하는) 그런 지경까지 이르겠는가?"

결국 갔다. 이에 채중은 제나라가 자기도 아울러 죽일까 두려워서 병을 핑계 댔던 것이다.

자미가 도착해 제후(齊侯)에게 사과하지 않자, 제후는 화가 나 끝내 병사를 매복시켜 자미를 죽였다. 고거미가 도망쳐 돌아와서는 채중과 모의해 진(陳)나라로부터 자미의 동생 공자 영(嬰)을 불러들여 세우니, 이 사람이 정자(鄭子)다.

이해에 제나라 양공이 (역사) 팽생(彭生)을 시켜 노나라 환공(桓公)에게 술을 먹인 다음 허리를 부러뜨려 죽이게 했다.

1) 【집해(集解)】 두예(杜預)가 말했다. "수지는 위(衛)나라 땅이다."

정자 8년에 제나라 사람 관지보(管至父) 등이 난을 일으켜 자기 임금 양공을 시해했다.

12년에 송나라 사람 장만(長萬)이 자기 임금 민공(湣公)을 시해했다. 정나라 채중이 죽었다.

14년이다. 옛날 정나라에서 달아나 역읍에 있던 여공 돌이 사람을 보내 정나라 대부 보하(甫瑕)[1]를 유인해서는 조정으로 돌아가게 해달라고 압박했다. 보하가 말했다.

"나를 놓아주면 내가 군을 위해 정자를 죽이고 군을 들이겠습니다."

여공이 그와 맹세하고 마침내 놓아주었다. 6월 갑자일에 보하가 정자와 그의 두 아들을 죽인 뒤 여공 돌을 맞이하니, 돌은 역읍에서 다시 들어와 자리에 나아갔다.

애초에 정나라 남문 안에서 성안의 뱀과 성 밖의 뱀이 서로 싸우다가 성 안의 뱀이 죽었는데, 6년이 지나 여공이 과연 다시 들어오게 된 것이다. (여공이) 들어와서는 큰아버지 원(原)[2]을 꾸짖으며 말했다.

"내가 나라를 떠나 나라 밖에 머물고 있었는데 큰아버지는 나를 들일 생각이 없었으니, 이는 실로 너무 심했소!"

원이 말했다.

"임금을 섬길 때 두 마음을 품지 않는 것이 남의 신하 된 자의 본분[職(직)] 입니다. 원은 저의 죄를 압니다."

드디어 자살했다. 여공이 이에 보하에게 말했다.

"그대는 임금을 섬김에 있어 두 마음을 품었다."

드디어 주살했다. 보하가 (죽기 전에) 말했다.

"큰 은덕에는 보답이 없다더니[重德(중덕)不報(불보)], 정말 그렇구나!"

1) 【색은(索隱)】『좌전(左傳)』에는 부하(傅瑕)로 되어 있다.

2) 【색은(索隱)】『좌전(左傳)』에는 원번(原繁)이라고 되어 있다.

여공 돌 후(後-복위) 원년에 제나라 환공이 비로소 패자(霸者)가 되었다.

5년에 연나라와 위(衛)나라가 주나라 혜왕(惠王)의 동생 퇴(頹)와 함께 왕을 치니[1] 혜왕은 온(溫) 땅으로 달아났다. 동생 퇴를 세워 왕으로 삼았다.

6년에 혜왕이 정나라에 위급함을 알리자, 여공이 병사를 동원해 주나라 왕자 퇴를 공격했고, 이기지 못하자 이에 주나라 혜왕과 함께 돌아왔다. 왕이 역(櫟) 땅에 거주했다.

7년 봄에 정나라 여공이 괵숙(虢叔)과 함께 왕자 퇴를 습격해 죽이고 혜왕을 주나라에 들여 넣었다[入(입)=內(내)].

1) 【색은(索隱)】 혜왕은 장왕(莊王)의 손자이고 희왕(僖王)의 아들이다.

가을에 여공이 졸하자 아들 문공(文公) 첩(踕)이 세워졌다. 여공은 처음 세워져 4년 만에 역으로 도망가서 살다가 역에 머문 지 17년 만에 다시 들어와 7년을 재위했으니, 달아났던 시기까지 모두 합치면 28년을 재위했다.

문공 17년에 제나라 환공이 군대를 동원해 채(蔡)나라를 깨뜨리고, 드디어 초나라를 쳐서 소릉(召陵)에 이르렀다.

24년에 문공의 천첩 연길(燕姞)[1]이 꿈을 꾸었는데, 하늘이 난(蘭)을 주면서 말했다.

"나는 백조(伯儵)[2]로 너의 조상이니, 난을 네[而(이)=汝(여)] 아들의 이름으로 삼으라. 난에는 국향(國香)이 있다."

이 꿈을 문공에게 알리자, 문공이 그녀와 함께 잠자리를 했고, 그녀에게 난을 주어 징표로 삼게 했다. 드디어 아들을 낳으니 이름을 난(蘭)이라고 했다.

1) 【집해(集解)】 가규(賈逵)가 말했다. "길(姞)은 남연(南燕)의 성(姓)이다."

2) 【집해(集解)】 가규(賈逵)가 말했다. "백조(伯儵)는 남연의 조상이다."

36년에 진(晉)나라 공자 중이(重耳)가 (정나라를) 지나갔는데, 문공이 그를 예우하지 않았다.

문공의 동생 숙첨(叔詹)이 말했다.

"중이는 뛰어나고 또 우리와 같은 성으로, 곤궁에 빠져 임금을 찾았으니 무례하게 대해서는 안 됩니다."

문공이 말했다.

"망명한 제후국 공자 가운데 이곳을 지나가는 자들은 많은데, 그들을 어찌 다 예로써 대우한다는 말인가!"

숙첨이 말했다.

"임금께서 예우하지 않으려면 차라리 그를 죽여야 합니다. 죽이지 않고 그로 하여금 자기 나라로 돌아가게 한다면 정나라에 우환이 될 것입니다."

문공은 듣지 않았다.

37년 봄에 진나라 공자 중이가 나라로 돌아가서 세워지니, 이 사람이 문공(文公)이다. 가을에 정나라가 활(滑)나라를 침입하자 활나라는 정나라 명을 듣기로 해놓고, 얼마 안 가서 정나라를 배반하고 위(衛)나라를 가까이했다. 이에 정나라는 활나라를 치자[1], 주나라 양왕(襄王)이 백복(伯犕)을 (정나라에) 보내 활나라를 용서해줄 것을 청했다[2]. 정나라 문공은 옛날 역에 망명해 있던 혜왕을 문공의 아버지 여공이 궁궐로 들여보내 주었음에도 혜왕이 여공에게 아무 작록도 내려주지 않았다는 것에 원망을 품고 있었고, 또 양왕이 위나라와 활나라 편을 드는 것도 원망했다. 그래서 양왕의 요청을 들어주지 않고 백복을 가두었다. 왕이 노해 적인(翟人)들과 함께 정나라를 쳤으나, 이기지 못했다.

겨울에 적나라가 양왕을 공격해 치자 양왕이 정나라로 도망쳐서 왔고, 정나라 문공은 왕을 범(氾)읍에 두었다.

38년에 진(晉)나라 문공이 양왕을 성주(成周)에 들여보냈다.

1) 【색은(索隱)】 『좌전(左傳)』 희공(僖公) 24년이다. "정나라 사설(士泄)과 도유미(堵俞彌)가 군대를 이끌고 활나라를 쳤다."

2) 【색은(索隱)】 犕의 발음은 (비가 아니라) 복(服)이다. 『좌전(左傳)』에서 말했다. "왕이 백복(伯服)과 유손백(游孫伯)을 시켜 정나라에 가서 활나라에 대해 부탁하게 했다."

41년에 초나라를 도와 진(晉)나라를 공격했다. (정나라는) 진나라 문공이 정나라를 지나갈 때 예우하지 않은 일이 있었기 때문에 진나라를 배신하고 초나라를 도운 것이다.

43년에 진(晉)나라 문공과 진(秦)나라 목공(穆公)이 함께 정나라를 에워쌌으니, 이는 정나라가 초나라를 도와 진나라를 공격한 것과 문공이 정나라를 지날 때 무례했던 것을 토죄한 것이다.

애초에 정나라 문공에게는 부인 3명과 총애하는 아들 5명이 있었는데 모두 죄를 지어 일찍 죽었으니, 문공이 화가 나서 공자들을 모두 내쫓았다. (이때) 자란(子蘭)은 진(晉)나라로 도망쳤다가, 진나라 문공이 정나라를 포위할 때 함께 따라왔다. 이 무렵 자란은 진나라 문공을 매우 삼가며 섬겼고 문공도 그를 아끼고 총애했으니, 마침내 진(晉)나라에서 비밀리에 활동하며 정나라에 들어가 태자가 되고자 했다. 진(晉)나라는 이에 숙첨(叔詹)을 잡아 죽이려 했는데, 정나라 문공이 두려워서 감히 이를 숙첨에게 알리지 못하고 있던 차에 숙첨이 (누군가로부터) 듣고는 정나라 문공에게 말했다.

"신이 임금께 말씀드렸지만, 임금께서 신의 말을 듣지 않았으니, 결국 진나라가 우리의 우환이 되었습니다. 그러나 진나라가 정나라를 에워싼 것은 저 때문이므로 제가 죽으면 정나라를 용서해줄 것입니다. 이것이 저의 바람입니다."

마침내 자살했다. 정나라 사람들이 숙첨의 시신을 진나라에 보내자, 진나라 문공이 말했다.

"반드시 정나라 임금을 한 번 만나보고서 그를 욕보인 뒤에야 물러갈 것이다."

정나라 사람들은 이를 걱정해 마침내 진(秦)나라에 사람을 보내 몰래 말했다.

"정나라가 깨지면 진(晉)나라가 강성해져서 진(秦)나라에 도움이 되지 않습니다."

(드디어) 진(秦)나라 군대가 물러갔다.

진나라 문공이 자란을 들여보내 태자로 삼고자 해서 정나라에 알렸다. 정나라 대부 석규(石癸)가 말했다.

"제가 듣건대, 길성(姞姓)은 곧 후직(后稷)의 원비(元妃)로서 후손들은 마땅히 흥성한다고 합니다. 자란의 어머니가 그 후손인데, 부인의 아들들은 모두 죽었고 남은 아들 중에서는 자란만큼 뛰어난 아들이 없습니다. 지금 포위되어 상황이 다급한데 (오히려) 진나라가 요구해오고 있으니, 이보다 더 큰 이익이 어디 있겠습니까?"

드디어 진나라의 요구를 허락하고서 서로 맹약을 맺었다. 결국 자란을 세워 태자로 삼으니 진나라 군대가 마침내 철수했다.

45년에 문공이 졸하자 자란이 세워지니, 이 사람이 목공(繆公)이다.

목공 원년 봄에 진(秦)나라 목공(繆公)이 세 장수에게 군대를 거느리고 정나라를 습격하게 하니, (군대가) 활나라에 이르렀을 때 정나라 상인 현고(弦高)와 마주쳤다. 현고가 거짓으로 소 12마리로써 진나라 군대를 위로하러 왔다고 하자 진나라 군대는 정나라에 도착하지도 않았는데 돌아갔고, 진(晉)나라는 효산(崤山)에서 진(秦)나라 군대를 패배시켰다. 애초에 지난해 정나라 문공이 졸했을 때 정나라 사성(司城) 증하(繒賀)가 정나라의 정세를 진(秦)나라에 팔아넘겼기 때문에 진나라 군대가 쳐들어왔던 것이다.

3년에 정나라가 군대를 발동해서 진(晉)나라를 따라 진(秦)나라를 쳤으니, 왕(汪) 땅에서 진(秦)나라 군대를 패배시켰다.

지난해[1] 초나라 태자 상신(商臣)이 자기 아버지 성왕(成王)을 시해하고 그 자리를 대신해 세워졌다.

21년에 (상신이) 송나라 화원(華元)[2]과 더불어 정나라를 쳤다. 화원이 양을 잡아 병사들을 먹였는데 자기 마부 양짐(羊斟)에게는 주지 않자 (양짐이) 화가 나서 마차를 정나라로 내달렸고, 정나라가 화원을 잡아 가두었다. 이에 송나라가 재물을 주어 화원을 데려오려 했으나 화원은 이미 (송나라로) 달아난 뒤였다. 진(晉)나라가 조천(趙穿)을 시켜 군대를 거느리고 정나라를 치게 했다.

1) 【집해(集解)】 서광(徐廣)이 말했다. "목공 2년이다."

2) 화독(華督)의 증손으로, 대부를 지냈다.

22년에 정나라 목공이 졸하자 아들 이(夷)가 세워지니, 이 사람이 영공(靈公)이다.

영공 원년 봄에 초나라가 영공에게 자라를 바쳤다. 자가(子家)와 자공(子公)[1]이 장차 영공에게 조회하려 할 때, 자공의 집게손가락[食指]이 움찔하자 (자공이) 자가에게 말했다.

"예전에 집게손가락이 움찔하면 반드시 특이한 음식을 먹게 되더라."

대궐에 들어가 영공을 알현하는데, 자라탕이 나왔다. 자공이 웃으며 말했다.

"정말 그렇구나!"

영공이 웃는 까닭을 묻자, 영공에게 갖춰 말했다. (그러나) 영공은 이들을 불러놓고는 혼자만 먹고 탕을 주지 않았다. 자공이 화가 나서 손가락으로 자라탕을 찍어 맛만 보고는 나가버리니, 공이 노해 자공을 죽이려 했다. 자공이 자가와 함께 선수를 칠 것을 모의하더니[謀先] 여름에 영공을 시해했다. 정나라 사람들이 영공의 동생 거질(去疾)을 세우려 하자, 거질이 사양하며 말했다.

"반드시 뛰어난 사람[賢]이어야 하는데 거질은 불초하고, 반드시 나이순으로 해야 하는데 공자 견(堅)이 나이가 많습니다."

견은 영공의 서제(庶弟)[2]이자 거질의 형이다. 이에 마침내 공자 견을 세우니 이 사람이 양공(襄公)이다.

1) 【집해(集解)】 가규(賈逵)가 말했다. "두 사람은 정나라 경(卿)이다."

2) 【집해(集解)】 서광(徐廣)이 말했다. "「연표(年表)」에는 영공의 서형(庶兄)이라고 되어 있다."

양공은 세워지고서 장차 목씨(繆氏)를 모조리 제거하려고 했다. 목씨는 영공을 죽인 자공의 종족이었기 때문이다. 거질이 말했다.

"반드시 목씨를 제거하시겠다면 저는 장차 떠나겠습니다."

마침내 그치고 모두 대부로 삼았다.

양공 원년에 초나라는 정나라가 송나라의 뇌물을 받고 화원을 놓아준 것에 화가 나서 정나라를 쳤다. 정나라는 초나라를 배반하고 진(晉)나라와 화친했다.

5년에 초나라가 다시 정나라를 치자 진(晉)나라가 와서 구원했다.

6년에 자가(子家)가 졸하자 나라 사람들이 다시 그 가족을 내쫓았는데, 영공을 시해했기 때문이다.

7년에 정나라가 진(晉)나라와 언릉(鄢陵)에서 회맹했다.

8년에 초나라 장왕(莊王)이 정나라가 진(晉)나라와 동맹을 맺었다는 이유로 치러 와서 정나라를 석 달 동안 에워싸니, 정나라는 성을 바치며 초나라에 항복했다. 초나라 장왕이 황문(皇門)으로 들어가자, 정나라 양공이 웃통을 벗은 채 양을 끌고[肉袒掔羊(육단 견양)] 나와서 맞이하며 말했다.

"고(孤)가 변읍(邊邑-초나라)을 제대로 섬기지 못해 군왕을 화나게 해서 폐읍(弊邑-정나라)에까지 오시게 했으니, 고의 죄입니다. 감히 어떤 명이든 따르지 못하겠습니까? 군왕께서 저를 강남으로 옮기고 정나라를 다른 제후들에게 내려주신다 해도 오로지 실로 명을 따를 것입니다. 만약에 군왕께서 (주나라의) 여왕(厲王), 선왕(宣王)과 (정나라의) 환공(桓公), 무공(武公)을 잊지 않으셨다면 저를 불쌍히 여기시어[哀(애)], 차마 그분들의 사직을 끊어 버리지 말고 불모의 땅이라도 내려주시어 다시 군왕을 섬길 수 있게 해주십시오. 이것이 고의 소원이지만, 그러나 감히 바라지는 않겠습니다. 감히 제 속마음을 드러내었으나 오직 명을 따르겠습니다."

장왕이 30리 밖으로 군대를 물리고 주둔했다. 초나라 신하들이 말했다.

"영(郢)에서 여기까지 오느라 병사와 대부들 역시 피로한 지 오래입니다. 지금 정나라를 (거의) 얻고도 내버려두시는 것은 어째서입니까?"

장왕이 말했다.

"정벌을 한 까닭은 정나라가 불복했기 때문이다. 그런데 지금 이미 복종했으니 계속 무엇을 요구하겠는가?"

결국 철수했다. 진(晉)나라는 초나라가 정나라를 쳤다는 소식을 듣고는 군대를 내어 정나라를 구원하러 나섰다. 오는 과정에서 의견 일치를 보지 못해 늦었고, 황하에 이르렀으나 초나라는 이미 가고 없었다. 진나라 장수 일부는 황하를 건너려 했고 일부는 돌아가려 했으나 끝내 황하를 건넜다. 장왕이 이 소식을 듣고는 군대를 돌려서 진나라를 공격했는데, 정나라도 도리어 초나라를 도와 황하 가에서 진나라 군대를 크게 깨뜨렸다.

10년에 진(晉)나라가 와서 정나라를 쳤는데, 정나라가 진나라를 배반하고 초나라와 가까워졌기 때문이다.

11년에 초나라 장왕이 송나라를 치자 송나라는 진(晉)나라에 위급함을 알렸다. 진나라 경공(景公)이 군대를 출동해 송나라를 구원하려 했는데, 백종(伯宗)이 진나라 임금에게 간언해 말했다.

"하늘이 바야흐로 초나라를 열어주고 있으니 쳐서는 안 됩니다."

마침내 장사(壯士)를 구해 곽(霍)나라 사람 해양(解揚)을 얻었다. 자(字)가 자호(子虎)였는데, 초나라를 속여 송나라로 하여금 항복하지 않게 할 심산이었다. (해양이) 정나라를 지나가는데, 초나라와 가까웠던 정나라는 마침내 그를 붙잡아 초나라에 바쳤다. 초나라 왕이 많은 재물을 내리면서 (해양에게) 말을 바꿔 송나라로 하여금 서둘러[趣(촉)=促(촉)] 항복하게 할 것을 약속하게 했는데, 세 번 요구한 끝에 마침내 (해양이) 허락했다. 이에 초나라는 해양을 누거(樓車)[1]에 올려 보내 송나라를 향해 고함치게 했다. (그러나 해양은) 마침내 초나라와의 약속을 어기고 진(晉)나라 임금의 명이라고 하면서 말했다.

"진나라는 지금 나라의 군대를 모두 동원해 송나라를 구원하러 나섰으니, 송나라는 비록 다급하더라도 삼가 초나라에 투항하지 말라. 진나라 군대가 지금 도착할 것이다!"

초나라 장왕이 크게 노해 그를 죽이려고 했다. 해양이 말했다.

"군주는 명을 낼 때 의로움으로 해야 하고, 신하는 그 명을 받들 때 신의로 해야 합니다. 나는 우리 임금의 명을 받고 나왔으니, 죽을지언정 명을 어길 수 없습니다."

장왕이 말했다.

"너는 이미 나와 약속해놓고는 얼마 안 가서 배신했거늘, 네가 말하는 신의라는 것이 어디 있단 말인가?"

해양이 말했다.

"왕과 약속한 것은 제 임금의 명을 이루고자 해서였습니다."

장차 죽음을 앞두고 (해양은) 도리어 초나라 군사들에게 일러 말했다.

"남의 신하 된 자는 충성을 다하다가 죽을 수도 있다는 것을 잊지 않도록 하라!"

초나라 왕의 동생들이 모두 그를 용서하자고 왕에게 간언하자, 이에 해

양을 용서하고서 돌려보냈다. 진나라는 그에게 작위를 주어 상경(上卿)으로 삼았다.

1) 【집해(集解)】 복건(服虔)이 말했다. "누거란 적군을 살피기 위한 수레로, 병법에서는 운제(雲梯-높은 사다리)라고 한다."

18년에 양공이 졸하자 아들 도공(悼公) 비(濆)[1]가 세워졌다.

1) 【색은(索隱)】 『좌전(左傳)』에는 비(費)로 되어 있다.

도공 원년에 허공(鄦公)[1]이 초나라에 정나라의 악담을 하자 도공이 동생 곤(睔)을 초나라에 보내 스스로 해명했으나 억울함을 풀지 못했고[不直(무직)][2], 초나라는 곤을 가두었다. 이에 정나라 도공이 가서 진(晉)나라와 강화를 맺으니 드디어 친해졌다. 곤이 초나라 자반(子反)과 개인적으로 친했기에 자반은 곤을 정나라로 돌려보내야 한다고 (초왕에게) 말했다.

1) 【집해(集解)】 서광(徐廣)이 말했다. "鄦는 발음이 허(許)다. 허나라 공은 영공(靈公)이다."

2) 직(直)에는 '억울함을 씻다'라는 뜻이 있다.

2년에 초나라가 정나라를 치자 진(晉)나라 군대가 와서 구원했다. 이해에 도공이 졸하자 동생 곤이 세워지니, 이 사람이 성공(成公)이다.

성공 3년에 초나라 공왕(共王)이 말했다.
"정나라 성공에게 고(孤)가 은혜를 입었다."
사람을 보내와 정나라와 동맹을 맺으려 하니, 성공이 은밀하게 (초나라

와) 맹약을 맺었다.

가을에 성공이 진(晉)나라에 조회를 가자 진나라가 말했다.

"정나라는 은밀하게 초나라와 동맹을 맺었다."

그를 붙잡고는 난서(欒書)를 시켜 정나라를 치게 했다.

4년 봄에 정나라는 진(晉)나라가 정나라를 에워쌀 것을 걱정해 공자 여(如)가 마침내 성공의 서형 수(繻)를 세워 임금으로 삼았다. 그해 4월 진나라는 정나라가 임금을 세웠다는 소식을 듣고는 마침내 성공을 돌려보냈다. 정나라 사람들은 성공이 돌아온다는 소식을 듣고는 임금 수를 죽이고 성공을 맞아들였다. 진나라 군대가 돌아갔다.

10년에 진(晉)나라를 배반하고 초나라와 동맹을 맺었다. 진나라 여공(厲公)이 노해 군대를 일으켜서 정나라를 치자 초나라 공왕이 정나라를 구원했고, 진나라와 초나라는 언릉(鄢陵)에서 싸웠다. 초나라 군대가 패했는데, 진나라가 초나라 공왕의 눈을 쏘아 부상을 입히자 모두 철수해 돌아갔다.

13년에 진나라 도공(悼公)이 정나라를 치고 군대를 유수(洧水) 가에 주둔시켰다. 정나라가 성을 지키자, 진나라 또한 떠나갔다.

14년에 성공이 졸하자 아들 운(惲)[1]이 세워지니 이 사람이 희공(釐公)이다.

1) 【색은(索隱)】『좌전(左傳)』에는 곤완(髡頑)이라고 되어 있다.

희공 5년에 정나라 재상 자사(子駟)가 희공을 조회했는데 희공이 예우하지 않았다[不禮(불례)]. 자사가 노해, 요리사를 시켜서 희공[1]을 약으로 죽이고는 제후들에게 부고를 보내 말했다.

"희공이 갑자기 병으로 돌아가셨다."

희공의 아들 가(嘉)를 세웠는데, 그때 가의 나이 5살이었으니 이 사람이 간공(簡公)이다.

1) 【집해(集解)】 서광(徐廣)이 말했다. "「연표(年表)」에 이르기를, 자사는 자객을 시켜 밤에 희공을 시해했다고 했다."

간공 원년에 여러 공자가 재상 자사를 죽이려고 모의했는데, 자사가 이를 알아채고는 도리어 여러 공자를 모조리 죽였다.

2년에 진(晉)나라가 정나라를 쳤고, 정나라가 맹세하자 진나라는 물러갔다. 겨울에 다시 초나라와 동맹했다. 자사는 주살당할까 두려워 진나라, 초나라 모두와 가깝게 지냈다.

3년에 재상 자사가 자신을 세워 임금이 되려고 하자 공자 자공(子孔)이 위지(尉止)를 시켜 자사를 죽이고 그를 대신했다. 자공 또한 자립하려고 했는데, 자산(子產)이 말했다.

"자사가 이런 방향으로 하려다가 성공하지 못하고 주살되었는데 지금 또 그를 본받으려 하시니, 이렇게 되면 난은 끝나지 않을 것입니다."

이에 자공이 자산의 말을 따라 정나라 간공의 재상이 되었다.

4년에 진(晉)나라는 정나라가 초나라와 동맹을 맺은 것에 분노해 정나라를 쳤고 정나라는 (진나라와) 동맹을 맺으려 했는데, 초나라 공왕이 정나라를 구원해 진나라 군대를 물리쳤다. 간공이 진나라와 화평 하려 하자 초나라가 또 정나라 사신을 가두었다.

12년에 간공은 재상 자공이 나라 권력을 제 마음대로 하는 것에 화가 나서 그를 주살하고 자산을 경(卿)으로 삼았다.

19년에 간공이 진(晉)나라에 가서 위(衛)나라 임금을 돌려보내줄 것을 청

했다. 자산에게 여섯 읍[1]을 봉토로 주자 자산이 사양하면서 그중 세 읍만 받았다.

22년에 오(吳)나라 사신 연릉계자(延陵季子)가 정나라에 와서는 마치 오랜 친구를 만난 것처럼 자산을 대하며 말했다.

"정나라 집정자는 사치스러우니 난이 곧 닥칠 것이고 정권은 그대에게 돌아갈 것입니다. 그대가 정치를 맡으면 반드시 예로써 하십시오, 그렇지 않으면 정나라는 장차 패망할 것입니다."

자산이 계자를 두텁게 대우했다.

23년에 여러 공자가 총애를 다투며 서로를 죽였고, 또 자산을 죽이려고 하니 어떤 공자가 간언해 말했다.

"자산은 어진 사람[仁人(인인)]이다. 정나라가 아직 존속할 수 있는 것은 자산이 있기 때문이니, 그를 죽여서는 안 된다!"

마침내 멈추었다.

1) 【집해(集解)】 정(井) 4개가 읍이 된다.

25년에 정나라가 자산을 진(晉)나라에 사신으로 보내, 진나라 평공(平公)의 질병을 위문했다. 평공이 말했다.

"점을 쳐보니 실침(實沈)과 대태(臺駘)가 빌미[祟(수)]가 되었다는데, 사관도 그 이유를 잘 모른다 하니 감히 묻겠소."

자산이 말했다.

"고신씨(高辛氏)에게 두 아들이 있었는데, 큰아들이 알백(閼伯), 작은아들이 실침(實沈)입니다. 그들은 넓은 숲속에서 살며 서로 포용하지 못해 날마다 무기를 들고 서로를 공격했습니다. 요(堯)임금이 그들을 좋지 않게 여겨서 알백을 상구(商丘)로 옮겨 신성(辰星)에 대한 제사를 주관하게 했습니다[1]. 상나라 사람들이 이를 이어받았기 때문에 진성을 상성(商星)이라고 한 것입니다. (또) 실침을 대하(大夏)로 옮겨 삼성(參星)에 대한 제사를 주관하게 했습니다[2]. 당(唐)나라 사람들이 이를 이어받았기 때문에 하(夏)나라와 상(商)나라를 섬겼고, 그 말기에는 당숙(唐叔) 우(虞)[3]라고 했습니다. 주나라 무왕의 읍강(邑姜)[4]이 바야흐로 태숙(大叔)을 임신했을 때, 꿈에 상제[帝]께서 무왕[己]에게 말하기를[5] '내가 너에게 명하노니 아들 이름을 우(虞)라고 짓고, 그에게 당(唐)을 주어 삼성에 제사 지내는 일을 맡겨서 그 자손을 번성케 하라'라고 했습니다. 태숙이 태어났는데, 손바닥에 '우(虞)'자 무늬가 있어 그것을 이름으로 삼았습니다. 그 후에 성왕이 당나라를 멸망시키고 태숙에게 그 나라를 주었으니, 삼성을 진성이라고도 합니다. 이로써 보건대 실침은 삼성의 신입니다.

옛날에 금천씨(金天氏)에게 매(昧)라는 후손이 있었는데, 현명(玄冥)의 우두머리[師][6]가 되어 윤격(允格)과 대태(臺駘)[7]를 낳았습니다. 대태가 아버지의 관직을 이어받아 분수(汾水)와 조수(洮水)를 통하게 했으니[宣=通], 대택(大澤)에 제방을 쌓고 태원(太原)에서 살았습니다. 제(帝)[8]가 그를 좋게 여겨 분수(汾水) 일대를 나라로 삼게 했습니다. 심(沈) · 사(姒) · 욕(蓐) · 황(黃) 나라[9]가 그의 제사를 충실히 받들었으나, 지금은 진(晉)나라가 분수 일대를 주관하면서 이들 나라를 없애버렸습니다. 이로써 본다면 대태는 분수와 조수의 신입니다.

그러나 이 두 신은 임금의 몸을 해칠 수 없습니다. 산천의 신령에게는 홍수나 가뭄 같은 재해가 나타나면 그들에게 제사 지내면 되고 해와 달, 별의 신에게는 눈과 서리와 비바람이 제때 내리지 않으면 그들에게 제사 지내면 되지만, 임금의 질병은 먹고 마시는 것, 슬프거나 기쁜 것, 여색에서 생겨납니다."

평공과 숙향(叔嚮)이 말했다.

"좋은 말씀이오. 박물군자(博物君子)로다!"

자산에게 두터운 예물을 주었다.

1) 【집해(集解)】 가규(賈逵)가 말했다. "상구는 장수(漳水) 남쪽이다." 두예(杜預)가 말한다. "상구는 송나라 땅이다." 복건(服虔)이 말했다. "진(辰)은 대화(大火)이니, 진성에 대한 제사를 주관한다는 말이다."

2) 【집해(集解)】 복건(服虔)이 말했다. "대하는 분수(汾水)와 회수(澮水) 사이에 있으며, 참성에 대한 제사를 주관한다."

3) 【집해(集解)】 두예(杜預)가 말했다. "당나라 말기에는 임금을 숙우(叔虞)라고 했다."

4) 무왕의 왕후이자 제 태공 여상(呂尙)의 딸로, 당숙(唐叔) 우(虞)의 생모다.

5) 【집해(集解)】 가규(賈逵)가 말했다. "제(帝)는 상제이고 기(己)는 무왕이다."

6) 【집해(集解)】 복건(服虔)이 말했다. "금천은 소호(少皞)다. 현명은 물을 담당하는 관리이고 사(師)는 우두머리[長(장)]니, 매는 수관(水官)의 우두머리다."

7) 【집해(集解)】 복건(服虔)이 말했다. "두 사람은 형제다."

8) 【집해(集解)】 복건(服虔)이 말했다. "제는 전욱(顓頊)이다."

9) 【집해(集解)】 가규(賈逵)가 말했다. "네 나라는 대태 후손이다."

27년 여름에 정나라 간공이 진(晉)나라에 조회했다. 겨울에 강대한 초나라 영왕(靈王)을 두려워해 초나라에도 조회했는데, 자산 또한 따라갔다.

28년에 정나라 임금이 병이 나자, 자산을 시켜 제후들과 회동했는데, 초나라 영왕과 신(申)에서 회맹하고 제나라 (간신) 경봉(慶封)을 죽였다.

36년 간공이 졸하자 아들 정공(定公) 녕(寧)이 세워졌다. 가을에 정공이 진(晉)나라 소공(昭公)을 조회했다.

정공 원년에 초나라 공자 기질(棄疾)이 자기 임금 영왕(靈王)을 시해하고 스스로를 세우니 이 사람이 평왕(平王)이다. (평왕은 막 세워졌기에) 제후들에게 은덕을 베풀고 싶어서 영왕이 침탈했던 정나라 땅을 정나라에 돌려주

었다.

4년에 진나라 소공이 졸하자 그 육경(六卿)이 강성해지고 공실은 약해졌다. 자산이 한선자(韓宣子)에게 일러 말했다.

"정치는 반드시 다움으로 해야 하니, 그것이 나라가 서는 까닭이 됨을 잊지 말아야 할 것입니다."

6년에 정나라에 불이 나서 공이 푸닥거리[禳(양)]를 하려고 하자, 자산이 말했다.

"다움을 닦느니만 못합니다."

8년에 초나라 태자 건(建)이 도망쳐 왔다.

10년에 태자 건이 진(晉)나라와 모의해 정나라를 습격했다. 정나라는 건을 죽였고, 건의 아들 승(勝)은 오나라로 달아났다.

11년에 정공이 진(晉)나라에 갔다. 진나라는 정나라와 모의해 주나라 난신들을 죽이고 경왕(敬王)을 주나라에 들여보냈다[1].

1) 【색은(索隱)】 왕이 동생 자조(子朝)의 난을 피해 나라 밖으로 나가 적천(狄泉)에 머물렀던 것은 노나라 소공(昭公) 23년의 일이다. 26년에 이르러 진나라와 정나라가 왕을 다시 들여보냈으니, 『춘추(春秋)』에서 "천왕이 성주에 들어갔다"라고 한 것이 이것이다.

13년에 정공이 졸하자 아들 헌공(獻公) 채(蠆-전갈)가 들어섰다.

헌공이 세워진 지 13년 만에 졸하자 아들 성공(聲公) 승(勝)이 세워졌다.

이때 진(晉)나라는 육경이 강대해져서 정나라를 침탈했고, 정나라는 드디어 쇠약해졌다.

성공 5년에 정나라 재상 자산이 졸하니, 정나라 사람들이 모두 마치 친척을 잃은 것처럼 통곡했다. 자산은 정나라 성공(成公)의 작은아들이었다. 사람됨이 어질어 사람을 사랑했으며, 군주를 섬김에 충성과 두터움[忠厚(충후)]을 다했다. 공자가 일찍이 정나라를 지나간 적이 있었는데, 자산과 형제 같았다고 한다. 자산이 죽었다는 소식을 듣고 공자는 눈물을 흘리며 말했다.

"옛 유풍처럼 사람을 사랑했던 사람이다[1]."

1) 【집해(集解)】 두예(杜預)가 말했다. "자산이 보여준 사랑에는 옛사람들의 유풍이 있었다는 말이다."

8년에 진(晉)나라는 범씨(范氏)와 중항씨(中行氏)가 반란을 일으키자, 정나라에 위급함을 알리니 정나라가 그들을 구원했다. 진(晉)나라가 정나라를 쳐서 철(鐵)[1]에서 정나라 군대를 물리쳤다.

1) 【집해(集解)】 두예(杜預)가 말했다. "척성(戚城) 남쪽 철구(鐵丘)다."

14년에 송나라 경공(景公)이 조(曹)나라를 멸망시켰다.

20년에 제나라 전상(田常)이 자기 임금 간공(簡公)을 시해했고, 전상은 제나라 재상이 되었다.

22년에 초나라 혜왕(惠王)이 진(陳)나라를 멸망시켰다. 공자(孔子)가 졸했다.

26년에 진(晉)나라 지백(知伯)이 정나라를 쳐서 9읍을 차지했다.

37년에 성공이 졸하자 아들 애공(哀公) 역(易)이 세워졌다[1].

애공 8년에 정나라 사람들이 애공을 시해하고 성공 동생 축(丑)을 세웠으니, 이 사람이 공공(共公)이다.

공공 3년에 삼진(三晉)이 지백을 패망시켰다.

31년에 공공이 졸하자 아들 유공(幽公) 이(已)가 세워졌다.

유공 원년에 한무자(韓武子)가 정나라를 쳐서 유공을 죽였다. 정나라 사람들이 유공의 동생 태(駘)를 세우니 이 사람이 수공(繻公)이다.

1) 【집해(集解)】「연표(年表)」에는 38년으로 되어 있다.

수공 15년에 한나라 경후(景侯)가 정나라를 쳐서 옹구(雍丘)를 차지했다. 정나라는 경(京)에 성을 쌓았다.

16년에 정나라가 한(韓)나라를 쳐서, 부서(負黍)[1]에서 한나라 군대를 패배시켰다.

20년에 한·조·위(-삼진) 나라가 반열에 올라 제후가 되었다.

23년에 정나라가 한나라 양적(陽翟)을 에워쌌다.

1) 【집해(集解)】 서광(徐廣)이 말했다. "양성(陽城)에 있다."

25년에 정나라 임금이 재상 자양(子陽)을 죽였다.

27년에 자양의 당여가 함께 수공 태를 시해하고 유공의 동생 을(乙)을 세워 임금으로 삼으니, 이 사람이 정군(鄭君)이다.

정군 을이 세워진 지 2년에 정나라 부서(負黍)가 반란을 일으켜 다시 한(韓)나라에 귀의했다.

11년에 한나라가 정나라를 쳐서 양성(陽城)을 차지했다.

21년에 한나라 애후(哀侯)가 정나라를 멸망시키고 그 나라를 병탄했다.

태사공(太史公)이 말한다.

"'권세와 이익으로 맺은 자들은 권세와 이익이 다하고 나면 교분도 멀어진다'라는 말이 있는데, 보하(甫瑕)가 이런 경우다. 보하가 비록 정자(鄭子)를 협박해 죽이고 여공(厲公)을 맞아들였지만, 여공은 결국 배반하고서 그를 죽였으니, 이것이 진(晉)나라 이극(里克)과 무슨 차이가 있으랴! (진나라) 순식(荀息)은 절의를 지키다가 자기 몸이 죽었으나 해제(奚齊)를 제대로 지켜낼 수는 없었다. 변고가 생겨나는 까닭은 실로[亦] 많도다."[1]

1) **【색은술찬(索隱述贊)】** 주나라 여왕의 아들[厲王之子]/정 땅에 봉지를 얻었지[得封於鄭]/대를 이어 사도 직분을 맡았으니[代職司徒]/『시경』에도 그를 칭송하는 「치의(緇衣)」라는 노래가 있네[緇衣在詠][「정풍(鄭風)·치의(緇衣)」편이다. "치의가 잘 어울리셔라! 해어지면 제가 또다시 고쳐 지어드리리라!"]/괵나라, 회나라 읍을 바쳤고[虢鄶獻邑]/채족은 국명을 제 마음대로 했도다[祭足專命]/장공이 이미 왕을 범했고[莊既犯王]/여공 또한 나라 밖으로 달아났지[厲亦奔命]/역 땅에 머물다 다시 들어올 수 있었으니[居櫟克入]/꿈에 난초가 경사임을 암시했네[夢蘭疏慶]/백복은 산 채로 갇혔고[伯服生囚]/숙첨은 시신을 바쳤도다[叔詹尸聘]/희공, 간공 이후에[釐簡之後]/공실은 더는 떨치지 못했네[公室不競]/부서를 비록 돌려주기는 했으나[負黍雖還]/한나라 애후는 날로 강성해졌도다[韓哀日盛]!

KI신서 16198
이한우의 사기 5
세가(世家) 권31-권42

1판 1쇄 인쇄 2026년 3월 13일
1판 1쇄 발행 2026년 4월 1일

지은이 사마천
옮긴이 이한우
펴낸이 김영곤
펴낸곳 ㈜북이십일 21세기북스

서가명강팀 팀장 양으녕 **책임편집** 서진교 **마케팅** 김주현
디자인 푸른나무디자인
마케팅영업부문 정지은
영업팀 김지윤 강경남 김도연
e-커머스팀 장철용 명인수 황성진
제작팀 이영민 권경민

출판등록 2000년 5월 6일 제406-2003-061호
주소 (10881) 경기도 파주시 회동길 201(문발동)
대표전화 031-955-2100 **팩스** 031-955-2151 **이메일** book21@book21.co.kr

ISBN 979-11-7357-898-4 (04910)
979-11-7357-893-9 (04910) (세트)